고구려의 국제정치 역사지리

기자가 쓴 단군 이래 최대 역사 분실 사건

이정훈 지음

고구려의
국제정치
역사지리

기자가 쓴 단군 이래 최대 역사 분실 사건

이정훈 지음

주류성

이 책은 방일영문화재단의 지원을 받아 저술·출판되었습니다.

단군 이래
최대의 역사 분실 사건을
고발한다

1

대부분의 경우 기자는 전달자이다. 어떤 기관의 발표가 있으면 이를 가공해 보다 많은 이에게 잘 알려주는 일을 한다. 그때 기자는 가치판단을 별로 하지 않는다. 빨리 그리고 정확하게 전달하려고 주력하는데, 이를 '언론의 속보성'이라고 한다.

세상에는 밝혀지지 않은 진실이 많다. 감춰둔 것도 있지만 내버려둬서 세월의 더께가 쌓여간 것도 적지 않다. 탐사(探査)보도라는 것이 있다. 기자가 수사를 하듯이 하나하나 추적해 감춰져 있거나 잊혀진 진실을 밝혀내는 것이다. 탐사보도를 할 때 기자는 대변인 역은 물론이고, 진위(眞僞)와 가치까지도 판단해야 한다.

헌신(獻身)을 요구하는 집중(集中)은 사소한 일로 일어나기도 한다. 우연히 아니면 좋아하는 일이라 주목한 것인데 그것이 평생을 관류한 일이 되는 것이다. 2003년 우리는 중국이 펼친 동북공정을 규탄하느라 뜨거웠다. 그렇게 된 데는 필자도 한몫 했다.

2

2003년 9월호 『신동아』에 동북공정의 속내를 여실히 밝힌 중국 「광명일보(光明日報)」기사를 전재하며 동북공정을 비판하는 장문의 기사를 실었다. 이 기사는 동북공정의 의도를 처음으로 그리고 정확히 알린 것이었다. 때문에 동북공정을 비판하는 시민운동이 일어났고 정부는 지금의 '동북아역사재단'을 만들어 학술적으로 동북공정에 대응하게 되었다.

동북공정의 실체를 보도하게 된 것은 대한무역투자공사(코트라)에서 대북사업을 해온 홍지선 씨의 제보 때문이었다. 그는 "중국이 고구려사를 자기 역사로 가져가기 위해 역사공작을 하고 있는데 한국 언론은 무엇을 하느냐"고 질타하면서, 「광명일보」 2003년 6월 24일자에 실린 장문의 '시론: 고구려사 역사 연구에 대한 몇 가지 문제(試論高句麗歷史硏究的幾個問題)'를 던져주었다.

그 시론은 '고구려는 중국 역사에서 수없이 일어났던 지방정권 중의 하나'라는 주장을 하고 있었다. 중국 역사에는 지방의 반란과 독립이 많았는데, 고구려도 그러한 것 중의 하나라는 것이었다. 시론은 그 근거로 고구려가 한4군의 하나였던 현도군의 고구려현(高句麗縣)에서 일어난 것을 지목했다. 고구려는 한(漢)나라의 지방 조직인 현도군에서 일어났으니 고구려사는 중국사의 일부라는 것이었다.

중국 역사를 보면 지방에서 일어난 정권이 성장해 중국 전체를 지배하는 경우가 있음을 보여준다. 그러나 훨씬 더 많은 경우는 진압을 당해 다시 복속되는 모습을 보인다. 시론은 후한 때 중국이 혼란해진 틈을 타 현도군에서 나온 고구려가 수백 년간 독립 상태로 있다가 당나라에 통일(=복속)되었다고 적시해 놓았다.

그리고 '한국에 역사 사기(詐欺)'를 당했다고 해놓았다. 고구려는 중국 지방정권 중의 하나인데 한국이 가로채갔다는 것이었다. 그 근거로 왕건이 세운 고려를 거론했다. 고구려 왕실은 고씨를 성으로 삼았으니 왕씨를 성으로 한 왕건과는 핏줄이 다르다. 고구려는 지금의 압록강-두만강 이북에서 일어났고, 왕건은 지금 한반도 중앙(개성 지방)에서 일어났으니 영토적 일치성도 없는데, 왕건은 고구려를 이었다는 거짓말을 했다는 것이었다.

시론은 고려는 한반도에 있었으니 통일신라를 이은 나라로 규정했다. 훈요십조에도 그러한 내용이 있다고 해놓았다. 그런데도 고구려를 이었다는 거짓 주장을 하기 위해 고려는 고구려의 역사를 신라·백제 역사와 묶어 편찬함으로써(김부식의 『삼국사기』와 일연의 『삼국유사』를 지칭하는 듯) 중국 역사 속에 있어야 하는 고구려사를 찬탈해 갔다고 해놓았다.

시론은 조선도 역사 사기를 친 것으로 묘사해 놓았다. 한국은 단군조선부터 한국의 역사가 시작됐다고 주장한다. 그러나 한국보다 훨씬 더 많은 기록이 있는 중국의 사서에는 단군조선에 대한 언급이 전혀 없다며 단군조선을 부정한다. 하지만 기자(箕子)조선에 대한 기록은 있으니 기자조선의 실존은 인정한다.

모든 기록은 기자를 중국의 고대 국가인 상(商)나라 사람으로 밝혀놓았다. 주(周)나라가 일어나 상나라를 무너뜨릴 때 기자가 동쪽으로 가서 세운 것이 기자조선이니, 기자조선은 중국이 만든 지방정권 중의 하나라는 것이 시론의 주장이었다. 그러한 기자조선을 한(漢)나라 사람인 위만이 들어가 전복하고 위만조선으로 만들었으니, 위만조선도 중국 역사에 등장하는 숱한 지방정권 중의 하나로 보았다.

시론은 '기자조선과 위만조선이 한국이 이야기하는 고조선인데, 이성계가 세운 조선이 기자조선을 이었다고 하면서 고조선을 빼앗아갔다'고 해놓았다. 고려를 무너뜨린 '이성계의 나라'가 국호를 조선으로 정하고 지금 북한 평양에 기자무덤과 기자사당을 만들어 기자조선을 이었다고 하는 바람에 중국 역사인 고조선이 한국 역사로 넘어가게 됐다는 것이다.

고려와 병존했던 송(宋)나라는 요(遼)·금(金)과 대립했다. 고려도 요나라와 잦은 전쟁을 치렀기에 송과 손잡았다. 고려의 도움을 받기 위해 송나라는 고구려를 이었다는 고려의 주장을 인정해줬다고 시론은 지적했다. 북원(北元)과 다퉈야 했던 명(明)나라도 조선의 도움이 필요해 '이성계의 나라'가 기자조선을 이었다고 하는 것을 승인해주었다고 해놓았다.

그리고 '이는 지나간 일이니 어쩔 수 없다'고 한 후 고조선사와 고구려사는 중국과 한국 모두에 속한 역사로 보아야 한다고 주장했다. 원(元)나라는 몽골족이 중국을 정복해 세운 나라이니 몽골공화국은 원사(元史)를 그들의 역사로 본다. 그런데 중국은 원나라가 중국을 무대로 했으니 중국사로도 봐야 한다며 '일사양용(一史兩用)'이라는 것을 내놓았다.

3

중국은 일사양용을 똑같이 적용하지 않는다. 청나라는 만주족이 중국을 정복해 들어가 세운 나라다. 원나라를 세운 몽골족처럼 한족(漢族)을 철저히 하대하며 식민 지배했다. 그러한 만주족이 지금은 몽골처럼 독립국가를 세우지 못하고 중국인에 동화돼 가고 있다. 때문에 중국은 청나라 역사에 대해서는 일사양용을 적용하지 않는다. 바로 중국사로 집어넣는다.

티베트와 위구르는 만주족 이상으로 중국과 구분되는 그들만의 역사를 만들어 왔다. 만주족과 달리 중국에 동화되지도 않고 있다. 그런데 청나라 때 복속됐기에 지금은 중국의 자치구로 있다. 때문에 중국은 두 민족의 역사도 중국사의 일부로 본다. 일사양용을 적용하지 않는 것이다. 중국은 중국 안에 소수민족으로 있으면서 한국이나 몽골처럼 중국 밖에서 독립국가도 갖고 있는 민족에 한해서만 일사양용을 적용한다.

4

우리가 '단군의 자손'이라고 하듯이 중국인들은 '염황(炎黃)의 자손'이라는 말을 한다. 중국은 삼황오제(三皇五帝)에서 중국이 시작됐다고 주장한다. 삼황에 대해서는 사료마다 다르게 나오는데, 공통으로 들어가 있는 인물이 염제(炎帝) 신농(神農) 씨다. 오제도 사료마다 다르게 나열돼 있는데 가장 많이 들어가 있는 인물은 황제(黃帝)이다.

황제가 이끄는 황제족이 신농씨의 후예인 염제족을 복속시켜 만들어진 것이 염황족이다. 이러한 염황족의 후예가 중국 역사에 등장하는 최초의 나라인 하(夏)나라를 세웠다. 그래서 '꽃 화(華, 제일 낫다는 뜻)' 자를 붙여 하나라 사람을 '화하(華夏)족'으로 불렀다. 그러한 하나라가 상나라 - 주나라로 이어졌다.

주나라가 들어설 때 상나라 사람인 기자가 동쪽으로 가서 그 후예가 기자조선을 세우게 됐다. 그리고 주나라는 봉건제도를 펼쳐 영토를 넓혀가다가 흉노의 공격을 받아 수도를 제후국이 있는 동쪽으로 옮겨갔다(호경에서 낙읍으로 이전). 이로써 주나라 왕실이 약해지자 제후국들이 다투는 춘추시대가 열렸다.

주 왕실이 소멸되자 강력해진 제후국이 왕국을 자처해 보다 큰 쟁투에 들어갔다. 전국시대가 열린 것이다. 전국시대는 화하족은 물론이고 이민족도 적극 참여한 전쟁의 시기였다. 서기전 221년 진(秦)나라가 전국시대를 통일했지만 곧바로 무너지고 다시 혼란이 일어났다. 이를 유방이 세운 한(漢)나라가 통일했다.

한나라는 신(新)나라와 후한(後漢)을 포함시킬 경우 425년간 지속되었다. 한나라는 춘추·전국시대 이후 가장 오래 지속된 중국 왕조이다. 덕분에 '한족(漢族)'이라는 말을 탄생시켰다. 한족에는 화하족에 춘추·전국의 혼란기에 참여했던 이민족을 결합시킨 의미가 담겨 있다. 한족이 된 이민족은 그들의 역사와 언어를 잃어버렸다. 원래부터 중국 사람인 것으로 믿게 된 것이다.

후한 말 중국은 다시 한족과 이민족이 혈투를 벌이는 무대가 되었다. 삼국시대를 거쳐 잠시 진(晉)나라가 통일했다가 분열되며 이민족이 대거 뛰어든 5호16국 시대가 열린 것. 그 시기 강하게 일어난 종족이 선비(鮮卑)족이다. 선비족은 연(燕, 전연 등을 의미)과 위(魏, 북위를 지칭)나라 등을 세웠는데, 그 중 강력했던 것이 북위다.

북위는 한족을 남쪽으로 밀어내고 북중국을 차지했다. 중국 대륙을 남북국 시대(세칭 남북조시대)로 만든 것이다. 남쪽으로 밀려난 한족들은 전복(顚覆)으로 다섯 개 왕조(=남조)를 만들어가며 어렵게 생존했다. 북위는 동위·서위를 거쳐 북제·북주로 나눠졌다가, 북주에 의해 통일되었다. 그리고 북주에서 나온 수(隋)나라가 남조를 정복해 남북조시대를 마무리했다.

그러한 수나라가 고구려를 쳤다가 실패하자 내란을 당해 무너지고 당(唐)나라가 들어섰다. 당나라는 백제와 돌궐과 고구려를 정복해 제국을 만들었다. 수나라 황실은 선비족의 나라인 북주에서 나왔고, 당나라 황실은 수나라에서 나왔으니 수와 당 황실은 선비 계열로 볼 수 있다. 그러나 중국은 수와 당 황실을 한족으로 보는데, 여기에는 나름의 이유가 있다.

북위는 전성기 때 '호한(胡漢)융합정책'을 강력히 펼친 바 있다. 7대 황제인 효문제가 대표적인데, 그는 '탁발'이라는 황실의 성을 중국식인 '원'으로 변경했다. 탁발굉(拓跋宏)인 자신의 이름을 원굉(元宏)으로 바꾼 것이다. 그는 한족과의 결혼을 장려했고, 북위 제도를 중국식으로 고치게도 하였다. 때문에 수를 거쳐 당이 들어섰을 때 지배층에서는 선비족의 흔적을 찾기 어려워졌다.

당 황실에는 선비족의 피가 흐르지만 한족으로 부를 수 있게 된 것이다. 그러한 당이 돌궐과 고구려를 복속시켜 한나라 이후 가장 강력한 나라가 되었다. 호한융합정책 때문에 선비족은 사라지고 한나라 이후 한족은 일어나게 된 것이다. 그래서 중국은 한족의 영광을 되찾으려고 '강한성당(强漢盛唐)'이라는 말을 만들어냈다.

그러나 이후의 한족은 쇠퇴했다. 당나라가 내부 반란을 맞아 무너지자 또 이민족이 밀려와 5대10국의 혼란기가 펼쳐졌다. 이 혼란을 한족이 세운 송(宋)나라가 통일했지만, 송나라는 바로 요나라와 금나라의 공격을 받아 남쪽으로 밀려났다. 북위와 남조가 병존한 것처럼 다시 남북국시대로 돌아간 것이다.

그리고 몽골이 일어나 금은 물론이고 송나라도 멸망시키고 원나라를 세움으로써 한족은 피식민 계급으로 전락했다. 그러한 한족이 명(明)나라로 일어났으나, 원(북원)과 대치함으로써 역시 남북국시대를 만들었다. 명나라가 조선에서 일어난 임진왜란을 지원했다가 약해지자 만주족이 흥기했다.

만주족은 순식간에 명과 북원을 제압하고 그 주변 나라도 복속시켜 원(元)에 못 지않은 대제국 청(淸)나라를 만들었다. 청은 원이 그랬던 것처럼 한족을 심하게 차별했으나 한족의 문화는 수용했다. 그러한 청이 영국·러시아 등 서구세력에 밀려 흔들리자 손문(孫文)을 중심으로 한 한족이 반만(反滿, 만주족에 반대한다) 독립투쟁인 신해혁명을 일으켜 청 황실을 붕괴시켰다.

그리고 중일전쟁과 제2차 세계대전을 거치며 중국이 만들어졌는데, 중국은 대만·몽골을 제외한 청나라 말기의 모든 영토를 이어받았다. 한족은 한·당 때보다 큰 영토를 갖게 된 것이다. 청이 굴복시킨 이민족을 품게 된 것인데, 이들이 바로 한족과 함께 지금 중국을 구성하고 있는 55개 소수민족이다.

유사 이래 가장 넓은 영토를 차지하게 된 한족이 해야 할 중요한 일 중의 하나가 55개 소수민족의 반란을 막는 것이었다. 이를 위해서는 동화를 시켜야 한다. 그런데 이들은 한족과 오랜 투쟁을 해왔으니 '한족'으로는 통합시킬 수가 없다. 그래서 '중국인'으로 동화시키려고 한다. 한나라가 한족이라는 말로 화하족에 이민족을 결합시켰듯이, 중국인이란 말로 한족과 소수민족을 일치시키려 한다.

그래서 소수민족의 역사는 중국 지방정권의 역사라는 역사 공작을 하게 되었다. 그런데 중국사에 큰 영향을 끼쳤거나, 덩어리가 크거나, 중국 바깥에 독립국가가 있는 소수민족은 자부심이 있어 쉽게 동화되지 않으니, 특별 대책을 마련하게 되었다. 북부공정·서북공정·서남공정·동북공정을 준비한 것이다.

5

과거 중국을 지배했던 가장 강력한 민족은 몽골족이다. 그러한 몽골 족의 후예가 반으로 갈려 한쪽은 소수민족이 돼 중국에 자치구[內蒙古自治區]로 있고, 다른 쪽은 중국 북쪽에 몽골공화국이라는 독립국가를 세웠다. 중국은 중국에 자치구를 만들며 소수민족으로 있는 몽골족 지역을 '내몽골', 중국 북쪽에 독립국가를 만든 몽골족 지역을 '외몽골'로 부른다.

내몽골과 외몽골은 지금의 남북한 이상으로 갈등이 심한 역사를 만들어왔다. 그러나 언어와 역사는 같기에 통일을 이룰 수도 있다. 이는 내몽고자치구가 중국에서 떨어져 나가는 것인데, 그렇게 되면 중국의 안위(安危)가 흔들릴 수 있다. 때문에 중국은 "내몽골인은 중국인이니, 몽골이 만든 역사는 중국 지방정권의 역사"라며 일사양용(一史兩用)을 내세운다. 원사(元史)는 몽골사이지만 중국사이기도 하다며 몽골사를 중국사에 포함시키는 북부공정을 추진하는 것이다.

주나라 왕실을 밀어낸 흉노의 후예가 누구인지에 대해선 여러 학설이 존재한다. 흉노의 일부가 유럽까지 가서 훈족이 됐다는 데는 이론이 없으나, 중국 서북부인 현지에 남은 흉노의 후예에 대해서는 다양한 주장이 있는 것이다. 그 중 다수설은 돌궐이 흉노의 후예라는 것이다.

돌궐은 강성했을 때 수나라와 당나라를 위협했다. 그러나 당나라에 패하자 소아시아 반도까지 옮겨가 지금의 터키를 만들었다. 그때 이동하지 않고 현지에 남게 된 돌궐의 후예를 위구르로 본다. 위구르는 만주족·몽골족·티베트족 이상으로 한족과 다른 언어와 문화를 만들었다. 그러나 청나라의 지배를 받게 되면서 지금은 중국의 자치구[新疆維吾爾自治區]로 떨어져 있다.

이들은 손문이 신해혁명을 일으켜 청나라로부터 독립한 직후 독립(東투르크메니

스탄 건국)을 시도했으나, 중국의 차단에 막혀 주저앉은 바 있다. 위구르가 독립해도 중국은 흔들릴 수 있다. 때문에 중국은 위구르는 중국의 지방정권이었고 중국의 지방 역사를 만들어왔다며 서북공정을 펼치고 있다.

티베트는 방어하기 좋은 티베트고원을 차지한 관계로 민족 이동을 하지 않았다. 오히려 중국으로 쏟아져 들어가 중국 정변에 참여하는 역사를 만들어왔다. 그러나 청나라의 지배를 받음으로써 역시 중국의 자치구[西藏自治區]로 전락해 버렸다. 이러한 티베트인도 중국으로부터 독립하고자 한다. 중국은 이를 막기 위한 역사 공작으로 티베트도 중국의 지방정권이었다는 서남공정을 추진하고 있다.

6

우리는 고구려를 동호·선비·거란·여진(=만주족)과 다른 종족으로 보지만, 중국은 한 덩어리로 본다. 중국 동북지방에서 일어난 여러 나라나 종족 가운데 하나로 보는 것이다. 이러한 종족 중에서 현재 독립국가를 이루고 있는 것은 고조선→고구려·백제·신라→통일신라·발해→고려→조선으로 이어져온 우리 민족뿐이다. 동호와 오환·선비·거란·여진은 중국에 동화됐기에 그 후예들은 독립국가를 만들지 못하고 있다.

중국 동북에서 일어난 종족도 강력한 제국을 만들었다. 선비족은 전연과 북위, 거란은 요, 여진은 금을 세워 북중국을 지배했다. 그리고 만주족의 청이 중국 전역은 물론이고 북원을 포함한 그 주변까지 지배했다. 그렇다면 이 지역에서 일어난 종족이 다시 중국을 위협하거나 지배할 수도 있으니 이들을 특별 관리하기 위해 동북공정을 만들었다.

가장 답답한 것은 청나라를 세웠던 만(㈜)족이다. 지금 중국 동북지역에는 '만(㈜)족 자치지역'이 있지만 만주어를 구사하는 만주족은 찾기 어렵다. 그들은 자기 역사도 정리하지 못하고 있다. 그런데 중국 바깥인 한반도에 한국과 북한이라는 독립국가을 두고 있는 조선족은 언어와 역사를 지키고 있으니 각별히 신경을 써야 한다.

어느 날 남북한이 통일해 강력해지면, 중국 길림성에 자치주[延邊朝鮮族自治州]를 만들고 있는 조선족이 통일한국에 합세해 보다 큰 나라를 만들 수도 있기 때문이다. 이를 막기 위해 중국은 '조선족은 중국인'이라는 교육을 강화한다. '조선족은 중국인이니 조선족 역사는 중국 역사'라는 동북공정을 하는 것이다.

대한민국은 통일신라보다도 영토가 작지만 국력은 매우 강성하다. 미국과 군사동맹을 맺고 있으니 순식간에 한반도를 통일할 수도 있다. 통일한국의 국력은 만주지역으로 뻗어나갈 수도 있다. 조선족이 통일한국에 협력하는 사태가 벌어지는 것이다. 친미국가인 통일한국의 등장은 위협적이기에 중국은 한반도가 분단 상태로 있길 원한다.

따라서 등거리 외교를 한다. 남한과 교류하는 것은 남한이 제공하는 막강한 투자를 활용하기 위해서이다. 유엔은 중국도 포함된 안보리 5대 상임이사국의 핵무장만 인정한다. 중국은 이 지위를 이어가기 위해 북한의 핵무장에 반대하지만, 북한을 붕괴시키는 것에는 더 반대한다. 대한민국이 한반도를 통일해 만주 지역을 흔들수도 있기 때문이다.

중국은 6·25전쟁 때 유엔군과 싸웠다. 그런데 지금은 '한반도 분단은 유엔이 한 것이니 분단과 휴전을 유지해야 한다'며 세칭 쌍중단과 쌍궤병행을 주장한다. 이를 구현하기 위해 동북공정이라는 역사공작도 펼치고 있다. 중국에 있는 고구려와 고조선은 중국 고구려, 중국 고조선이라는 것이다.

7

　이런 점에서 동북공정은 상당히 정치적이다. 동북공정이 우리의 민족통일을 가로막고 있다면 우리는 이를 깨는 노력을 해야 한다. 홍지선 씨의 호통으로 동북공정 실체를 보도했던 기자는 동북공정에 맞서는 취재를 확대해, 2009년 『발로 쓴 反동북공정』(지식산업사)라는 책을 내게 됐다. 이는 우연에서 평생을 헌신할 주제를 찾은 경우였다.

　그러나 그것으로는 부족했기에 더 많은 공부와 답사를 하게 되었다. 그렇게 하는 사이 10여 년이 흘러갔고 영감을 준 많은 분들도 만났다. 인하대 정외과의 남창희 교수가 그런 분이다. 남 교수는 "검증된 국제정치학 이론은 한국 고대사에도 적용돼야 한다"고 주장했다. 그의 주장을 받아들여 고구려사를 다시 보니 엄청난 전쟁사가 눈에 들어왔다.

　고구려의 전쟁사를 정리하면 우리도 유럽 못지않은 국제정치사를 만들 수 있겠다는 발견을 한 것이다. 고구려는 중국과 많이 싸웠는데, 그 싸움의 성격을 추적하면 동북공정을 부술 수 있다는 생각도 하게 되었다. 그래서 고구려의 전쟁과 외교를 정리하기 시작했는데, 지명(地名) 때문에 큰 혼란을 겪었다. 어디에서 어떻게 싸웠는지를 알 수 없으니 허공에다 글을 쓰는 것 같은 느낌이 들었다.

　그러할 때 고고학자인 인하대 대학원의 복기대 교수(융합고고학과)로부터 벼락같은 힌트를 얻었다. 『삼국사기』「고구려본기」 고국원왕 13년(343) 가을 7월조에 있는 移居平壤東黃城 城在今西京東木覓山中에 대한 해석이 그것이었다. 『삼국사기』 번역본들은 대부분 이를 '왕(고국원왕)이 평양 동황성으로 옮겨왔다(평양 동황성으로 천도했다는 뜻). 평양 동황성은 지금의 서경 목멱산 중에 있다'라고 풀어놓았다.

　이에 대해 복 교수는 "그러한 해석은 城在今西京東木覓山中에 있는 東자를 해석하지 않은 것이다. 그리고 移居平壤東黃城에 있는 東자도 잘못 풀었다. 『삼국사기』는 고려 때 편찬됐으니 今은 고려 시대이다. 고려는 고구려의 평양을 서경으로 불렀다"라며 이런 주장을 했다.

"移居平壤東黃城을 '평양 동황성으로 천도한 것'으로 번역하다 보니, 평양 동황성이 어디냐는 질문이 나오게 된다. 그런데 우리는 물론이고 고구려와 교류한 중국의 모든 사료를 찾아봐도 평양 동황성은 나오지 않는다. 그렇다면 東자는 '동쪽으로'라는 방향을 가리키는 것으로 풀어야 한다. 그렇게 하면 이 문구는 '왕이 평양 동쪽의 황성으로 옮겼다(= 천도했다)'가 된다. 같은 방식으로 城在今西京東木覓山中을 풀면 '성(=황성)은 지금(고려) 서경 동쪽에 있는 목멱산 가운데 있다'가 된다.

이를 종합하면 '고국원왕은 평양 동쪽의 황성으로 천도했는데, 황성은 고려 서경 동쪽의 목멱산 가운데 있다'가 된다. 황성은 「고구려본기」 안장왕 11년(529) 3월조에 '안장왕이 황성 동쪽에서 사냥했다(王畋於黃城之東)'며 다시 한번 거론되니 실존한 곳이 틀림없다.

황성으로 천도했던 고구려는 장수왕 15년(427) 평양으로 수도를 옮겼다. 그렇다면 장수왕의 아버지인 광개토왕 무덤은 황성에 있어야 한다. 지금 광개토왕릉비는 중국 집안(集安)시에 있으니, 집안이 곧 황성이 된다.

광개토왕릉비야 말로 가장 확실한 고고학적 유물이다. 그런데 한·중·일의 모든 역사 교과서는 집안을 고구려의 두 번째 수도인 국내로 비정해놓고 있으니, 이는 잘못된 것이다. 집안은 고구려의 국내성이 아니라 황성이 있었던 곳이다."

그의 지적은 충격이었다. 그리고 「고구려본기」를 다시 보니 명백하게 잘못 번역된 부분이 여럿 발견되었다. 그 중 하나가 태조대왕 94년 8월조의 '秋八月 王遣將襲漢遼東西安平縣 殺帶方令 掠得樂浪太守妻子'를 '태조대왕이 8월 장수를 보내 한나라 요동 서쪽의 안평현을 습격하게 하고 대방수령을 죽이고 낙랑태수의 처자를 잡아왔다'고 번역해 놓은 것이었다. 이는 襲漢遼東西安平縣의 西를 '서쪽으로'로 번역한 데서 나온 오류였다.

이 西자는 安平縣과 붙여서 읽어야 한다. '서안평현'은 요동군에 속한 지명이기 때문이다. 서안평현은 요동군의 동쪽에 있으면서 낙랑군을 잇는 요충지역할을 했다. 중국의 어떤 사료를 뒤져도 요동의 서쪽에 안평현이 있었다는 기록은 없다. 서안평현은 낙랑군은 물론이고 대방현과도 가까이 있었으니 서안평현에는 대방수령과 낙랑태수의 처자가 와있을 수 있다.

8

이러한 발견 후 국역 해설본에만 의지하지 않고 사료 원문을 주의 깊게 읽어가자 흐릿하던 고구려가 밝아지기 시작했다. 평양의 위치가 나온 것이다. 「고구려본기」 고국원왕 13년조에서 고국원왕이 평양 동쪽의 황성으로 천도했다고 했으니, '평양은 황성의 서쪽에 있다'는 간단한 사실을 이해한 것이다. 그렇다면 평양은 고구려의 황성인 지금의 중국 집안시 서쪽에 있어야 한다.

우리는 장수왕이 천도한 평양을 지금 북한에 있는 평양으로 알고 있다. 그런데 집안시 서쪽에는 북한 평양 지역이 없다. 집안시 서쪽에는 우리가 요동반도 혹은 요동지역으로 부르는 요양시 등이 있다. 그런데 중국의『요사』등은 지금 중국 요양시가 장수왕 이후 고구려가 도읍한 평양이라고 밝혀놓았다. 그렇다면『삼국사기』와『요사』의 기록은 논리상 일치하는 것이 된다.

평양을 중국 요양시 인근으로 비정하자 요동을 비롯한 다른 곳의 비정도 어느 정도 가능해졌다. 그에 따라 고구려가 싸운 전쟁터에 대한 발견과 이해도 보다 분명해졌다. 고구려의 역사지리가 정리되기 시작하자 고구려의 국제정치사를 만드는 것이 수월해졌다. 그리고 같은 사건을 기록한 중국 기록을 찾아 대입했더니, 보다 객관적인 고구려의 국제정치사가 만들어져 갔다.

고구려의 국제정치사 구성에 탄력이 붙자 고구려의 외교, 고구려의 정변, 고구려의 무역 등 주제별로 나눈 분석도 어느 정도 가능해졌다. 이러한 일을 하는 데 4년여의 시간이 걸렸다. 『삼국사기』「고구려본기」에 대한 정확한 번역과 이미 밝혀진 고고학적 조사, 그리고 국제정치이론을 접목시켜 본 것이 놀라운 결과를 낳기 시작한 것이다.

그러면서도 과도한 민족주의에 젖은 거대한 고조선사, 황당한 고구려사는 만들지 않겠다는 다짐을 했다. 이를 위해 적극 활용한 것이 중국 정사에 나온 기록이다. 중국 정사에 나온 기록을 인용해야 보다 객관적으로 동북공정을 부술 수 있다고 생각했기에 중국 기록 찾기를 거듭했다. 덕분에 감정적인 민족주의 사관을 갖지 않게 됐다고 생각한다.

이 책을 만들면서 줄기차게 의식한 것은 한·중·일 역사학계였다. 그들은 고조선과 고구려의 수도인 평양이 지금 북한의 평양이고, 중국 집안이 고구려의 국내성이라고 보고 역사 분석과 역사 만들기를 해왔다. 그런데 '북한 평양이 고조선과 고구려의 평양이 아니고 중국 집안이 황성이라고 한다'면, 이들의 성과는 허물어질 수 있다. 한·중·일의 숱한 논문과 연구성과는 헛일이 되는 것이다.

이 책에 '기자(記者)가 쓴'이라는 문구를 넣었다. 학자가 아닌 기자가 썼으니 부담을 갖지 말고 한·중·일 역사학자들은 기자의 주장을 검토해보라고 하기 위해서이다. 기자는 학자가 연구해서 발견한 것을 전달하는 일을 해야 하지만, 가끔은 기자가 던진 의견이 연구의 단초를 만들기도 한다.

학자들이 침묵하고 있을 때 동북공정을 폭로했던 필자는 한발 더 나아가 '우리가 알고 있는 고구려사가 옳으냐'는 문제를 제기한다. 기자가 역사를 상대로 탐사취재를 했으니 학자들도 한 번 해보라는 압박을 가하는 것이다. 부디 학자들은 기자의 이 도전을 외면하지 않기 바란다. 기자도 명예를 걸고 추적을 했기 때문이다.

<h1 style="text-align:center">9</h1>

초년 기자 시절 필자는 대선배인 조갑제 부장으로부터 "살인자의 변호사를 만나 그 변호사의 말과 논리로 살인자가 살인자임을 증명하는 기사를 만들라"는 요구를 자주 들었다. 그리고 탐사보도를 하려면 반대 편에 있는 이들의 논리와 증거로 그들의 논리를 부숴야 한다는 것을 깨달은 것이다. 때문에 중국 사료를 근거로 동북공정을 부수려고 했다.

우리는 요동을 요동반도가 있는 중국 요녕성의 요양(遼陽)시 인근으로 보고 있다. 그러나 필자는 요양이 장수왕 이후 전성기 고구려의 수도인 평양이고, 고구려의 요동(성)은 만리장성의 동쪽 끝을 흐르는 중국 하천 난하(灤河) 중하류에 있었다는 사실을 찾아냈다.

우리는 지금 요하를 기준으로 서쪽은 요서, 동쪽은 요동으로 부른다. 한·중·일 역사학계는 전성기의 고구려가 지금 요하를 경계로 중국과 대치한 것으로도 본다. 그러나 필자는 고구려가 깊은 요서까지 차지했다는 것을 발견했기에 이러한 구분을 거부한다. 난하(灤河) 중하류에 요동이 있었기 때문이다. 고구려가 요동을 차지했다면 고구려의 서변(西邊)은 깊은 요서에 있어야 한다.

고구려가 깊은 요서인 지금의 만리장성까지 가 있었다는 주장은 윤내현(단국대)과 박선희(상명대) 교수 등 여러 학자들이 이미 주장했던 것이다. 그런데 더 많은 학자들이 반대함으로써 이 주장은 재야 사학계만 수용하는 모양새가 되었다. 재야 사학자 중 일부는 우리 고대사를 너무 넓게 그리는 실수를 범했기에, 이 중요한 주장은 제대로 평가받지 못하고 있다. 필자는 탐사취재를 통해 이 주장의 정당성을 발견했다.

고려에 대한 재발견도 했다. 이것 역시 '고려의 서경은 고구려의 황성 서쪽에 있다'는 복기대 교수의 힌트가 큰 단초가 되었다. 이는 고려의 서경이 지금 중국의 요양시 근처에 있었다는 의미였기 때문이다. 그리고 『요사』와 『금사』 등을 찾아보니 중국 요양시 동쪽에 전성기의 고려와 요·금 사이의 국경선이 있었던 사실이 발견되었다.

고려는 후백제와 신라를 통합해 한반도 전역을 석권했다. 그러나 요나라에 막혀 지금의 요양시 동쪽에서 발을 멈췄다. 요양시는 요와 금의 영역이 되었기 때문이다. 그런데 고려는 한반도 전역을 차지하고 윤관의 완안부 토벌로 동북으로는 영토를 더 넓혔기에, 전체 면적은 전성기의 고구려에 견줄 수 있었다.

고려에 대한 이해가 바뀌자 옥저와 예맥·말갈·삼한·초기백제·초기신라·왜(倭)에 대한 이해도 흔들렸다. 그리고 발견한 것이 고대의 한반도는 지금의 요동반도라는 사실이었다. 우리의 고대사는 지금의 요동반도에서 펼쳐졌다고 봐야 중국 사서의 기록과 더 일치한다는 사실을 알게 된 것이다. 한반도 남쪽에서 일어난 나라는 가야(가락)뿐일 수도 있다는 판단도 했다.

10

이러한 이해는 하나하나 그림을 그려가는 과정에서 발견되었다. 중국 사료에 나오는 설명을 토대로 그림을 그려본 후 이 그림을 현대 지도와 대조해가며 주요 도시의 위치를 찾아 본 것이다. 때문에 처음에 이 책을 편집한 글마당 편집실이 많은 고생을 했다. 교정을 보는 과정에서 필자는 많은 수정을 했는데 이를 묵묵히 수용해 주었다. 이 자리에서 편집팀의 노고에 대해 다시 한번 감사드리고자 한다. 이러한 노고에도 불구하고 이 책은 글마당 측 사정 때문에 출판되지 못했다.

그리고 주류성출판사를 만났는데, 글마당은 그들이 편집해온 것을 '흔쾌히' 제공해주었다. 큰 배려를 해준 것이다. 지면이 없으면 기자는 존재할 수가 없는데, 그 중차대한 문제를 주류성이 풀어준 것이다. 덕분에 필자는 단군 이래 최대의 역사 분실 사건을 고발할 수 있게 되었다.

이 책이 독자들로부터 얼마나 관심을 끌지는 누구도 예측할 수 없다. '문과라서 죄송하다'는 '문송'이라는 시속어가 있을 정도로 문사철(文史哲)에 대한 관심은 바닥에 이르렀다. 그런데도 출판을 결심해준 주류성출판사에 큰 감사의 인사를 올린다.

이 책에 서술된 것 중 일부는 추측으로 구성된 것도 있다. 그러나 객관성 있는 추측을 했다고 자부한다. 추측의 근거와 정확도를 높이기 위해 페이지를 오가며 대조할 수 있도록 편집을 했다. 때문에 다소 복잡한 느낌을 줄 것이다. 너무 많은 주제를 다룬 것도 불편으로 다가올 것으로 본다. 의욕이 앞섰기에 일어난 잘못들이다.

방일영 재단에 대해서도 고마움을 표하고 싶다. 처음에는 고구려 국제정치사는 정리를 하는 데 1년이면 족할 것으로 보고 재단에 지원을 요청했는데, 생각보다 길어졌다. 그런데도 재단은 기다려주었다. 덕분에 스스로를 재촉해 이 책을 만들 수 있었다.

기자가 감히 역사 탐사취재를 한 것은 통일을 이루어 강한 대한민국을 만들었으면 하는 소망 때문이다. '기자가 쓴' 이 책이 우리 고대사를 새로 만들어 동북공정을 부수고 통일의 의지를 일으키는 계기를 만들었으면 한다.

우리는 에너지가 넘쳐나는 민족인데 그 에너지를 우리끼리 싸우는데 소진하고 있다. 내폭(內暴)하는 에너지를 방향을 돌려 외폭(外暴)시킨다면 우리는 통일을 해낼 수 있다고 본다. 고구려가 바로 외폭으로 성장했던 나라다. 코리아는 고구려를 벤치마킹해야 한다. 정확하게.

2019년 5월 15일

이 정 훈

목차

그림 목차

1장

국사가 아닌 국제관계사로 보아야 한다

고구려 무덤 벽화에서 많이 발견되는 삼족오

© 위키피디아

1) 만주를 부르는 우리의 고유 명사는 무엇인가

중국은 지금 한반도 너머의 북쪽을 '동북(東北)지역'으로 부르고 있다. '동삼성(東三省)'이나 '동북삼성'[1]으로도 일컫는다. 그러나 이는 중화인민공화국이 만들어진 뒤에 생겨난 이름이다. 고대에는 그렇게 부른 적이 없다. 동삼성과 동북삼성, 이를 줄인 '동북'은 중국의 수도인 북경(北京)에서 봤을 때의 방향[東, 東北]에 중국의 행정구역[三省]을 강조한 것이니 지극히 중국 중심적이다.

동북과 만주

일본은 '만주(滿洲)'로 불러준다. 이는 그곳에서 일어나 청(淸)나라를 세운 여진족이 '만주'를 사용한 데서 비롯됐다. 만주는 '후금(後金)'을 세운 누르하치가 '만주칸(滿洲汗)'[2]을 자처하고, 그의 아들 홍타이지가 1636년 국호를 '청'으로 바꿔 황제에 오르며 '여진인'을 '만주인'으로 개칭하면서 보편화됐다고 한다.[3] 청나라가 무너진 후 그곳을 공략한 일본이 '만주국'을 세워줬으니, 일본은 그곳을 만주로 부른다.[4]

우리는 그곳을 무엇으로 부르고 있는가. 우리는 그곳을 고조선과 고구려·발해가 일어난 곳으로 확신하고 있으니 그곳을 가리키는 '우리 이름'을 갖고 있어야 한다. 그런데 바로 떠오르지 않으니 낭패가 아닐 수 없다. 그리하여 최근의 중국인이나, 과거의 만주인과 지금의 일본인이 불러온 '동북'이나 '만주'로 부른다면, 이는 그 지역에 대한 우리의 '역사 주권'을 포기하는 것이 될 수 있다. 중국의 동북공정에 대항하지 못하게 되는 것이다.

우리와 세계는 지금 우리가 터 잡고 있는 곳을 '한반도'로 부른다. 따라서 이곳에서 분쟁이 일어나면 세계는 '한반도사태'로 불러준다. 그와 마찬가지로 지금의 압록강 북쪽에서 사건이 일어난다면, 중국은 '동북사태', 일본은 '만주사태'로 부를 것이다. 우리는 무엇으로 호칭할 것인가. 아무 생각도 없이 중국의 '동북사태' 일본의 '만주사태'를 따라 사용한다면, 우리는 중국의 동북공정을 비난할 자격이 없다.

답답할 땐 역사를 뒤적이는 것이 방법이다. 우리와 중국의 사서들은 그곳을 '요동(遼東)'으로 불러왔음을 보여준다. 조선 『태조실록』에는 고려 우왕 14년(서기 1388년) 3월 '우왕이 최영과 함께 요동을 공격[攻遼]할 계책을 결정하였으나 감히 드러내어 말하지는 못하고 "사냥을 간다"고 핑계하고는 서쪽의 해주(海州)로 행차하였다.'[5]는 내용이 있다. '공요(攻遼)'는 위화도 회군을 한 이성계가 최영에게 '공요죄(攻遼罪)'를 걸어 참형시킬 때 다시 쓰이게 된다.

공요(攻遼)의 '요'는 '요동'으로 이해되고 번역된다. 뒤에서 살펴보겠지만 고려시대에 편찬된 『삼국사기』는 수와 당이 고구려를 치는 전쟁을 '요동전쟁[遼東之役]'으로 불렀음을 보여준다. 요동은 고구려와 고려는 물론이고 조선시대에도 쓰였다. 대한민국이 성립된 다음에도 상당기간 사용됐는데, 어느 틈엔가 잊어버리고 중국이 만든 '동북삼성'을 많이 사용하게 되었다.

이에 대해 "요동은 중국이 지은 이름이 아니냐?"라는 반론이 나올 수 있음을 안다. 날카로운 지적이다. 뒤에서 밝히겠지만 요동은 대륙세력이 정한 이름이 확실하다. 그러나 '우리것도 된 이름'이라고 본다. 요동에는 우리의 역사의식이 들어가 있다고 보는 것이다. 최영이 요동 수복을 주장한 것도 그 때문이었다. 대한민국을 大韓民國으로 쓴다고 해서 중국으로 보지 않듯이, 요동을 遼東으로 적는다고 하여 중국 것으로 보지 말자.

과거의 요동, 지금의 요동

오늘날 우리는 요동을 지금의 요동반도가 있는 곳으로 이해한다. 중국이 '요동만'으로 부르는 바다를 향해 흐르는 지금의 요하(遼河) 동쪽 지역으로도 보고 있다.

요하의 동쪽이 요동이니 요하의 서쪽은 요서(遼西)로 본다. 이러한 인식은 후대에 만들어진 것일 수도 있다. 강 이름은 바뀌는 경우가 있기 때문이다. 이동하는 경우도 있었다.

'만(灣)'은 현대 지리학에서 채택한 개념이니 요동만은 요동이 정해진 후 지어진 이름이 확실하다. '요동만'이란 이름을 근거로 지금의 요동반도 일대를 요동으로 볼 수는 없다(65쪽과 183쪽 지도 참조). 요동만은 그 왼쪽에 있는 바다와 함께 고대에는 '발해'로 불렸다. 고대의 요수가 지금의 요하가 아니라면, 고대의 요동과 지금의 요동은 다른 곳이 된다.

요동을 탐구하기 위해서는 지금의 요동반도가 과거에도 요동이었을 것이라는 인식부터 지워야 한다. 이 정도의 문제의식을 갖고 우리의 역사주권을 자극하는 요동에 대한 탐구를 시작해보자. 이 탐구는 우리의 고대사를 분석해 재정리하는 것으로 본격화한다.

우리의 정사(正史)[6]가운데 가장 오래된 것은 『삼국사기』인데, 『삼국사기』에는 고구려 통사인 「고구려본기」가 있다. 유일한 고구려 통사인 「고구려본기」를 토대로 기본적인 '고구려의 국제정치사'를 만들고, 고구려와 교섭한 대륙국가의 일을 기록한 중국 사서의 기록을 추가해, 보다 객관적인 '고구려의 국제정치사'를 구성하는 것이다.

고구려는 한4군(漢四郡) 시절을 사이에 두고 고조선에서 나왔으니 고구려를 살펴보려면 고조선부터 연구해야 한다. 그런데 고조선을 기록해 놓은 우리의 사서는 매우 적다. 정사에 속하지 않는 『삼국유사』 등에 산발적으로 기술돼 있을 뿐이다. 그러나 『사기』를 비롯한 중국의 정사에는 제법 기록이 있다. 이러한 자료를 모아 고조선사를 정리하고 그것과 고구려의 관계를 밝히며 고구려의 뿌리를 규명해본다.

요동은 중국 전국시대의 연(燕)나라가 요동지역에 요동군을 포함한 연5군(燕五郡)

을 설치함으로써 비롯된 측면이 강하니, 중국 사서를 근거로 찾아본다. 이러한 노력을 하는 과정에서 '고구려의 평양' 찾기도 시도한다. 평양은 중국의 한(漢)나라가 설치한 한4군의 하나인 낙랑군의 치소(治所, 중심지)였으니 우리는 물론이고 중국의 기록을 토대로 위치를 추적해본다.

2) 왜 고구려는 대륙세력과 더 많이 관계했나

고조선사와 고구려사는 국사(國史)가 아닌 국제관계사(國際關係史)의 시각에서 보아야 한다. 이유는 고조선과 고구려가 예맥·옥저·신라·백제 등 우리 역사를 구성하게 된 나라보다는 중국 대륙에서 일어난 나라들과 더 많이, 그리고 더 치열한 관계를 만들어왔기 때문이다. 중국 대륙에서 일어난 나라와의 관계를 밝혀야 보다 객관적인 고조선사와 고구려사가 만들어진다.

중국은 고구려가 대륙에서 일어난 세력과 더 많이 얽혔다는 것을 근거로 '고구려는 중국에서 일어난 지방정권 중의 하나'라고 주장한다. 같은 논리로 '고조선도 중국에서 일어난 역대 지방정권의 하나'로 본다. 이 주장은 무시할 수가 없다. 『삼국사기』「고구려본기」는 고구려가 신라·백제보다는 대륙에서 일어난 세력과 더 많이 외교하고 전쟁했음을 보여주고 있기 때문이다.

우리는 대륙에서 일어난 나라와 더 많이 교류한 고구려가 왜 우리 역사가 되어야 하는지를 설명할 수 있어야 한다. 그 설명은 '지금의 우리'에서 찾을 수 있다. 우리는 북한과 같은 민족으로 역사를 공유하지만, 미국·중국·일본 등과 더 많이 교섭하고 있다. 미국과는 군사동맹을 맺을 정도로 긴밀하다. 이는 같은 민족일지라도 정치적인 필요에 따라 대립하고 무심할 수 있다는 것을 보여준다. 관계가 많다는 것과 같은 민족, 같은 역사체라는 것은 다른 문제다.

관계가 많았다면 그 관계사를 분석해보아야 한다. 관계사가 자주적으로 이뤄진 것이라면, 아무리 관계가 많아도 양측은 별개 국가이기 때문이다. 반면 관계가 적고 대립적이더라도 같은 뿌리를 가졌다는 인식을 갖고 있으면 동일한 민족으로 보아야 한다. 그래서 고구려가 만든 관계사를 보자는 것이다.

외교와 무역과 전쟁이 고대 관계사의 핵심

고대(古代)에는 기술의 발전이 빠르지 않았다. 기술 발전은 사회 발전을 일으키는 핵심 동력인데, 기술 발전이 적으니 시간이 흘러도 사회는 별로 변하지 못했다. 비슷한 일상이 이어지는 것인데, 일상적인 것은 기록으로 남길 이유가 없다. 고대의 변화는 대개 천재지변이나 전쟁에 의해 발생했으니 고대 사서들은 천재지변이나 전쟁을 주로 기록했다. 천재지변보다는 전쟁이 더 강력했기에 전쟁에 대한 기록이 많을 수밖에 없다.

동서고금을 막론하고 국가는 중요한 행위자이다. 국가가 타국을 상대로 하는 행위에는 외교와 전쟁 그리고 무역이 있다. 외교는 상시적으로 이뤄지지만, 전쟁과 무역은 '대체재' 관계에 있다. 전쟁이 있으면 무역은 줄고, 전쟁이 끝나면 무역이 증가하는 것이다. 전쟁을 하지 않지만 외교도 단절한 냉전기라면 무역도 없겠지만, 고대에는 경제 블록을 만드는 냉전 체제를 구성하기 어려웠다. 전쟁이 끝나면 서로의 필요에 의해 다시 무역을 복원하였다.

고대에는 항공기가 없었으니 무역은 전쟁처럼 국경을 맞댄 나라하고만 한다. 대상(隊商)에 의해 멀리 있는 나라와도 무역했지만 대상도 국경을 넘어 들어오니, 그들에 의한 무역도 결국은 국경을 맞댄 나라와 하는 것이 된다.

그러나 바다에서는 국경을 맞댄다는 개념이 성립될 수가 없다. 배의 운반력과 기동성은 대단하니 해상교역은 아주 멀리 있는 나라와도 가능했다. 그러나 조선술과 항해술이 발전하지 못했기에 고대의 해상교역은 제한적이었다.

고대 사회를 떠받쳐준 핵심 산업은 농업과 수공업이었다. 하지만 두 산업에서는 큰 부자가 나오기 어려웠다. 초대형 농업과 초대형 수공업을 할 수 없었기 때문이다. 식민지 등에서 플랜테이션 농업을 해 큰돈을 버는 것과, 초대형 공장을 만들어 소비자가 원하는 물품을 대량생산함으로써 갑부가 될 수 있는 체제는 산업혁명 전후에 만들어졌다.

그러나 장사나 무역에서는 지금은 물론이고 고대에도 큰 부자가 나올 수 있었다. 매점매석이나 독점무역 등을 할 수 있었기 때문이다. 무역은 국내 상업과 국내 권력과도 연계된다.

초대형 상인들이 모여서 거래하는 시장은 부(富)를 창출하는 곳이 된다. 초대형 상인들은 권력의 보호를 받고자 하고, 권력자들은 부를 탐하니 시장은 교역의 무대이면서 정치의 거점으로 자라난다. 이러한 거점에서는 교역을 보다 잘 하기 위해 간접자본 투자가 이뤄진다.

모여든 상인과 소비자들이 먹고 잘 수 있는 시설이 형성되는 것이다. 이들이 가져온 물품을 임시로 보관해주는 창고 체제도 구축된다. '원시 은행' 시스템도 만들어진다. 이들 간에 다툼이 생기면 중재하고 재판해 주는 시스템도 도입된다. 많은 사람과 시스템이 모여 유통을 도와주니, 그곳은 더 큰 부를 창출한다.

교역의 거점은 정치의 거점으로 자라나니 그곳을 차지하고자 하는 노력이 일어난다. 따라서 그곳을 차지한 세력은 '지키는 시스템'을 구축한다. 군대를 만들고 성(城)을 쌓고 봉수(烽燧)처럼 적의 침입을 알려주는 조기경보 체제를 갖춘다. 정치의 거점은 군사의 거점으로도 발전해 가는 것이다.

그리고 이따금 전쟁이 일어나는데, 이 전쟁은 무역보다 더 큰 물류를 요구한다.

기동하는 군대는 상단(商團)보다 많은 인원과 물자를 운송시켜야 하기 때문이다. 이러한 수송을 인력(人力)으론 할 수가 없다. 우마(牛馬)는 물론이고 우마가 끄는 바퀴 달린 수레[牛馬車]를 필요로 한다. 물길이 있으면 배도 투입한다.

고구려는 산성 이상으로 평지성(平地城)을 중시했다

우마와 우마차가 다니려면 보다 넓고 평탄한 길이 있어야 한다. 꼬불꼬불 올라가는 산길로는 수송력이 좋은 우마차는 물론이고 우마도 다니기 어렵다. 따라서 전쟁이 거듭되는 곳에는 넓고, 구비와 기울기가 적은 길이 만들어진다. 그 길을 따라 이동하는 이들이 필요로 하는 것을 제공해주는 사람과 시설도 모이게 된다.

평시에는 무역로나 물류로로 쓰이던 길이 유사시에는 전쟁로가 되는 것이다. 전쟁은 물류하기 좋은 길을 따라 오가며 일어나니, 전쟁 연구를 하려면 '길부터' 찾아야 한다. 이 길은 산업화 이전의 길이다.

지금은 토지 수용에 대한 저항과 토지 보상비 때문에 사람이 살지 않은 곳으로 길을 내고 있다. 발달한 교통수단 덕분에 '둘러가는 것'은 일도 아니게 됐으니 우회도로가 우후죽순처럼 생겨난 것이다. 고속도로나 고속화도로는 더욱 그러해서, 사람이 살지 않는 산을 뚫고 하천에 다리를 놓은 식으로 건설된다.

우리 처지에서 산업화 시기는 일본의 지배에 항거했던 대일(對日)항쟁기부터이다. 그 시기 일본은 고대부터 사용해온 구불구불한 길을 펴서 넓히며 신작로(新作路)를 만들었다. 신작로는 우회도로가 아니었다. 고대부터 있던 도시를 보다 넓고 부드럽게 이어주는 도로였을 뿐이다. 그런 점에서 신작로는 고대부터 있어온 도로와 크게 다르지 않다고 보아야 한다.

고대에는 길을 내는 것이 쉽지 않았다. 기존 도로를 유지·보수하는 것도 벅찬 일이었으니 오랜 세월이 지나도 도로는 변하지 않았다. 따라서 『대동여지도』처럼 조선 후기에 만든 지도가 있다면 이를 1,000여 년 전의 도로 지도로 보아도 무방하리라 본다. 그러한 지도를 구할 수 없다면 한반도와 만주를 지배한 일본이 만든 신작로 지도를 참고해도 좋을 것이다.

대일항쟁기 때는 바다를 메우는 간척사업이 활발하게 일어나지 않았으니, 해안선과 해안 일대의 도로는 고대와 같았을 것이다. 그러나 오랜 시간에 걸쳐 지역민들이 해온 간척 사업이 있었거나 해수면 변동 같은 자연 변화가 일어났다면 해안선은 물론 그 바다로 흘러가는 강 하류의 강안선(江岸線)도 조금은 변했을 것으로 보아야 한다. 이러한 변화는 길을 변화시키지만 흔하게 일어나지 않았다.

길은 물류를 하는 상인들이 만들어 놓은 것이고, 큰 시장이 있는 거점을 지난다. 따라서 고대의 거점은 사통팔달한 도로를 가진 평지에 건설된다. 방어하기 좋은 첩첩산중이 아니라 평지나 평지에 준하는 곳에 건설된다. 많은 이들이 들어와 살 수 있는 '대성(大城)' 형태로 만들어지는 것이다.

평지에 있는 대성(大城)과 대비되는 것이 산성(山城)이다. 고구려 이래 우리 민족이 외침을 당했을 때 자주 구사해온 전술이 '청야입보(清野入保)'였다. 적이 쳐들어오면 평지에 있는 농작물을 모두 수확하거나 제거한 후 고지(高地)에 만들어놓은 산성에 들어가 농성하는 것이다. 우리는 반드시 물을 구할 수 있는 고지에 산성을 만들었으니 장기간 견딜 수 있었다.

수송력의 한계 때문에 공격하는 군대는 모든 군수품(軍需品)을 갖고 올 수가 없었다. 식량을 비롯한 상당량은 현지에서 조달해야 했다. 따라서 들판의 농작물을 없애고 산성으로 들어가 버리면, 침공한 적은 식량난에 직면한다. 우리를 공격한 외군은 기동성을 높이기 위해 기병 위주로 편재돼 있다. 말은 많이 먹어야 하는데 먹일 것이 적고, 우리의 겨울은 매우 혹독하다.

따라서 적군은 겨울이 오면 대개 철수하는데 그때 산성에 있던 우리 군이 쏟아져 나와 공격했다. 이것이 바로 청야입보 전술인데, 이 전술은 조선은 물론이고 6·25 전쟁 때도 사용되었다.

ⸯ 인천상륙작전 이후 유엔군은 '당연히' 길을 따라 북진했다. 그때 중국군이 참전했다. 1950년의 겨울이 시작되자 북한 군과 중국 군은 미군이 올라오지 않는 산을 타고 남진해 후방을 차단한 후 포위 공격했다. 그로 인해 함경남도 장진호까지 진격했던 미 해병대 1사단과 평북 운산군을 장악한 미 육군 1기병사단이 엄청난 피해를 입었다. 북한의 많은 산지와 혹독한 겨울을 이용해 펼치는 청야입보 전술은 외국군을 물리치는 좋은 전술이었던 것이다.

그러다보니 우리는 평지성보다는 산성을 더 의식하게 되었다. 성은 당연히 산에 있다고 보게 된 것이다. 평지성은 강력하게 짓지도 않게 되었다. 우리가 만든 평지성의 대표가 조선의 한양 도성(都城)이다(한양 도성은 산지에도 건설돼 있기에 평산성으로 분류된다). 지방에 가면 고을 원이 통치했던 읍성(邑城) 등을 볼 수 있는데, 읍성도 평지성(혹은 평산성)에 해당한다.

우리의 도성·읍성은 유럽은 물론이고 중국·일본에서 볼 수 있는 평지성에 비하면 매우 허약하다. 유럽과 중국·일본에서는 산으로 피신해 항전하는 청야입보 전술을 거의 구사하지 않았으니 난공불락의 평지성을 만들게 되었다. 유럽과 중국·일본은 아주 단단하게 지은 평지성에서 물류와 전쟁을 함께 한 것이다.

고구려는 대륙에 맞닿아 있으니 평시에는 그들과 많은 교역을 할 수밖에 없다. 그러한 교역지가 유사시에는 전쟁터가 되니 고구려는 산성만큼이나 강력한 평지성을 발달시켜야 했다. 고구려는 산성도 지었지만 강력한 평지성도 구축한 것이다.

그러한 평지성이 고구려가 무너진 후 그곳에 들어선 나라들의 거점이 되었다. 고구려가 만들어 놓은 평지성은 수많은 도로가 이어져 있으니, 그곳을 차지한 세력은 성의 이름을 바꿔 계속 사용하는 것이다. 고구려가 무너진 후 그곳에서는 대진국

(발해)·거란[遼]·여진[金]·몽골[元]·만주[淸]족이 일어났으니, 고구려의 평지성은 이름이 바뀌어 그러한 나라의 거점이 된다.

고구려의 관계사를 찾을 때는 발해에서 만주(여진)에 이르는 여러 민족이 거점으로 차지한 곳을 고구려의 요충으로 보고 추적하는 관점을 갖춰야 한다.

고구려는 한4사군을 정복하며 일어나, 모용선비를 비롯한 주변의 여러 종족과 혈투를 벌였다. 그리고 그들이 차지하고 있던 곳을 빼앗았는데, 이는 이들의 거점을 고구려가 사용하게 됐다는 뜻이다. 고구려 역시 다른 세력이 만들어 놓은 거점을 고구려의 거점으로 이용했으니, 고구려의 역사를 알려면 이전의 다른 세력이 만든 거점도 살펴보아야 한다. 대표적인 곳이 요동이다. 고구려가 빼앗은 곳 역시 평시에는 교역이 일어나는 평지성이 주류였다.

고대 사서는 교역을 기록하지 않았다

평시에는 교역, 유사시에는 전투가 일어나는 사통팔달한 도로를 가진 방어의 거점이 커지면, 그곳은 그 지역의 정치를 하는 '중심(重心)'이 된다. 클라우제비츠는 중심을 'Center of Gravity(CoG)'로 표현한 바 있다.[7] 미국 국방부는 CoG를 '정신적 또는 실질적인 힘과 행동하는 자유, 행동하려는 의지를 제공해주는 원천(源泉)이다. 따라서 항상 힘(strength)이 뿜어져 나오는 곳으로 보인다.'[8]라고 정의해 놓았다.

고대의 관계사는 평시에는 중심(重心)을 중심(中心)으로 한 교역과 외교, 유사시에는 중심(重心) 점령을 목표로 한 전쟁으로 구성된다. 그런데 평시에 중심에서 이뤄지는 교역은 '일상사'인지라 기록되는 일이 드물다. 고대 사서는 큰 변화인 전쟁은 기록하지만 교역은 잘 기록하지 않았으니, 고대사를 연구할 때는 교역 부분이 생략돼 있다는 것을 의식하고 살펴보아야 한다.

고대 사서는 간접적으로 교역을 거론한다. 고대 사서는 국가 간의 무역을 '조공(朝貢)'으로 기록해 놓은 경우가 많았다. 지금도 그렇지만 고대에도 무역 분쟁은 전쟁의 사유가 될 수 있었다. 이를 고대 사서들은 '조공을 하지 않아 치게 되었다'는 식으로 표현해 놓았다.

조공무역은 국가와 국가가 하는 공(公)무역의 일종이었지만, 상인들끼리 하는 사(私)무역도 있었다. 조선은 청나라와 공무역을 하는 국경의 시장을 '개시(開市)', 양국의 상인이 만나 사무역하는 국경의 시장을 '후시(後市)'라고 했었다.[9] 조선 조정은 개시는 물론이고 후시도 엄격히 관리했다. 이유는 사무역이 조선 지배층은 물론이고 피지배층인 상인의 부를 늘여주는 핵심 기능을 했기 때문이었다(부유해진 상인은 반란에 참여할 수 있으니 조선은 사무역을 통제하려고 했다).

상인들은 실력자의 지원을 받아야 무역권을 따내고 유지할 수 있으니 '권상(權商)결탁'은 일어날 수밖에 없었다. 따라서 무역에서 심각한 문제가 발생하면 전쟁이 일어났다. 고대 사서에 간접적으로 나타나는 이러한 무역 갈등도 추적해 고구려와 주변국 간의 관계사를 복원해본다. 생략된 무역을 살려내고, 무역과 전쟁으로 점철된 고구려의 관계사를 만들어보는 것이다.

광개토왕과 장수왕 이후의 고구려는 확실한 제국(帝國)이 되었는데, 그러한 고구려는 두 개의 중심을 가졌던 것으로 판단된다. 요동과 평양이 그곳이다. 그 두 곳을 집중적으로 추적해 보기로 한다. 그리고 요동이 만주를 가리키는 보통명사가 된 이유도 밝혀본다.

요동은 무역의 중심, 평양은 정치의 중심

고구려는 광개토왕 때 전국시대 연(燕)나라가 만든 요동군 지역을 차지했다. 그리고 중국 대륙 북쪽의 북위(北魏), 남쪽의 남조(南朝) 나라들과 동북아를 삼분하는 제국(帝國)으로 등극했다. 왜 고구려는 전국시대의 연나라가 만든 요동군을 확보한 후 제국이 된 것일까. 그 이유는 간단하다. 요동군이 창출하는 부가 매우 컸기 때문이다.

요동군은 고구려의 국경에 있는 무역과 군사의 중심이었다. 때문에 수와 당은 고구려를 치는 전쟁을 '요동전쟁[遼東之役]'으로 불렀다. 이는 요동이 제공해주는 부를 빼앗기 위해서 두 나라가 전쟁을 했다는 뜻이다.

광개토왕 이전의 고구려도 요동을 빼앗기 위해 혈투를 벌였는데, 이것 역시 부를 차지하기 위한 노력이었다. 고구려와 대륙세력은 항상 요동을 놓고 다퉜으니 요동은 우리 영토의 '북단(北端)' 또는 '서북단(西北端)'이란 인식을 만들어냈다.

북한의 주체사상도 무너뜨려야 한다

제국 고구려를 이끈 장수왕은 평양을 수도로 삼았는데, 이는 평양이 고구려의 중심임을 의미한다. 고구려는 대륙세력과 수많은 전쟁을 치렀으니, 방어가 용이하도록 종심(縱深, depth)이 깊은 곳을 수도로 삼아야 했을 것이다.

평양이 그러한 곳이다. 그런데 사서의 기록에 따르면 그곳은 북쪽에 있는 패수(浿水)를 통한 조운(漕運)이 가능했으니 배를 통해 대륙세력과 연결할 수 있었다. 평양은 해륙물류(海陸物流)의 중심(重心)이면서 정치의 중심이었던 곳이다.

그런데 '옛날 요동'에서는 조운을 했다는 기록이 없다. 중국의 정사인 『한서』「지리지」는 요동군에 대요수(大遼水)가 흘렀음을 보여준다. 요동군은 요수의 동쪽에 있는 것이 아니라, 요수를 품고 있는 것이다. 요동(군)이 요수의 동쪽이 아니라 요수를 품고 있었다는 것은 반드시 기억해 두어야 할 대목이다.

중국 사서들은 한(漢)나라가 기자조선과 위만조선이 수도로 삼았던 왕험성을 정복해 낙랑군의 치소인 조선현으로 삼았음을 보여준다. 왕험은 낙랑이 된 것이다.

우리 사서인 『삼국사기』는 고구려의 동천왕이 낙랑군을 차지하지 못한 상태에서 왕험성과 이름이 비슷한 왕검성을 평양으로 부르며 천도했음을 보여준다.

그렇다면 왕험과 왕검은 다른 곳이 된다. 그러나 한국과 중국의 사학계는 대부분 왕험과 왕검을 같은 곳으로 본다. 그리고 두 곳을 지금의 북한 평양으로 비정하고 있다. 북한은 이러한 비정을 매우 반기고 있다. 평양은 고조선과 고구려가 일어난 곳이니 한민족의 정통은 서울이 아닌 평양에 있다고 주장할 수 있게 되었기 때문이다.

그러한 곳에서 김일성을 필두로 한 김씨 왕조가 일어났으니, 북한은 분단 시대의 정통은 김씨 일가에 있다고 주장할 수 있게 된 것이다. 우리는 동북공정과 함께 김씨 일가의 역사관도 부술 수 있어야 한다. 이러한 목표의식을 갖고 우리의 역사에 대한 탐사에 들어가 보자.

1) 중국의 동삼성, 동북삼성은 요녕(遼寧)성·길림(吉林)성·흑룡강(黑龍江)성을 가리킨다.

2) 중국 사서들은 흉노의 리더를 '선우(單于)', 선비와 돌궐의 대표자를 '가한(可汗)'으로 기록해 놓았다. 가한과 칸·한은 같다. 선비와 돌궐 그리고 그 후예들이 '칸'으로 부르는 것을 한자로 '가한(可汗)' 또는 '한(汗)' 등으로 적었기 때문이다. 이를 보여주는 좋은 사례가 대몽골을 이룬 칭기즈 칸의 '칸'이다. 만주족도 이를 이어 받아 최고 지도자를 '칸'으로 불렀다.

3) 여진족의 각 부족을 통일하고 1616년 한(汗)을 칭하며 후금(後金) 정권을 건립한 누르하치는 스스로를 '만주한(滿洲汗)'으로 불렀다. '청'으로 국호를 바꾼 태종(홍타이지) 재임 시절인 1635년 이들은 여진인(女眞人)을 만주인(滿洲人)으로 개칭했는데, 그때부터 만주는 족명(族名)에서 지명(地名)으로 바뀌어 전해졌다고 한다.

4) 1895년 청일전쟁에 승리한 일본은 지금의 요동반도를 중국으로부터 조차 받게 되었으나 러시아 등 3국이 개입해 그 지역 조차에 실패했다. 일본은 1905년 러일전쟁에서 승리한 다음 청나라로부터 그곳 조차권을 다시 받아낼 수 있었다. 일본은 조차 받은 요동반도 지역을 '관동주(關東州)'로 명명했다. 그곳을 통치하기 위해 '관동도독부(關東都督府)'를 설치하고, 그곳을 방어하기 위한 군대로 '관동군'을 배치했다. 1907년 일본은 청나라로부터 남만주철도 부설권을 따내 건설했다 (469쪽 지도 참조)

1931년 관동군의 2과장인 이타가키 세이시로(板垣征四郎) 대좌와 작전주임참모인 이시하라 간지(石原莞爾) 중좌가 기획하고 관동군 고급참모 고모토 다이사쿠(河本大作) 대좌팀이 움직여 남만주철도의 유조호(柳條湖)역 인근의 철길을 폭파했다. 그리고 북양(北洋)군벌의 리더로 활동하다 1928년 폭사한 장작림(張作林)의 아들인 장학량(張學良)이 지휘하는 중국 동북군이 이 사건을 일으켰다고 우기며, 관동군을 만주 전역으로 침투시켜 점령하는 사변(9·18만주사변)을 일으켰다. 만주 전역을 석권하게 된 관동군은 이듬해 청나라의 마지막 황제였던 부의(溥儀)를 옹립해 '만주국'을 세워 주었다. 그리고 만주국에 주둔하게 된 일본군은 계속 '관동군'으로 부르게 했다.

5) 『太祖實錄』卷1 禑王 14年 三月 禑獨與瑩 決策攻遼 然猶未敢昌言也. 托言遊獵, 西幸海州.

6) 기전체(紀傳體)로 기술된 중국 역대(歷代)의 역사서. 중국 한나라부터 명나라까지 25개 정사가 있어 '25사(史)'로 부른다. 당연히 국가에서 편찬했으나 초기의 중국 정사는 개인이 만들었다. 우리나라에서는 『삼국사기』와 『고려사』가 기전체로 구성돼 있다.

7) 클라우제비츠는 '무게가 가장 밀도 있게 집중된 곳에 중심이 존재한다. … 전투력에는 일정한 중심들이 존재하며 이 중심들의 운동과 방향은 다른 장소의 전투력을 결정한다.'고 했다. 클라우제비츠 저, 유제승 역, 『전쟁론』(서울: 책세상, 1998), 320쪽.

8) the source of power that provides moral or physical strength, freedom of action, or will to act. Thus, the center of gravity is usually seen as the "source of strength".-http://en.wikipedia.org/wiki/Center_of_gravity_(military)(2015년 3월 18일 검색).

9) 임진왜란 전 조선은 지금의 평북 중간진에 명나라와 공식적으로 교역하는 '중강개시(中江開市)'를 만들었다. 그러나 허가를 받지 않고 몰래 무역하는 '잠상(潛商)'들이 발호해 양국은 갈등을 빚기도 했었다. 청나라가 들어선 다음에는 회령과 경원에 개시(세칭 '北關개시')가 만들어졌고, 중간진과 압록강 북쪽의 책문(冊文)에서는 중강후시와 책문후시가 번성했다. 18세기 초까지는 심양(瀋陽)과 책문을 잇는 교역이 매우 번성해, 정조는 한양 상인 보호를 위해 후시를 폐지하기도 했었다. 한양 상인을 보호하기 위해 후시를 폐지한 것은 권상(權商)유착의 좋은 사례다. 고려 이전에도 이러한 무역이 국경에서 이뤄졌다.

2장

여말선초(麗末鮮初)에 일어난 기막힌 역사왜곡

장군총

지금의 압록강이 흐르는 중국 길림성 집안시에 있는 장군총은 4~5세기 고구려 왕족의 무덤 양식을 대표한다. 장군총과 광개토왕릉비 그리고 중국이 환도산성이라고 한 곳 앞에 있는 수많은 장군총식 돌무덤(61쪽 사진 참조)은 이곳(중국 집안시)이 모용선비에게 대패한 고구려의 고국원왕이 옮겨가 장수왕 때까지 고구려의 수도로 쓴 황성이라는 것을 보여준다.

한·중·일 역사학계는 중국 집안을 고구려의 국내성으로 비정해 놓고 있는데, 이는 사료 해석을 잘못한 데서 나온 큰 오류이다.   ⓒ 이정훈

1) 평양 비정이 복잡해진 이유

　고구려의 국제관계사를 밝히기에 앞서 평양과 요동에 대한 대혼란이 일어난 이유부터 살펴보자. 이 탐구는 고구려를 중심으로 한 우리의 고대사에 대한 근본적인 의문을 상당부분 해소해 줄 것이다. 요동은 고려 말 최영이 요동정벌을 주장했다가 실패한 후 우리 역사에서 사라져 갔다. 그리고 요동과 평양 문제에 대혼란이 일어났다. 이 혼란은 이렇게 정리할 수 있겠다.

　당나라는 고구려 보장왕 4년(645) 과거 요동군의 치소 양평현이었던 요동성을 고구려로부터 빼앗았다. '요동지역(遼東之役)'의 목적대로 요동을 차지하게 된 것이다. 그리고 23년이 지난 보장왕 27년(668) 평양성을 함락해 고구려를 멸망시켰다.

　당나라는 고구려의 수도인 평양에 안동도호부를 설치해 군정을 펼쳤다. 그러나 고구려 유민의 항전이 거셌기에 8년이 지난 676년 안동도호부를 옛 요동성으로 보냈다가 이듬해(677) 신성(新城)으로 옮기면서 평양 지역에 대한 지배를 포기했다. 그리고 이 안동도호부를 다시 유주지역(=지금의 북경) 등으로 이전했다(102쪽의 지도와 109쪽의 <표 2>참조).

발해는 고구려의 평양을 영유했다

　당나라가 포기한 지역(=평양지역)에서 일어난 것이 발해로 불리는 '대진국(大震國)'이다. 698년 대조영에 의해 건국된 대진국(발해)은 거란에 의해 무너지는 926년까지 228년간 존속했다. 고구려의 평양지역을 차지한 대진국이 당나라로부터 옛 요동 지역을 빼앗은 기록은 없다. 대진국은 고구려의 평양을 중경현덕부로 부르며 수도로 삼았다.

　거란은 동호(東胡)의 후예이다. 동호는 옛 요동군과 그 서쪽인 요서군 지역에 살아온 종족으로, 동호-오환-선비-거란을 대표세력으로 삼아 이어왔다. 그러한 동호의 동쪽에 고조선-고구려-발해로 이어져 온 우리가 있었다. 경계를 맞대고 있었으니 양쪽은 다툴 수밖에 없는데, 그 대표적인 싸움이 모용선비(전연·후연·북연)와 장수왕까지의 고구려가 벌인 혈투였다.

선비족에는 모용선비(북연) 외에도 탁발선비·단선비 등등이 있었다. 고구려는 모용선비를 정복해 요동을 차지했지만, 그 서쪽에 있는 탁발선비의 땅은 침입하지 못했다. 장수왕의 고구려는 국호를 북위(北魏)[10]로 정한 탁발선비와 전략적인 협조를 해 북연을 없앴으니, 북위와는 싸울 수도 없었다. 북연을 제거한 후 고구려와 북위는 양국 사이에 조성된 긴장을 외교로 해소하고 근 200년간 공존했다. 북위와 마찰하지 않게 되었을 때 고구려는 백제·신라와 본격적인 접촉을 했다.

그 시절 거란은 고구려와 북위의 지배를 받았다. 거란족은 북위가 지배한 옛 요서와 고구려가 통치한 옛 요동군 지역에 흩어져 살았으니 양쪽으로부터 통제를 받은 것이다. 그러나 상당한 자율권을 누렸다. 고대에는 철책 같은 인위적인 국경선은 설치할 수 없었으니, 이들은 '그들이 아는 길'을 통해 양국을 오가며 무역할 수 있었다. 그리하여 부가 축적되면 보다 약해진 쪽을 공격해 독립할 수가 있다.

고구려를 무너뜨린 당나라는 현종 말기인 755년 안녹산(安祿山)과 사사명(史思明)이 일으킨 반란[안사의 난]을 계기로 약해져가다, 907년 주전충(朱全忠, 생몰: 852~912, 재위: 907~912)에 의해 무너졌다. 그리고 중원에서는 주전충이 세운 후량(後梁, 907~923)을 시작으로 후당(後唐, 923~936)→ 후진(後晉, 936~946)→ 후한(後漢, 947~951)→ 후주(後周, 951~960)의 다섯 나라가 교체되면서 들어섰다.

중원의 바깥에서는 남초(南楚, 907~951)→양오(楊吳, 902~937)→전촉(前蜀, 907~925)→오월(吳越, 907~978)→민(閩, 909~945)→남한(南漢, 909~971)→형남(荊南, 907~963)→후촉(後蜀, 934~965)→남당(南唐, 937~975)→북한(北漢, 951~979)의 열 나라

가 중복하면서 명멸했는데, 이 혼란기를 '5대10국'이라고 한다.

거란은 안사의 난으로 당나라가 약해지기 전인 696년 이진충에 의해 한 번 일어난 적이 있었다. 그리고 주전충에 의해 당나라가 무너진 907년, 요동·요서지역에 있던 거란족이 야율아보기(耶律阿保機, 생몰:872~926, 재위: 907~926)에 의해 다시 일어났다. 거란족의 '대칸'에 오른 야율아보기는 만리장성 북쪽에서 서진(西進)하며 세력을 키우다, 925년부터는 동진(東進)에 들어가 이듬해(926) 대진국(발해)을 멸망시켰다.

야율아보기는 대진국 자리에 '동쪽의 거란국'이란 뜻을 가진 동란왕국(東丹王國, 926~936)을 세워, 태자인 야율도욕(耶律圖欲, 900~937)으로 하여금 다스리게 했다. 그러나 야율도욕은 거란의 지도자가 되지 못하고 그의 동생인 야율덕광(耶律德光)이 야율아보기의 뒤를 이었다. 그러한 거란이 936년 동란왕국을 거란에 통합시켰다.

이는 대진국의 수도 중경현덕부가 됐던 고구려 평양을 거란이 지배하게 되었다는 의미가 된다. 그리고 평양 지배를 놓고 '기록의 대혼란'이 일어났다.

평양 기록의 혼란

918년 왕건이 세운 고려가 후삼국을 통일한 것은 동란왕국이 사라진 936년이었다. 『고려사』 등은 그러한 왕건이 (고구려의) 평양을 차지해 황해도 지방 백성을 옮겨 기반을 튼튼히 하고, 평양대도호부(平壤大都護府)로 삼았다가 이어 서경(西京)으로 개편하였다고 밝히고 있다. 이는 고려가 고구려의 평양을 통치했다는 의미가 된다.

그때는 거란도 강성했는데, 고려가 그러한 거란과 싸워 동란왕국 땅을 빼앗았다는 기록은 없다. 그런데 『고려사』 등은 고려가 평양을 영유했다고 해 놓았으니, 거란은 동란왕국이 지배했던 평양을 고려에게 왜 내줬는지가 궁금해진다. 이러한 의문을 갖는 것은 본격적인 역사 탐험을 해보자는 제안이다.

거란족이 세운 요나라의 동경도 지방 일을 기록한 『요사』「지리지」는 '(대진국은)

5경 15부 62주를 만들며 요동의 성대한 국가가 되었다. 옛 평양인 홀한주(忽汗州)를 중경현덕부(中京顯德府)로 불렀다. 요나라 태조가 나라를 세우고 발해를 공격해 홀한성을 빼앗았다. 그 왕인 대인선(大諲譔)을 포로로 잡고 (그곳을) 동란왕국으로 만들었다. 태자 야율도욕을 인황왕으로 세워 그 나라를 다스리게 하였다.'[11]라고 밝혀놓았다.

　발해(대진국)는 고구려의 수도였던 평양을 수도로 삼고 있었는데, 거란(=요나라)의 태조가 멸망시키고 동란왕국을 세웠다고 분명히 밝혀 놓은 것이다. 그리고『요사』「지리지」는 '원위(=북위)의 태무제가 고안(高安, 광개토왕의 이름인 듯)[12]이 살고 있는 평양성으로 사신을 보냈는데, 요나라의 동경이 본래는 그곳(=평양)이다. 당나라 고종이 고구려를 평정하고 이곳에 안동도호부를 두었다. 후에는 발해의 대씨(大氏) 소

우리가 비정하는 대진국 지도와 5경
발해(대진국)의 5경을 표시한 우리의 일반적인 지도.『요사』등은 발해의 수도인 중경현덕부는 고구려의 수도인 평양에 있었다고 해놓았는데도, 우리의 지도들은 중경현덕부를 지금의 두만강 북쪽에 있는 것으로 그려놓았다. 고구려의 평양이 지금 북한의 평양이라면 발해의 중경현덕부는 두만강 북쪽이 아니라 그 남서쪽인 지금의 북한 평양에 있는 것으로 그려놓아야 하는데, 그렇게 하지 않은 것이다.
『요사』는, 이 지도에서는 '요동성'으로 표시해 놓은 지금의 중국 요양시에 발해의 수도인 중경현덕부가 있었다고 해놓았으니, 발해의 중경현덕부는 요동성으로 표시된 곳에 있어야 한다. 고구려의 평양도 그곳이 된다. '요동성'으로 표기된 곳이 발해의 중경현덕부였다면 서경 압록부는 그 서쪽에 있어야 하니, 요동성에 인접해 있는 라오허(遼河)를 따라 그어져 있는 발해의 국경선은 더 서쪽으로 옮겨 그려져 있어야 한다. 다른 5경의 위치도 바뀌어야 할 것이다.[14]

유가 되었다.'[13])라고도 해놓았다.

『삼국사기』에 의하면 광개토왕 때의 고구려는 평양 동쪽에 있는 황성을 수도로 삼고 있었다. 그러나 평양을 중시한 듯 광개토왕 2년 평양에 당시로서는 귀한 시설인 절을 아홉 개나 지었다. 광개토왕은 평양에 자주 머물렀던 것 같다. 고구려는 광개토왕의 큰아버지인 소수림왕과 아버지인 고국양왕 때부터 팽창을 거듭했으니 광개토왕은 궁벽한 수도인 황성을 떠나 대처인 평양에 거주했을 수 있다. 북위는 그러한 평양으로 사신을 보낸 것이다.

그리고 『요사(遼史)』「지리지」는 '동경요양부는 본래 조선의 땅이었다. 주나라 무왕이 옥에 있는 기자를 풀어주자, 그가 조선으로 갔기에 (주무 왕은 그를) 그 땅에 책봉하였다.'[15])라고도 설명해놓았다. 기자조선이 수도로 삼았던 곳은 왕험이다. 그렇다면 『요사』「지리지」는 왕험이 고구려의 수도인 평양이 되었고, (발해의 수도인 중경현덕부를 거쳐) 요나라의 동경요양부가 되었다고도 설명해놓은 것이 된다(52쪽 지도와 설명 참조).

거란은 고구려의 평양을 중경현덕부로 고쳐 부르며 수도로 삼은 대진국을 정복해 동란왕국으로 만들어 경영하다 합병시켰다. 그리고 평양을 동경요양부로 부르며 영유했다. 그런데 『고려사』는 거란과 같은 시대에 존속한 고려가 고구려의 평양 지역을 차지해 서경으로 삼았다고 해놓았으니 혼란스럽지 않을 수 없다.

이러한 혼란을 명확히 풀어주는 사료는 없으니 합리적인 추론으로 답을 찾아보아야 한다. 합리적인 추론을 하려면 합리적인 의심부터 해보아야 한다.

'당시의 거란은 강성해져가고 있었고 그후 고려를 세 번이나 침략했다. 그런데, 고려가 어떻게 해서 옛 고구려의 평양 지역을 차지해 서경으로 삼을 수 있었을까'란 생각과 '거란이 차지한 평양과 고려가 지배한 평양은 같은 곳인가'란 의심을 품어보자는 것이다.

그리고 '지금 북한의 평양이 고구려의 평양이고, 고조선의 수도였는지'에 대해서도 의문을 갖고 답을 찾아보기로 한다. 이는 '평양 퍼즐'을 맞춰보려는 노력이다

2) 평양에 대한 대혼란 발생 배경

우리의 고대사 탐구를 하는 사람들은 종종 "평양과 요동이 여러 개인 것 같다."는 말을 자주 하는데 이는 평양퍼즐과 요동퍼즐에 직면했다는 뜻이다. 이 퍼즐을 맞추지 못하면 고조선과 고구려사는 제대로 정리하기 어렵다. 평양퍼즐을 풀면 요동퍼즐도 상당부분 풀린다. 본론에 들어가기 전이긴 하지만 각종 사료를 토대로 평양에 대한 진실을 추적해보자.

우리 역사학계는 지금 북한의 평양을 고구려의 수도였던 평양으로 본다. 『삼국사기』를 비롯해 숱한 사서들은 고구려를 멸망시킨 당나라가 고구려의 수도인 평양에 안동도호부를 설치했다고 기록해 놓았다. 그런데 『요사』 등은 고구려의 평양은 그곳이 발해의 수도가 되었다가 거란의 동경요양부가 되었다고 기록해 놓았으니, 우리 역사학계는 북한 평양을 통일신라의 범주에 넣을 수 없어 통일신라의 지도를 그릴 때는 반드시 북한 평양 지역을 제외시키고 있다(55쪽 위 지도 참조).

신라는 진흥왕 때 고구려를 쳐 황초령비와 마운령비를 세웠다. 이 중 보다 북쪽에 세운 것이 마운령비인데, 1929년 함경남도 이원군 동면의 운시산에서 이 비가 발견되었다. 『삼국사기』에는 그 후 신라가 마운령 지역을 빼앗겼다는 기록이 없다.

그렇다면 통일신라의 동쪽 국경선은 함경남도 이원군 지역으로 이어져 있어야 하는데, 역사 교과서들은 훨씬 남쪽에 있는 원산에서 통일신라의 동쪽 국경이 끝나는 것으로 지도를 그려놓았다. 이는 통일신라의 국경선은 북한 평양 남쪽에 있어야

통일신라의 국경선

우리 역사 교과서들은 지금의 북한 평양을 고구려의 수도인 평양으로 본다. 또 그러한 평양(=북한 평양)을 발해가 차지하고 있었다고 보기에, 통일신라의 국경선은 지금 북한 평양의 남쪽에서 원산을 잇는 식으로 그려놓았다. 신라는 진흥왕 때 함경남도 이원군에 있는 마운령까지 진격해 차지한 후 물러선 적이 없다. 그렇다면 통일신라의 동쪽 끝은 마운령비가 발견된 함남 이원군이어야 하는데, 그렇게 지도를 그리지 않는다. 북한 평양을 통일신라가 영유하지 못했다는 인식 때문에 동쪽 경계선도 원산 부근으로 낮춰 그리는 것으로 보인다.[16]

고려의 국경선

우리의 역사 교과서들은 『고려사』 등이 '고려가 고구려의 평양을 차지해 서경으로 불렀다' 고 해놓았기에, 고려의 국경선은 통일신라보다 북상시켜 북한 평양 북쪽에 있었던 것으로 그려 놓고 있다. 그러나 『요사』 등은 고구려의 평양이 요나라의 동경요양부가 되었다고 밝혀 놓았다. 동(同)시대에 있었던 고려와 요나라는 모두 고구려의 평양을 영유했다고 해놓은 것이다. 이는 말이 되지 않는 모순인데 우리 역사교과서들은 이 모순을 전혀 해결하지 못하고 있다.[17]

한다는 관념 때문에 나타난 현상으로 보인다(55쪽 위 지도 참조).

그런데 고려의 국경선은, 고려가 평양을 영유했다는 『고려사』 등의 기록이 있어 북한 평양 이북으로 그어놓았다(55쪽 아래 지도 참조). 『고려사』는 평양을 무대로 한 숱한 사건을 기록해 놓았으니 고려가 평양을 지배했던 것은 분명하다. 그런데 같은 시대에 존재한 거란(요)의 역사를 기록한 『요사(遼史)』는 요나라가 고구려의 수도였던 평양을 동경요양부(東京遼陽府)로 부르며 영유했다고 해놓았으니 문제가 아닐 수 없다.

두 사료가 거짓 주장을 하는 것이 아니라면 평양은 두 곳이라야 한다. '평양이 한 곳이 아니다'라는 주장은 이러한 기록의 혼란 때문에 나왔을 것이다. 평양은 두 곳이었을까?

『삼국사기』 「고구려본기」에는 조위(曹魏: 소설 『삼국지연의』 한 주인공이기도 한 조조의 아들 조비가 세운 위나라)의 관구검 군에 대패한 동천왕이 선인 왕검이 살았던 곳에 평양성을 쌓아 옮겨갔다는 기록(왕검 평양)과 고구려가 제국이 된 다음인 장수왕 때 천도한 평양(장수왕 평양), 그리고 보장왕 때 옮겨간 장안성(장안성 평양)이 나오니 평양은 여러 곳일 수 있다.

연운 16주 영유 때문에 동란왕국 통치를 상당 부분 포기한 거란

『고려사』는 고려가 평양을 차지할 때 거란과 싸운 적이 없음을 보여준다. 『요사』 또한 그 시기 고려와 싸운 것을 기록해 놓지 않았다. 그렇다면 고려는 싸우지도 않고 평양을 차지했다는 뜻이 된다. 거란은 고려에게 평양을 내준 것인데, 왜 강성한 거란이 싸우지도 않고 고려에게 평양을 내준 것일까. 그 이유는 거란이 직면한 국제정치의 급변에서 찾아야 할 것 같다.

이 급변은 937년 거란이 5대10국의 5대 가운데 세 번째 나라인 후진(後晉)으로부

거란이 후진으로부터 할양 받은 연운16주

출처: http://cafe.daum.net/intar01/cZht/92?q=%BF%AC%BF%EE16%C1%D6&re=1

터 지금의 북경(北京)과 대동(大同) 지역이 포함된 '연운(燕雲) 16주'[18]라는 요지를 할양(割讓, cession) 받은 것을 가리킨다.

한 해 전(936) 후진은 후당(後唐)을 멸망시켰는데, 그때 거란은 후진에게 군사적인 도움을 주었다. 덕분에 중원을 차지하게 된 후진은 보답으로 만리장성 남쪽에 있는 연운 16주를 거란에게 넘겨주었다(위 지도 참조).

그때의 만리장성은 허울에 가까웠다. 방어선 역할을 하지 못한 것이다. 연운 16주는 만리장성의 남쪽인지라 거란이 먼저 차지한 동란왕국보다 지정학적으로 유리했다. 경제적 이득도 많은 곳으로 추정된다. 거란은 연운 16주 경략에 주력해야 하는데 국력이 달리니 동란왕국에 대한 영유를 상당부분 포기했다.

936년 거란은 동란왕국을 거란에 합병하는 것으로 없애버리고, 상당한 세력을 연운 16주로 보낸 것이다. 그러나 핵심 지역은 유지했는데 그곳이 바로 훗날 동경요양부 등을 만든 곳이다. 동경요양부는 고구려(평양)와 발해(중경현덕부)의 수도였

던 곳이니 거란은 포기할 리가 없다.[19]

거란은 '요'로 국호를 바꾼 뒤 5경[20]을 설치했는데, 연운 16주에는 두 경을 둘 정도로 그곳을 중시했다. 지금의 북경인 유주(=연주)에 남경(南京, 938년 설치)을,[21] 지금의 대동(大同)인 운주에 서경(西京)을 둔 것이다. '연주'와 '운주'를 강조하다 보니, 그곳을 '연운 16주'로 통칭하게 되었다.

거란이 연운 16주 경략을 위해 동란왕국에 대한 지배를 상당부분 포기할 때 고려는 거란과 싸우지 않고 동란왕국 지역으로 들어가 평양을 차지해 서경으로 부르게 된 것으로 보인다. 그러나 장수왕의 평양이었던 곳은 거란이 동경요양부로 개칭하며 지배했으니, 고려가 차지하게 된 평양은 다른 평양이 되어야 한다.

정안국 수립과 여요(麗遼) 패권 전쟁의 시작

동란왕국과 함께 살펴보아야 할 것이 발해의 유민들이 세운 정안국(定安國)이다. 국가는 쉽게 무너지지 않는다. 종족은 더 끈질기게 존속한다. 발해의 역사를 간략히 살펴본 후 정안국 문제를 보기로 한다. 발해는 고구려에 적극 협력했던 말갈이 고구려의 유민과 합세해 세운 나라다. 말갈은 487쪽의 <그림 13>에서 처럼 '장수왕 평양' 인근에 살았던 종족으로 보인다. 그렇다면 발해는 고구려의 후예로 볼 수 있다.

『신당서』「발해전」에 의하면 걸걸중상(乞乞仲象)은 고구려에 복속되었던 속말말갈 출신으로 거란족이 많이 살고 있는 당나라의 영주(營州) 지방에 옮겨가 살고 있었다(영주 위치는 57쪽 지도 참조). 696년 당나라의 지배를 받던 거란족의 이진충이 반란을 일으키자, 그는 말갈 추장인 걸사비우(乞四比羽) 및 고구려의 유민들과 함께 요수를 건너 동쪽으로 갔다. 태백산 동북 지역에 들어간 그는 오루하를 방어선으로 깊은 숲을 벽으로 삼고 살았다.

당나라의 측천무후는 이해고(李楷固)가 이끄는 군대를 보내 이들을 공격해, 걸사비우를 베어 죽였다. 그 전에 걸걸중상도 사망했다. 걸사비우가 살해되자 걸걸중상의 아들인 대조영이 무리를 이끌고 도주해, 천문령(天門嶺)에서 고구려와 말갈족을 동원해 이해고의 군대를 막아냈다. 그때 거란이 돌궐에 붙었기에 당나라는 보급로가 위태로워져 이해고의 군대를 돌렸다.

(위기를 넘긴) 대조영은 698년 동모산(東牟山) 기슭에서 대진국을 세우고 강성해진 돌궐에 사신을 보냈다. 대진국의 땅은 사방 5천 리였고 호수는 10여 만, 병력은 수만이었다. 서계(書契)를 제법 알았고, 부여와 옥저·변한·조선 등 바다(지금의 요동반도 남쪽에 있는 서한만인 듯) 북쪽에 있던 여러 지역을 차지하였다[22]고 『신당서』는 설명하고 있다.

대진국은 2대 무왕(武王, 이름: 大武藝, 생몰: ?~737, 재위: 719~737) 시절 '보다 안전한' 대처인 중경현덕부로 수도를 옮겼다. 그런데 무왕의 동생인 대문예(大門藝)가 당나라로 투항함으로써 다시 당나라와의 사이가 나빠졌다. 그러한 때인 732년 가을 거란이 사신을 보내 당나라를 치자고 제의하자, 9월 무왕은 장군 장문휴(張文休)로 하여금 수군을 이끌고 산동반도의 등주(登州)를 습격하게 했다. 육군은 요서의 마도산(馬都山)에서 대문예가 이끄는 당나라군과 충돌했다.

대진국은 3대 문왕 때 당나라와의 관계를 회복해, 756년 수도를 중경현덕부에서 상경용천부로 옮겼다. 당나라는 강력해지는 거란을 견제해야 했으니 이이제이 차원에서라도 발해와의 관계를 회복해야 했다. 762년 당나라는 문왕을 발해군왕에 봉했다. 문왕은 말년에 동경용원부(東京龍原府)로 천도했으나, 5대 성왕은 상경용천부로 환원했다. 대진국이 가장 오래 도읍한 곳은 상경용천부였다.

거란이 상경용천부를 공격해 대진국을 무너뜨리고(926) 동란왕국을 세웠다. 936년 거란이 동란왕국을 병합하며 그 영역을 축소하자 2년이 지난 938년 발해의 귀족인 열만화(烈萬華)가 발해의 서경압록부로 추정되는 곳에서 정안국(定安國)을 세웠다. 『요사』는 발해의 서경압록부를 요나라 동경도의 녹주이고 고구려의 옛 땅이라는 설명을 달아놓았으니,[23] 서경압록부는 『삼국사기』에 자주 나오는 강인 압록과 관련된 지명일 가능성이 높다.

압록을 지금의 혼하(渾河)나 그 지류쯤으로 본다면 서경압록부는 그 곳에 있어야 한다. 그런데 우리 역사 교과서들은 압록을 무조건 지금의 압록강으로 보고 서경압록부를 압록강 상류의 중국 임강(臨江)지역으로 비정해놓고 있다(52쪽 지도 참고).

정안국은 발해를 무너뜨린 거란에 적대감을 드러냈다. 970년에 열만화는 거란을 견제하기 위해 송나라 태조에게 사신을 보냈다. 그리고 정안국에 정변이 있었는지 오현명(烏玄明, 생몰: ?~986, 재위: 976~986)이 왕위에 올랐다. 981년 오현명은 송나라 태종에게 옛 고구려 땅에 사는 발해 유민이라고 자칭하며 요나라를 협공해 나눠 갖자는 제안을 했다. 그러나 송은 서하(西夏)와 요에 밀리는 형국이라 응하지 못했다.

요가 정안국을 공격하자 오현명은 고려에 도움을 청했다. 그러나 고려는 왕위 계승전이 치열했기에 도움을 주지 못했다. 요나라는 986년 1월 정안국을 무너뜨리고 4개 주를 설치해 영토화했다. 그리고 9년이 지난 995년 발해의 유민인 오소경(烏昭慶)이 올야국(兀惹國)을 세웠다가 이듬해 거란에 항복했다. 1029년에는 대조영의 후손인 대연림(大延琳, ?~?)이 흥요국(興遼國)을 세웠으나 다음해 요나라에 멸망당했다.

이러한 나라가 무너질 때마다 적잖은 유민들이 고려로 들어왔다. 거란이 연운16주 경략을 위해 동란왕국의 상당부분을 포기했을 때 고려는 북진(北進)을 해 서경(=평양)을 설치했다. 발해 유민들이 세웠던 나라의 유민들은 그러한 곳으로 들어 왔으니 고려의 서경은 최전방 기지가 되었다.

때문에 요와 고려 사이에 긴장이 일어났다. 요는 고려가 이들을 지원한다고 볼 수 있었던 것이다. 고려와 요가 직접 대면하는 것을 막아주는 완충국들이 사라지면 두 나라는 충돌할 수밖에 없다. 정안국이 무너지고 7년이 지난 993년 고려는 거란의 침입을 받는 1차 여요전쟁에 들어갔다.

그런데 고려는 서희의 담판으로 강동6주를 확보하는 성과를 거뒀다. 이는 그 지역의 여진족(=말갈족)을 고려가 통제하게 되었다는 뜻이다. 서희는 고려에 대한 거란의 우위를 인정해주는 대신 여진족이 포진한 지역에 대한 영유권을 인정 받은 것이다.

그렇다면 강동6주를 지원하는 서경의 가치는 더욱 중요해질 수밖에 없다. 그러나 올야국과 홍요국의 예에서 보듯이 여진족은 계속 일어나 요나라에 항거했으니 요는 고려를 그 배후로 보고 고려를 칠 수밖에 없다. 본격적인 여요(麗遼)전쟁에 들

고구려의 황성인 중국 집안 인근의 장군총식 4~5세기 돌무덤
중국 길림성 집안(集安)시 외곽, 중국이 환도성으로 비정한 산성 유지 앞에는 '작은 장군총'을 연상시키는 수많은 돌무덤이 산재해 있다. 이러한 돌무덤은 서기 1~2세기의 고구려 때는 만들지 않았다. 집안에서는 4~5세기의 고구려 유물과 유적이 많이 나오니, 이곳은 고국원왕 때인 343년 천도한 황성이 분명하다. 집안시는 산중(山中)에 있다고 해도 과언이 아닌데 이 산들이 『삼국사기』에 나 오는 목멱산일 가능성이 매우 높다.   ⓒ 이정훈

어가는 것이다. 고구려의 평양은 요나라의 동경요양부가 됐는데 고려는 또다른 평양을 차지해 서경이라고 했으니 두 개의 평양이 병존하게 된 것이다.

세 군데 평양

『삼국사기』는 평양이 세 군데였음을 보여준다. 동천왕 21년(247) '선인(仙人)왕검 지택'이라고 부르며 천도해 고국원왕 12년(342)까지 수도로 한 평양(이하 '왕검 평양'으로 표기)과 장수왕 15년(427)에 옮겨간 평양(장수왕 평양), 평원왕 28년(586) 장안성으로 천도한 평양(장안성 평양)이 그 것이다.

광개토왕릉비
압록강 중류에 면해 있는 중국 길림성 집안시에 있는 광개토왕릉비. 광개토왕릉비가 이곳에 있다는 것은 집안이 고국원왕 때 고구려가 천도한 황성이라는 움직일 수 없는 증거다. 이곳 주변의 산을 고려 때는 목멱산으로 불렀다는 것도 분명해진다.   ⓒ 이정훈

『삼국사기』를 비롯한 여러 사료들은 장수왕 평양과 장안성 평양은 매우 가까운 곳으로 묘사해 놓았다. 장안성 평양은 평양에 새로 쌓은 왕성일 가능성이 높다. 요나라는 장수왕 평양과 장안성 평양을 함께 차지했을 가능성이 매우 높으니, 고려가 차지한 곳은 왕검 평양으로 보아야 한다.

고구려는 산상왕 13년(209) 10월 국내성에서 환도성으로 도읍을 옮기고, 37년이 지난 동천왕 20년(246) 조위 관구검 군의 공격을 받아 환도성을 빼앗기는 대패를 당했다. 이듬해(247) 동천왕은 환도성은 병란을 겪어 다시 도읍할 수 없다며 선인 왕검이 살던 왕검

이라는 곳에 평양성을 쌓아 백성과 종묘사직을 옮겼다.[24]

이 왕검 평양은 관구검 군에 대패한 고구려가 안전을 위해 찾아 들어간 곳이니, 산과 같은 자연 방어물이 많은 궁벽한 곳일 가능성이 높다. 하지만 대외적으로는 그럴듯한 천도 이유를 밝혀야 하니 '선인 왕검이 살았던 곳'이라는 설명을 추가했을 것이다. 선인 왕검은 단군조선을 가리키는 것일 가능성이 매우 높다.

왕검 평양을 수도로 삼고 있던 고구려는 모용선비와의 긴장이 고조된 고국원왕 12년(342) 8월 환도성으로 다시 도읍을 옮겼으나, 그해 11월 침입한 모용황이 이끄는 모용선비에게 환도성을 빼앗기는 대패를 당했다.

『삼국사기』는 이듬해(343) 7월 고국원왕이 고려 서경의 동쪽에 있는 목멱산 가운데에 있는 황성(黃城)으로 천도[25]했음을 보여준다. 이때는 장수왕 평양이 주목받기 전이다. 그렇다면 '고려의 서경'은 왕검 평양이 된다. 황성은 왕검 평양 동쪽에 있는 목멱산 중에 있어야 하는 것이다. 황성은 지금 중국의 집안(集安)시이니 목멱산은 집안시 일대의 산이 된다. 집안시는 지금도 산중의 분지이니 황성이 집안일 가능성은 더욱 분명해진다.

왕의 무덤은 수도 주변에 둔다. 광개토왕릉비가 있는 곳은 지금 중국 길림성 집안시이다. 광개토왕릉비와 중국이 환도성으로 비정한 곳 주변에 산재한 숱한 고구려식 돌무덤(=장군총 식 돌무덤)은, 집안이 광개토왕 때까지의 고구려 수도인 황성이었음을 보여주는 움직일 수 없는 증거다(61쪽과, 64쪽 가운데 사진 참조).

『삼국사기』의 설명대로라면 고려의 서경인 왕검 평양은 이곳(황성, 지금의 중국 집안)의 '서쪽'에 있어야 한다. 남서쪽에 있는 지금 북한의 평양은 고려의 서경과 왕검 평양이 될 수 없는 것이다.

그런데 우리와 중국, 일본의 역사학계는 집안을 고구려의 두 번째 수도인 국내(國內)로 보고 있어 문제이다. 황성을 수도로 삼았을 때의 고구려 왕인 광개토왕의

중국 집안시가 만든 화보집 『매력집안(魅力集安)』에 있는 집안시 풍경

맨 위는 압록강에 접해 있는 집안 시내 전경이다. 압록강이 흐르는 산중 분지에 집안이 있음을 알 수 있다. 가운데는 중국이 환도
산성으로 비정한 산성 앞에 있는 장군총 모양의 돌무덤 군(群), 아래는 지금 압록강의 뗏목이다. 압록강은 물의 흐름이 격(激)해
조운을 할 수가 없다. 그래서 나무만 뗏목으로 묶어 하류로 흘려보낸다. 압록강 건너의 북한 지역도 첩첩 산중인데, 이러한 산들
이 『삼국사기』에 나오는 목멱산일 것이다.   ⓒ 『매력집안(魅力集安)』

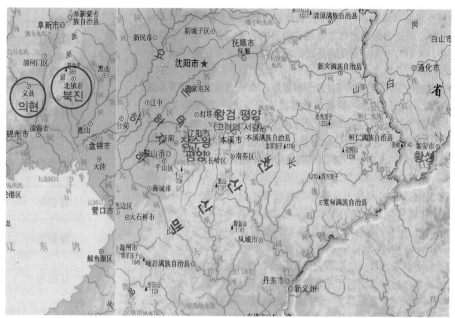

장수왕 평양과 왕검 평양, 황성의 위치

지금의 요동만을 중심으로 한 현대의 중국 지도. 북한과 접하고 있는 오른쪽 중간부분 압록강 중류쯤에 집안(集安)시가 있다. 집안에 고구려의 황성이 있었다. 그리고 서쪽에 지금 요동반도의 뼈대를 이루는 천산(千山)산맥이 서남으로 길게 뻗어 있는데, 천산(千山)산맥은 장백(長白)산맥과 이어진다. 천산산맥 서쪽 지금은 태자하(太子河)라고 하는 강 인근에 고구려의 '장수왕 평양' 이었을 것이 확실한 지금의 요양(遼陽)시가 있다. 이 지도에서 본계시(本溪市)로 표기된 곳이 고구려의 동천왕이 천도한 왕검평 양이고, 고려가 서경으로 부른 평양일 가능성이 높다.　　　　　　　　　　　　　　　　　　　　디자인 | 정다희

능비가 그곳에 있는데도 집안시를 국내로 비정해 놓고 있는 것이다.

　국내(성)는 1~2세기 206년간 고구려가 도읍으로 삼았던 곳이다. 집안이 국내라면 집안에서 발굴된 고구려의 유물과 유적은 1~2세기의 것이어야 하는데, 전혀 그렇지 않다. 4세기 중반~5세기 중반 사이의 유물과 유적이 훨씬 더 많다. 고구려는 4~5세기인 서기 343~427년간 황성을 수도로 삼았으니, 집안은 국내가 아니라 황성으로 보는 것이 옳다.

　황성을 수도로 삼고 있던 고구려는 장수왕 15년(427) 평양으로 천도했다. 장수왕

평양으로 부를 수 있는 이 평양은 왕검 평양과 다른 곳이 분명하다. 이때의 고구려는 북위 그리고 남조의 왕조와 정립(鼎立)한 제국(帝國)이었다. 가장 강성한 고구려였으니 이때의 수도는 고구려를 대표할 수 있어야 한다. 이러한 곳은 평지에 대성 형태일 가능성이 높다.

반면 왕검 평양은 관구검 군에 패한 고구려가 안전을 위해 숨어 들어간 곳이니 모용선비에게 패해 숨어 들어간 황성처럼 방어하기 좋은 궁벽한 곳이었을 가능성이 높다. '왕검 평양'이 표기된 65쪽 지도의 중국의 본계(本溪)시 일대도 첩첩산중이다. 본계시 일대가 왕검 평양이었을 가능성이 높다. 그러한 곳은 '제국' 고구려를 대표하는 곳이 될 수가 없으니 장수왕 평양은 되지 못한다. 장수왕 평양은 65쪽 지도에 표기한 것처럼 지금 중국 요양시 인근이다. 두 평양은 황성에서 보면 모두 서쪽에 있다.

장수왕 평양은 고구려가 그곳으로 천도하기 전에 이미 고구려의 중심(重心, CoG) 역할을 한 것으로 보인다. 황성으로 들어갔던 고구려는 소수림왕과 고국양왕을 거치면서 팽창을 거듭하다, 광개토왕 때 요동 군의 치소인 양평을 차지하며 절정에 올랐다. 그러한 광개토왕이 평양(=장수왕 평양)에 아홉 개의 절을 짓게 하고 그곳에서 북위의 태무제가 보낸 사신을 맞았기 때문이다.

뒤에서 설명하겠지만 요동군의 치소인 양평은 중국 만리장성 안쪽(서쪽)에 있었던 것이 분명하다. 황성에서 그곳(양평)까지는 아주 먼 거리다(487쪽 <그림 13> 참조). 고구려의 황성인 집안은 요동반도의 뼈대를 이루는 지금의 천산(千山)산맥 동쪽에 있으니(65쪽 지도 참조), 광개토왕은 장거리 원정을 한 것이 된다.

집안에 면해 있는 압록강은 구비가 많고 물살이 빨라 조운을 할 수가 없다. 압록강 상류지역에서 잘라낸 나무라면 바위에 부딪혀도 되니 뗏목을 만들어 띄워 보낼 수 있지만(64쪽 아래 사진 참조), 사람과 물자를 실은 배는 파손되니 띄우지 못한다.

지금의 압록강은 강폭이 넓어 바다와 진배없는 하류에서만 조운이 가능하다.[26) 27)]

전쟁을 하려면 상당한 물류와 인원을 수송해야 하는데 황성에서는 그러한 동원이 매우 제한된다. 그렇다면 팽창기에 들어간 고구려는 물류 동원이 유리한 곳을 차지하고 있어야 한다. 중요한 것은 '조운'이다. 그러한 곳이 장수왕 평양이었을 가능성이 높다.

지금 요양(遼陽) 인근에는 태자하(太子河)가 흐르고 있다. 멀지 않은 곳에 혼하(渾河)와 요하(遼河, 라오허)도 흐르고 있다. 요양은 만주벌판이라고 하는 대평원 가운데에 있기에 사통팔달의 도로를 만들기 좋다. 지금 요하와 혼하는 기울기가 매우 적어 무동력선을 이용한 조운을 하기에도 매우 편리하다(65쪽 지도 참조).

이러한 장수왕 평양과 동천왕 때 피난(避難)을 위해 천도한 왕검 평양은 다른 곳이 분명하다. 그러나 황성의 서쪽에 있다는 공통점을 가졌을 것으로 판단된다. 황성에서 국력을 키워 팽창기에 들어선 고구려는 서정(西征)을 해야 하니 물자와 인원 동원이 쉬운 천산산맥 서쪽으로 거점을 옮겨야 한다. 이러한 거점으로는 왕검 평양보다 장수왕 평양이 더 적합한 곳이 된다.[28)]

장수왕 평양이 요양에 있었다면, 왕검 평양은 자연조건을 이용한 방어에 유리한 천산산맥 속에 있었을 가능성이 높다. 천산산맥 서녘에 있으면서 산으로 둘러싸인 분지로는 이 지도에서 '본계(本溪)'시로 표기된 곳을 꼽을 수 있다. 요양과 본계는 집안에서 보면 거의 정서(正西)에 있다. 두 곳 사이의 거리는 그리 멀지도 않다. 고대의 큰 도시가 현대에도 큰 도시가 된 경우가 많으니, 왕검 평양이 본계시일 가능성은 배제할 수 없다.

모용선비의 공격을 받았을 때 고구려는 모용선비와 전쟁하기 위해 임시 수도로 삼은 환도성은 빼앗겼어도 왕검 평양과 미천왕 때 확보한 낙랑군의 치소는 잃지 않았다. 이중 대처(大處)는 낙랑군의 치소였다. 기자조선의 수도 왕험이기도 했던 그곳은 수륙(水陸)물류를 하기 좋은 곳이니, 황성으로 천도한 고국원왕은 그곳을 서쪽 지역을 통제하는 전진기지로 사용했을 수 있다.

그러한 왕험으로 접근할 수 있는 세력 중의 하나가 한성(漢城)을 수도로 한 초기 백제였다. 고구려가 황성으로 천도한 것은 백제에겐 압박이 되었을 수 있기에, 고구려와 각을 세우게 된 백제는 근초고왕 26년(고국원왕 41년)인 371년 과거의 '왕험(평양)'을 침공해 그곳에서 맞서 싸운 고국원왕을 쏜 헛살[流矢]에 맞아 절명케 했다.

『삼국유사』는 「남부여 전백제 북부여」조에서 『고전기』를 인용해 "(백제는) 13대 근초고왕 함안 원년(371)에 이르러 고구려의 남평양을 취하고 북(北) 한성으로 도읍을 옮겼다."라고 밝혀 놓았다. 『삼국유사』는 남평양을 언급했으니 평양은 그냥 평양과 남평양이 따로 있었을 가능성이 높다. 남평양이 고국원왕이 전사한 왕험일 가능성이 높다. 실제로 요양은 본계보다 남쪽에 있다.

광개토왕릉 비문에 따르면 광개토왕은 요동군의 양평현은 물론이고 그 서쪽 깊숙한 곳까지 침공했다. 때문에 그 시절에는 새로운 평양(=왕험, 남평양)이 황성은 물론이고 왕검 평양까지 대체한 중심이었을 수 있다. 황성은 궁성과 조상을 모신 본거지이고, 전쟁과 무역을 하는 곳은 남평양이 된 것이다. 『요사』가 광개토왕(=高安)이 이 평양(=남평양)에서 거란이 보낸 사신을 맞았다고 해놓는 것은 이 때문일 것이다.

장수왕 평양은 요나라가, 왕검 평양은 고려가 영유

새 평양(=남평양)은 왕검 평양을 제치고 명실상부한 고구려의 중심이 되었기에 장수왕은 15년(427) 그곳으로 천도했다. 이 천도는 당연한 것이었기에 『삼국사기』는 '이도평양(移都平壤)'으로 간략히 적어놓은 것으로 보인다.

장수왕은 해륙물류의 거점인 그 곳에 있던 성을 수리해 난공불락의 대성(大城)으로 만들어 중심(CoG)으로 삼았을 것이다. 제국 고구려의 번영을 보장한 그곳은 나라가 바뀌어도 계속 중심 역할을 한다. 대진국(발해)이 중경현덕부로 부르며 수도로 삼고, 요나라와 금나라는 동경요양부, 원나라는 요양로를 설치해 중시한 것이다.

명나라는 그곳에 요동도사를 설치했기에 평양이나 요양이어야 하는 그곳은 '요동'으로 고쳐 불렸다. 그리고 청나라 이후 요양으로 고쳐 불리면서 요동과 요양은 동의어가 돼 버렸다. 이는 고구려의 평양이 요동으로 둔갑했다는 이야기다. 요양이 요동으로 불리면서, 평양이 요동으로 바뀌게 된 역사를 우리는 추적해야 한다.

지금의 압록강 북쪽에 여러 개의 평양이 존재했다는 것은 다른 자료로도 확인된다. 조선 정조 5년(1789) 청나라 건륭제의 칠순잔치에 진하사로 가는 삼종형(8촌형) 박명원을 따라 북경에 가게 된 박지원(朴趾源, 1737~1805)이 『열하일기』를 통해 '지금의 압록강을 건너가니 평양이 여러 곳이다.'[29]라고 기록해 놓은 것이 대표적이다.

고대(古代)일수록 강보다는 산맥이 국경으로 제격이다. 강은 배를 타고 오르내리는 조운(漕運)은 몰라도 단순하게 배로 건너가는 도강(渡江)은 가능한 곳이 많으니, 강 좌우는 같은 경제권이 될 수 있다. 그러나 산맥은 우마가 다닐 수 있는 고갯길을 통해서만 물류가 가능하니 산맥의 좌우지역은 같은 경제권이 되기 어렵다. 고갯길로 우마를 모는 것은 도강보다 훨씬 힘드니, 큰 산맥은 양쪽을 나누는 경계가 된다.

이러한 관점으로 본다면 지금의 압록강 좌우는 같은 경제권으로 보아야 한다. 조운은 어려워도 도강은 가능했으니 압록강 좌우는 하나의 경제권이 될 수 있다. 그러나 천산산맥은 광대하게 펼쳐져 있으니 양쪽을 나누는 경계가 된다. 경계는 이 산맥을 보다 많이 차지하고 들어온 쪽이 있으면 그곳을 따라 그어질 것이다. 모용 선비에게 패한 고구려가 황성으로 천도한 것은 천산산맥 너머 안전한 곳으로 수도를 옮겼다는 뜻이다. 그리고 국력을 회복하자 천산산맥 서쪽으로 나와 왕험을 남평양으로 부르며 중시했는데, 백제가 스트레스를 받아 공격해 (남)평양에 있는 고국원왕을 죽였으니, 그때의 백제(초기백제)는 요동반도에 있었을 가능성이 있다.

대진국의 수도인 중경현덕부는 지금 요양에 있었으니 연운 16주 경략에 '다걸기'를 해야 하는 거란은 그곳을 동경요양부로 삼아 영유하고, 나머지 지역에서는 세력을 뽑아내 연운 16주로 보냈을 가능성이 높다. 때문에 후삼국을 통일한 고려는 옛 동란왕국에서 철수하는 거란을 따라 천산산맥을 넘어와, 왕검 평양(지금의 본계시로 추정)을 점령했을 수 있다.

왕검 평양은 고구려의 수도였던 것이 분명하니 고려는 그곳을 '서경'으로 명명해 고구려를 이었다는 것을 내세울 수 있었다. 이는 요나라와 고려 모두가 평양을 차지했다는 주장이 된다. 고려는 지금의 본계(本溪)시로 추정되는 왕검 평양을 차지하고, 요나라는 지금 요양인 장수왕 평양을 영유한 것이다.

고려가 천산산맥 서녘에 있는 왕검 평양을 차지했다면 고려의 북계(北界)는 그곳까지 올라가야 한다. 그러나 우리 역사학계는 고려의 북계는 압록강 이남에 있었던 것으로 지도를 그리고 있다(55쪽 아래의 고려 지도 참조). 고려가 지금의 압록강 이북을 영유했다는 분석은 친원세력이 다수 포진해 있었던 원나라의 동녕부(東寧府)가 지금의 요양 인근에 있었다는 『원사』 및 『고려사』 기록과도 일치한다.

몽골의 여섯 번째 침입이 있은 후인 1269년 고려 서북면 병마사 소속의 벼슬아치인 최탄 등은 서경과 북계의 54개 성과 자비령 이북에 있는 서해도(西海道)의 여섯 개 성을 들어 원나라에 투항했다. 원은 서경을 동녕부로 개칭하고 동녕로로 올려 통치하다 다시 동녕부로 내렸다. 원나라는 고려가 거듭 반환을 요청하자 1290년 동녕부를 고려에 돌려주었다. 고려는 서경을 되찾은 것이다. 그리고 74년쯤 뒤 원나라는 동녕부를 부활시켜 영유했다.

부활된 동녕부는 요양과 가까웠기에 '요양동녕'으로 불렸는데, 그곳에는 기철을 비롯한 친원 성향의 고려인이 많이 모여 살았다. 요양동녕이 장수왕 평양 인근일 가능성이 높다. 고려의 서북면이 원나라에 투항한 지 정확히 100년이 된 1369년 원이 명에 밀려 크게 약해지자, 고려는 그곳을 공격해 '우라산성' 등 몇 개의 성을 점령했다. 이듬해엔 장수왕 평양이 분명한 요양로의 중심인 요성(遼城)까지 정복하고 그곳에 살고 있는 고려인들에게 고려로 돌아오라고 권유한 후 철수했다(세칭 고려의 1차 요동정벌).

『고려사』 등에 묘사돼 있는 이러한 사실은 고려의 서경이 요양과 가까이 있었음을 보여준다. 최탄이 항복할 때 원나라에 바친 60개 성(북계의 54개 성, 서해도의 6개 성)이 동녕부가 되었으니, 최탄 등의 투항이 있기 전 고려는 압록강 북쪽 천산산맥까지 영유한 것이 분명하다. 요나라는 장수왕 평양(=남평양)을, 고려는 왕검 평양을 영유한 것이다.

여진족 통제 놓고 충돌한 고려와 요

이러한 요와 고려가 다투게 된 것은 천산산맥 남북에 살고 있는 여진족 통제 때문이었다. 주지하다시피 대진국(발해)은 고구려에 적극 협조했던 말갈족이 세운 나라다. 말갈의 후예가 여진이니 동란왕국의 땅에는 여진족이 다수일 수밖에 없다. 동란왕국 시절에는 거란이 여진을 통제해야 했다. 거란이 동경요양부 등 동란왕국의 핵심부만 차지하고 철수해 고려가 북상한 다음에는, 고려도 여진을 다스려야 했다.

여진 통제는 쉽지 않았다. 대진국이 붕괴한 후 여진족은 부족 체제로 추락했지만 독자성이 강했기 때문이다. 여진족은 북위와 고구려가 병존하던 시절의 거란족처럼 양국 사이에 살며 상당한 자율권을 행사했다. 정안국과 같은 독립국가도 세웠다. 비유해서 설명하면 지금의 이라크와 이란·터키 사이에 살고 있는 쿠르드족처럼 상당한 자치권을 행사하는 '준(准)국가체'를 만들었다.

고려와 요는 여진족을 내세워 '대리전(代理戰, proxy war)'을 할 수도 있었다. 이 충돌은 연운 16주에 대한 영유를 강화한 요나라가 옛 정안국 지역 여진족에 대한 지배를 다시 강화하려고 하면서 터져 나왔다. 연운 16주의 지배로 요나라가 강성해질 때 고려는 요나라를 견제할 목적으로 5대10국(907~960)의 혼란을 정리한 송(宋)나라와 해로(海路)를 통해 접촉했다.

송나라는 960년 조광윤이 5대의 마지막 나라인 후주(後周) 황실로부터 선양받아 세운 왕조다. 송나라는 조광윤이 죽기 직전인 976년 10국의 혼란을 거의 통일해놓고 있었으니, 연운 16주를 할양받아 강성해진 요나라와 대립할 수밖에 없었다. 요나라는 송나라를 등에 업은 고려가 정안국 등을 지원했다고 보았기에 고려 성종 12년(993) 소손녕(蕭遜寧)으로 하여금 6만 대군을 이끌고 고려를 침공하게 했다(거란의 1차 침입).

모용선비의 침입이 임박했을 때 왕검 평양에 있던 고국원왕은 산성인 까닭에 보다 요새인 환도성으로 옮겨가 전쟁을 했다(342). 그와 비슷하게 고려 성종도 서경 북쪽에 있는 안북부까지 나가 지휘했다. 그러나 패배했기에 청화사(請和使)를 보내 화친을 청하게 되었다. 고려 조정에서는 서경 이북을 떼어주자는 '할지론(割地論)'까지 논의하였다.

그때 서희가 소손녕을 만나 "고려는 송(宋)나라와의 관계를 끊겠다. 고려가 요와 교류하지 못한 것은 양국 사이에 있는 여진족 때문인데 여진족에 대한 관리를 고려가 맡겠다."고 제의해 관철시킴으로써 요나라 군은 돌아가게 되었다.

이 담판으로 고려는 서경을 보존하며 여진족 관리를 위해 새로 강동 6주를 설치하는 것을 보장받게 되었다.[30] 고려의 영토는 넓어진 것이다. 이 담판 후 고려는 송나라와의 공식적인 외교를 중단했다. 그러나 이익이 큰 사무역은 이어 갔다.

이 강동 6주가 훗날 원이 지배하게 되는 동녕부 지역일 가능성이 높다. 지금 우리의 역사 지도는 강동 6주를 지금의 압록강 남쪽에 그려 놓고 있다. 그러나 강동 6주는 압록강 북쪽에 있었을 가능성이 매우 높다. 이때의 '강'은 지금의 압록강이 아니라 혼하나 태자하일 가능성이 높다.

송나라와 요나라는 대립을 거듭하다가 1004년 요나라가 침공하는 형태로 충돌하였다. 그리고 전연(澶淵)이라고 불리는 전주(澶州)에서 전쟁을 끝내는 강화조약을 맺었다. '전연의 맹(澶淵之盟)'으로 불리는 이 조약에 따라 양국은 형제관계를 맺어 송나라는 요나라에 매년 비단 20만 필, 은 10만 냥을 보내게 되었다.

송나라는 패배한 것도 아닌데 굴욕적인 조약을 맺은 것이다. 돈으로 평화를 산 것이다. 이로써 요·송·고려가 정립(鼎立)하던 동북아의 균형 체제가 흔들리고, 요가 우월한 지위를 차지하게 되었다. 여력이 생긴 요나라는 고려를 노렸다.

1010년 고려에서 강조가 목종을 폐위하고 현종을 옹립하는 쿠데타를 일으키자 요나라의 성종은 그해 11월 '강조의 죄를 묻겠다.'며 40만 대군을 이끌고 침공했다 (고려 현종 1년, 거란의 2차 침입). 최전성기였던 만큼 강력한 요나라 군은 개경을 함락했다.

고려 조정에서 항복하자는 소리가 높아졌다. 현종은 '자신이 요나라 조정에 가서 인사를 하겠다'는 친조(親朝)와 강동 6주를 반환하겠다는 약속을 해, 요나라 군대를 돌아가게 하였다. 그러한 요나라 군대가 강동 6주의 하나인 구주(龜州)[31]를 지나갈 때 양규와 김숙흥(金叔興) 등이 공격해 큰 피해를 입혔다. 왕의 굴복에도 불구하고 고려는 요나라에 굴복하지 않겠다는 정서를 보인 것이다.

현종은 약속을 지키지 않았다. 요나라 조정에 친조하지 않았고 강동 6주를 넘겨주지도 않았다. 송나라와의 무역(사무역)도 끊지 않았다. 때문에 8년 뒤인 1018년(고려 현종 9년) 12월 요나라는 소배압(蕭排押)으로 하여금 10만 대군을 이끌고 다시 고려를 침공하게 하였다(거란의 3차 침입).

소배압 군은 개경을 함락하지 못하고 철수하게 됐는데, 그때 구주에서 강감찬이 이끄는 고려 군이 급습해 이들을 대패시켰다(구주대첩, 1019). 요나라는 강동6주와 서경 확보에 실패하고 돌아간 것이다. 고려는 요나라와의 거센 전쟁에도 불구하고 고구려의 영역을 지켜냈다.

여요전쟁 틈타 금나라 만든 여진족

여요전쟁은 천산산맥 일대에 있는 여진족을 약화시켰다. 그러나 지금의 두만강 북쪽은 전쟁을 겪지 않았으니 완안부처럼 그곳에 있는 여진족은 병란을 피해 빠져 나온 천산산맥 일대의 여진족을 받아 들여 세력을 키우는 등 반사이익을 누릴 수 있었다. 세 차례에 걸친 '여요(麗遼)전쟁'[32]으로 고려와 요나라가 국력을 소진하자, 완안부(完顏部)을 필두로 한 지금 두만강 북쪽에 있는 여진족이 강성해졌다.[33]

위기를 느낀 고려는 이들을 통제하려고 했다. 예종 2년(1107) 윤관으로 하여금 완안부를 쳐 동북 9성을 쌓았다. 그러나 완안부는 바로 일어나 1115년(고려 예종 10년)에 금나라를 세웠다. 금나라는 그들을 쳤던 고려보다는 요나라를 더 큰 적으로 삼았다. 금나라는 송(북송)과 동맹을 맺어 1125년 요나라를 멸망시켰다. 그리고 동맹을 깨고 북송을 압박해 양자강 남쪽으로 밀어내 남송(南宋)으로 만들어 버리고 요보다 큰 나라가 되었다.

국력이 달린 남송은 1142년 금나라의 황제가 형이 되고, 남송은 해마다 세폐를 바친다는 것 등을 내용으로 한 조약을 금나라와 맺었다(세칭 소흥화의). 금나라는 건국 직후 고려에도 압박을 가했었다. 1117년 금나라는 금나라 황제가 형이 되는 '형제맹약'을 맺자고 했으나 고려는 응하지 않았다. 그러나 금나라는 요나라와의 전투가 시급했기에 고려에는 침입하지 않았다.

요나라를 무너뜨린 1125년 금나라는 다시 고려에게 신하가 될 것을 요구했는데,

중국 흑룡강성 하얼빈시 아성구(阿城區)에 있는 '금 상경(金上京)역사박물관' 앞에 세워져 있는 완안 아구타(完顔 阿骨打) 동상
고려와 요 양쪽으로 지배를 받던 여진족은 두 나라가 잦은 대립으로 국력이 약해진 틈을 타, 이곳에서 일어나 금나라를 세웠다. 그리고 바로 요나라를 정복하고 북중국을 지배하는 강국이 되었으니, 고려는 여진족에 대한 통제력을 상실할 수밖에 없었다. 금나라의 우위를 인정한 것이니, 여진족을 지배한 '다종족 국가' 고려는 제국의 지위도 상실한 셈이 된다.
© 이정훈

고려는 이에 굴복해 이듬해(1126) 사신을 보내며 번국(藩國)을 칭했다. 고려는 강성해진 금나라와의 충돌을 회피한 것이다. 덕분에 고려는 서경(왕검 평양) 등을 계속 지배할 수 있었다.

　금나라는 요나라의 지방체제를 답습했다. 요나라는 상경임황부(上京臨潢府)·동경요양부(東京遼陽府)·중경대정부(中京大定府)·남경석진부(南京析津府)·서경대동부(西京大同府)의 5경을 갖췄는데, 이 중 수도로 삼은 곳은 상경임황부였다. 금나라는 지금의 흑룡강성 하얼빈[哈爾濱]시 아성(阿城)구 백성자(白城子) 지역을 '회령(會寧)'으로 부르며 황제가 머무는 수도로 삼은 상태에서, 요나라의 중경대정부를 북경대정부로만 개칭하며 요나라의 5경을 답습했다.

　그러다 수도를 '상경'으로 부른 요나라 예(例)에 따라 회령을 '상경회령부'로 부르며 5경 중의 하나로 삼고, 상경임황부를 없앴다. 송나라를 쳐 송나라(북송)의 수도인 개봉(開封)을 빼앗으며 남송으로 밀어낸 다음에는, 북송의 수도인 개봉을 '남경개봉부(南京開封府)'로 삼아 5경에 추가했다. 그리고 남경석진부를 중도대흥부(中都大興部)로 개칭해 새 수도로 삼았다(천도). 금나라는 중도대흥부+5경 체제를 만든 것이다.

　이러한 중도(중도대흥부)를 원나라가 이어받아 수도인 '대도(大都)'로 삼고, 명나라와 청나라도 이어받아 '북경(北京)'으로 부름으로써, 북경은 지금 중국의 수도가 되었다. 다음의 <표 1>은 요와 금의 5경과 수도 변화를 정리한 것이다.

　잘 나가던 금나라는 몽골이 강성해지면서 위기를 맞았다. 금나라의 압박을 받아온 남송은 북송 시절 요나라를 무너뜨린 것과 똑같은 방법으로 금나라를 멸망시켰

<표 1> 요나라와 금나라의 5경과 수도 변화(파란색으로 표현한 곳이 수도다)

遼 5경	金 초기 5경	金 중기 5경	金 후기 5경	현재 위치
-	회령	상경회령부	상경회령부	흑룡강성 하얼빈[哈爾濱]시 아성구(阿城區)
상경임황부	상경임황부	-	-	내몽고 적봉(赤峯)시 파림좌기(巴林左旗) 임동진(林東鎭)
동경요양부	동경요양부	동경요양부	동경요양부	요녕성 요양(遼陽)시
남경석진부	남경석진부	남경석진부	중도대흥부	북경(北京)시
중경대정부	북경대정부	북경대정부	북경대정부	내몽고 적봉(赤峰)시 영성현(寧城縣) 대명진(大明鎭)
서경대동부	서경대동부	서경대동부	서경대동부	산서성 대동(大同)시
-	-	-	남경개봉부	하남성 개봉(開封)시

(주: 몽골의 공격으로 패망하기 직전 금나라가 중도대흥부에서 남경개봉부로 천도한 것은 이 표에서는 제외했다)

다. 바람처럼 일어난 몽골과 손잡고 1234년 금나라를 친 것이다. 금나라는 120여
년 만에 붕괴했다. 몽골은 1269년 요나라와 금나라가 동경요양부로 삼은 곳에 '요
양로(遼陽路)'를 설치했다.

여몽전쟁으로 국력 소진한 고려

금나라를 치던 몽골은 고려에도 압박을 가했다. 몽골은 여섯 차례 고려를 침공했
다. 첫 번째가 1231년(고려 고종 18) 살리타이[撒禮塔]에 의한 침입이다. 고려는 화의
를 맺어 이들을 철수시킨 후 이듬해(1232, 고종 19) 장기 항전을 위해서 수도를 강화
도로 옮겼다.

그러자 몽골은 살리타이를 다시 보내 고려정부의 개경 환도를 요구하며 2차 침
략을 했다. 몽골군은 살리타이가 처인성 전투에서 화살을 맞아 전사하자 철수했다.

1235년(고종 22) 몽골은 탕구[唐古]을 보내 5년간 고려를 치는 3차 침략을 해왔다.
경주까지 진격해 황룡사를 불태운 몽골은 1239년 고려가 국왕의 친조(親朝)를 약속
하자 철수했다. 고려는 왕족과 귀족의 자제만 보내고 임금의 친조는 하지 않았다.
그러자 1247년(고종 34) 몽골은 개경 환도와 국왕 친조가 되지 않은 것을 구실로 아
무간[阿母侃]을 보내 4차 침략을 하고 철수했다.

1253년(고종 40)에는 예꾸[也窟]를 보내 개경 천도 등을 요구하며 5차 침입을 했
다. 이때 김윤후가 충주에서 큰 활약을 했다. 하지만 고려 왕은 처음으로 강화도를
나와 예꾸가 보낸 사자를 접견하고 왕의 동생인 안경공 창(安慶公 淐)을 대신 입조
케 해, 이듬해(1254) 몽골군을 물러나게 했다.

그러나 고려의 권력을 장악한 무신세력은 항전 의지를 굽히지 않았다. 고려 왕(=
고종)도 다시 강화도로 들어왔기에 그해(1254, 고종 41) 몽골은 6차 침입을 하였다. 이
침입은 1254~1259년 6년간 4회에 걸쳐 진행되었다. 이 공격으로 고려 전역이 큰

피해를 입었다. 고려는 화의가 불가피하다고 판단하고 1258년 12월 박희실(朴希實)을 보내 왕이 육지로 나가는 '출륙 환도'와 고려 태자의 입조를 약속했다. 이듬해 (1259) 고려가 태자를 몽골로 출발시키자 몽골은 군대를 거뒀다.

1231년부터 1259년까지 약 30년간(28년간) 이어진 여몽(麗蒙)전쟁으로 고려는 크게 약해졌다. 고려의 고종은 몽골의 여섯 차례 침입을 다 겪은 왕이다. 국력이 약해진 고려는 서경 등을 영유할 여력을 상실해 갔다.

몽골의 영토가 된 '왕검 평양' 서경

『고려사』는 몽골의 6차 침입이 진행되던 고려 고종 45년(1258) 화주를 지키고 있어야 하는 조휘(趙暉)와 탁청(卓青) 등이 동북면 병마사인 신집평 등을 죽이고 철령 이북 땅을 바치며 몽골에 투항했다고 해놓았다. 원나라는 그곳에 쌍성총관부를 설치해 통치했다. 영토화한 것이다.

그리고 11년이 지난 고려 원종 10년(1269) 최탄(崔坦)과 이연령(李延齡) 등이 난을 일으켜 서경을 비롯한 북계(北界)의 54개 성과 자비령(慈悲嶺) 이북의 서해도(西海道) 6개 성을 들어 몽골에 투항했다. 이듬해(1270년) 쿠빌라이칸은 그곳을 몽골 직속령으로 편입해 영토화하고, 서경에 동녕부(東寧府)를 설치해 투항한 지역들을 다스리게 했다. 동녕부의 책임자인 '총관(摠管)'은 최탄을 시켰다. 왕검 평양은 몽골의 땅이 된 것이다.

『원사』「백관지」에 따르면 원나라는 정복(征服)활동을 위한 지방 조직으로 '행성(行省)'으로 약칭되는 행중서성(行中書省)을 만들었다.[34] 하남강북(河南江北)·강절(江浙)·강서(江西)·호광(湖廣)·섬서(陝西)·사천(四川)·요양(遼陽)·감숙(甘肅)·영북(嶺北)·운남(雲南)·정동(征東)의 11개의 행성을 설치한 것이다.[35]

행성 밑으로는 로(路)-부(府)-주(州)-현(縣)의 지방조직을 두었는데, 부에는 '총관부'와 '만호부'와 그냥 '부'가 있었다. 쌍성총관부와 제주도에 만든 탐라총관부는 '총관부'였고, 동녕부는 그냥 '부'였다.

행성 가운데 우리에게 가장 익숙한 것은 일본 정벌을 위해 만들었다는 '정동행성'이다. 『원사』 「백관지」는 정동행성의 치소를 심양(瀋陽)으로 밝혀놓았는데,[36] 심양은 지금 중국 요녕성의 성도(省都)인 심양이 분명하다. 기록에 따르면 정동행성은 요양행성보다 먼저인 1280년 처음 설치됐다가 1282년에 없애고, 1283년과 1285년 다시 세운 것으로 돼 있다. 세 번째로 만든 1285년 이후 계속 존재했다.

왕검 평양은 고려에게 중요한 곳이다. 『고려사』는 쿠빌라이칸이 국호를 중국식인 '원(元)'으로 변경한 고려 원종 12년(1271) 7월쯤부터 고려가 원나라를 상대로 동녕부 환부(반환) 교섭을 시작해 그곳에 살고 있던 고려 사람부터 돌려받았다고 밝혀놓았다.

1276년 원나라는 동녕부를 '동녕로(東寧路)'로 올려주었다. 왕검 평양인 동녕은 '부'에서 '로'로 승격한 것이다. 『원사』 「지리지」는 동녕로가 고려의 북계와 서해도에 속했던 곳을 3부21주12현13진으로 거느렸음을 보여준다. 동녕로는 '요양행성 전신(前身)'의 소속이 되었다.

그런데 『고려사』의 충렬왕 2년(1276) 8월조와 4년(1278) 2월조에 동녕부가 다시 나오니, 동녕로는 그 무렵 다시 동녕부로 환원됐을 수 있다. 원나라는 1269년 '동경(東京)행성'을 만들었다가 바로 '북경(北京)행성'으로, 1278년엔 '북경선위사(宣慰司)'로 개칭했다. 그리고 1286년 '동경행성'으로 환원했다가, 이듬해(1287) '요양행성'으로 변경해서 원나라 말까지 유지했다.

요양행성은 요양로(遼陽路)·광녕로(廣寧路)·대녕로(大寧路)·동녕로(東寧路)·심양로(瀋陽路)·개원로(開元路)·수달달로(水達達路)의 일곱개 로(路)를 거느렸다. 장수왕 평양인 요나라와 금나라의 동경요양부는 요양행성의 요양로가 된 것으로 보이는데,

요녕성 무순현의 고려촌
중국 요녕성 무순(撫順)시 무순(撫順)현 장당진(章黨鎮) 고려영자
(高麗營子)촌의 버스정류장 간판. 조선족 신문인 「연변통보」 2011
년 11월 30일자에 이 마을 기사와 함께 실렸던 사진들이다.
출처: http://www.yanbianews.com/bbs/view.php?pid=&id=ne
ws07&page=12&sn1=& divpage=1&sn=off&ss=on&sc=on&sele
ct_arrange=headnum&desc=asc&no=293(검색 2018년 3월 11
일)

요양로의 특징은 알 수가 없다.

원나라는 고려에 대한 주종관계가 강화된 1290년(충렬왕 16) 7월 동녕부를 폐지하
며 동녕부 관할구역을 고려로 이관했다. 21년 만에 동녕부는 사라진 것이다. 고려
의 땅이 된 동녕부가 74년쯤 뒤 원의 영토로 부활했다. 이는 『고려사』 공민왕 13
년(1364) 정월조와 18년(1369) 11월조와 19년(1370) 정월조가 동녕부를 거론하고 있
는 데서 확인된다. 그러나 1290년 이후의 중국 사료에서는 동녕부가 등장하지 않
는다.

부활한 원나라의 동녕부는 '요양동녕'으로 불렸다. 때문에 고려로 돌아가지 않은
동녕부의 친원 세력이 요양로로 옮겨가 동녕부를 재건한 것으로 추정된다. 지역적
으로는 과거 고려의 서북면 병마사나 원나라 요양행성의 동녕부(혹은 동녕로) 지역
이 아니라, 요양행성의 요양로 지역 인근일 것으로 추정된다. 요양동녕이 있는 요
양로는 금과 요의 동경요양부, 발해의 중경현덕부가 있던 곳이니 고구려의 장수왕
평양이 된다.

원나라는 동아시아를 하나로 만들었다. 요와 금이 지배한 장수왕 평양과 고려가
지배한 왕검 평양 사이의 국경을 없앤 것이다. 그렇다면 왕검 평양인 동녕로를 고
려로 반환할 때 이에 반대한 친원 고려인들은 장수왕 평양(요양로)으로 옮겨가 또

요와 금의 흔적을 덮어버린 명나라의 완평성(宛平城)
중·일전쟁 발발지인 노구교(蘆溝橋) 인근에 있다. 명·청 시대 이 성은 북경으로 들어가는 관문 역할을 했다. 완평성은 규모가 작은데 이는 요나라의 남경석진부와 금나라의 남경석진부-중도대흥부가 작았기 때문일 것이다. 남경석진부와 중도대흥부는 토성이 쌓여 있었던 것으로 보인다. 때문에 유적이 남아 있지 않다. 명나라는 그 터에 벽돌로 완평성을 쌓았다. 유목민족의 터를 농경민족이 차지해 덮씌우기를 했으니 유목민족의 흔적은 발견하기 어려워진다. 역사는 역사가 있는 곳에서 다시 쌓여나가는 것이 일반적이다. ⓒ 이정훈

다른 동녕부를 세울 수 있다. 요양로에 속한 동녕부인 요양동녕을 만드는 것이다.

이러한 세력의 대표가 바로 공녀로 갔다가 원나라 혜종의 황후가 돼 태자까지 낳은 기황후(奇皇后, 1315~1369)의 오빠인 기철(奇轍, ?~1356)이다. 기철은 1340년 정동행성의 참지정사(參知政事)와 요양행성의 평장정사(平章政事)를 거쳐 대사도(大司徒)까지 올랐다. 고려에서는 덕성부원군(德城府院君)으로 봉해졌다. 때문에 독립을 추구한 공민왕으로부터 적(敵)으로 꼽혀, 1356년 고려의 궁궐 연회에 참석하러 왔다가 살해되었다.

이곳이 바로 요나라의 수도였던 상경임황부
내몽고 자치구 적봉시 파림좌기 임동진에 있는 요나라 수도인 상
경임황부 터. 거란족은 토성(土城)을 쌓았는데 세월에 무너져 언
덕이 돼 버렸다. 마을이 보이는 오른쪽이 성 바깥이고 왼쪽의 초
지가 성 안이다. 요나라 황실 사람들은 이 토성 안에 겔을 지어 생
활했다. 이곳은 나무가 적으니 나무를 태워 벽돌을 굽는 것이 어
려워 나무와 벽돌로 건물을 짓는 문화를 만들지 않은 것으로 보
인다. 유목민족은 유물과 유적을 거의 남기지 않았다. ⓒ 이정훈

요탑인가 고구려탑인가
중국 요녕성 요양시에서 볼 수 있는 요나라의 백탑(일명 요탑).
이 탑은 고구려가 만든 것인 데 요나라가 덧씌우기를 한 것일 수
도 있다. 고구려의 역사지리 비정이 잘못되었기에 고구려의 유물
과 유적이 동(同)시대에 있었던 중국의 유물·유적으로 둔갑해 있
거나, 덧씌우기 때문에 요나라 등 후대 나라의 유물·유적으로 변
신해 있을 가능성도 생각해 보아야 한다. ⓒ 이정훈

고려는 요양동녕을 치는 것으로 원으로부터의 독립을 시도하는데, 이것이 바로 뒤에서 설명할 '1차 요동정벌'이다. 지금 중국 만주지역을 가다보면 가끔 조선족 마을이 아닌데도 '고려촌'으로 돼 있는 마을을 볼 수 있다. 이 고려촌은 고구려 유민이 만든 것이 아니라, 요양동녕에 살았던 고려인 후예 촌락일 가능성이 높다. 원을 무너뜨린 명나라는 원에 협조한 친원 고려인들을 사방으로 흩어 관리했는데, 그것이 남아 고려촌이 되었을 것이다(80쪽 사진 참조).

이들은 친원적이었으니 그후 중국에 동화된 것으로 보인다. 지금 이 고려촌에는 대개 한족이라고 주장하는 이들이 중국어를 쓰면서 살고 있다. 동네 이름만은 '까오리[高麗]'를 유지하고 있는 것이다.

우리나라 사람들은 이 고려촌을 고구려촌으로 보려고 한다. 이는 고려가 지금 압록강 이북을 영유한 적이 없다는 고정 관념 때문에 나온 것이 분명하다. 그러나 고구려인들이 살았던 마을은 발해와 요·금·원이 분산시켜 관리하는 과정에서 사라졌을 가능성이 높다.

고려가 지금 압록강 이북을 영유했다는 것은 잊지 말아야 한다. 『삼국사기』가 지금의 중국의 집안(集安)시인 황성 서쪽에 고려의 서경인 평양이 있다고 해놓은 것이 좋은 증거다. 우리의 정사가 밝혀놓은 기록을 부정하는 시각으로는 무지막지한 중국의 동북공정에 맞설 수 없다. 우리 역사를 바로 세우려면 우리 기록부터 제대로 평가하고 성찰하는 시각을 갖춰야 한다.

요나라 유적으로 둔갑한 고구려 유적

요양시에 가면 요나라 때 세웠다는 거대한 요탑(遼塔)을 볼 수가 있다. 요탑은 요양시뿐만 아니라 조양(朝陽)시를 비롯한 지금 요하 동서(東西)에 있는 오래된 큰 도시에서 모두 볼 수 있다. 요탑은 '백탑'이라고도 부른다. 그러나 이 탑들은 요나라보다 훨씬 오래 존속한 고구려가 만들었는데, 요나라가 덧씌우는 형태로 더 크게 만든 것일 수도 있다.

요하의 동서에서 발견된 많은 유물·유적 중 고구려 시대에 해당하는 것에 대해 중국은 '한(漢)·진(晉)·북위(北魏)·수(隋)·당(唐)나라의 것'이라는 설명을 붙여 놓았다. 그러나 이 유물·유적 중 상당수는 그들의 본거지에서 발견된 그 시대의 유물·유적과 특징이 다른 것이 매우 많다. 이는 고구려의 유물·유적이 중국의 유물·유적으로 둔갑해 있다는 뜻이 된다.

요나라가 남경석진부로 부른 곳을 금나라가 중도대흥부로 부르며 새 수도로 삼은 것은 잘 알려진 사실이다. 금나라는 요나라가 만든 남경석진부에 덧씌우기를 해서 중도대흥부로 사용했다. 건축기술이 발달하지 못했던 고대에는 있는 건축물을 덧씌우기 하는 식으로 재활용하는 경우가 매우 많았다.[37]

요나라의 수도인 상경임황부는 지금 중국 내몽고자치구 적봉(赤峰)시 파림좌기(巴林左旗) 임동진(林東鎭)인데, 그곳에 가면 돌이나 벽돌로 된 유적을 볼 수가 없다. 토성을 쌓았던 흔적이 세월에 무너져, 언덕으로 돼 있는 모습만 보일 뿐이다(82쪽 위 사진 참조).

유목민족은 풀을 따라 짐승을 이끌고 이동했기에 놀라운 기동력을 갖출 수 있었다. 그 기동력 덕분에 농경민족을 지배했으니 제국이 된 다음에도 그 전통을 유지하려고 했다. 따라서 토성을 쌓고 이동식 거주지인 겔에서 생활했기에 유물·유적을 별로 남기지 않았다.

반면 농경민족은 농사 때문이라도 이동할 수 없으니 강한 성(城)을 쌓아 정주(定住)했다. 자기 자리를 지키려 한 것인데 덕분에 보다 많은 유물·유적을 남겼다. 농경민족은 전투력이 좋은 유목민족이 터잡았던 곳을 중시했기에 그곳에 그들의 건물을 세웠다.

대표적인 사례가 원나라를 밀어낸 명나라가 16대 황제인 숭정제(崇禎帝, 毅宗, 생몰: 1611~1644, 재위: 1628~1644) 11년(1638) 요나라가 남경석진부, 금나라가 남경석진부와 수도인 중도대흥부를 만들었던 자리 인근에 완평성(宛平城)을 완성한 것이다 (81쪽 사진과 설명 참조). 때문에 그렇지 않아도 유물·유적이 적은 유목민족의 문화는 찾기 어려워진다.

한·중·일 역사학계는 현재의 요양시를 옛 요동군의 치소인 양평현으로 보기에, 전성기의 고구려 서쪽 국경은 지금의 요하에 있었던 것으로 본다. 때문에 그 서쪽에서 나온 유물·유적은 전부 비(非)고구려로 분류해놓았다.

뒤에서 살펴보겠지만 요동군의 양평현은 만리장성 인근에 있었으니 고구려는 지금 요하 서쪽의 깊은 곳도 영유했다. 그렇다면 고구려가 존속한 시기 그곳에서 나온 유물·유적은 고구려의 것으로 보아야 한다. 고구려의 역사지리가 잘못되면 유물·유적의 역사적 소유권도 바뀌어 버린다는 것을 잊지 말아야 한다.

3) 단군조선과 고구려의 관계는?

다음으로 살펴볼 것은 '장수왕 평양이 낙랑군(혹은 낙랑군의 치소인 조선현)이었느냐'는 가장 심각한 문제에 대한 탐구다. 이는 왕검과 왕험의 차이를 묻는 질문이기도 하다. '왕검은 단군조선, 왕험은 기자조선과 위만조선의 수도로, 둘은 다른 곳이냐'는 물음도 된다. 우리 학계에서는 왕검과 왕험을 동일한 곳으로 보는 경우가 많으니 상세히 살펴보기로 한다.

사서의 기록을 토대로 논리적인 추적부터 해보자. 고구려는 낙랑군이 존재하던 동천왕 20년(246) 조위 군에 패하자, 이듬해(247) '선인(仙人) 왕검지택(王儉之宅)'을 평양으로 부르며 천도했다.

그리고 66년이 지난 미천왕 14년(313) 낙랑군을 정복했다. 왕검 평양을 수도로 하던 시기 고구려는 낙랑군의 치소 조선현이 돼 있던 왕험을 차지한 것이다. 이듬해엔 낙랑군에 의지해 존재해온 대방군도 합병했다.

뒤에서 살펴보겠지만 그곳(낙랑군 지역)은 기자조선뿐만 아니라 단군조선도 오래 수도로 삼았던 곳이다. 고구려는 단군조선의 수도인 선인왕검지택을 평양으로 불렀으니, 단군조선이 오래 수도로 삼았던 곳도 평양으로 불렀을 수 있다. 『삼국유사』는 둘을 구분하기 위해 왕험을 남평양으로 해놓았다.

낙랑·대방군 인근에 초기백제가 있었다. 『삼국사기』는 백제가 옛 대방 땅에서 일어났고 백제의 책계왕(재위: 286~298)은 대방왕(대방군 우두머리인 듯)의 사위였다고 적어 놓았다. 때문에 백제는 낙랑·대방군을 무너뜨린 고구려의 팽창을 경계했다. 백제는 유리와 온조의 갈등으로 고구려에서 분리돼 나왔으니, 고구려와는 좋은 사이가 될 수 없다.

온조 세력은 낙랑군을 지나 낙랑군 서쪽에 터잡았기에 고구려와 싸우지 않을 수 있었다. 그런데 '방파제'인 낙랑군을 고구려가 병합했으니 백제는 위기를 느낄 수밖에 없다. 그리고 뜻밖의 일이 일어났다. 낙랑군 병합으로 부흥하는 듯 했던 고구려가 모용선비에 대패해(342), 낙랑군 병합 30년 만인 343년 왕검 평양 동쪽에 있는 황성으로 천도한 것이다.

그러한 고국원왕이 재기를 위해 대처인 옛 낙랑군의 중심에 자주 머물렀다. 때문에 백제 근초고왕은 고구려의 부활을 막아야 한다고 판단하고 371년 평양을 쳐 고국원왕을 전사시켰다. 『삼국사기』는 근초고왕 군이 고국원왕을 헛살[流矢]로 전사시킨 곳을 평양으로 밝혀놓았다.

그러나 『삼국유사』는 「남부여, 전백제, 북부여」조에서 『고전기』를 인용해 '위례성에 도읍했던 온조가 전한(前漢) 홍가 14년 병진년(서기전 5년)에 한산(漢山, 고려 때의 광주)으로 도읍을 옮겼다가, 389년이 지난 13대 근초고왕 함안 원년(371)에 이르러 고구려의 남평양을 취하고 북(北) 한성(고려 때의 양주)으로 도읍을 옮겼다.'[38]라고 해놓았다.

고구려는 단군조선이 처음 도읍한 곳(선인 왕검지택)을 동천왕 때 평양으로 부르며 천도했으니, 낙랑군의 중심은 남평양으로 불렀을 수 있다. 그런데 남평양은 왕검 평양보다 대처인지라 왕검 평양을 대신해 평양으로 불려졌을 가능성이 높다.

낙랑·대방의 소멸로 방파제를 잃은 백제는 고구려를 위협으로 판단하고 먼저 공격해 고국원왕을 전사시키는 큰 승리를 거뒀으나, 고구려의 반격을 의식해 북 한성으로 도읍을 옮겼다. 유리-온조의 결별 이후 충돌이 없었던 고구려와 백제는 갈등으로 들어가게 된 것이다.

그리고 고구려가 백제를 치자, 백제가 신라와 연합해 대항하면서 본격적인 '우리의 삼국시대'가 열렸다. 이 싸움 초기 고구려가 우세를 점했기에 고구려의 남진정책은 성공했다는 평가를 받았다. 그러자 백제·신라는 고구려의 적인 수와 당을 끌어들였고, 마침내 당과 손잡은 신라가 삼국을 통일하는 결과를 낳았다. 더 복잡한 국제정치사를 만든 것이다.

단군조선이 가장 오래 도읍한 백악산 아사달이 낙랑군과 장수왕 평양 지역

다음으로 살펴볼 것은 낙랑군 중심의 유래다. 단군조선은 우리 사서에만 나온다. 『삼국사기』는 '선인왕검지택'이라는 말로 살짝 단군조선을 거론하지만, 『삼국유사』는 「고조선(왕검조선)」조를 통해 정식으로 단군 조선을 밝혀놓고 있다.

'위서에 이르기를 지금부터 2,000여 년 전 단군왕검이 아사달(산해경은 백주에 있는 백악이라고 불리는 무섭산이 그곳이라고 했다. 혹은 개성 동쪽에 있기에 지금의 백악궁이 그

곳일 수도 있다고 한다)에 도읍해 나라를 열고 국호를 조선이라 했는데, 바로 요임금과 같은 시기였다고 했다.'[39]

'단군왕검은 중국의 요임금이 즉위한 50년(서기전 2333년 추정)이 되는 경인년에 고려의 서경인 평양성에 도읍해 조선이라고 했다가 백악산 아사달(궁홀산이나 금미달이라고도 한다)로 옮겨가 1,500년을 다스렸다. 그리고 주나라 무왕이 즉위한 기묘년(서기전 1134)에 (주 무왕이) 기자를 조선에 봉했기에 (단군 왕검은) 장당경으로 옮겼다가 다시 아사달로 돌아와 숨어 살다 1,908세에 산신이 됐다.'[40]

단군왕검은 단군조선이라는 나라로 보아야 한다. 신화적 요소를 제거하고 이 기록을 해석한다면 서기전 2333년 고려의 서경이자 평양인 아사달에 건국한 단군조선이 1,908년간 존속했는데, 이 1,908년의 78%의 기간에 해당하는 1,500년간은 두 번째 도읍지인 백악산 아사달에 있었던 것이 된다.

이는 백악산 아사달 시절 단군조선은 가장 번성했다는 의미일 것이다. 아사달은 고려의 서경이라고 했으니 아사달은 왕검 평양이 된다. '단군조선의 아사달=고구려의 왕검 평양=고려의 서경'이라는 등식이 나올 수 있는 것이다.

『삼국유사』는 그러한 단군조선이 곧 백악산 아사달로 천도해 1,500여 년을 이어갔다고 해놓았다. 서기전 2333년 아사달에 도읍한 단군조선이 건국한 해 바로 백악산 아사달로 천도해 1,500년간 존속했다면, 단군조선은 서기전 833년까지 백악산 아사달을 수도로 했다는 계산이 나온다. 그러나 그렇게 천도할 수는 없으니, 단군조선이 백악산 아사달을 수도로 사용한 것은 서기전 800년 정도로 내려야 한다.

기자(箕子)는 서기전 1175~1083년 사이의 인물로 추정된다. 주(周)나라 무왕이 즉위한 것은 서기전 1134년이고 상(商)나라를 멸망시킨 것은 서기전 1122년이니, 기자가 동쪽으로 가서 나라(기자조선)를 세운 것은 서기전 1134년 이후일 것이다.

기자가 주 무왕이 즉위했다는 서기전 1134년 동쪽으로 갔다면, 그가 세운 기자조선은 서기전 833년까지 301년간 백악산 아사달을 도읍으로 한 단군조선과 병존했다는 단순계산이 나온다(단군조선이 서기전 833년까지 백악산 아사달에 도읍했다는 가정 근거). 단군조선은 서기전 800년쯤까지는 백악산 아사달을 수도로 삼았을 가능성이 높으니, 두 나라는 300년 이상 공존한 것은 분명해진다.

백악산 아사달을 수도로 했을 때 단군조선은 가장 강성했다. 그러한 단군조선이 기자조선과 300년 이상 병존했다면, 그때는 단군조선이 기자조선을 거느렸다고 보아야 한다. 고대에는 한 인물이 자기 세력을 이끌고 다른 지역으로 투항하는 일이 제법 있었다. 단군조선은 주나라를 탈출한 기자가 세력을 끌고 오자, 공간을 내주고 자치권을 누리며 살 수 있게 해준 것이다.

그러한 기자 집단의 후예가 서기전 800년쯤 이후 단군조선의 수도인 백악산 아사달을 차지하는 반란에 성공했을 수 있다. 기자 후예의 반란에 밀린 단군조선은 장당경으로 도읍을 옮겼다가 다시 최초 도읍지(고려의 서경)인 아사달로 들어가 건국 1,908년 만에 사라졌다. 서기전 2333년 세워진 단군조선이 1,908년간 존속하다 무너졌다면, 단군조선이 사라진 것은 서기전 425년이 된다.

단군조선은 조선을 국호로 정해 백악산 아사달에서 1,500년간 도읍 했으니 백악산 아사달은 조선으로 불렸다. 따라서 기자의 후예가 그곳을 차지해도 역시 조선으로 불렸다. 이 조선을 단군조선과 구분하기 위해 기자조선이라고 한다.

그런데 중국 사서들은 하나같이 기자조선의 도읍을 왕험으로 밝혀 놓았다. 단군조선의 두 번째 수도인 백악산 아사달은 기자조선의 수도가 되었으니 그곳은 왕험이 된다. 기자는 주나라에 반기를 들고 동쪽으로 간 것이 분명한데 주나라는 기자 세력을 치지 않았다. 중국 대륙과 기자조선 사이에 있는 요동지역에 동호(東胡)가 있었으니, 기자조선과 대륙세력은 다툴 수도 없었을 것이다.

동호는 주나라 이전부터 대륙세력을 위협한 흉노와 손잡고 인접한 대륙세력인 연(燕)나라 등을 자주 위협했다. 그러한 연나라가 서기전 3세기(연나라 소왕 때인 서기전 280년 쯤) 진개로 하여금 동호를 쳐 요동지역에 연5군을 설치하고 기자조선의 서쪽지역 1,000여 리도 차지했다. 기자조선은 패수 동쪽으로 축소되었다.

그리고 대륙은 서기전 221년 진(秦)나라에 의해 통일됐다가 무너지고 서기전 202년 다시 한(漢)나라에 의해 통일되었다. 이렇게 재통일하는 과정에서 급변이 많았기에 위기에 몰리게 된 세력이 한나라를 탈출했다. 그 중 한 명이 위만이었다. 기자가 단군조선 영역으로 들어온 것처럼, 위만도 패수를 건너 기자조선 영역으로 들어왔다(서기전 195).

연나라에 영토를 빼앗긴 적이 있었던 기자조선은 강력해지는 한나라를 위협으로 보았기에 한나라를 배신해 나온 위만 세력을 받아들였다. 위만 세력이 패수를 건너와 상하장이라는 곳에 터 잡아 살며, 한나라를 막는 울타리 역할을 하도록 한 것이다.

그러한 위만이 1년 만인 서기전 194년쯤 기자조선의 도읍인 왕험으로 들어가 전복(顚覆)하고 자기 나라를 열었다. 이 나라 역시 조선으로 불렸기에, 앞의 단군조선·기자조선과 구분하기 위해 위만조선으로 부른다.

『삼국유사』는 「마한」조에서 『삼국지』 「위지」를 인용해 '위만이 조선을 공격하자 조선 왕인 준은 궁중 사람들과 측근을 이끌고 바다 건너 남쪽 한의 땅[韓地]으로 가 나라를 세우고 마한이라 했다'[41]고 적어놓았다. 위만조선은 86년간 번성했다.

그때 동호는 한나라의 지배를 받고 있었으니(연5군이 돼 있었다), 한나라에 적대적인 위만조선은 바로 한나라를 상대해야 했다. 그러한 위만조선이 서기전 108년 한나라의 공격을 받아 멸망했다. 한나라는 위만조선의 도읍지에 낙랑군을 세웠다. 왕험은 낙랑군의 치소인 조선현이 된 것이다. 그러한 낙랑군은 420년간 존속하다 서기 313년 미천왕의 공격을 받아 고구려에 합병되었다.

이러한 사실을 종합하면 단군조선이 두 번째 수도로 삼아 1,500여 년 간 도읍했던 백악산 아사달은 기자조선과 위만조선의 도읍지인 왕험을 거쳐 낙랑군의 치소인 조선현으로 변모한 것이 된다. 이는 백악산 아사달이 2,500년 이상 그 지역의 중심 역할을 했다는 뜻이다.

단군조선이 1,500여 년간 도읍했고, 기자조선은 최대 639년 간, 위만조선은 86년간, 낙랑군은 420년간 중심으로 삼았으니 1,500+639+86+420=2,645년이라는 계산이 나오기 때문이다. 2,500년간 중심 역할을 했다면 그곳은 그 지역의 중심 (CoG)이 되고도 남을 시간이다.

재기를 노리는 고구려라면 그곳을 활용해야 한다. 그곳은 단군조선이 오래 도읍했던 곳이니, 그 후예를 자처하는 고구려도 중심지로 삼을 수 있다. 그때의 고구려는 왕검 평양을 떠나 황성을 수도로 삼고 있었으니 평양이라는 이름을 백악산 아사달인 구(舊)낙랑군 지역에도 부여할 수 있다. 그러나 왕검 평양을 평양으로 불렀으니, 그곳은 남평양으로도 불렀다.

고구려는 광개토왕 때 요동을 차지하는 대(大)전진을 이루고, 장수왕 때는 북위와 함께 모용선비가 세운 북연을 무너뜨렸다. 그리고 북위 및 남조의 왕조와 함께 동북아를 삼등분하는 제국이 되었다. 때문에 장수왕 15년(427) 구 낙랑군 지역을 평양으로 부르며 천도했다. 이 평양을 '장수왕 평양'으로 불러 왕검 평양과 구분하기로 한다.

단군조선의 첫 수도인 아사달이 고구려의 왕검 평양을 거쳐 고려의 서경이 되었다면, 단군조선의 두번째 수도인 백악산 아사달은 기자조선과 위만조선의 치소인 왕험, 낙랑군의 치소인 조선현을 거쳐 고구려의 장수왕 평양이 된 것이다. 이러한 장수왕 평양이 대진국(발해)의 수도인 중경현덕부 → 요나라의 동경요양부 → 금나라의 동경요양부 → 원나라의 요양로 → 명나라의 요동 도사 → 청나라의 동경성을 거쳐 요양이 되었다가 지금 중국의 요양시가 되었다.

중국의 정사인 『요사』『금사』『원사』를 왜 인정하지 않는가

북위를 세운 선비(탁발선비)와 요나라를 만든 거란, 금나라를 세운 여진, 원나라를 건설한 몽골, 청나라를 일으킨 만주족은 흉노와 티베트처럼 중국인이 아니다. 따라서 이들의 역사는 중국사에 넣지 말아야 한다는 주장이 제기돼 있다. 그러나 원과 청처럼 중국 대륙 전체를 지배했던 나라의 역사를 빼버리면 중국사에서는 단절기가 생기게 된다.

이 기간은 중국이 이민족의 지배를 받은 피식민 기간으로 보아야 한다. 그런데

요양시에 있는 청나라 동경성의 남문인 천우문
드넓은 평지인 중국 요녕성 요양시에 있는 청나라 시절 동경성(東京城)의 남문(南門. 정문이기도 하다)인 천우문(天祐門). 성벽은 거의 사라져 농토로 바뀌었고 천우문만 남아 있다. 동경성이란 이름은 요나와 금나라가 이곳에 동경요양부를 세웠던 것에서 유래했다. 이곳은 단군 조선이 1,500년간 두 번째 도읍지로 삼았던 백악산 아사달, 기자조선과 위만조선의 도읍지였던 왕험, 낙랑군, 고구려의 장수왕 평양, 그리고 대진국(발해)의 수도인 중경현덕부가 있었던 곳일 가능성이 높다.　　　　ⓒ 이정훈

지배자들은 한자를 비롯한 중국 문화를 받아들여 기록을 남겼다.『북사』『요사』『금사』『원사』『청사』(보통은『청사고(清史考)』라고 한다. 2018년 현재 중국은『청사고』를 대체하기 위해『新淸史』를 만들고 있다)를 만든 것이다. 이 사료들은 한자로 쓰여 있고 중국 정사로 꼽히고 있어, 중국은 그때를 피식민 기간이나 역사의 단절기로 보지 않으려 한다.

그런데도 유독 이 사서들만 부정하는 세력이 있다. 이것이 우리 고대사의 바른 복원을 막고 있다. 중국의 동북공정에 협조해 주는 것이다. '단군조선의 아사달=고구려의 왕검 평양=고려의 서경', 그리고 '단군조선의 백악산 아사달=기자조선과 위만조선의 왕험=낙랑군=고구려의 장수왕 평양=대진국(발해)의 중경현덕부=요나라의 동경요양부=금나라의 동경요양부=원나라의 요양로=명나라의 요동도사=청나라의 동경성을 거쳐 요양=지금 중국의 요양'이란 등식을 갖는다면 우리의 고대사는 쉽게 풀어나갈 수 있는데도 말이다.

유목민족은 바람처럼 일어났다가 바람처럼 사라졌으니 남겨놓은 것이 적다. 요나라의 남경석진부와 금나라의 중도대흥부가 명나라의 완평성으로 바뀐 것처럼, 중국은 유목민족이 남긴 역사에 덧씌우기를 해왔다. 그들의 역사로 바꿔놓은 것이다. 유목민족은 토성과 겔을 지어 살다가 떠나감으로써 유물과 유적도 거의 남겨 놓지 않았으니, 유목민족의 지배를 받았던 중국은 쉽게 역사 부정을 할 수 있다.

『북사』『요사』『금사』『원사』의 기록을 부정하려는 것은 중국 역사학계에만 있는 시각이 아니다. 조선과 대한민국의 역사학계에도 강하게 남아 있다. 이는 조선이 지금 압록강 이북에 있었던 고려의 영토를 포기하며 영역을 축소한 것과 관계 있을 것이다. 장수왕 평양과 왕검 평양을 포기한 조선은 지금 북한 평양을 평양으로 부르며 그곳을 기자조선과 고구려의 장수왕이 도읍한 평양이라고 우겼으니, 진실을 담고 있는『요사』『금사』『원사』를 부정해야 한다.

그러한 부정 의식을 담아낸 '그릇'이 조선이 편찬한 『고려사』이다. 조선도 『요사』『금사』『원사』를 부정하는 자세를 가진 것이다. 그것이 대한민국으로도 이어져 고조선과 고구려의 평양은 이북 평양이라는 관점을 갖게 되었다. 그러나 고려와 동시대에 있었던 요·금·원의 역사를 기록한 중국 정사가 남아 있어 완벽한 부정이 되지 않기에, 우리의 고대사는 '엇박자로 부르기'가 돼버렸다.

그러나 이 나라들이 똑같은 곳에 반복해서 성을 세웠다고 보면 오산이다. 고대의 성은 대성(大城)이라 할지라도 지금의 대도시에 비하면 아주 작았다(완평성도 크지 않다). 전란을 통해 성이 허물어졌으면 인접한 다른 곳에 새로 세울 수도 있다.

지금 요양에는 누르하치가 차지해 후금을 세웠다는 동경성(東京城)의 정문인 천우문(天祐門)이 남아 있다(92쪽 사진). 동경성은 지금의 태자하 북쪽에 있었다. '양(陽)'은 큰강의 북쪽을 가리킨다. 그렇다면 장수왕 평양도 태자하의 북쪽에 있었을 가능성이 높다. 대진국의 중경현덕부는 고구려의 장수왕 평양을 이었으니 역시 태자하의 북쪽에 있었을 것이다.

그러나 요와 금의 동경요양부와 원의 요양로는 태자하 남쪽에 있었던 것으로 보인다. 같은 강북(江北)에 있었다고 해도 장수왕 평양성이 청나라의 동경이라고 말할 수는 없다. 성은 새로 지을 수 있기 때문이다.

우리 사서의 자주성이 초래한 혼란

『삼국사기』와 『삼국유사』는 자주성이 강한 사서다. 두 사서는 중국 역사로 판단되는 나라와 조직은 거론하지 않으려 했다. 객관성을 위해 중국 사서를 인용하긴 했지만, 중국 사서에 반복해서 나오는 기자조선에 대한 언급을 극력 회피하고 있는 것이 좋은 사례다.

그러나 위만조선에 대해서는 차이를 보인다. 『삼국사기』는 위만조선도 거론하지 않았으나,『삼국유사』는 다루고 있다. 「위만조선」조를 만들어놓은 것이다.『삼국유사』 편집자는 위만조선이 중국의 한나라와 싸운 것에 주목한 것 같다. 이 전쟁에서 승리한 한나라가 한4군을 만들었으니, 한4군은 중국으로 보고 위만조선은 우리로 본 듯하다.

그런데 위만이 상하장에 터 잡았다고 해놓은 중국 사료들과 달리『삼국유사』는 위만이 왕검을 도읍지로 정했다고 해놓았다. 중국 사서들은 위만이 기자조선의 수도인 왕험을 쳐 빼앗았다고 해놓았는데,『삼국유사』는 「마한」조에서 위만이 조선왕 준(기자조선의 왕인 기준)을 공격해 도망치게 했다고는 적어 놓았으나 왕험을 빼앗은 것은 밝혀 놓지 않았다.『삼국유사』는 위만조선이 계속 왕검을 도읍지로 삼고 있었던 것으로 해놓은 것이다.

왕검은 단군왕검의 도읍지를 뜻하는 것일 가능성이 높다. 그래서인지 「위만조선」조는 왕검에 대해 '이기(李奇)는 왕검은 지명이라고 했고, 신찬은 왕검성은 낙랑군 패수의 동쪽에 있었다.'란 주(注)를 달아놓았다. 이 주(注) 때문에 '왕검=왕험'이라는 등식이 형성되었다. 그러나 왕검과 왕험은 다른 곳이다.『삼국유사』 편집자는 기자조선을 우리 역사로 보지 않으려 했기에, 위만조선의 수도를 계속 왕검으로 표기한 것으로 이해된다. 위만이 기자조선을 쳐 왕험으로 천도한 것은 무시한 것이다.

이러한『삼국유사』「위만조선」 조는 '한나라의 군대가 왕검성을 정복해 진번·임둔·낙랑·현도의 네 군을 두었다'고 설명해 놓았으니, 또 왕검=왕험이라는 등식이 나올 수 있다. 왕검을 위만조선의 수도로 밝힌 사료에도『삼국유사』 말고도『세종실록』「지리지」가 있다.『삼국유사』는 한4군도 외면했으나 「낙랑국」조는 갖고 있다. 그런데 이 낙랑국은 낙랑군이 아니라 '낙랑군 때문에 우리나라가 낙랑으로 불리게 됐다'는 것을 설명한다.

이러한 「낙랑국」 조에 '전한 때 처음으로 낙랑군을 두었는데, 응소는 옛날(故) 조선국이라고 했다. 『신당서』는 주에서 "평양성은 옛날 한나라의 낙랑군이다"라고 했다'[42]라는 내용을 붙여놓았다.

응소가 말한 옛 조선국은 '故朝鮮'으로 적혀 있다. 반면 『삼국유사』 「고조선(왕검조선)」조의 고조선은 古朝鮮으로 돼 있다. 『삼국유사』의 편집자는 단군조선은 古朝鮮, 기자조선은 「위만조선」조에 있었다고 하여 故朝鮮으로 구분한 것이다. 이는 『삼국유사』 편집자가 기자조선의 존재를 알았음에도 고의로 누락했다는 뜻이다. 『삼국유사』는 자주성이 강한 역사서이다.

그러한 『삼국유사』는 신라 노례왕 때 대방 사람들이 낙랑 사람들과 함께 신라로 투항한 것을 설명하기 위해 짧은 「북대방」조를, 조위가 처음 남대방군을 설치했기에 남대방이라는 지명이 생겨났다는 것을 설명하기 위해 역시 짧은 「남대방」조만 삽입해 놓았다. 지명 때문에 한4군 이름을 거론한 것이다.

신라의 노례왕은 3대 유리니사금(생몰: ?~57, 재위: 24~57)을 가리킨다. 『삼국사기』 「신라본기」는 유리니사금 13년(36) 8월 낙랑이 북쪽 변경을 침범하여 신라의 타산성을 함락시켰고,[43] 이듬해(37)에는 고구려 왕 무휼(대무신왕)이 낙랑을 쳐 없애니 그 나라 사람 5천여 명이 투항해 왔기에 6부에 나눠 살게 하였다[44]고 해놓았다. 이는 초기백제, 초기신라가 대방·낙랑군과 가까이 있었다는 암시다.

『삼국사기』 「고구려본기」도 대무신왕 20년(37) '고구려가 낙랑군을 습격해 멸망시켰다,'[45]고 밝혀놓았는데, 「신라본기」 유리니사금 조는 그때 낙랑군 사람들이 신라로 투항해 왔다고까지 해놓은 것이다. 낙랑군을 설명한 부분에서 다시 살피겠지만 이 사건은 고구려 대무신왕의 공격으로 낙랑군이 두 번째로 멸망한 경우다.

훗날 대륙의 나라들은, 신라 왕은 낙랑군공, 백제 왕은 대방군공으로 봉하는 경우가 많았는데, 이는 낙랑 사람들이 신라로 투항할 정도로 신라는 낙랑 근처에 있었고, 대방은 백제와 가까웠기 때문일 수 있다. 『삼국유사』가 「낙랑국」과 「북대방」 「남대방」조를 만든 것은 한4군 이름이 신라와 백제에 존재하게 된 이유를 설명하기 위한 것일 수도 있다.

『삼국사기』의 자주성도 만만치 않다. 『삼국사기』는 위만조선은 물론이고 기자조선에 대한 기술이 없다. 연5군과 한4군 설치에 대한 기록도 없다.

『삼국사기』와 『삼국유사』에서 발견되는 이러한 특징은 고려가 단군조선과 고구려를 이었다는 확실한 역사의식을 갖고 있었음을 보여준다. 따라서 기자조선과 한4군 부분을 살필 때는 『삼국사기』와 『삼국유사』에는 고의로 누락시킨 부분이 있다는 것을 알고 살펴보아야 한다.

중국 사서를 인용하는데 인색하지 않았던 『삼국유사』가 왕험을 거론하지 않은 것은 그러한 이유로 보아야 한다. 위만세력이 처음 모여 산 상하장이 왕검일 수는 있다. 그러한 위만이 기자조선을 전복해 왕조를 연 다음에는 왕험을 도읍지로 사용한 것이 분명하다. 『삼국유사』는 이를 거론하지 않은 것이다. 우리 사서의 자주성이 가끔은 정확한 역사 추적을 방해한다.

낙랑군=장수왕 평양이라는 가설에 대한 반론들

역사 찾기는 퍼즐 맞추기다. 관련 기록을 찾아 맞추어가다 가능성 있는 가설이 만들어지면, 더 많은 사료를 찾아내 이를 증명해내는 것이다. 그리하여 충분히 개연성 있는 가설이 만들어지면 이를 역사로 주장할 수 있다. 여기에 고고학적 발굴이 보태진다면 완벽한 역사 복원이 이뤄진다.

'장수왕 평양이 백악산 아사달이고, 왕험이며, 낙랑군'이라는 가설에 대한 반론은 있다. 대표적인 것이 미천왕이 낙랑군을 합병한 다음에도 낙랑군은 존재했으니 고구려가 낙랑군 영역을 영유했다는 것은 사실이 아니라는 주장이 그것이다.

낙랑군을 설명한 부분에서 상세히 밝히겠지만 낙랑군은 여러 차례 멸망했었다. 사서에 나오는 첫 번째 멸망은 왕망의 신(新)나라가 세워진 때인 서기 23년부터 25년 사이 낙랑 사람인 왕조(王調)가 낙랑군수인 유헌(劉憲)을 죽이고 '대장군 낙랑태수'라 칭한 것[46]을 꼽는다(낙랑군 1차 멸망). 이는 현지인이 반란을 일으켜 독립한 경우이다.

왕망의 신나라를 무너뜨리고 다시 한나라(후한)를 연 광무제는 서기 30년 독립한 낙랑을 공격해 다시 영유했다. 그리고 7년이 지난 서기 37년 고구려의 대무신왕이 낙랑군을 멸망시켰다(낙랑군 2차 멸망). 그러나 7년 뒤인 44년 광무제는 바다로 군대를 보내 낙랑군을 다시 회복했다. 그러한 낙랑군을 313년 미천왕의 고구려가 공격해 점령했는데(낙랑군 3차 멸망), 낙랑군은 치소를 옮겨 또 존속한 것이다.

미천왕이 낙랑군을 차지할 무렵 요서지역에서 급성장한 것이 모용선비다. 그 모용선비가 자기 지역에 낙랑군을 만들어주었다. 그리고 구 낙랑군 지역을 지배하고 있는 고국원왕의 고구려를 쳐 대승을 거뒀으니, 낙랑군은 부활했다고 볼 수도 있다. 그러나 모용선비 시절의 낙랑군은 위치가 달라진 낙랑군이었다.

모용선비는 요서군 유성현에서 일어나 그 후 요동군 지역을 차지한 나라다. 그리고 자기 지역에 새로운 낙랑군을 만들어주고 옛 낙랑군 지역을 영유한 고구려를 쳤으나, 옛 낙랑군 지역을 영유하진 않았다. 계속 고구려가 지배하게 한 것이다. 이는 모용선비가 고국원왕을 낙랑군공에 봉한 것으로 확인된다.

모용선비는 옛날 요서군 지역에 조선현을 치소로 한 새로 만든 낙랑군을 유지하기만 했다. 이 낙랑군의 흔적이 지금까지 이어져 오는데, 『회남자』가 '갈석산은 요서지역 서쪽 바다에 솟아 있다. 조선낙랑현 지역이다.'[47]는 주를 붙이고 있는 곳이 그곳으로 보인다.

갈석산은 지금 만리장성의 동쪽인 연산(燕山)산맥 끝자락에 있다. 그곳이 옛날 요서군의 서쪽지역인데, 모용선비는 그곳에 새로운 낙랑군을 만들었기에 시차를 두고 지역이 다른 낙랑이 존재하게 되었다. 이것 때문에 종종 낙랑군의 위치에 대해 혼동이 일어난다.

역사에서 의미가 있는 것은 지금 요양에 있었던 낙랑군이다. 그런데 우리는 이 낙랑군이 지금 북한 평양 지역에 있었던 것으로 알고 있으니 또 혼란에 빠진다. 『구당서』, 『신당서』 이후의 중국 역사서들은 지금 중국 요양에 장수왕 평양과 낙랑군이 있었음을 보여주는데도, 우리는 낙랑군이 북한 평양에 있었다는 주장을 반복하고 있다. 왜 그럴까?

그 이유는 조선이 과거의 낙랑군인 장수왕 평양을 지금의 북한 평양으로 우겨넣었기 때문이다. 그렇게 한 대표적인 사료가 『세종실록』 「지리지」이다. 조선 왕실이 북한 평양을 낙랑군 지역으로 해놓았으니, 역사에 관심 있는 조선의 사대부들도 낙랑 위치에 대해 대혼란을 겪었다.

이 문제에 대한 정답을 찾으려면 보다 많은 연구가 있어야 한다. 가장 큰 난제는 지금 북한 평양 지역에서 발굴된 낙랑군 관련 유물에 대한 해석이다. 이 유물을 낙랑군의 것으로 보고 낙랑군이 북한 평양에 있다고 비정한 것은 일제(日帝)와 우리의 역사학계다.

앞에서도 밝혔듯이 낙랑·대방과 가까운 곳에 백제가 있었다. 낙랑이 지금 요양에 있었다면 북한 평양은 낙랑·대방과 가깝게 지낸 백제의 영역이었을 수도 있다. 북한 평양은 고려의 영역이기도 했다. 그런데 고구려는 고려로도 불렸기에, 둘은 종종 혼동을 일으킨다. 그렇다면 북한 평양에서 나온 고구려 관련 유적은 고려의 유적일 수도 있는 것이다. 이러한 주장은 관련 증거로 확인된 것은 아니지만, 충분히 가능한 상상이다.

단군조선의 최초 발생지인 아사달이 지금의 중국 본계시 인근이었다고 보는 것도 고고학 발굴과 일치하지 않는다는 문제를 일으킬 수 있다. 동호나 조선 등 동북아 지역에 살아온 종족은 황하 일대(오르도스 지역)에서 살아온 중국인들과 다른 구조의 언어를 사용했다. 두 세력은 비슷한 때 청동기를 개발했지만 그 양식이 달랐다. 이는 이들이 각기 다른 문화에서 나왔다는 증거가 된다.

동북아 문명은 지금 중국 내몽골자치구의 적봉(赤峰)시 홍산(紅山)구의 홍산 일대에서 발견된 초기 청동기 문명에서 시작된 것으로 보인다. '홍산문명'으로 불리는 이 청동기 문명은 기후변화 때문인지 홍산지역이 건조해지자 동진(東進)해 지금 중국 조양(朝陽)시 일대에서 번성했다. 그곳에서 후기 청동기 문명인 하가점 하층문명을 일으켰다. 이 문명은 대릉하와 소릉하 사이에서 일어났기에 '능하(凌河)문명'으로도 불리고 있다.

능하문명이 시기상 단군조선 초기와 겹쳐진다. 능하 지역과 본계 지역은 제법 떨어져 있지만, 능하지역과 장수왕 평양 지역은 조운으로 연결될 수 있다. 왕검 평양도 태자하의 지류인 북사하(北沙河)가 이어져 있으니 어느 정도 조운이 가능할 수 있다.

단군조선은 청동기 문명이 분명하다. 그렇다면 단군조선은 본계에서 일어나 조운이 더 발달한 지금 요양 지역으로 천도했기에 1,500여 년 간 그곳에 도읍할 수 있었다는 해석이 나올 수 있다.

이 가설이 성립하려면 서기전 20~10세기의 청동기 유물이 요양 일대에서 다수 발견되어야 한다. 요양 일대에는 그 시대 동북아 문명의 대표적인 청동기인 비파형 동검이 많이 발굴됐다. 그렇다면 요양 일대를 단군조선의 지역인 백악산 아사달로 비정하지 못할 이유가 없다. 이때 문제가 될 수 있는 것은 조양 일대의 능하문명 주인공은 누구냐는 것이다.

단군조선은 조양 일대까지 차지한 거대한 문명이었을 수 있다. 두 곳은 의무려산

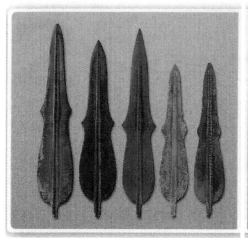

비파형동검과 세형동검

1975년 요양시 이도하자(二道河子)의 석관에서 출토된 '곡인청동단검(曲刃靑銅短劍)'. 요양박물관에 전시돼 있다. 중국은 요양과 심양 일대에서 발견되는 우리식의 비파형동검(왼쪽)과 비파형 동검에서 발전해 나온 세형동검(오른쪽)을 오르도스 지역에서 많이 나오는 중국식 동검과 구분하기 위해 '요녕식(遼寧式) 동검'으로 불렀다. 그러나 지금은 홍산문명과 그 후예도 중국 역사의 일부라며 춘추 시대에 있었다는 곡인청동단검으로 고쳐 부르고 있다. 여기에는 비파형동검은 한국 것이지만 중국 것이기도 하다는 이해가 깔려 있다. © 이정훈

(醫巫閭山)이란 산맥으로 갈려 있지만, 바다를 통한 조운으로는 얼마든지 연결할 수 있다. 능하에서 태자하 사이에 있는 강 가운데 가장 큰 것은 지금의 요하이니, 이를 '요하 문명'으로 통칭할 수도 있다(65쪽과 102쪽 지도 참조).

홍산에서 일어난 문명이 능하지역을 지나 동진했다. 그리하여 본계까지 들어갔던 세력이 단군 왕검에 의해 강력해져 다시 지금 태자하 지역인 요양으로 나와 능하지역까지 지배하며 장기간 번성했을 수 있다. 이것이 바로 단군조선이다. 단군조선이 그곳에서 800년 이상 이어지자 대륙에서 주나라가 무너지며 기자가 세력을 이끌고 동쪽으로 이동해 왔다. 기자 세력은 능하지역에 머물렀을 수 있다. 그러한 기자 세력의 후예가 어느날 반기를 들어 단군조선의 영역을 차지했다.

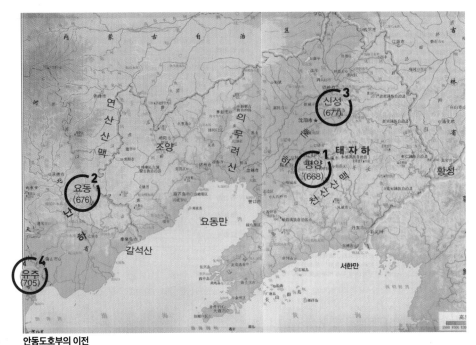

안동도호부의 이전

당나라의 안동도호부는 위 지도의 평양(요양)에 처음 설치됐다가 난하 인근의 요동으로 갔다가 이 지도에서 철령으로 표기된 신성으로 옮겨왔다. 그리고 지금 북경지역인 유주로 이동한 후 소멸됐다(번호순으로 이동).

그리고 기자조선은 전국시대 연나라의 공격을 받아 능하지역인 서쪽의 영토를 잃고 패수(浿水) 동쪽으로 축소되었다. 중국이 한나라로 재통일될 때 위만 세력이 패수를 건너와 머물다가 전복을 하고 기자조선 지역을 차지했다. 이어 한나라가 그곳을 쳐 낙랑군을 만들었는데 고구려가 밀어내고 수복한 것일 수도 있다. 그렇다면 단군조선의 백악산 아사달=기자조선의 왕험=위만조선의 왕험=낙랑군의 조선현=고구려의 장수왕 평양이라는 등식은 성립될 수 있다.

그리고 『요사』 등은 장수왕 평양이 대진국(발해)의 수도인 중경현덕부=요나라의 동경요양부=금나라의 동경요양부=원나라의 요양로=명나라의 요동도사=청나라의 동경성 및 요양=지금의 중국 요양임을 보여주고 있으니, 고구려의 평양 찾기는 수월해진다.

4) 당나라는 장수왕 평양을 계속 지배하지 못했다

이 가설을 계속 검증해 나가보자. 장수왕이 평양으로 천도한 후 고구려와 병존한 대륙국가는 북위와 수·당이다. 그런데 북위의 역사를 기록한 『북사(北史)』와 수나라 역사를 쓴 『수서(隋書)』에는 장수왕이 옛 낙랑 지역을 평양으로 부르며 천도했다는 기록은 없다. 고구려가 옛 낙랑군을 평양으로 부르며 수도로 썼다는 기록은 고구려를 멸망시킨 당나라 역사를 기록한 『구당서』, 『신당서』에서부터 나오기 시작한다.

『구당서』와 『신당서』는 당나라가 패망시킨 고구려의 평양에 안동도호부를 설치한 것을 밝히며 '그 나라(=고구려) 임금은 평양에 머물렀는데 평양은 장안성이라고도 했다. 한나라 때는 낙랑군 지역이었다.'[48]란 기록을 처음 등장시켰다. 그리고 이를 여러 사서들이 인용하는 현상이 나타났다.

대표적인 사료가 『삼국사기』다. 『삼국사기』 「지리지」는 '당서를 통해서는 평양성이 한나라의 낙랑군이란 것을 알 수 있다.'[49] '당서는 평양성은 장안으로도 불렸다고 했는데, 고기는 평양에서 장안으로 옮겼다 라고 해놓았으니, 두 성의 같고 다름과 멀고 가까운 것은 알지 못하겠다.'[50] 라고 적어놓았다. 『구당서』, 『신당서』에 있는 내용을 거의 그대로 옮겨 놓고, '평양성과 장안성이 같은 곳인지 다른 곳인지, 다른 곳이라면 그 거리가 얼마인지는 모르겠다.'는 문구만 추가해놓은 것이다.

고구려를 멸망시킨 당나라는 668년 장수왕 평양에 안동도호부를 설치했다. 그러나 신라가 당나라 군을 내쫓고 삼국통일을 완성한 676년 고구려 유민들의 저항에 밀려 안동도호부를 옛 요동성(옛 요동군 양평현)으로 옮겼다가, 이듬해(677) 신성으로 다시 이동시켰다.

장수왕 평양에 있던 안동도호부를 옛 요동군 치소로 뺀 것은 임시조치인 것으로 보인다. 요동성은 평양에서 너무 멀기 때문이다. 평양성에 보다 가까운 곳은 신성인데 신성이 준비되지 못했기에 임시로 요동성으로 옮겼다가, 신성에 준비가 되자 그곳으로 안동도호부를 보낸 것으로 보인다(102쪽 지도 참조).

초원길 통제하던 신성, 내부반란으로 당 수중에 넘어가

옛 요동군 성에 있다가 1년 만에 안동도호부가 옮겨간 신성(新城)은 어떤 곳인가. 『삼국사기』「고구려본기」에는 신성이라는 단어가 25번 나온다. 그런데 같은 사건을 기록한 문장에서 반복해서 나오는 경우가 많다. 신성은 서천왕·봉상왕·고국원왕·광개토왕·보장왕 조와 고구려가 무너진 후를 적은 기록에서만 나온다.

이 가운데 신성의 위치를 짐작케 해주는 것은 두 개이다. '서천왕이 7년(276) 4월 신성에 가서 사냥을 해 흰 사슴을 잡고 8월에 신성에서 돌아 왔다'고 한 대목에서 '신성은 나라의 동북에 있는 큰 진이다.'[51]라는 주를 달아 놓은 것과 고국원왕 5년 (335) 1월 나라 북쪽에 신성을 쌓았다[52]고 한 것이 그것이다(서천왕 7년조는 신성을 최초로 거명한 경우이기도 하다).

서천왕 7년과 고국원왕 5년은 왕검 평양을 수도로 하던 시절이었다. 고대 기록에서 '나라[國]'는 수도인데, 그러한 수도에서 동북이나 북쪽에 있는 큰 진이 신성인 것이다. 서천왕이 7년에 신성으로 가서 흰 사슴을 사냥한 것은 순행(巡幸)인데 순행을 하는 것은 신성을 중시했다는 의미다. 서천왕은 19년(288) 4월 다시 신성으로 순행을 가, 해곡태수로부터 밤에 광채가 나는 고래의 눈을 받고 8월에는 흰 사슴을 사냥한 후 11월에 돌아온[53]적도 있었다.

봉상왕도 신성을 전략적으로 중요한 곳으로 여겼다. 봉상왕 2년(293) 8월 모용외 세력이 침입해오자 봉상왕은 신성으로 피하려고 곡림까지 갔다가, 모용외의 추적을 받아 위기에 빠졌다. 그때 신성의 벼슬아치[新城宰]인 북부소형 고노자가 기병 5백을 거느리고 나와 왕을 영접하고 적군을 맹렬히 쳐 모용외의 군사를 물러나게 했다.[54]

봉상왕은 5년(296) 8월 다시 모용외의 침입을 받았다. 그때 봉상왕이 국상 창조리의 진언을 받아 들여 고노자를 신성의 태수로 삼았더니, 고노자가 선정을 베풀어 위명을 얻자 모용외가 다시 침범하지 못했다.[55] 왜 모용외는 왕검평양을 거치지 않고 봉상왕의 고구려를 침략할 수 있었을까.

지금 내몽골 동부에는 유목민이라면 누구나 이용할 수 있는 초원길이 있다. 모용외는 그 길을 통해 북쪽에서부터 쳐들어온 것이다. 신성은 초원길에서 왕검 평양·장수왕 평양으로 이어지는 곳을 지키는 북쪽 관문으로 보인다.

고국원왕은 모용외의 아들인 모용황과 큰 전쟁을 치르는데, 이 전쟁을 치르기 전인 5년(335) 1월 모용황의 침입에 대비하기 위해 나라 북쪽에 신성을 쌓았다.[56] 그럼에도 불구하고 고국원왕 9년 모용황 군이 침입해 신성까지 진출했기에, 고국원왕은 맹약을 청해 물러나게 하였다.[57] 이는 모용황도 초원길을 이용해 북쪽의 신성을 공격했다는 뜻이다.

광개토왕 9년(400)엔 후연(後燕)의 모용성이 '고구려왕의 예절이 거만하다.'며 표기대장군 모용희를 선봉으로 한 3만 병력을 보내 신성과 남소성 2개 성을 빼앗아 영토를 7백여 리 넓히고 그들의 백성 5천여 호를 옮겨놓고 돌아갔다.[58] 이것 역시 초원길을 이용한 공격이었다.

이러한 기록에서 알 수 있는 사실은 신성이 왕검 평양과 한 축선에 있다는 점이다. 무사통과가 가능한 초원길을 통해 동쪽으로 온 세력이 북쪽이나 동북쪽에서부터 왕검 평양을 치려면 먼저 신성을 돌파해야 하는 것이다.

광개토왕(혹은 장수왕)을 시작으로 고구려는 200여 년이 넘는 긴 전성기에 들어갔다. 이 시기 『삼국사기』는 전혀 신성을 거론하지 않는데, 이는 고구려가 초원길을 통해서 오는 위기를 맞지 않았다는 의미이다. 북쪽의 초원길을 지키는 신성은 전투를 하지 않은 것이다. 그때 신성은 초원길을 관리하는 기지였을 것이다.

이러한 초원길의 중간에 고구려의 현도성이 있어(신성에서 보면 서쪽), 두 성은 함께 초원길을 관리했다. 고구려는 요동을 차지할 때 한4군의 하나인 현도도 병합했는데, 그때 현도군 자리에 현도성을 만들었다.

전성기가 끝나가는 양원왕 3년(547) 고구려는 초원길로 오는 위협을 느꼈는지 백암성을 고쳐쌓고 신성을 수리했다.[59] 그리고 4년 뒤인 양원왕 7년(551), 돌궐의 침입을 받아 신성이 포위되었다. 신성을 함락하지 못한 돌궐군이 백암성으로 옮겨가 공격하자, 양원왕이 장군 고흘로 하여금 1만 병사를 이끌고 가서 막게 했다. 고흘은 돌궐군을 무찌르고 1천여 수급을 베며 승리했다.[60]

돌궐군이 신성을 공격한 것은 고구려가 초원길 통제에 실패했다는 뜻이다. 신성은 장수왕 평양의 동북 혹은 북쪽에 있었으니, 지금 중국의 철령(鐵嶺)시에 있었을 가능성이 높다. 이러한 판단은 중국 자료를 근거로 한 것이다. 중국의 검색엔진인 '바이두(百度)'는 지금 요녕성의 철령시에 대해 '수나라 때 이 지역을 지배한 것은 고구려였다. 당나라 때 이 지역의 남쪽은 안동도호부에 속했다.'[61]라고 설명해놓았다. 철령시 남쪽은 안동도호부에 속했다고 해놓았으니 신성은 철령에 있었을 가능성이 높아진다.

그러한 신성이 백암성과 함께 돌궐군과 싸운 곳이 됐으니, 북에서부터 남으로 '신성-백암성-장수왕 평양' 축선이 있었음을 알 수 있다. 백암성은 신성 남쪽에서 신성을 후원하는 기지이자, 장수왕 평양을 지키는 2차 방어선 역할을 한 것이다.

가짜 백암성

한·중 학계는 등탑시 서대요향에 있는 연주성산성을 백암성으로 비정해 놓았다. 이른바 견치석(犬齒石)으로 쌓았고, 치가 있으며 산에 건설돼 있기에 산성 개념으로 지은 백암성으로 보는 이들이 많은 것이다. 그러나 이 성 안에 있는 정상에는 위 사진과 같이 제사 터로 보이는 곳이 있다. 백암성은 고구려의 중요한 성이었던 것 같은데 중국이 발굴 조사를 했을 때 이 성 안에서는 이렇다 할 유물이 발굴된 것이 없다. 따라서 백암성이 아니고, 거의 모든 왕조가 신성시해온 제사터를 지키는 성이었을 가능성을 배제할 수 없다. 고구려의 백암성은 평지에 있는 대성이라 여러 왕조를 거치면서 다른 성으로 바뀌었거나 멸실되었을 것이다.

© 이정훈

이는 백암성이 장수왕 평양인 지금 요양시 북쪽에 있다는 강력한 암시다.

한·중 역사학계는 지금 중국 요양시 등탑(燈塔)시 서대요(西大窯)향 관둔(官屯)촌에 있는 산성을 백암성으로 보고 있다. 그런데 중국은 이 성이 고구려성이라는 것을 부정하고 전국시대의 연(燕)나라가 이곳까지 진출했다는 주장을 하려고 '연주성(燕州城)산성'으로 명명해 놓았다.

이는 태자하가 패수라는 무리한 주장이 된다. 요양시 중심부를 장수왕 평양으로 본다면, 이 성은 장수왕 평양의 동쪽에서 태자하 바로 북쪽 강변에 있는 것이 된다. 태자하를 건너는 나루나 여울이 근처에 있었다면, 이 성은 요충이 될 수 있다. 이 성은 태자하를 굽어보는 산에 있으니 주변을 살피는 감제(瞰制)와 방어에도 유리하다. 그러나 장수왕 평양의 동쪽에 있으니 이 성은 북쪽에서 오는 위협을 막을 수 없다.

중국은 이 산성 안을 발굴했는데 전쟁의 흔적이 발견되지 않았다. 백암성은 고구려 양원왕 7년(551) 돌궐군이 침입해 이 성에서 싸웠다는 『삼국사기』기록이 있는데도 그러한 흔적이 나오지 않은 것이다.

『삼국사기』는 옛 요동군 치소인 고구려의 요동성을 함락한 보장왕 4년(645, 1차 고당전쟁) 당나라가 백암성을 무혈점령했음을 보여준다. 그 해 3월 당나라는 육군을 두 부대로 나눠 공격했다. 당 태종이 이끄는 군은 요수의 요택을 지나 바로 요동성으로 진격하고, 이세적(=이적)이 이끄는 군은 통정에서 요수를 건너 고구려의 현도성을 공격했다. 이세적 군의 부사령관(정식 명칭은 부대총관)격인 강하왕 도종이 이끄는 부대는 신성까지 진격했다.

당 태종 군은 해안길로, 이세적+도종 군은 초원길로 진격하게 한 것이다. 그런데 요동성 전투가 치열해져, 현도성을 치던 이세적과 신성에 도달한 도종 군도 돌아와 요동성 전투에 참여했다. 그리하여 5월에 요동성을 함락시키자 당 태종과 이세적은 동진을 해, 서북쪽(당 태종)과 서남쪽(이세적)에서 각각 백암성을 치려고 했다. 그러자 백암성 성주 손대음이 바로 항복했다. 이는 백암성이 요동성의 동쪽에 있다는 뜻이다.

요양시 등탑시 서대요향 관둔촌에 있는 연주성 산성을 백암성으로 본다면, 이 성은 장수왕 평양과 너무 가깝다는 것이 첫째 문제가 된다. 고대의 전쟁은 대개 '관방수탄(關防守灘)'을 하는 곳에서 이뤄졌다. 산세 때문에 지세가 좁아져 그곳으로만 도로를 낼 수 있는 곳에 관문(關門)을 만들어 지키는 것이 '관방(關防)'이고, 배가 없어도 건널 수 있는 여울을 지키는 것이 '수탄(守灘)'이다. 고대에는 관문과 수탄을 할 수 있는 곳에 성이나 보루 등을 건설해 병력을 주둔시켜 관리했으니 전투는 그 곳에서 대개 이뤄졌다.

등탑시의 산성은 관방을 하는 곳이 아니다. 그 앞에 흐르는 태자하는 여울을 만

<표 2>『구당서』의 안동도호부, 『신당서』의 안동(상)도호부의 이전

서력(당 황제와 연호)	변동 사실	관련 사건
668 (고종 19년인 총장 원년)	평양성에 안동도호부 설치.	당, 고구려 정복.
676 (고종 28년인 상원 3년)	옛 요동성으로 안동도호부 이전.	신라, 나당전쟁에서 이기며 삼국통일 완성.
677 (고종 29년인 의봉 2년)	신성으로 안동도호부 이전.	당, 보장왕을 요동주 도독 겸 조선왕에 봉해 요동주로 보내 요동에서 고구려 유민을 다스리게 함. 백제 왕자였던 부여융은 웅진도독 겸 대방군왕에 봉해 신라를 견제하게 함.
698 (측천무후 9년인 성력 원년)	안동도독부로 격하(신성).	696년 거란족의 이진충이 일으킨 난이 실패함. 대조영이 발해 건국함.
705 (중종 복위 원년인 신룡 원년)	안동도호부 이름 복구 유주 도독이 겸하게 됨(유주로 이전).	당, 신하들이 측천무후를 강제로 퇴위시키고 중종을 복위함.
714 (현종 3년인 개원 2년)	평주로 안동도호부 이전.	
743 (현종 32년인 천보 2년)	옛 요서군 성으로 안동도호부 이전.	
756~758 (숙종 지덕 연간)	안동도호부 폐지.	당, 안록산의 난 발생.

들지 못하고 있으니 수탈을 할 수 있는 곳인지도 의문이다. 그런데 이 산성의 정상부에는 제사터로 보이는 흔적이 남아 있어 제사를 모시던 곳일 수도 있다는 판단이 나오고 있다. 제사터였기에 전쟁의 상흔을 피해갔다는 해석인 것이다. 연주성 산성은 백암성이 될 수 없다. 신성을 백업해주는 백암성은 지금 요양시에서 보다 북쪽에 있어야 한다.

돌궐군의 신성 공격이 있은 후 다시 100여 년간 신성은 『삼국사기』에 등장하지 않는다. 고구려는 영양왕 9년인 598년부터 수나라와 전쟁에 들어가는데 신성은 한 번도 수나라 군의 공격을 받지 않았다. 이는 수나라가 초원길을 통한 평양성 진격을 생각하지 못했다는 뜻이다. 수나라는 요동성을 함락한 뒤 압록과 살수를 넘어 평양으로 들어가는 것만 추진했다. 그리고 645년 1차 고당전쟁 때 신성이 등장하는데, 그때 신성은 백암성과 달리 함락되지 않았다.

당나라는 고구려가 무너지기 1년 전인 보장왕 26년(667) 9월 이적[62]을 보내 신성을 빼앗았다. 이 공격을 위해 처음으로 요수를 건너올 때 이적은 여러 장수에게 "신성은 고구려 서변의 요충이다. 이를 먼저 얻지 못하면 나머지 성도 쉽게 빼앗지 못한다."라고 했다. 여기서의 고구려는 장수왕 평양이다. 앞에서 신성은 장수왕 평양의 동북에 있다고 했는데 이적은 서쪽에 있다고 해놓았다.

신성도 내부 배신 때문에 무너졌다. 이적이 신성을 공격하자 신성 사람인 사부구 등이 성주를 결박하고 성문을 열어 항복해 버린 것이다.[63] 신성이 항복하자 주위에 있던 고구려의 16개 성이 따라서 항복했다.

유주로 옮겨가 사라져버린 안동도호부

안동도호부가 신성에 있던 696년 거란족이 많이 사는 옛 요서·요동군 지역에서 거란의 리더인 이진충이 반란을 일으켰다. 그로 인해 당나라의 지배력이 현저하게 떨어지자, 말갈족의 리더인 대조영이 698년 동모산에서 대진국(발해)을 세우고, 고구려의 옛 수도인 장수왕 평양을 차지해 중경현덕부로 불렀다(동모산은 천산산맥에 있었을 수 있다).

장수왕 평양 지역이 독립해 버렸으니 안동도호부는 힘을 잃을 수밖에 없다. 당나라는 그 책임을 물어 바로 그해 안동도호부를 안동도독부로 격하시켰다. 705년에는 안동도호부로 환원했으나 유주에 통합시켜 버렸다. 유주에 통합시켰다는 것은 안동도호부를 지금의 북경(北京)인 유주로 옮겨갔다는 뜻이다. 유주로 안동도호부를 합병시킨 것은 신성 지역이 대진국 손에 넘어갔다는 뜻일 수도 있다.

안동도호부는 힘을 잃었으니 떠돌이 신세가 되었다. 허울만 남은 안동도호부는 평주·영주로 옮겨가 그곳과 통합돼 있다가, 743년 요서 고성으로 옮겨진 후 기록에서 사라졌다(102쪽 지도와 109쪽 <표 2> 참조).

당나라는 이진충이 일으킨 거란의 압박을 강하게 받았다. 그렇다면 그 후방에 있는 대조영의 대진국(발해)과 손잡으면 거란을 견제할 수도 있다. 당나라는 대진국의 독립을 인정함으로써 이진충 세력을 억제하고자 했다. 이를 위해 취한 것이 대조영을 발해군왕으로 봉한 것이었다.

『한서』 「지리지」에 따르면 '발해'는 한나라를 세운 유방이 유주에 만든 군(郡)의 이름이다. 유주와 장수왕 평양은 서로 멀리 떨어져 있는데도 당나라가 대조영을 발해군왕에 봉작한 것은 거란이 차지한 지역을 빼앗아 달라는 요청일 수 있다. 대조영을 발해군왕으로 봉작함으로써 대진국(발해)은 당나라와 덜 충돌하게 되었다.

당나라가 장수왕 평양에 안동도호부를 유지한 것은 8년에 불과하다. 신성에 안동도호부를 둔 기간도 대진국의 등장으로 28년(677~705)간 뿐이었다. 이것(36년 간)이 당나라가 장수왕 평양을 중심으로 한 고구려의 심장부를 영위한 모든 기간이다. 그리고 거란의 등장으로 중국은 요동지역도 잃어버렸다.

당나라가 고구려의 영역을 영유한 기간은 짧았으니 고구려 패망 이후 장수왕 평양에 대한 기록은 '소략'할 수밖에 없다. 고구려 패망 이후 장수왕 평양에 대한 기록은 고구려의 심장부를 차지한 『요사』와 『금사』에 오히려 많이 나온다. 그런데 우리 역사학계는 『요사』 등의 기록을 인정하지 않으니 고구려사에 대한 왜곡이 일어날 수밖에 없다.

가짜 졸본성, 우라산성(?)

중국 요녕성 본계(本溪)시 환인(桓仁)만족자치현 환인진에 있는 오녀산(五女山) 정상부. 중국 역사 학계는 이 산 정상부에 있는 작은 산성(오녀산성)을 고구려가 처음 도읍한 졸본성(중국 기록에는 홀본성)으로 본다. 이 산 정상에는 샘이 있다. 그러나 성이 너무 좁아 저장한 곡식이 떨어지면 이 곳에 포위된 사람들은 견디기 어려울 것으로 보인다. 도시는 물류가 가능한 곳에 들어서니, 이곳이 고구려의 졸본성이었을 가능성은 희박하다.

지금 이곳에는 중국 도교(道敎)와 관련된 유적만 남아 있어, 이곳은 오랜 시간 도교의 수련지로 사용돼 왔을 가능성이 높다. 제사터처럼 신성한 곳이었으니 국가가 바뀌어도 계속 유지된 것이다. 일각에서는 1370년 고려는 이성계가 정벌했던 우라산성을 이 산성으로 보고 있다. 당시 고려는 지금의 본계시 인근이었을 것으로 보이는 옛 서경(왕검 평양)을 영유했으니 우라산성은 물론이고 지금 요양시로 보이는 요성(遼城)을 치는 것이 어렵지 않았을 것이다. ⓒ 이정훈

5) 요양동녕을 정벌하고도 영유하지 못한 고려

친원파들이 포진한 요양동녕을 '긍정적으로' 봐준다면, 장수왕 평양을 고려인의 영역으로 만들었다는 의미가 될 수 있다. 장수왕 평양은 요와 금이 지배하고 고려는 왕검 평양만 영유했는데, 원나라가 동아시아를 통일해버림으로써 왕검 평양에 있던 고려인들이 장수왕 평양에 들어갈 수 있게 된 것이다.

그때 큰 역할을 한 것이 1290년 원의 동녕부 반환이다. 원은 고려와 한 나라가 됐으니 동녕로에 대한 영유권을 고려에 돌려준 것인데, 그때 고려로의 귀속을 싫어한 친원 고려인들이 요양로로 옮겨가 다시 동녕(=요양동녕)을 만듦으로써(동녕부 부활), 장수왕 평양에 고려인들이 진출할 수 있는 기회가 만들어졌다.

'경(京)'은 황제국이 도읍에 붙일 수 있다. 조선은 황제국을 자처하지 못했기에 도읍을 한양이라고 했다. 그러나 고려는 원나라에 굴복하기 전까지는 황제국을 자처했기에 수도를 '개경(開京)'으로 불렀다. 그리고 지금 서울 지역을 남경, 지금 경주 지역을 동경, 왕검 평양을 서경으로 불렀다.

고려를 굴복시킨 원나라는 고려가 도읍지에 '경'자를 쓰는 것을 금지시켰다. 때문에 충렬왕 34년(1308) 개경은 개성부, 남경은 한양부, 동경은 계림부로 개칭했다. 원나라로부터 돌려받은 서경은 그대로 서경으로 부르다가 공민왕 18년(1369)에 서경만호부를 거쳐 평양부로 개편했다.

서경을 반환받자 친원파들은 요양에 새로운 동녕을 만들었다. 원나라 영역에 살고 있는 친원파가 부활시킨 이 동녕부를 '요양동녕'으로 불렀다. 요양동녕에 포진한 친원파인 기철 세력 등이 고려 조정에 강한 영향력을 끼쳤기에, 원나라가 약해진 것을 기화로 배원(排元)정책을 추진한 공민왕이 이들을 공격했다.

공민왕이 이들을 칠 수 있었던 것은 주원장이 세운 명나라가 대륙에서 원나라를 밀어내고 있었기 때문이기도 했다. 공민왕은 단계적으로 수복을 시도했다. 공민왕 5년(1356) 먼저 원나라 세력이 적은 쌍성총관부를 공격해 점령했다. 고종 45년(1258) 조휘와 탁청 등의 배신으로 몽골에 넘겨준 동북면 병마사 지역을 98년 만에 수복한 것이다.

그리고 공민왕 18년(1369) 음력 12월 이인임(李仁任)을 총 지휘관으로 하여 요양동녕을 치게 했다. 이듬해인 1370년부터 시작된 이 공격을 우리 역사학계는 '고려

요동도사 관할 지역
명나라의 요동도사는 지금의 요동반도와 해안길이 있는 발해의 해안지
역만 지배했다.
출처: http://blog.naver.com/PostView.nhn?blogId=thirdbad&logNo=
220655121860(검색 2018년 2월12일).

의 1차 요동정벌'이라고 부른
다(이때만 해도 요동이라는 이름
은 널리 쓰이지 않았다. 『고려사』를
정리한 조선이 요동으로 적은 것이
확실하다).

이 전쟁에 동북면 도원수(동
북면을 책임진 자리로 동북면 병
마사보다 높은 계급이다)인 이성
계가 참전했다. 이성계 군은
1370년 음력 1월 압록강과 파
저강(婆猪江)을 건너 이오로티
무르[李吾魯帖木兒]가 지키는
우라산성(于羅山城)⁶³⁾을 포위
공격해 항복을 받아냈다. 같은
해 11월 서북면 상원수인 지
용수와 합세한 이성계 세력은
요성(遼城)을 공격해 빼앗았으
나 주민들에게 귀순하라는 권

고만 하고 돌아왔다.

요성은 요양행성 지역에 있는 가장 중요한 성, 즉 요양로를 가리키는 것으로 추
측된다. 이성계와 지용수가 어렵지 않게 우라산성과 요성을 공격할 수 있었던 것은
원나라 세력이 약해졌기 때문이었을 것이다. 이때의 고려는 옛 동북면과 옛 서경인
평양 부근을 영유하고 있었으니 길게 원정할 필요도 없었을 것이다.

여기에서 주목할 것이 파저강과 함께 나오는 압록강이다. 이 압록강은 지금의 압록강일 수 없다. 천산산맥 서녘인 평양부에서 발진한 고려군이 지금의 압록강을 건너 동녕요양동녕을 쳤다는 것은 논리상으로 문제가 있기 때문이다. 이 기록이 정확하려면 그때의 압록강이 지금의 압록강이 아니어야만 한다.

압록은 『삼국사기』 「고구려본기」에도 여러 번 나오는데, 이 압록은 '압록원'이라는 평원을 끼고 있다. 산맥 사이를 흐르고 있는 지금의 압록강과 전혀 다른 것이다. 고려 이전의 압록은 지금 혼하나 태자하(지류 포함)일 가능성이 높다.

조선이 탄생할 무렵 압록이란 이름은 평양과 함께 남진했을 수 있다. 조선은 정치적 필요 때문에 엉뚱한 강과 지역을 압록과 평양으로 이름 지었을 가능성이 있다.

고려가 요양동녕을 친 것은 친원파를 치는 '징벌전쟁'이었다. 그런데 우리 역사학계는 원나라가 지배한 요동 지역을 쳤다며 요동정벌로 정리했다. 징벌전쟁과 정벌전쟁은 그 성격이 전혀 다르다. 정벌은 수복에 가까운 표현인데, 고려는 요양동녕을 수복하지 않고 철수했다.

요양동녕을 쳤다가 철수함으로써 우리는 그 지역을 우리 역사 무대에서 잃어버리는 단초를 만들었다고 본다. 서북면 수복전쟁이기도 한 요동정벌을 중단한 것은 조선인데, 조선은 우리 역사를 위축시킨 책임이 있다.

공민왕의 고려가 요양동녕을 치고도 영유하지 않고 철군한 것은 장수왕 평양(=요양동녕)이 오랫동안 요와 금, 원의 영역으로 있었기 때문일 것이다. 원의 영역인 그곳을 점유하면 원과 큰 전쟁을 치를 수 있다. 쌍성총관부는 원래 고려 영토인 동북면이었으니 수복해도 되지만, 요양동녕이 있는 요양로는 고려의 영토가 아니었으니 고려는 징벌만 하고 물러선 것이다.

고려는 원나라와의 대립을 무릅쓰며 고구려의 장수왕 평양을 수복할 의지가 없었던 것이다. 고려는 요양동녕에 있으면서 원나라를 쑤셔 고려를 괴롭히는 재원

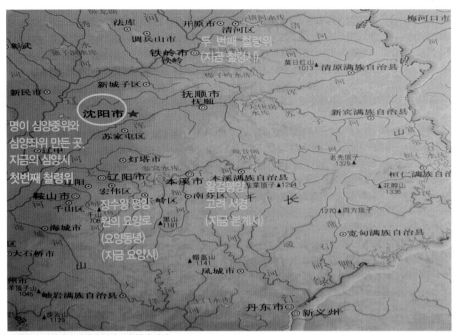

철령위가 설치됐던 심양의 봉집보와 철령 위치

심양시 남쪽에 혼하(渾河)가 흐르고 그 남쪽에 봉집보를 품고 있는 심양시 소가둔구(苏家屯区=蘇家屯區)가 있다. 명나라는 최초의 철령위를 소가둔구 봉집보에 설치했다가 고려가 강하게 반발하자, 북동쪽의 철령시로 옮겼다. 이는 고려가 심양시 소가둔구까지를 동북면 병마사 지역으로 영유하고 있었다는 뜻이 된다. 그런데 우리는 명나라가 강원도와 함경남도 사이에 있는 철령에 철령위를 설치하려다 고려가 반발하자 지금 중국의 철령시로 옮겼다고 가르친다.   디자인 | 정다희

(在元) 고려인을 치는 징벌전쟁로 한정했고 조선 또한 같은 길을 걸었다.

6) 장수왕 평양이 요동으로 둔갑하게 된 이유

고려가 동녕로를 치고 돌아온 이듬해(1371) 명나라 홍무제가 지금의 산동성에서 병력을 태운 함대를 보내 지금의 요녕성 지역으로 상륙시키자 그곳을 책임진 원나

라 요양행성의 평장정사인 유익(劉益)이 항복했다. 명나라는 지금의 요양과 심양 일대를 점령하고 정요도지휘사사(定遼都指揮使司, 줄여서 정요도사)를 설치했다. 명나라는 요양행성은 물론이고 정동행성이 있던 지역도 빼앗은 것이다.

이때의 고려와 명나라는 같은 노선이었다. 함께 원나라를 쳐야 하는 사이였으니, 고려는 명나라가 원나라의 영역을 차지하는 것을 허용했다. 명나라는 고려의 평양부는 물론이고 서북면·동북면과도 접촉하게 된 것이다.

요동도사의 등장과 철령위 문제

1375년 명나라의 홍무제는 정요도사를 요동도지휘사사(遼東都指揮使司), 줄여서 요동도사로 개편했다. 이것이 이 지역에 '요동'이란 이름이 등장하게 된 최초의 계기였다. 요동도사는 일종의 군정(軍政)기관이었다. 전쟁을 하면서 통치도 했다(114쪽 지도 참조).

홍무제 10년(1377) 명나라는 요동도사 산하의 주현(州縣)을 군사체계인 '위(衛)'로 개편하였다. 요동도사 휘하에 12개 위를 둔 것이다. 1387년 금주위(金州衛)·복주위(復州衛)·개주위(盖州衛)·해주위(海州衛)·요해위(遼海衛)를 설치하고, 요양은 중요한 곳이니 정료좌위(定遼左衛)·정료우위(定遼右衛)·정료전위(定遼前衛)·정료후위(定遼後衛)·동녕위(東寧衛)의 5개 위를, 심양에는 심양중위(瀋陽中衛)와 심양좌위(瀋陽左衛)의 2개 위를 만들었다.

명이 차지한 지역을 지키는 수비체제인 12위는 지금의 요양과 심양을 중심으로 한 평야지역에 포진해 있었던 것이 확실하다. 광활한 지역을 지배한 것이 아니라 원나라 유익의 투항으로 확보한 핵심 지역을 방어하는 조직이었다. 그리고 1388년 철령위(鐵嶺衛)를 시작으로 25개 위 체제로 늘리려 했다.

명나라는 "철령 이북은 원나라의 영토인 쌍성총관부가 있었던 곳이니 철령위를 설치하겠다"며 고려에 그곳을 내놓으라고 했다. 명나라는 고려를 대신해 원나라를 쳐주고 있다는 이유로 고압적으로 나온 것이다. 이것이 알려지자 친명(親明)적이었던 고려 조정에서 빠르게 반명(反明) 여론이 조성되었다.

명나라는 고려도 제어할 필요가 있었을 것이다. 고려가 강성해지면 원나라 편을 들어 균형을 잡게 할 수도 있으니, 고려를 확실히 굴복시키려고 한 것이다. 명나라는 원나라를 치는 비용을 만들어야 한다며 고려에 많은 세공(歲貢)을 요구했다. 이를 고려가 거부하자 우왕 13년(1387) 고려 사신의 입국을 거부했다.

사신으로 갔다가 명나라의 거부로 임무를 수행하지 못하고 1388년 음력 2월 귀국한 설장수(偰長壽)가 "명이 철령(鐵嶺) 이북의 땅을 차지하려 한다."는 보고를 했다. 철령위 문제를 본격적으로 고려 조정에 알린 것이다. 우왕은 즉각 8도의 정예 병사를 징발해 요동도사가 있는 요양 공격을 준비하게 했다.

그러자 요양동녕의 친원 고려인을 칠 때와 달리 고려 조정에서는 명나라의 힘을 의식해 외교적 타협으로 해결하자는 주화파(主和派)가 나왔다. 원과 손잡고 명이 장악한 요양 지역을 쳐 본때를 보이자는 주전파(主戰派)도 등장했다. 주전파의 거두가 최영인데 그가 승리해 대부대를 요동을 보내게 되었다(고려의 2차 요동정벌).

그런데 명령을 받고 출동한 이성계가 위화도에서 회군해 돌아온 다음, 최영을 붙잡아 '공요죄(攻遼罪)'를 걸어 처형했다(1388). 이성계가 회군한 압록강의 위화도에 대해서는 지금 압록강의 위화도가 아니라는 주장이 있다. 그러한 이성계가 1392년 고려 왕실을 폐하고 새로운 왕조를 열어 명나라에 대한 철저한 복종을 다짐했다.

고려 멸망의 원인이 된 철령위의 위치를 『고려사』나 『고려사절요』 같은 우리 사료로만 따지는 것은 무의미하다. 명이 설치하려고 했으니 중국 사료로 살펴보는 것이 더 정확할 수 있다. 『명사』 「지리지」는 철령위를 이렇게 설명한다.

'홍무 21년(고려 우왕 14년, 1388) 3월 옛 철령성을 만들었다가 26년(조선 태조 2년,

1393) 4월 (요나라와 금나라 때 은주라고 했었기에 고은주로 불리게 된) 고은주[64] 땅으로 옮겼는데, 그곳(=고은주)이 지금의 (철령위) 치소다. (지금의 철령위) 서쪽에 요하가 있다. 남쪽에 범하(泛河)가 있고, 또 남쪽에 소청하가 있는데 모두 요하로 흘러들어간다. 남쪽에 의로성이 있다. 홍무 29년(1396) 그곳(의로성)에 의로천호소(千戶所)를 설치했다. 또한 범하성(范河城)이 위남에 있는데 범하성(泛河城)이라고도 했다. 정통 4년(1439) 그곳(泛河城)에 범하천호소를 설치했다. 동남쪽에는 봉집(奉集)현이 있는데 그곳이 고려의 경계와 접하고 있었던 옛 철령성이다.'[65]

『명사』「지리지」는 1388년 3월 고려(동북면인 듯)와 경계를 접한 봉집현에 처음 철령위를 만들었다가, 5년이 지난 1393년 4월 봉집현의 동북쪽에 있는, 요나라와 금나라 때는 은주라고 했기에 고은주로 불린 곳으로 옮겼다는 것이다. 봉집현은 고려(동북면인 듯)와 경계를 접한 곳이 분명하다. 『명사』는 물론이고 『명일통지(明一統志)』가 봉집현은 '고려와 경계를 접하고 있다(接高麗界)'고 해놓았기 때문이다.

『명사』「지리지」는 새로 설치한 철령위 서쪽에 지금의 요하와 한자가 같은 요하(遼河)가 있고, 남쪽에는 이 요하로 흘러가는 범하와 소청하가 있다고 해놓았다. 이 설명에서 유의할 것은 요하(遼河)이다. 요하는 명나라 때부터 등장하는 이름이기 때문이다. 그 이전 기록에는 요하라는 이름이 없었다.

그리고 『명사』「지리지」는 '새로운 철령위는 요동도사가 있는 도사성(都司城)과 남쪽으로 240리 떨어져 있다(南距都司二百四十里)'라는 설명을 붙여 놓았다. 새로운 철령위는 요동도사가 있는 지금의 요양시에서 북쪽으로 240리 되는 곳에 있다고 해놓은 것이다. 지금 요양시에서 북으로 240리 떨어진 곳에 있는 새 철령위는 어디였을까. 답은 쉽게 찾아 진다.

지금 중국 요양시 북쪽에 철령(鐵嶺)시가 있다. 이 철령(鐵嶺)시를 설명한 중국의 현대 지도책에는 '철령시는 지급시(地級市: 省 다음으로 큰 지방행정 조직. 지급시 밑에 다

우리 교과서에 표현된 쌍성총관부와 철령위

2009년 교육과학부 발행 고등학교 국사 교과서 75쪽 '공민왕의 영토 수복'이라는 제목의 지도에는 원나라가 설치했던 쌍성총관부와 명나라가 설치했던 철령위가 지금 강원도와 함경남도 사이에 있는 고개인 철령에 있었던 것으로 그려져 있다. 이러한 비정은 '고개에다 많은 병력이 주둔시킬 필요가 있을까.'와 '철령은 방어상 그렇게 중요한 고개도 아니었는데?'라는 의문을 일으킨다.

우리 역사학계는 고려의 서경이 이북 평양에 있었다는 주장과 고려의 국경이 지금 압록강 이남이었다는 주장을 고집하고 있으니 이런 식으로 고려의 국경을 그리게 된다.

천리장성의 위치도 잘못 그리게 된다. 개마고원과 낭림산맥을 넘는 성을 쌓는 것은 지금도 매우 어렵다.

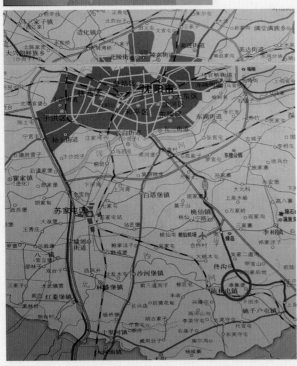

중국 요녕성 심양시 소가둔구 봉집보

소가둔구(苏家屯区)와 봉집보(奉集堡)가 표시된 심양시 일대를 보여주는 중국 현대 지도. 중국은 지금 심양시 소가둔구 봉집보에 1388년 명나라가 설치한 최초의 철령위가 있었다고 설명한다. 한국 역사학계와는 전혀 다른 비정을 하는 것이다.

그렇다면 고려의 동북면 병마사와 원나라의 쌍성총관부도 이곳 근처에 있었을 가능성이 매우 높다. 이곳은 대평원 지대이고 혼하(渾河)가 천천히 흐르고 있어 수륙물류의 거점이 될 수 있다. 대평지이기에 지금은 인근에 심양시의 국제공항인 도선기장(桃仙機場)이 있다.　　디자인 | 정다희

시 市가 있다)로 요녕성 경내 북쪽에 있다. 요나라 시절 이곳에서는 빛나는 백은[爍白銀, 爍=빛날 삭]이 많이 났기에 은주(銀州)란 이름을 얻었다. 명나라 때 이곳에 철령위가 있었기에 철령으로 다시 변경하였다.'[66]란 설명이 붙어 있다. 철령위는 요녕성 철령시에 있었다고 밝혀 놓은 것이다.

지금 중국 심양시 봉집보가 최초로 철령위 설치하려 했던 곳

지금의 철령시는 요하 동남쪽에 있으니(116쪽 지도 참조) 철령위 서쪽에 요하가 있다는 『명사』「지리지」기록과 일치한다. 철령시 남쪽에는 혼하(渾河)와 태자하

중국 요녕성 철령시의 요탑
요탑은 요양시에만 있는 게 아니라 요녕성의 여러 지역에 있다. 모습도 비슷하다. 이 탑도 고구려 때 세운 것을 요나라가 그들 식으로 개축한 것일 수 있다. 철령시는 고구려 때 북쪽을 지키는 신성이 있었던 곳으로 초원길을 관리했으니 요나라도 중요한 곳으로 여겼을 수 있다.
© 이정훈

(太子河)가 있다. 혼하는 지금의 심양시 인근을 흐르고, 태자하는 지금의 요양시 부근을 흐른다. 범하와 소청하가 혼하와 태자하인지는 확정할 수 없으나, 남쪽에 요하로 흘러가는 두 강이 있다는 『명사』「지리지」의 철령위 설명은 지금의 철령시와 일치한다.

중국 검색엔진인 '바이두(百度)'는 지금 요녕성의 철령시를 이렇게 설명하고 있다.

'수나라 때 이 지역(철령시)을 지배한 것은 고구려였다. 당나라 때 이 지역의 남쪽

중국 요녕성의 철령박물관

요양박물관·집안박물관과 더불어 중국적인 것을 강조하는 전시를 해 놓았다. 고구려와 요·금·원 시대에 대한 전시는 줄이고 이 곳을 중국으로 만들어준 청나라 것을 주로 진열해 놓았다. 동북공정을 보여주는 대표적인 역사 선전장인 것이다. ⓒ 이정훈

은 안동도호, 서북부는 고막도독부에 속했다.[67] … 당 현종 개원 원년(713) 당 발해(중국은 발해를 당나라 소속으로 보기에 '唐渤海'로 표기한다)의 대씨(=대조영)가 월희(越喜, 당나라 안동도호부에 속했던 지역) 지역을 취해 부주(富州)로 바꿨는데, 그곳이 바로 지금의 철령성이다.

917년 요나라 태조가 이곳에서 은을 생산하게 했기에 부주는 은주(銀州)로 바뀌게 되었다. 요나라 때 이 지역 대부분은 동경도 요양부 소속으로 있었다. 금나라 때 이 지역의 남부는 동경로 함평부, 서부는 북경로, 동북부는 상경로회령부에 속했다. 원나라 때 이 지역의 서부는 중서성회령로, 나머지 지역은 개원로 함평부에 속했다.

명나라 때 은주에 철령위를 설치했다가[68] 명나라 홍무 26년(1393) 철령위를 지

금의 심양(瀋陽)과 개원(開元)시 사이에 있는 옛 은주지역으로 옮겼다. 이 지역의 남부는 요동도지휘사사 철령위에 속했고, 서부는 요하투부여위, 북부는 삼만위에 속했다.'[69)

고금을 막론하고 중국 자료들은 중국 철령시가 두 번째 철령위를 설치한 곳임을 분명히 밝히고 있는 것이다. 그렇다면 남는 것은 처음 철령위를 설치한 곳이 어디냐는 것이다. 『명사』 「지리지」는 분명히 봉집현이라고 밝혀 놓았다.

『금사』 「지리지」는 지금 요양시를 치소로 한 동경로를 설명하는 중에 '귀덕주에는 귀덕현과 봉집현이 있다. 봉집현은 본래 발해 시절의 한 현이 있었고, 요나라 때는 집주회원군의 봉집현이었다. 혼하(渾河)가 흐른다.'[70) 라고 설명해놓았다. 혼하는 지금의 심양시와 남쪽을 흐르니 지금의 심양시 소가둔구(蘇家屯區) 봉집보(奉集堡) 지역이 봉집현이 있었던 곳이 된다. 쌍성총관부와 최초의 철령위는 지금 심양시 소가둔구 봉집보에 있었던 것이다(120쪽 아래 지도 참조).

고려와 금나라는 싸운 적이 없는데…

금나라와 고려는 싸운 적이 없다. 봉집현이 지금 강원도 철령 북쪽의 함남 지방이라면, 금나라는 고려 깊숙이 쳐들어와 그곳을 영토로 삼았어야 하는데, 그러한 적은 전혀 없었다.

원나라는 금나라의 영토를 그대로 차지했다. 금나라의 봉집현은 원나라의 봉집현이 된 것이다. 그런데 『고려사』는 조휘와 탁청 등의 투항으로 원나라가 그곳에 쌍성총관부를 만들었다(1258)고 해놓았으니, 봉집현과 쌍성총관부는 또 다른 곳이 된다.

고려는 원나라가 약해지던 1356년 쌍성총관부를 쳐 없애고 수복해 동북면으로 삼았다. 그런데 봉집현은 존재했으니 쌍성총관부(고려의 동북면)는 봉집현과 인접한 곳이 된다. 봉집현과 고려의 동북면은 지금 중국 심양의 소가둔구 인근에 근접해 있었다.

그때의 고려는 지금의 중국 본계시일 것으로 추정되는 서경(원나라의 동녕로)을 돌려받아 영유하고 있었으니, 그곳에서 멀지 않은 쌍성총관부를 쳐 수복할 수가 있었다. 이러한 이해를 한다면 강원도 철령에 쌍성총관부와 최초의 철령위가 있었던 것으로 보는 우리 역사학계의 비정은 틀린 것이 된다.

우리 역사학계가 쌍성총관부를 동해에 면한 함남 해안 지역으로 보게 된 것은 『고려사』가 1258년(고종 45년) 11월 몽골의 별장(別將)인 산길(散吉)과 보지(普只) 등이 동여진을 경유해 장성(長城, 고려의 천리장성) 이남으로 침입해 화주에 이르자, 동북면 주민들이 동북면 병마사 신집평(愼執平)의 인도로 저도(楮島)에 들어가 지키다가 죽도(竹島)로 이동하였다고 해 놓았기 때문으로 보인다.

섬이 있으니 동북면을 동해에 면한 곳으로 본 것이다. 그러나 동해에는 강화도처럼 군·민(軍民)이 옮겨가서 살 수 있는 큰 섬이 없다. 강화도는 땔감을 제공하는 산은 물론이고 논밭도 있어 농사를 지으며 장기 항전할 수 있지만, 동해에는 그러한 섬이 없다.

그렇다면 저도와 죽도는 강에 있는 섬으로 보아야 한다. 두 섬은 작아서 장기항전할 수 없으니 저도로 갔던 신집평 세력은 다시 죽도로 이동했다. 몽골은 물을 싫어했으니 고려인들은 내륙에 있는 강의 섬에 들어가 항전할 수도 있었다. 저도와 죽도는 혼하나 태자하에 있는 섬일 가능성이 높다.

고려의 동북면을 지금 동해에 면한 임해(臨海)지역으로 보는 것은 큰 오해이다. 고려 때 지금 동해안 북쪽에서는 안보 변수가 적었다. 북한이 없다면 지금도 동해안은 안보 위협요소가 적은 곳이다.

고려의 동북면과 서북면은 임해지역이 아닐 가능성이 매우 높다. 동북면의 중심은 지금 중국 심양시 남쪽의 내륙이고, 서북면의 중심은 그 왼쪽 지금의 중국 본계시 일대의 내륙일 가능성이 매우 높다. 고려 때 지금 동해 해안지대는 타국을 상태하는 전략지역이 아니었다.

동북면 수복 후 동북면 병마사와 도원수로 이름을 날리게 된 명장이 이성계이다. 그때 그곳에 있던 원나라 세력의 대표자가 나하추였다. 무력으로 빼앗겼으니 원나라는 그곳을 되찾고자 했다. 1362년 나하추가 여진족을 거느리고 쳐들어오자 고려는 이성계를 동북면 병마사에 임명해 이를 막아내게 했다. 이성계도 여진족을 이끌고 싸워 승리했다. 조선 개국 후 귀화해 이지란(李之蘭, 1331~1402)이란 이름을 갖는 퉁두란[佟豆蘭]이 이성계에 협조한 여진족의 리더였다.

왕검 평양인 서경 서쪽이 서북면, 동쪽이 동북면

고려는 서경으로 불렀던 왕검 평양을 중심으로 서쪽은 서북면, 동쪽은 동북면으로 불렀을 수 있다. 북계와 동계는 행정구역이고 군사적으로는 서북면과 동북면으로 부른 것이다.

그렇다면 고려의 천리장성은 지금의 압록강 하구에서 원산만으로 축조된 것이 아니라, 동북면과 서경·서북면을 방어할 수 있도록 천산산맥에서 중국 철령시 쪽으로 서남-동북 방향으로 축조돼 있어야 한다(121쪽 위와 126쪽의 지도 설명 참조).

동북면과 서북면은 서로 가까이 있어야 지원할 수 있다. 친원파가 원나라 영역인 요양동녕에 있으면서 위세를 부릴 때 서북면 상원수인 지용수가 그곳을 쳤다. 이성계는 지용수를 도와 요양동녕을 치는 1차 요동정벌을 단행했는데(1369), 동북면을 맡은 이성계가 그러한 지용수를 지원한 것은 동북면이 서북면에 가까이 있었기 때문이다.

2차 요동정벌에서 동북면을 책임진 이성계는 우군도통사(右軍都統使)를 맡아, 서

고려의 천리장성의 위치는 옳은가

원나라의 쌍성총관부가 지금 함남 원산(화주로 표기된 곳) 부근에 있었던 것으로 보는 우리 역사학계의 일반적인 인식을 반영한 지도.

고려의 천리장성이 지금의 의주에서 함흥 지역으로 구축돼 있는 것으로 그려 놓았는데 이는 사실일까? 이곳엔 낭림산맥이 있어 장성을 쌓기 어렵다.

중국 사료를 보면 고려의 서북면은 중국 본계시, 동북면은 중국 심양까지 올라간 내륙 지역임을 보여주니 고려의 천리장성은 천산산맥에서 본계·심양으로 이어져 있어야 한다. 고려시대의 자비령도 이 지도에 그려져 있는 것과는 다를 것이 확실하다.[71]

중국이 더 축소시켜 놓은 고려의 영역

중국 검색엔진 '바이두(百度)'에 묘사돼 있는 몽골의 지배를 받을 때의 고려 영토. 북한 평양이 있는 곳을 '东宁路(동녕로)', 원산만 지역을 '铁岭(철령)'으로 표기해 놓았다. 우리가 고려의 서경은 북한 평양이고, 명나라가 만들려고 했던 최초의 철령위는 강원도 철령 지역이었다고 비정해버리니, 바이두는 이를 수용해 원나라 지배를 받을 때의 고려를 대한민국처럼 작은 나라로 그려 놓았다.[72]

북면을 책임졌던 좌군도통사 조민수와 함께 출정했다가 위화도 회군을 했다. 이성계가 책임진 동북면이 지금 동해안의 북쪽이었다면 그는 2차 요동정벌에 참여하기도 어렵다. 이성계의 선조는 고향인 전주를 떠나 원나라가 영유한 만주에서 터잡았으니, 이성계의 주무대는 함남이 아니라 지금 본계에서 철령으로 이어지는 요녕성의 동북쪽이었을 가능성이 높다.

동녕부 문제도 유의해서 살펴보아야 한다. 동녕부(=동녕로)는 1269년 이연령과 최탄, 현원열 등이 북계와 서해도의 60개 성을 끌고 투항함으로써 원나라의 영역이 된 곳이다. 그리고 21년 뒤인 1290년 돌려받았다. 고려의 서경을 지금 북한의 평양으로 본다면 동녕로는 126쪽 아래의 바이두 지도처럼 지금 대동강 일대에 있어야 한다.

이 지도에서 평양(平壤) 옆에 '东宁路'로 표기된 것이 중국 바이두가 보는 동녕로 위치이다. 철령을 강원도 철령으로 본다면 쌍성총관부는 그 동쪽인 지금 함경남도 지역에 있어야 한다. 바이두 지도는 이를 수용해 원산만 부근에 '铁岭'을 표기해놓았다.

서경 일대는 원나라의 동녕로, 함남과 강원도 사이의 철령 지역은 원나라의 쌍성총관부 땅이 되었으니, 바이두는 몽골 지배를 받던 시절 고려의 영토는 대한민국 정도 밖에 되지 않았다고 그려놓은 것이다. 우리가 답답한 역사를 만들어주니 중국도 이렇게 우리의 역사 강역을 축소시킨다.

동녕부를 이룬 지역은 서희의 노력으로 고려가 확보한 강동 6주를 주축으로 했을 가능성이 높다. 우리는 강동 6주의 '강'을 지금의 압록강으로 보기에 지금 압록강 동남쪽에 강동 6주를 만든 것으로 본다. 그러나 고려 시대의 압록은 지금 압록강이 아니었다. 압록원이라는 평원을 갖고 있는 강이었으니 지금 요하나 혼하·태자하(혹은 지류)였을 가능성이 높다.

그런데 요양은 요와 금이 지배했으니 강동 6주는 그 동쪽에 있어야 한다. 이는 강동 6주가 한반도에 있지 않았다는 주장이다. 강동 6주의 확보로 고려는 서북면 병마사를 중시했는데, 이연령 등이 서북면에서 난을 일으켜 원나라에 투항함으로써 그곳이 원나라의 동녕부가 되었다. 고려는 21년만에 그 곳을 되찾았는데 위화도 회군 이후 수립된 조선은 그곳은 물론이고 동북면 지역도 포기했다. 기막힌 일이 벌어진 것이다.

동녕부와 쌍성총관부가 지금 압록강 북쪽에 있었다는 것을 안다면 고려의 영토는 조선보다 훨씬 컸음을 알 수 있다. 고려는 윤관을 통해 지금 두만강 북쪽의 완안부 여진도 토벌했으니 광대한 영토를 가진 나라가 된다.

그러나 고구려가 영위했던 요동은 차지하지 못했으니, 서쪽 경계는 고구려보다 짧았다. 하지만 한반도 전역을 차지했고 윤관의 정벌로 두만강 이북을 영유했으니 전성기의 고려는 전성기의 고구려에 못지않은 영토를 가진 것으로 보인다. 이러한 고려를 영토도 작고 형편 없는 나라로 추락시킨 것이 명에 붙어 생존을 도모한 조선이다. 조선은 압록과 평양을 한반도로 끌어 내리고 철령을 강원도 철령으로 주장함으로써 고려의 영역을 크게 축소시켰다.

7) 조선의 심각한 고려사 축소

위화도 회군으로 고려가 주저앉자, 명나라는 지금의 북경과 요양 양쪽에서 공격을 해 원나라를 지금의 내몽골자치구 지역으로 밀어내는 데 성공했다. 원나라를 '북원(北元)'으로 만들어 버린 것이다. 그러자 공양왕으로부터 선양받아 '권지국사'란 타이틀로 고려를 다스리고 있던 이성계가 1392년 명에 절대적으로 복종하는 사대(事大)를 약속함으로써 왕이 되었다.

그때 조선은 서북면인 동녕부 지역은 물론이고 명이 철령위를 설치하겠다고 우겼던 동북면 지역에 대한 지배를 포기한 것으로 확실하다. 그리고 명에 사대를 하기 위해 기자조선을 이었다는 주장을 했다. 이를 위해서는 기자가 이씨 조선 땅에 있었어야 하니, 지금 북한 평양을 기자조선이 도읍했던 평양으로 꾸몄다. 평양에 기자의 사당[廟]과 무덤을 짓게 한 것이다.

그러면서도 단군조선과 고구려를 이었다는 주장도 해야 하니, 이북 평양에 모든 것을 집어넣었다. 장수왕 평양과 왕검 평양을 합쳐 버린 것이다. 고구려와 고려의 압록도 지금의 압록강으로 남하(南下)시켰다.

『세종실록』「지리지」의 평양 왜곡

1392년 이성계가 조선을 세웠을 때 원나라는 멸망하지 않았다. 원나라(북원)는 도읍을 대도(大都, 지금의 북경 지역)에서 지금의 중국 내몽골 지역으로 옮겨놓고 명과 전쟁을 하고 있었다. 북원은 명이 무너지는 날까지 명과 싸우며 남북국 관계를 형성했다.[73]

명나라는 조선이 북원에 협조하는 것을 막으려 했다. 때문에 조선은 군사력을 가진 요동도사를 통해서만 명나라와 교신하게 했다. 군정기관인 요동도사는 과거의 요와 고려처럼, 그 지역에 많이 살고 있는 여진족의 흥기도 억제해야 했다. 친명 성향의 이성계가 조선 왕이 돼 권력을 굳힌 것이 확실해진 1403년, 명나라는 여진족을 억제하기 위해 건주위(建州衛)를 만들었다. 건주위의 통제를 받은 여진을 '건주여진'이라고 했다.

조선은 고려와 달리 여진족에 대한 통제를 포기했다. 요동도사가 이끄는 명나라가 전담하도록 한 것이다. 그러나 지금 두만강 지역에 있는 여진족은 너무 멀어 명이 관리할 수가 없으니 통제해, 세종 때 4군과 6진을 개척했다.

조선은 사대를 했기에 명이 정한 대로 지역을 불렀다. 명이 장수왕 평양 지역에 요동도사를 두었으니 조선은 그곳을 '요동'으로 부른 것이다. 때문에 요양이 요동이란 인식이 만들어졌다. 요동은 만리장성에 붙어 있어야 하는데, 수천 km를 동진(東進)해 버린 것이다.

왜 명나라는 요양을 요동이라고 한 것일까. 고려 말에는 요나라가 있었던 곳을 '요(遼)'로 줄여 부른 것 같다. 그러한 요 지역의 동쪽에 군정기관을 만들었으니 명나라는 그곳에 요동도사(遼東都司)를 둔 것으로 보인다. 요양은 요 지역의 동쪽이란 의미로 요동으로 불리게 된 것이다. 때문에 '요나라의 동쪽'이란 의미의 요동이 옛 요동군으로 둔갑하게 되었다.

그때 조선은 장수왕 평양과 왕검 평양을 합쳐 지금 북한 평양으로 비정하는 노력을 했다. 조선은 이 논리를 『조선왕조실록』 중에서는 유일하게 「지리지」를 갖고 있는 『세종실록』에 집어넣었다. 1425년 편찬된 『세종실록』「지리지」[74]는 '조선(=북한) 평양은 단군조선(전조선)과 기자조선(후조선)의 수도였고, 위만이 준왕의 기자조선을 빼앗은 다음에는 왕검성을 수도로 삼았다'란 설명을 해놓게 된 것이다.

『삼국유사』를 제외한 거의 모든 사료가 기자조선과 위만조선의 수도는 왕험이라고 해놓는데, 『세종실록』「지리지」는 위만조선의 수도를 왕검으로 바꿔놓은 것이다. 이는 단군조선도 북한 평양으로 끌고 오려는 노력으로 보인다.

『세종실록』「지리지」는 장수왕 15년(427)인 정미년 국내성으로부터 평양으로 수도를 옮겼다고도 해놓았다. 『삼국사기』는 분명 장수왕이 황성에서 평양으로 천도했다고 해놓았는데, 엉뚱하게도 국내성에서 평양으로 천도했다고 해놓은 것이다.[75] 우리 역사 교과서들이 중국 집안을 황성이 아닌 국내성으로 비정하게 된 이유는 바로 여기에 있다.

지금 요양이 요동군 양평(襄平)이라고?
중국 요양(遼陽)박물관에는 지금 중국의 요양시가 요동군의 치소인 양평(襄平)이었다고 주장하는 엉터리 전시물이 많이 진열돼 있다. 위 전시물도 지금 요양이 요동군의 치소인 양평현이 있었다는 것을 보여주는 것이다. 지금 요양은 단군조선이 가장 오래 도읍한 백악산 아사달과 기자조선·위만조선의 수도인 왕험, 장수왕 때 천도한 고구려의 평양이 있었을 가능성이 매우 높다. 그리고 대진국(발해)의 수도인 중경현덕부, 요와 금의 요양동경부, 원의 요양로가 있었는데, 명이 이곳에 요동도사를 둠으로써 요동으로 알려지게 되었다.

© 이정훈

『세종실록』「지리지」는 조선(=이북) 평양을 단군조선과 기자조선, 그리고 고구려의 수도(평양)로 굳히려고 한 듯, '기자 무덤은 평양부 성 북쪽의 토산 위에 있고, 기자사당은 성 안의 의리방에 있다.' '단군사당은 기자사당의 남쪽에 있다.' '(고구려를 세운) 동명왕의 무덤은 평양부에서 동남쪽으로 30리 떨어진 중화지경 안의 룽산에 있다.'고 해놓았다. 뒤죽박죽의 역사왜곡을 해놓은 것이다.

고려는 고구려보다 영토가 넓었다

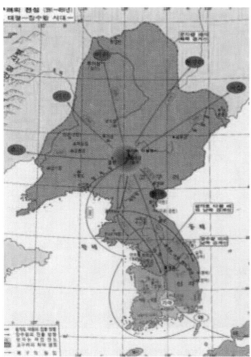

고구려 최전성기를 그린 우리 역사학계의 일반적인 지도
이 지도에서 백제와 가야·신라를 지우면 이 지도는 전성기의 고려 지도에 가까울 것이다. 전성기의 고구려는 지금의 난하까지 서쪽으로 더 전진해 있었다.

서희의 강동 6주를 토대로 한 서북면(동녕부)과 동북면(쌍성총관부) 지역 그리고 윤관이 개척한 동북9성 덕분에 고려의 영토는 매우 넓었다. 그러나 조선의 사료는 고려에 대해 우호적이지 않았다. 하지만 『고려사』 「지리지」만은 서문에서 고려가 대단히 컸다는 것을 보여준다. 옮기면 이렇다.

'생각건대 우리 해동(海東=고려)은 삼면이 바다에 막혀 있고 한 쪽이 육지에 연접해 있다. 땅 넓이가 거의 만리(萬里)가 된다. 고려 태조가 고구려(후고려)의 땅에서 일어나 신라의 항복을 받고 백제(후백제)를 멸망시켜 개경(開京)에 도읍하고 삼한(三韓)의 땅을 통일하였다.…(중략)… 그 사방의 경계는 서북(西北)은 당나라가 있었던 때부터 계속 압록을 국경으로 삼고 동북(東北)은 선춘령(先春嶺)을 경계로 삼았다. 대체로 서북의 경계는 고구려에 미치지 못했으나, 동북은 이에 지났다.'[76]

『고려사』는 고려의 영토 둘레가 만리라고 해놓은 것이다. 『고려사』가 말하는 압록은 지금의 압록강이 아니다. 지금 혼하나 태자하일 가능성이 매우 높다. 그렇다면 고려가 만주의 남부를 영유한 것은 분명해진다.

조선은 1897년 대한제국으로 개칭하는데, 이를 알리는 고종의 '반조문(頒詔文)'에는 '4천리 강토에 하나의 통일된 왕업을 이뤘다'는 문구가 있다. 고려는 만리라고 했는데 대한제국은 4천리라고 한 것이다. 이는 고려의 영토가 조선보다 훨씬 넓었다는 암시다. 고려는 요동을 차지하지 못했기에 서북으로는 고구려만 못했지만 한반도 전체와 동북9성을 차지했으니 고구려보다 영토가 넓었을 수도 있다.

132쪽의 지도는 우리나라에서 발행된 대부분의 자료에 실려 있는 전성기의 고구려 지도다. 이 지도에서 백제와 신라·가야를 지우면 전성기의 고려 지도에 가깝다는 것이 필자의 의견이다. 지금의 요양은 요와 금과 원이 지배했으니 요양을 제외하는 형식으로 고구려의 서쪽 국경선을 동쪽으로 조금 물리면, 이 지도는 전성기의 고려 지도가 될 수 있다.

고구려 전성기의 지도는, 요동군이 지금의 연산산맥이나 난하(灤河) 부근에 있었으니, 고구려의 서쪽 경계는 지금 북경(北京) 근처까지 진출해 있었던 것으로 그려야 한다. 그러나 『고려사』의 기록처럼 고구려는 동북으로는 고려보다 작았다. 동북9성 지역은 차지하지 못해 고구려 전성기의 지도는 동북에서는 고려의 전성기보다 홀쭉한 모습으로 그려져야 한다.

중국 사료 중에는 고구려의 너비를 밝힌 것이 있는데, 그 중 가장 넓게 밝혀놓은 것은 『구당서』의 「동이전」이다. 이 사료는 '고려(=고구려)는 부여에서 나온 부여의 별종으로 한나라의 낙랑군이었던 평양성을 도읍으로 삼았다. … 동서 3천1백리이고 남북으로 2천리이다(高麗者 出自扶餘之別種也. 其國都於平壤城 即漢樂浪郡之故地. 在京師東五千一百里. 東渡海至於新羅 西北渡遼水至於營州 南渡海至於百濟 北至靺鞨. 東西三千一百里南北二千里)'라고 해놓았다.

한나라 낙랑군이 있었던 평양성을 도읍으로 정할 때 고구려는 전성기의 고구

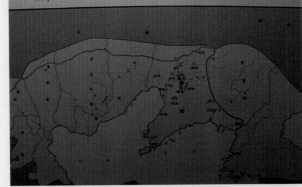

사진 1)
지금의 중국 요양시를 요동군의 치소인 양평으로 그려놓은 요양박물관의 '서한 시대 요동군 양평성 위치도'. 진나라와 서한 때의 만리장성은 이 지도에서 어양군(漁陽郡)과 우북평군(右北平郡)을 흐르는 난수(灤水, 보통은 난하·灤河라고 하는데 여기서는 난수로 표기해 놓았다)를 따라 이어져 있었다. 그런데 요양 박물관은 만리장성이 연 5군의 북부를 지나 지금의 북한 평양으로 이어져 있는 것으로 크게 왜곡해 놓았다. ⓒ 이정훈

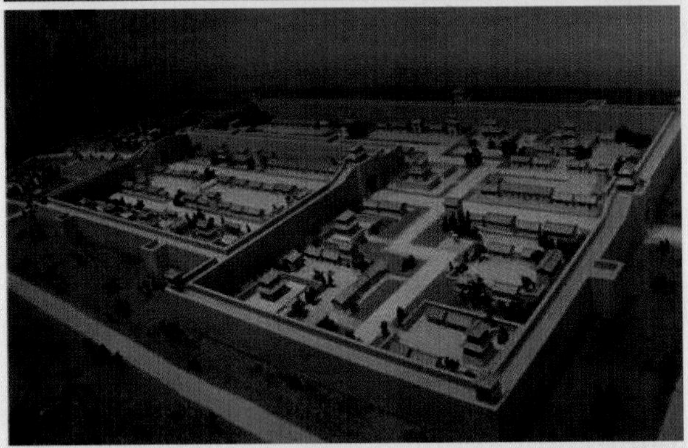

사진 2)
요양시에는 고구려의 요동성이 있었다며 요양박물관이 전시해 놓은 고구려 요동성의 모형도. 요양시는 평원에 있기에 높고 두터운 성벽을 가진 난공불락의 평지성 모습으로 만들어 놓았다. 그러나 이곳에는 고구려의 장수왕 때 천도한 평양성이 있어야 한다.
ⓒ 이정훈

사진 3)
공손씨 요동국은 요동군의 치소인 양평현을 수도이자 평주(平州)의 치소로 삼았다. 중국은 양평현이 지금의 중국 요양시에 있었다고 주장하니 평주와 요동군 등이 한반도 북부까지 들어와 있는 것으로 그려 놓았다. 때문에 동(同)시대에 있었던 고구려와 부여·옥저는 동쪽으로 밀려나 있다. ⓒ 이정훈

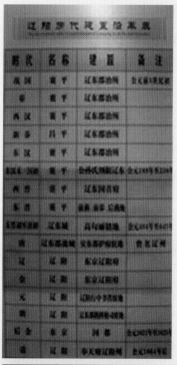

사진 4)
요양박물관은 요양시에 고구려의 평양과 발해의 중경현덕부가 있었다는 사실은 절대로 밝히지 않는다. 요동군이 요양시에 있었다는 것을 보여주기 위한 진열만 해놓고 있다. 고구려가 옛 요동군을 지배했다는 사실도 동진(東晉)에서 당나라 초기에 있었던 일(이 사진에서 東晉初至唐初로 표현된 곳)로 정리 해 놓았다. ⓒ 이정훈

安东都护府沿革表

时间	名称	治所所在地
唐总章元年 (公元668年)	安东都护府	平壤
高宗咸亨年间	安东都护府	辽州 (褐无定所)
唐仪凤元年 (公元676年)	安东都护府	辽东故城 (今辽宁辽阳)
唐仪凤二年 (公元677年)	安东都护府	新城 (今辽宁抚顺高尔山城)
唐圣历元年 (公元698年)	改名为安东都督府	幽州境内 (今河北北部)
唐开元二年 (公元714年)	安东都护府	平州 (今河北卢龙)
唐开元十一年 (公元723年)	安东都护府	燕郡 (今辽宁义县附近)
唐天宝二年 (公元743年)	安东都护府	辽西故城 (今辽宁义县东南汝罗故城)

注: 安东都护府设置于唐总章元年 (公元668年), 废止于唐上元二年 (公元761年)。

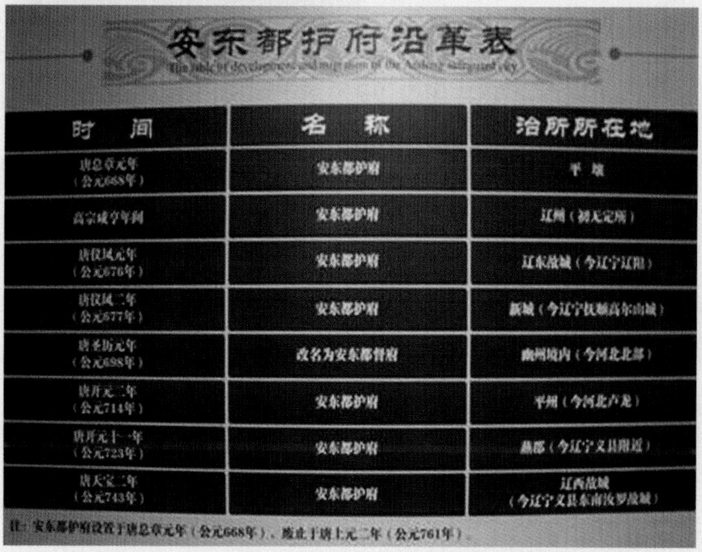

사진 5)
요양박물관에는 안동도호부와 안동도독부의 변천을 정리한 표도 걸려 있다. 중국은 지금의 요양이 요동군의 치소인 양평이라 보고 이 표를 만들어 놓았다. ⓒ 이정훈

려이다. 그러한 고구려가 동서로 3,100리이고 남북으로 2,000리였다면 둘레는 8,200리가 될 것이다. 이 거리로 사각형을 만들면 둘레는 8,200리(3,100×2+2,000×2)라면 단순 계산이 나오기 때문이다. 고구려의 땅이 사방 8,200리였데 고려가 만리였다면, 고려는 고구려보다 큰 나라였을 수도 있다.

동북공정을 이기려면 우리의 우리 역사 왜곡부터 바로 잡아야 한다. 중국은 우리가 왜곡시킨 사료를 근거로 요동(만주)을 그들의 역사 무대로 굳히기 위한 공작을 하고 있기 때문이다. 조선 초부터 시작된 심각한 고려사 왜곡을 바로 잡는 것이 동북공정을 무너뜨리는 첫 걸음이다.

7) 중국과 우리가 하고 있는 역사 왜곡

중국의 동북공정은 어느 날 갑자기 시작된 것이 아니다. 조선으로 대표되는 우리와 우리의 역사를 만들어준 일본의 역사 왜곡이 있었기에 추진되었다. 『삼국사기』는 황성을 도읍으로 하고 있던 고구려가 평양(장수왕 평양)으로 천도했다고 해놓았는데도 『세종실록』「지리지」는 장수왕이 국내성에서 평양으로 천도했다고 해놓았으니, 남들은 쉽게 우리 역사를 바꿔 놓을 수 있다.

조선 시대에 있었던 역사 왜곡을 우리를 지배하게 된 일본이 활용했다. 그리고 그들로부터 역사 공부하는 법을 배운 우리가 답습함으로써 고구려사와 고려사는 크게 축소었다. 중국이 '지금의 압록강과 두만강 이북으로 한국 민족의 역사는 올라온 적이 없다.'는 동북공정을 내놓을 수 있게 해준 것이다.

지금부터는 중국이 어떻게 역사 왜곡을 하고 있는지, 북한은 또 어떻게 역사 왜곡을 하고 있는지를 고발하고자 한다. 먼저 중국의 왜곡이다. 중국은 장수왕 평양이 있었던 것이 분명한 중국 요양시를 요동군의 치소인 양평현이 있었던 것으로 꾸며놓았다.

'요양을 요동으로' 요양박물관의 심각한 역사 왜곡

한나라는 왕망이 세운 신(新)나라에 의해 전한과 후한으로 나눠진다. 전한을 서한 (西漢), 후한을 동한(東漢)이라고도 한다. 134쪽의 <사진 1>에 주목해주기 바란다. 이 사진은 서한(전한) 때의 요동군 치소인 양평현(양평성)의 위치를 보여주는 옛 요양박물관의 지도를 찍은 것이다.

만리장성의 동쪽은 지금의 연산(燕山)산맥에서 끝난다. 지금 중국 요양에는 만리장성이 이어진 적이 없다. 당나라는 668년 고구려를 무너뜨렸지만 698년 대진국 (발해)의 건국을 허용함으로써 장수왕 평양에 대한 통제권을 상실했다. 그리고 옛 고구려의 중심은 대진국-거란(요)-여진(금)-몽골(원)의 영역이 되었다. 그렇다면 한나라는 요양에 그들의 성을 쌓을 수 없다.

그런데도 <사진 1>은 연산산맥에서 끝나야 할 진(秦)과 서한(西漢) 시절의 만리장성이 지금의 요양시인 양평까지 이어져 있음을 보여준다. 지금의 북경(北京) 지역에는 탁군(涿郡)을 그려놓고 그 위 우측에는 상곡군·어양군·우북평군·요서군을 지금 요양시를 중심으로 한 곳에는 요동군을 그려놓았다. 전국시대 연나라가 만든 연5군(燕五郡)에 대해서도 심각한 왜곡을 해놓은 것이다.

명과 조선이 요양을 요동으로 부르는 바람에 중국은 이러한 역사지리 왜곡을 하게 된 것이다. 동북공정은 우리의 축소·왜곡된 역사 정리로 일어났다는 것을 숙지한다면 <사진 2, 3, 4, 5>는 설명문만 읽어도 그 심각성을 알 수 있을 것이다.

중국은 우리가 평양을 왜곡한 것을 이용해 우리 것을 그들 것으로 굳히는 역사공작을 하고 있다. 여러 박물관을 동원해….

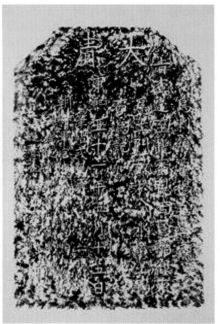

지금은 사라진 백두산 정계비

일본인들이 만든 한 화보집에 '(일본인들이) 대정봉(大正峰)으로 명명한 산 동남쪽 3km쯤에 있는 것을 소화(昭和) 6년(서기 1,931) 7월에 찍었다'는 설명과 함께 실려 있는 정계비 사진이다(왼쪽). 오른쪽은 백두산 정계비 탁본. 이 비문에서는 토문뿐만 아니라 압록이라는 표현도 문제가 된다. 토문(土門)은 지금의 두만강과 한자가 다르니 우리는 토문이 지금 송화강의 지류라고 주장할 수 있다. 하지만 압록(鴨綠)은 지금의 압록강과 한자가 같으니 우리는 압록강이 조선과 청의 국경이라는 인식을 갖게 되었다. 그리고 지금의 압록강이 고대의 압록이었다는 인식을 갖게 되면서 우리의 역사지리 영역은 크게 축소시켰다.

백두산 정계비의 문제를 간과하고 있다

조선은 여진을 가볍게 보았다. 그러한 여진(건주여진)이 일어나 병자호란(1636)으로 조선을 항복시키고 명도 무너뜨리자 조선은 청을 두렵게 보았다. 때문에 지금의 압록강 이북을 수복할 수 없다는 정서가 더 강해졌다. 이러한 정서를 보여주는 자료로 1712년 조선과 청이 만든 백두산 정계비를 들 수 있다.

이 정계비에는 '서위압록 동위토문 고어분수령(西爲鴨綠 東爲土門 故於分水嶺)'이 새

<표 3> 여몽전쟁 이후 우리 고대사가 왜곡돼 간 과정

동녕부 부분	쌍성총관부와 철령위 부분
1269 최탄과 이연령 등이 서경을 비롯한 북계의 54개 성과 서해도의 6개 성을 들고 몽골에 투항함. 몽골은 이곳을 동녕부로 만듦	1258 몽골이 6차 침입을 하는 중에 고려의 조휘와 탁청 등이 동북면 병마사 신집평 등을 죽이고 철령 이북의 땅을 들어 몽골에 투항함. 몽골은 그곳에 쌍성총관부를 설치함
1290 원이 동녕부를 고려에 돌려줌. 그러나 74년쯤 뒤인 1364년 친원계 고려인들은 요양로로 이동해 새로 요양동녕을 만든 것으로 보임.	1356 원이 약해져 가자 고려 공민왕이 무력으로 쌍성총관부를 쳐 없애고 그 지역을 수복함
1371 명나라가 배를 동원해 지금의 요동반도에 병력을 상륙시켜 약해진 원 세력의 항복을 받고 지금 요양에 정요도사를 세움.	
1375 명이 정요도사를 요동도사로 개칭하며 12위를 설치함. 동녕로를 동녕위로 바꿈.	

1386 명이 요동도사 산하에 25위를 설치하려고 함. 그중 하나가 과거 원나라가 설치했다가 고려가 무력으로 되찾아온 쌍성총관부 지역에 철령위를 설치하겠다는 것이었음. 명은 고려에 철령 이북의 땅을 내놓으라고 했기에 최영을 필두로 한 반명(反明) 세력이 등장함.	
1388 명이 지금 심양시 소가둔구 봉집보에 최초의 철령위 설치함. 고려는 지금 요양에 있는 명의 요동도사를 치는 2차 요동정벌을 시도했으나 이성계가 위화도에서 회군함으로써 실패함. 이성계는 '공요죄(攻遼罪)'를 걸어 최영을 처형함	
1392 조선 건국.	
1393 조선 명나라의 권유로 '조선'을 국호로 택함. 명은 철령위를 지금 중국 철령시 은주구 고은주로 옮김.	
1403 명, 요동도사 산하에 여진족을 통제하기 위해 건주위 만듦.	
1425 조선, 지금의 북한 평양에 단군조선의 도읍인 왕검과 기자조선의 도읍인지 왕험, 낙랑군, 그리고 장수왕 평양이 있었다는 『세종실록』「지리지」 편찬함.	
1712 조선과 청, 백두산 정상 부근에 '서위압록 동위토문 고어분수령(西爲鴨綠 東爲土門 故於分水嶺)'이 새겨진 백두산정계비 세움. 이로써 고대 사서에 나오는 압록이 지금의 압록강으로 굳어져 우리와 조선은 지금의 압록강 이북은 영토가 아닌 것으로 여기게 됨.	

겨져 있었다. 중국은 토문을 두만강으로 해석하나, 우리는 지금 중국 송화강으로 흘러가는 지류로 주장한다. 백두산에서 발원한 송화강과 두만강 사이의 땅은 물(=강)로 둘러싸여 있으니, 간도(間島, 사이 섬)로 표현할 수 있다. 고려의 윤관이 설치했던 동북9성이 간도 지역에 있었다.

조선 말엽 생활이 어려워진 조선인들이 간도로 넘어가 살았기에, 조선은 관리를 파견해 그곳을 통치했다. 그런데 을사늑약 후 대한제국의 외교권을 빼앗은 일본은 청과 간도협약을 맺어 간도 영유권이 청나라에 있음을 인정해주었다. 그러나 조선인들은 그대로 살았기에 지금 그곳은 중국 길림성 산하의 '연변조선족자치주'가 되었다. 정계비는 훗날 간도 영유권을 주장할 수 있는 근거가 될 수 있다.

그러나 이 정계비 때문에 지금의 압록강 이북을 잃게 되었다는 것을 아는 국민은 극소수이다. 지금 압록강의 발원지는 백두산인데 백두산에 정계비가 있었으니, 지금의 압록강은 조선과 청의 동쪽 국경선이 되어야 한다. 고려까지의 압록(鴨淥)은 지금 혼하(渾河)였을 가능성이 매우 높은데, 정계비 때문에 우리는 혼하 이남의 땅을 포기한 것이 된다.

백두산 정계비에도 불구하고 여러 사서들은 조선이 청과 책문(柵門)에서 후시(後市)를 가졌음을 보여준다. 책문은 지금 중국 요녕성 봉성(鳳城)시의 '변문진(邊門鎭)'이다. 책문이 변문(邊門)으로 이름을 바꾼 것이다. 변문진은 압록강에서 북쪽으로 50여km쯤 떨어진 단동시할구(丹東市轄區) 북쪽에 있는데 그곳은 천산산맥 동녘에 해당한다.

책문에서 후시를 운영하게 된 것은 그곳이 고려 때의 국경 근처였기 때문이다. 구 동녕로와 구 쌍성총관부 지역을 포기했음에도 조선인들은 지금의 압록강 건너를 조선의 영토로 인식하였기에, 책문에서 후시를 운영하는 관습을 유지해온 것이다. 백두산 정계비로 인해 우리는 그 곳도 '그냥' 잃어버렸다.

지금 우리가 요동으로 부르는 곳은 본래 요동이 아니다. 그곳은 평양으로 불려야 한다. 우리가 알고 있는 요동이 평양이라는 사실을 청나라를 방문하게 된 박지원도 알아차렸다. 그는 『열하일기』에 이런 기록을 남겨 놓았다.

'우리나라 선비들은 단지 지금 평양(북한 평양)만 알므로 기자가 평양에 도읍했다고 하면 이를 믿고, 평양에 정전(井田)이 있다 하면 이를 믿으며, 평양에 기자무덤이 있다고 하면 이를 믿어서, (지금의 압록강 건너에 있는) 봉황성이 곧 평양이다 하면 크게 놀랄 것이다. 더구나 요동(지금의 중국 요양)에도 또 하나의 평양이 있다고 하면 이는 해괴한 말이라 하고 나무랄 것이다.

(중략)… 아아, 후세 선비들이 이러한 경계를 밝히지 않고 함부로 한4군을 죄다 압록강 이쪽에다 몰아넣어서, 억지로 사실을 이끌다가 구구히 분배(分排)하고 다시 패수(浿水)를 그곳에서 찾되, 혹은 압록강을 패수라 하고, 혹은 청천강을 패수라 하며, 혹은 대동강을 패수라 한다. 이리하여 조선의 강토는 싸우지도 않고 저절로 줄어들었다.'[77]

우리는 『열하일기』에서 열하(熱河)만 보고 잃어버린 평양은 찾지 않은 것이다. 조선의 역사 왜곡을 외면하고 있는 것이다.

평양을 잃지 않았고 기자조선을 필두로 고구려까지의 정통성을 이었다는 것을 보이기 위해 역사지리 왜곡을 한 『세종실록』「지리지」 등을 근거로 다른 역사왜곡을 더하고 있는 것이 북한의 김일성 일가다.

김씨 왕조는 기자조선과 위만조선을 외세로 보기에 빼버리고, 평양이 단군조선과 고구려의 발상지였다는 것만 강조한다. 역사에도 '주체'를 집어넣은 것이다. 평양시 강동군 문흥리 대박산 기슭에서 발굴된 남녀 두 사람 분의 유골 86개를 조사해 5,011년 전의 인물이라고 주장하며 1994년 단군릉을 조성한 것과 1974년 조사했던 평양시 역포구역 무진리 왕릉동의 유지를 다듬어 1994년 동명왕릉으로 꾸민 것이 대표적이다.[78] 이러한 북한의 역사왜곡도 중국의 동북공정을 도와준다.

여말선초 시기를 중심으로 우리의 고대사가 왜곡된 것을 139쪽의 <표 3>으로 정리하고 다음 장에서부터는 한땀한땀 왜곡돼 있는우리 역사를 추적해 바로 잡아 보기로 한다.

10) 탁발선비는 국호를 '위(魏)'로 정했는데, 중국 대륙에서는 여러 위나라가 출현했기에 구별하기 위해 '북위'로 명명했다.

11) 『요사』「지리지 2」東京道…有五京 十五府 六十二州. 爲遼東盛國. 忽汗州卽故平壤城也 號中京顯德府. 太祖建國 攻渤海 拔忽汗城 俘其王大諲譔 以爲東丹王國. 立太子圖欲爲人皇王 以主之.

12) 『삼국사기』는 광개토왕의 이름을 담덕(談德)이라고 밝혀놓았으나 중국 사서인 『북사(北史)』는 안(安)으로 밝혀놓았다. 북위 태무제 때의 고구려 왕은 광개토왕이니, 고안은 광개토왕을 가리키는 것이 분명하다. 담덕은 광개토왕의 자(字)이고 안은 이름으로 보인다.

13) 『요사(遼史)』「지리지 2」東京道…元魏太武 遣使至其所居平壤城, 遼東京本此. 唐高宗平高麗於此 置安東都護府. 後爲渤海大氏所有.

14) https://search.daum.net/search?nil_suggest=btn&w=img&DA=SBC&q=%EB%B0%9C%ED%9 5%B4+%EC%A7%80%EB%8F%84(검색 2017년 10월 11일).

15) 『요사(遼史)』「지리지 2」東京道…東京遼陽府 本朝鮮之地. 周武王釋箕子囚 去之 朝鮮 因以封之.

16) https://search.daum.net/search?w=img&q=%ED%86%B5%EC%9D%BC%EC%8B%A0EB%9D %BC&docid=33vCNbDv9gRDDfcHg1&da=IIM(검색 2017년 10월 11일).

17) https://search.daum.net/search?w=img&q=%EA%B3%A0%EB%A0%A4 %20%EC%A7%80%E B%8F%84&docid=33e0haAzSutF5pCbNJ&da=IIM(검색 2017년 10월 11일).

18) 연운16주는 유(幽)·계(薊)·탁(涿)·단(檀)·순(順)·영(瀛)·막(莫)·신(新)·규(媯)·유(儒)·무(武)·울(蔚)·운(雲)·환 (寰)·응(應)·삭(朔)주를 가리킨다. 유주(幽州)는 '연주(燕州)'라고도 불렀기에 연주의 '연'과 운주(雲州)의 '운'을 따서 연운16주라고 통칭했다.

19) 복기대, "중국 학계의 거란 동쪽 국경선 인식에 대하여", 『선도문화』 제14호(2013년 2월).

20) 요나라의 5경은 상경임황부(上京臨潢府), 동경요양부(東京遼陽府), 중경대정부(中京大定府), 남경석진부(南京析津府), 서경대동부(西京大同府)이다. 이중 수도로 삼은 곳은 상경임황부였다.

21) 『요사』「지리지 2」에 따르면 거란은 928년 요양부(遼陽府)를 남경으로 삼아 동란(왕)국의 백성을 다스리게 하다, 연운16주를 할양받은 다음인 938년 남경을 유주(남경석진부)로 옮기고 요양부는 동경(東京)요양부로 변경했다.

22) 『신당서』「발해전」萬歲通天中 契丹盡忠殺營州都督趙翽反. 有舍利乞乞仲象者與靺鞨酋乞四比羽及 高麗餘種東走, 度遼水保太白山之東北, 阻奧婁河樹壁自固. 武后封乞四比羽 爲許國公乞仲象 爲震國 公赦其罪. 比羽不受命. 后詔玉鈐衛大將軍李楷固 中郎將索仇擊斬之. 時仲象已死其子祚榮 引殘痍遁 去 固窮蹙 度天門嶺 祚榮因高麗靺鞨兵 拒楷固. 楷固敗還. 於是契丹 附突厥. 王 師道絕, 不克討. 祚 榮即幷 比羽之衆 恃荒遠 乃建國 自號震國王, 遣使交突厥. 地方五千里戶十餘萬 勝兵數萬. 頗知書 契盡得扶餘 沃沮弁韓朝鮮 海北諸國.

23) 『遼史』「地理志」淥州… 本高麗故國 渤海號西京鴨淥府.

24) 『삼국사기』「고구려본기」동천왕 二十一年 春二月 王以丸都城經亂 不可復都, 築平壤城 移民及 廟社 平壤者本仙人王儉之宅也 或云王之都王儉.

25) 『삼국사기』「고구려본기」고국원왕 十三年 … 秋七月 移居平壤東黃城城在今西京東木覓山中.

26) 고광진·최원호·복기대, "시론 장백산과 압록수의 위치 검토," 『선도문화』제13호(2012년 12월).

27) 복기대, "고구려 황성 시대에 대한 시론" 「예술인문사회 융합멀티미디어 논문집」 6호(2016년 1월).

28) 임찬경, "한국 사학의 고대 평양 위치 인식 오류 형성 및 그 유지 기제 검토"; 복기대, "한국 역사 학계의 평양 인식," 「고구려의 평양과 그 여운」(인하대 고조선연구소 평양연구팀, 2016년 6월 17일).

29) 박지원 저, 이가원 역, 『열하일기 1』(서울: 올재, 2013), 75쪽에서 인용. 원문은 朴趾源, 『熱河日記』「渡江錄」二十八日 乙亥에 실려 있다.

30) 이에 대해서는 윤한택·복기대, 『압록(鴨淥)과 고려의 북계』(서울: 주류성, 2017) 참조.

31) 남북한 역사학계는 구주를 지금의 평북 구성시로 보고 있다. 고려의 서경을 북한의 평양으로 비정했으니 강동 6주도 지금의 압록강 이남에 있다고 보았기 때문이다. 그러나 구주를 비롯한 강동 6주는 지금 압록강 북쪽 여진족이 많이 사는 천산산맥 인근에 있었을 가능성이 높다.

32) 고구려는 고려로 불리기도 했으니 고려와 혼동을 일으킬 수 있다. 이러한 혼동을 피하기 위해 고구려가 한 전쟁은 고수(高隋)전쟁, 고당(高唐)전쟁 식으로 '고'자를 앞에 넣고, 고려가 한 전쟁은 여요(麗遼)전쟁, 여몽(麗蒙)전쟁 식으로 '여'자를 앞에 넣어 표현한다.

33) 이와 비슷한 상황이 17세기에도 만들어졌다. 조선과 명나라가 왜(倭)와의 전쟁(임진왜란)으로 힘을 잃는 사이 여진족이 힘을 키워 청나라를 세운 일이 그것이다.

34) 『원사』「백관지」國初 有征伐之役, 分任軍民之事 皆稱行省.

35) 『원사』「백관지」行中書省 凡十一.

36) 『원사』「백관지」征東等處行中書省 治瀋陽 統有二府 一司 五道.

55) 『삼국사기』「고구려본기」봉상왕 五年 秋八月 慕容廆來侵 … 王謂羣臣曰慕容氏兵馬精强 屢犯我 疆埸 爲之奈何. 相國倉助利對曰 北部大兄高奴子賢且勇, 大王若欲禦寇安民 非高奴子無可用者. 王 以高奴子爲新城太守善政有威聲 慕容廆不復來寇..

56) 『삼국사기』「고구려본기」고국원왕 五年 春正月 築國北新城.

57) 『삼국사기』「고구려본기」고국원왕 九年 燕王皝來侵 兵及新城 王乞盟 乃還.

58) 『삼국사기』「고구려본기」광개토왕 九年 … 二月 燕王盛以我王禮慢自將兵三萬襲之, 以驃騎大將軍 慕容熙爲前鋒 拔新城南蘇二城 拓地七百餘里徙五千餘戶而還.

59) 『삼국사기』「고구려본기」양원왕 三年 秋七月 改築白巖成 葺新城.

60) 『삼국사기』「고구려본기」양원왕 七年 … 秋九月突厥來圍新城不克 移攻白巖城王遣將軍高紇領兵 一萬拒克之 殺獲一千餘級.

61) 이적(李勣, 594~669)은 앞에 나온 이세적(李世勣)이다. 이세적의 '世'가 당 태종의 이름인 李世民의 世자와 같아 피휘(避諱)를 위해 '世'자를 빼내 이적이 되었다. 그는 본래 徐를 성으로 하였

기에 徐世勣이었는데 무공을 많이 세웠기에 당 고조로부터 국성(國姓)인 李를 하사받아 이세적이 되었다가, 피휘를 하며 다시 이적으로 바꿨다.

62) 『삼국사기』 「고구려본기」 보장왕 二十六年 秋九月 李勣拔新城使契苾何力守之. 勣初渡遼謂諸將日 新城 高句麗西邊要害 不先得之餘城未易取也. 遂攻之 城人師夫仇等縛城主開門降.

63) 중국은 고구려의 최초 수도인 졸본이 있었던 곳으로 요녕성 본계(本溪)시 환인(桓因)만족자치현에 있는 오녀산성(五女山城)을 비정했는데, 오녀산성을 우라산성으로 보는 이들이 많다.

64) 『명사』는 은주를 어리석을 '은(闇)'자를 써서 闇州로 적어놓았는데, 다른 기록들은 銀州로 밝혀 놓았다. 『명사』는 銀州를 일부로 闇州로 적어놓은 것으로 판단된다.

65) 『명사』 「지리지」 洪武 二十一年 三月 以古鐵嶺城置 二十六年 四月遷於古闇州之地卽今治也. 西有遼河 南有泛河 又南有小淸河 俱流入於遼河. 又南有懿路城 洪武 二十九年置懿路千戶 所於此. 又范河城在衛南 亦曰泛河城正統四年置泛河千戶所於此. 東南有奉集縣卽古鐵 嶺城也接高麗界.

66) 中國地圖出版社, 『遼寧省地圖冊』(北京: 中國地圖出版社, 2004) 38쪽. 鐵嶺市爲地級市位于省境 北部 因遼代在此地燦白銀得名銀州明代鐵嶺衛于此更名鐵嶺.

67) 중국은 요동을 지금 요양시로 보기에 고막도독부가 철령시까지 들어와 있었던 것으로 왜곡 정리해놓은 것으로 보인다.

68) 명나라 때 은주에 철령위를 처음 설치했다는 이 설명은 사실과 어긋난다. 『명사』는 봉집현에 최초의 철령위를 설치했다고 했으니 최초의 철령위 자리는 봉집현으로 돼 있어야 한다. 바이두의 실수로 판단된다. 여기에서는 중국의 자료를 통해 두번째 철령위가 지금의 요녕성 철령시에 있었다는 것만 밝혀보기로 한다.

69) https://baike.baidu.com/item/%E9%93%81%E5%B2%AD/175906?fr=aladd in(검색 2017년 10월 12일).
隋朝时期，境域属高句丽辖地。唐时期境域南部属安东都府，西北部属枯漠都督府，渤海鸭

绿府、扶余府管辖，唐玄宗开元元年（713年），唐渤海大氏取越喜地改富州, 即今铁 岭城。

917年，辽太祖在此地冶炼银子，故将富州改为银州，辽朝时期境域大部分属东京道辽阳府。

金朝时期，境域南部属东京路咸平府，西部属北京路，东北部属上京路会宁府。元朝时期，

境域西部属中书省会昌路，其余属开原路咸平府。明朝时 期，在银州设 铁岭卫，明洪武

二十 六年（1393）徙铁岭卫于沈阳，开原间古银州之地，境域南部属辽东都指挥使司铁岭

卫，西部属辽河套扶余 卫，北部属三万卫.

70) 『금사』「지리지」東京路: 貴德 刺史下 遼貴德州寧遠軍 國初廢軍 降爲刺郡. 戶二萬八百九 十六. 縣二. 貴德(倚. 有范河) 奉集(遼集州懷遠軍奉集縣, 本渤海舊縣. 有渾河).

71) http://petitgomang.tistory.com/150(검색 2017년 10월 13일).

72) https://baike.baidu.com/pic/%E9%93%81%E5%B2%AD/175906/0/3bc6f75 06fd4367111 38c209?fr=lemma&ct=single#aid=0&pic=3bc6f7506fd43671113 8c209(검색 2017년 10월 13일).

73) 조선이 건국하고 반 세기가 지난 1449년 명나라 정통제가 북원의 일파인 오이라트를 치러 갔다가 지금의 중국 대동(大同) 인근의 토목(土木)이라고 하는 곳에서 오이라트에 포로로 잡혔다. 북원 세력은 명나라 황제를 생포할 정도로 강력했는데 오이라트의 정통제 생포를 중국 사서들은 '토목의 변(土木之變)'으로 기록해 놓고 있다.

74) 『세종실록』「지리지」를 역사지리의 왜곡 그 자체로 보는 것은 무리다. 평양을 명나라에 넘겨주지 않았음을 강변하려다 보니 역사지리 왜곡은 평양부에만 집중돼 있다. 함길도 편은 고려 윤관이 구축한 동북 9성이 지금의 두만강 건너에 있었음을 보여준다. 함길도는 여진과 접하는 곳이라 여진이 많이 사는 지역도 조선이 관리했음을 드러내고 있는 것이다. 평양부에는 역사 왜곡이 집중돼 있고 함길도 편은 그렇지 않다는 점은 명나라에 사대를 해야 한다는 필요성과 평양은 명나라에 내주지 않았다는 것을 보여줘야 하는 조선의 정치적 필요성 때문에 나타나는 것으로 판단된다.

75) 『이조실록 49(세종장헌대왕실록 제 154권)』「지리지」(서울 :여강출판사, 1991) 427-428쪽의 평양부 서술을 요약한 것임.

76) 『고려사』「地理 1」惟我海東 三面阻海 一隅連陸 輻과之廣其於萬里. 高麗太祖興於高句麗之地降 新羅 滅百濟 定都開京.… 其四履西北自唐以來 以鴨錄爲限而東北則 以先春領爲界, 盖西北至 不及 高句麗 而東北 過之.

77) 박지원 저, 이가원 역, 『열하일기 1』(서울: 올재, 2013), 75쪽.

78) 북한은 『세종실록』「지리지」의 평양부 내용을 근거로 북한의 평양을 단군조선과 고구려의 발상 지로 만들었다.

3장

요동군의 탄생과 고구려

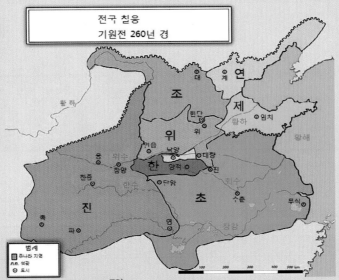

전구 칠웅
기원전 260년 경

범례
- 주나라 지역
- n.n. 섯괄
- 도시

<그림 1> 중국 전국시대의 7웅[79]

주: 이 지도는 전국 7웅의 개략적인 위치를 이해하는 용으로만 쓰여야 한다. 사서 기록을 근거로 7웅의 영토를 정확히 그려내는 것은 불가능하기 때문이다. 계(薊)를 중심으로 하는 연나라의 남쪽에 산동반도를 차지한 제나라가 있고, 연나라 서쪽에는 대(代)가 중심인 조나라가 있다는 것 등만 이해하면 좋겠다. 이 지도는 연나라의 동변(東邊)이 지금의 요하에 이른 것처럼 그려놓았는데, 이는 지금 요하가 고대에는 패수라는 암시가 된다. 이 지도는 연나라가 요동은 물론이고 조선의 서쪽 1,000여 리를 차지한 다음인 서기전 260년 쯤을 상상해 그린 것이니 요동은 표시돼 있지 않다.

1) 요동은 큰 숲이 있는 임해지역이었다

지금부터는 고구려의 요동에 대한 탐험을 시작해 본다. 우리의 고대사를 이해하기 힘들게 만드는 요동은 도대체 어떤 곳인가. 요동은 우리 사서보다는 중국 사서에 먼저 등장했다. 요동은 서기전 645년 사망했다고 보는 관중(管仲, 서기전 725~서기전 645로 추정)의 일을 기록한 『관자(管子)』「지수(地水)」편에 '제나라에는 거전지염(渠展之鹽)이, 연나라에는 요동지자(遼東之煮)라는 소금이 있다.'[80] 라고 돼 있는 데서 처음 나온다.[81]

여기에서의 연(燕)나라는 서기전 11세기인 주(周=西周)나라 초에 분봉돼[82] 서기전 221년 진(秦)나라가 통일할 때까지 춘추·전국시대를 관류하며 800여 년을 존속한 나라이다. 후대에 등장하는 숱한 제후국 연나라(위만이 있었던 연나라 등)나 독립국 연나라(전연·후연 등)와는 다른 것이다. 이들의 공통점은 계(薊)로 불린 지금의 북경(北京)을 중심으로 한 중국 대륙 동북방에 있었다는 것이다.[83] 그래서 이들이 중심지로 삼았던 북경은 '연경(燕京)'으로도 불리게 됐다.

요동지자

'요동지자'에서 '자(煮)'는 '바닷물을 끓여서 만든 소금'이다. 고대 동북아에서는 천일염(天日鹽)[84]이 아니라 바닷물을 끓여 소금을 만드는 경우가 훨씬 많았다. 세계적으로도 그러했다. 고대에는 간척이 발달하지 않았으니 갯벌을 염전으로 바꾸는 것이 매우 어려웠다. 바닷물을 끓여 소금을 만드는 것이 대세였는데, 이렇게 만든 소금을 '자염(煮鹽)'이라고 했다.

자염은 바닷물을 '그냥' 끓여서 만들지 않았다. 바닷물의 평균 염도(度)는 3.5%에 불과하기에 그냥 끓이면 얻을 수 있는 소금의 양이 너무 적었다. 따라서 햇볕에 바짝 말려 강한 소금기를 품게 된 갯벌흙을 이용했다.

소금은 무한정 물에 녹지 않는다. 어느 선(약 21%)에 도달하면 더 이상 풀어지지 않는데, 이 상태를 '포화(飽和)'라고 한다. 염도가 21%까지 올라간 물을 '포화함수(飽和鹹水)'라고 한다. 바짝 마른 갯벌흙은 포화함수 쪽에 접근해 있다.

이 갯벌흙을 바닷물이 든 용기에 넣어 풀면 용기 안의 바닷물 염도가 올라간다. 그리고 여과장비를 설치한 솥에 부어 흙을 걸러주면, 솥 안으로는 염도가 매우 높아진 물만 들어간다. 이 물을 '함수(鹹水)'[85]라고 하는데, 이를 끓여 만든 것이 바로 자염이다. 자염은 흙을 이용해 만들었기에 '토염(土鹽)'이라고도 했다.

'함수'를 만들어 자염을 생산한 것은 땔감 부족 때문이었다. 산업화 이전에는 소금이 더욱 귀중했기에 국가가 독점하는 전매상품으로 삼으려 할 정도였다.[86] 소금 생산을 늘리면 염부(鹽夫)들이 채취해가는 땔감이 많아진다. 염부가 땔감을 많이 가져가면 지역주민들의 삶이 어려워지니 염부들은 땔감 소비를 줄이려고 말린 갯벌흙으로 포화함수에 접근한 짠물(함수)을 만들어 자염을 생산한 것으로 보인다.

그렇다고 해도 자염을 생산하는 데는 많은 땔감이 들어가니, 자염은 염부와 지역주민들이 공생할 수 있을 정도로 많은 나무를 제공할 수 있는 곳이라야 생산이 이뤄질 수 있다. 요동은 자염을 생산해 연나라의 중심부까지 수출했으니, 요동은 염부와 지역주민이 필요로 하는 큰 숲이 있는 곳이었을 가능성이 높다. 큰 숲과 바다가 있는 임해(臨海)지역인데, 이것이 요동의 위치를 찾아가는 중요한 단서가 된다.

자염에 대한 연구는 매우 드물다. 그런 가운데 소설가 배성동씨와 UNIST의 임진혁 교수가 울산의 자염에 대한 보고서(책)를 만들었다.[87] 이 책에 따르면 자염 생산의 최적지는 모래가 적당히 혼합된 갯벌흙이 있고, 강수량은 많아서도 안 되고, 간만의 차이도 커서는 안 되는 바닷가, 그리고 함수를 끓이는 데 필요한 땔감을 충분히 확보할 수 있는 곳이다. 울산이 그러한 조건을 갖췄다.

울산에는 삼산염전을 비롯해 외황강 하구의 마채염전, 돋질 조개섬 염전, 명촌대도섬염전 등이 있었다. 가장 규모가 컸던 삼산염전은 태화강에 제방이 축조되고 삼산벌에 비행장이 건설되던 1930년대 사라졌다.[88] 나머지 염전은 공업단지가 조성되던 1960년대까지 존속했다고 한다. 이렇게 생산된 울산자염을 상북면 사람들이 등짐을 져 서쪽으로는 밀양과 청도, 북쪽으로는 경주와 영천·안동까지 유통시켰다고 한다.

울산에서 보면 밀양·청도·안동 등은 소백산맥 안쪽(동쪽과 남쪽)에 있다. 이는 울산자염의 소비처가 소백산맥 이동(以東)과 이남(以南) 지역이었다는 의미가 된다. 왜 울산소금은 소백산맥을 넘지 못한 것일까. 보고서는 등짐을 거론했지만, 소금이 무겁다는 것을 감안한다면 울산에서 나온 소금은 우마(牛馬)나 우마차(牛馬車)로 수송됐다고 보아야 한다. 등짐은 우마나 우마차에 싣고 내릴 때 졌을 것이다.

소금을 실은 우마차나 우마가 다닐 수 있는 길은 제한된다. 너무 좁거나 가팔라도 안 된다. 산맥에는 이러한 길을 내기 어려우니 소백산맥까지가 울산자염의 소비지가 된다.[89] 소백산맥 서쪽에서는 서해에서 나오는 소금(자염)이, 소백산맥 북쪽에서는 동해에서 나오는 소금(자염)이 공급되면서, 소금 물류권은 구분된다. 우마차가 들어갈 수 없는 산골에서는 보부상들이 소금을 져서 공급했을 것이다.

요동은 울산과 비슷한 조건을 갖춘 지역이었을 가능성이 높다. 모래가 적당히 혼합된 갯벌이 있고, 염부와 지역주민이 함께 쓸 수 있을 정도로 많은 땔감 제공이 가능한 숲이 있으며, 강수량은 많지도 적지도 않았을 것이다. 그러나 간만의 차와 갯벌의 발달 정도는 달랐을 것이다. 동해는 수심이 깊기에 간만의 차가 적고 갯벌이 발달하지 않았으나, 요동 해안은 한반도의 서해안처럼 간만의 차가 크고 갯벌이 발달했을 수 있다.

엄밀하게 말하면 『관자』에 거론된 요동은 연나라가 설치한 요동군이 아니어야

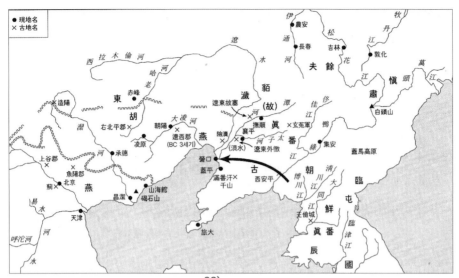

<그림 2> 기존 학설에 따른 고조선 시대의 요동(군) 위치[90]

요양박물관이 왜곡 전시해 놓은 것처럼 우리 역사학계도 지금의 요하(遼河, 위 지도에서는 遼水로 표현됨) 동남쪽에 있는 태자하(太子河)의 중하류(지금의 요양시)에 연(燕)나라가 만든 요동군의 중심인 양평(襄平)이 있었던 것으로 본다. 이는 요동을 지금 요하의 동쪽으로 보는 견해에 따른 것이다. 그러나 요수는 난하이고, 요하는 연나라와 기자조선의 새 경계선이 된 패수일 가능성이 높다. 요동군을 지금 요하 동쪽에 있었던 것으로 보면 연나라의 중심인 계(薊, 지금의 북경 지역)에서 요동까지의 거리가 너무 멀어 소금 수송이 어려워진다.

한다. 관자는 연나라가 요동군이 포함된 연5군을 설치하기 전에 살았던 사람이기 때문이다. 그런데 272쪽의 미주 81에 밝혀놓은 것처럼 『관자』는 춘추시대에 시작해 전한(前漢) 시대까지 700여 년이라는 긴 시간에 걸쳐 여러 사람에 의해 이루어진 책이니, 요동군이 만들어진 다음에 편찬된 것으로 볼 수도 있다(현존하는 『관자』는 전한 말인 서기전 79~서기전 8년 사이 생존한 유향이 편찬했다).

연나라는 관자가 죽고 한참이 흐른 서기전 280년쯤 요동을 정복해 연5군을 만들었지만 『관자』는 그보다 늦게 편찬됐으니, 연나라가 연5군을 만든 다음의 일도 『관자』에는 들어갈 수 있는 것이다. 『관자』의 기록만으론 요동과 요동군 간의 관계를 알 수가 없다. 『관자』에 거론돼 있는 거전지염(渠展之鹽)을 통해 다른 유추를 해보자.

150쪽 지도인 <그림 1>에서 보았듯 전국시대의 제(齊)나라는 연나라의 남쪽인 지금의 산동(山東)반도에 있었다. 그런데 요동처럼 제나라 때의 거전도 어느 곳인지는 알 수가 없다. 하지만 방현령은 『관자평주』에서 '거전은 (전국시대) 제나라의 땅이다. 제수(沛水)가 바다로 들어가는 곳으로 소금을 끓여서 만드는 곳이라 거전지염이라고 한다.'는 주를 달아 놓았다. 그렇다면 거전은 제수의 하구에 있었던 것은 분명하다.

제수는 하북성을 흘러 발해로 들어가는 강이 분명해 보이니, 거전은 산동반도 북쪽 해안에 있었을 가능성이 매우 높다. 산동반도의 북쪽 해안과 지금의 북경 근처는 멀지 않다. 두 곳 사이에는 우마차를 이용한 물류를 방해할 큰 산맥도 없다. 바다를 통한 조운도 가능했을 터이니, 산동반도 북쪽 해안에서 생산된 소금은 얼마든지 연나라에 수출될 수 있다.

그러나 연과 제가 싸우는 사이라면, 거전지염은 연나라에 수출되지 않았을 것이다. 다음 절에서 분석하겠지만 진개(秦開)의 공격이 있기 전까지 연과 요동은 다른 나라였다. 그런데도 연나라에 요동의 소금이 공급됐다고 해놓은 것은, 진개의 정복이 있은 후의 일이거나, 아니면 연과 요동이 별개 국가였을 때도 소금 교역이 있었다는 의미가 된다.

연과 요동이 별개 국가일 때 소금 교역을 했다면, 연과 제도 전쟁을 하지 않았을 땐 소금 교역을 했을 수 있다. 그런데 연은 거전지염을 수입하지 않고 요동의 소금을 소비했다. 이는 연이 요동을 차지했든 차지하지 않았든 연의 중심부인 계(薊)와 요동 사이는 물류가 왕성했다는 이야기가 된다. 이를 위해서는 계와 요동은 가깝거나, 우마차 통행에 어려움을 주는 산맥 등 자연 장애물이 없거나, 배를 통한 조운(漕運)이 가능해야 한다.

조운이 안 되는 요동군의 강

계와 요동이 가까웠는지의 문제부터 살펴보자. 우리는 대개 계와 요동의 위치를 154쪽의 <그림 2>처럼 보고 있다. 계는 북경 지역이고 요동은 지금의 요하 동쪽으로 보는 것이다. 이러한 비정을 할 경우 요동과 계의 거리는 서울-부산 사이보다 멀어진다.

그래도 두 곳 사이에 산맥 같은 자연 장애물이 없다면 물류는 가능할 수 있다. 그러나 산해관(山海關)[91]을 끝으로 한 만리장성 일대에는 험준한 연산(燕山)산맥이 있다. 지금의 대릉하와 요하 사이엔 의무려산맥도 있다. 그렇다면 요동과 계를 잇는 물류는 원활할 수가 없다(102쪽의 지도 참조. 유주 부근이 계이다).

자연 장애물이 있는데 거리까지 멀다면 두 곳은 조운으로 물류하는 것이 낫다. 요동은 소금을 생산하는 임해지역이지만 조운이 가능한 곳이 아니었다. 요동군은 물론이고 연5군도 조운을 하지 못했다. 연5군은 조운을 했다는 기록이 없다. 요동군은 육로로만 물류가 가능했던 곳이다.

그렇다면 <그림 2>처럼 계와 요동 간 거리가 멀었다고 지도를 그리는 것은 비상식적이 된다. 계 근처에도 바다가 있으니 계 근처의 바다에서 소금을 얻는 것이 훨씬 경제적이기 때문이다. 요동의 소금이 계에 공급되려면 두 곳 사이 거리는 너무 멀지 말아야 한다. 이러한 이해는 아주 중요한 가설이 된다.

우리는 요동이 지금의 요하 동쪽에 있었을 것으로 생각하지만, 중국 전국시대의 요동은 북경에 가까운 곳에 있었을 가능성이 높은 것이다. 사서에 나오는 요수와 지금의 요하가 같다는 것은 큰 착각일 수 있다. 지금의 요하는 연나라가 기자조선을 공격해서 만든 새 국경선이 있는 패수일 가능성이 높다.

요동은 계(薊)에서 멀리 않고, 자염을 생산할 정도로 큰 숲이 있으며, 임해지역이지만 조운을 하지 못한다는 것을 염두에 두고 요동 탐험을 계속해보자.

2) 전국시대 연나라 진개의 공격 후 설치된 요동군

전국시대의 연나라는 진개(秦開)[92]의 공격으로 요동을 차지했다. 그렇다면 진개의 공격이 있기 전 요동은 누구의 영역이었는가. 이 궁금증을 풀어볼 수 있게 해주는 사료가 서기전 476년부터 진(秦)나라가 통일하는 서기전 221년까지의 일을 기록한 『전국책(戰國策)』이다. 이 책에는 요동이 여러번 나오는데, 그 중 하나가 '연나라의 동쪽에 조선 요동이 있고(燕東有朝鮮遼東), 북쪽에 임호 누번이 있다(北有林胡樓煩).'[93]고 한 대목이다.

여기에서 문제는 '燕東有朝鮮遼東을 어떻게 번역할 것인가.'이다. 이는 조선과 요동이라는 한자 사이에 어떤 조사를 넣을 것인가란 문제가 된다.[94] 한문으로 적혀 있는 중국과 우리의 고대 사서는 전후 일을 고려해 어떻게 띄어 읽고, 어떤 조사를 넣느냐에 따라 그 해석이 달라질 수 있다. 조사 '과(와)'를 넣어 '연나라의 동쪽에 조선과 요동이 있다.'라고 번역한다면 조선과 요동은 별개가 된다.

지금 사람들은 '韓國京畿'를 한국에 속한 경기도로 번역할 것이다. 같은 원칙이라면 '朝鮮遼東'은 '조선에 속한 요동'으로 번역해야 한다.[95] 그렇게 한다면 '北有林胡樓煩'도 '북쪽에 임호에 속한 누번이 있다.'로 옮겨야 한다. 그러나 『사기』「흉노전」에는 전국시대 조(趙)나라의 무령왕이 서북쪽의 임호와 누번을 복속시킨 후 임호와 누번의 군대까지 동원해 중산국을 멸망시켰다는 기록이 있으니, 임호와 누번은 별개 국가(혹은 종족)임이 분명하다.

따라서 '朝鮮遼東'을 '조선에 속한 요동'으로 번역하는 것은 무리가 된다. 조선과 요동이 별개 종족의 살아온 별개 공간이었다는 것은, 앞으로 살펴볼 후대 역사서에서도 계속 발견된다. 그러나 완벽하게 분리된 공간은 아니었다. 조선의 후예들은 요동을 차지하려 했고, 차지했었기 때문이다. 그 반대 현상도 일어났다. 조선과 요동은 너나들이를 할 수 있는 이웃이었다.

요동과 동호

고대의 중국인들은 이민족이 산 곳과 이민족의 이름을 일치시키는 경우가 많았다. 임호족이 사는 곳은 임호, 누번족이 사는 지역은 누번, 조선족이 사는 데는 조선으로 부른 것이다. 그런데 요동족은 없었다. 요동이라는 지역은 있는데 왜 요동족은 없는 것일까. 이는 요동이 종족 이름에서 나온 것이 아니라는 강력한 암시다. 요동은 고대 중국인들이 임의로 지어낸 이름일 가능성이 높다.

전국시대 대륙국가의 사서들이 왜 연나라의 동쪽 지역을 요동으로 기록했는지에 대한 연구는 없다. 『관자』는 '요동지자'를 통해 요동이라는 말을 처음 기록해놓았지만, 그 책에서도 그곳을 요동으로 부른 실마리를 찾기 어렵다.[96] 중국학자들은 대체로 연나라 때 처음 요동이라는 말을 썼다고 판단한다. 하정권(賀政權)은 요동이라는 이름이 만들어진 세 가지 설(說)을 제시했다.

'첫째 진(秦)나라가 연(燕)나라를 멸하고 요동군을 설치할 때 처음 사용했다. 둘째 연나라의 마지막 왕인 희(喜)가 요동으로 도망했을 때 처음 사용했다. 셋째 전국시대 연나라가 요동군을 설치하며 처음 사용했다.'가 그것이다. 하정권은 세 번째 설을 지지했다.[97] 그러나 하정권도 요동이라는 이름이 생긴 이유는 밝혀내지 못했다. 요동은 중국 전국시대 연나라의 진개가 공격해 요동군 등 연5군(燕五郡)을 만들면서 확정적으로 등장한 것이 분명하다.[98]

하(夏), 상(商), 주(周)와 춘추·전국시대의 혼란을 치르고 통일한 진(秦), 그 뒤를 이은 한(漢), 5호16국과 남북조시대를 거쳐 다시 통일한 수(隋)와 당(唐)은 지금 중국의 처지에서 보면 서쪽에 도읍했다. 그러나 춘추·전국이나 5호16국 같은 분열기에는 동부에도 여러 나라가 있었다. 때문에 '계(薊)'로 불렸던 지금의 북경 등 중국 동부

지역의 도시들은 몇몇 나라의 수도가 되었다. 하지만 송나라(북송)까지의 통일왕조는 전부 서부에 수도를 두었다[99](북송의 수도는 지금 하남성 개봉시였다).

그러한 중국 서부에서 보면 요동은 먼 동쪽이다. 때문에 고대 중국인들은 먼 동쪽을 가리키는 의미로 요동이라는 이름을 만들었다고 본다. 이는 '遼'자의 뜻이 '멀다'이니, 먼 동쪽을 '요동(遼東)'으로 부르는 데서 나온 이해다. 이를 뒷받침하는 좋은 자료가 청나라 때 나온『요동지(遼東志)』이다.

『요동지』는 '遼'의 뜻이 '멀다'라는 데 주목해, '그곳은 구주(九州)의 동쪽에 있어 요동(遼東)이라고 했다.'[100]라고 설명하고 있다. 또「건치지(建置志)」에서 다시 '중국에서 遼는 동북의 극변(極邊)이다. 옛날에 천하를 얻은 자 가운데 다수가 진(秦)과 진(晉: 삼국시대를 통일한 진나라) 등지에 도읍을 세웠는데, 그곳으로부터 遼가 가장 멀리 떨어져 있기에 "황원(荒遠)"의 의미를 취하여 요동으로 이름 지었다.'[101]라고 밝혀 놓았다.

이는 '요동'이 종족 이름에서 나오지 않았음을 보여준다. 먼 곳이라는 거리와 동쪽이라는 방향에서 나온 것이다. 그렇다면 고대의 중국인들은 요동에 사는 종족을 '요동족'으로 부를 이유가 없다. 당시의 중국인들은 요동지역에 산 종족을 '동쪽에 사는 오랑캐'라는 의미로 "동호(東胡)"로 불렀다. 종족 이름을 쓰지 않고 오랑캐가 있는 방향만 밝힌 것이다. 왜 그렇게 한 것일까.

동호와 흉노

동호는 그냥 오랑캐인 '호(胡)'와 어떻게 다른 것일까. 앞에서 밝혔듯 고대의 중국 국가들은 중국 서부에 주로 도읍했다. 중국 서부란 지금의 감숙성(甘肅省) 동남쪽에 있는 지금의 하남성과 섬서성 지역이다. 고대의 중국인들은 주변의 이민족을 '오랑캐[胡]'로 불렀는데, 오랑캐 가운데 서쪽에 있는 오랑캐를 '융(戎)'으로 적었다. 잦은 침략을 하는 융족에 대한 감정이 나빠지면 '견융(犬戎)'으로 표현하기도 했다.

감숙성에는 중앙아시아에서부터 이어져온 실크로드가 하남성·섬서성 등 고대의 중국 중심부로 이어지는 물류로가 있었다. 그러한 물류로에서 살아온 대표적인 유목민족이 '슝누(Xiongnu)'였다. 슝누는 자주 중국을 침입했기에 고대 중국인들은 이들을 뜻이 좋지 않은 한자로 표기했다. '오랑캐 흉(匈)'자 다음에 '종 노(奴)'자를 붙여 '흉노(匈奴)'로 적은 것이다.

슝누는 중국이 접하는 오랑캐의 대표였기에 '호(胡)'로도 표기되었다. 중국 고대 사서의 胡와 戎, 犬戎, 匈奴는 대개 감숙성 지역에서 쳐들어온 오랑캐 슝누를 가리킨다. 지금의 몽골초원은 거칠 것이 없기에, 날이 풀리면 슝누(흉노)를 비롯한 유목민족은 쉽게 통과한다. 그야말로 풀밭이니, 키우는 짐승에게 풀을 뜯기면서 이동하면 되는 것이다. 흉노족이 몽골초원을 동진(東進)하면 지금의 내몽골자치구의 동쪽인 동(東)몽골에 이르게 된다.

동(東)몽골은 요동의 바로 북쪽인데, 그곳 역시 초원인지라 그곳에 사는 종족들도 유목을 했다. 따라서 이들도 몽골초원을 따라 서진(西進)할 수 있다. 이들과 흉노는 쉽게 만날 수 있었던 것이다. 흉노가 동진해 이들을 지배하면, 이들을 움직여 함께 중국을 쳤다. 때문에 고대 중국 사서들은 흉노와 함께 요동지역을 통해 쳐내려오는 동쪽의 오랑캐를 동호(東胡)로 적었다.[102]

감숙성 일대에 사는 오랑캐(胡)는 흉노이고, 요동 지역에 사는 오랑캐는 동호가 된 것이다. 이는 호(흉노)와 동호가 다른 종족이라는 뜻이다. 동호는 동쪽에 사는 흉노족이 될 수가 없다. 그러나 정치적으로는 같이 움직일 수 있다. 중국의 첫번째 정사인 『사기』는 胡와 東胡를 구분했다. 『사기』는 요동이 동호의 땅이었다가 전국시대 때 연나라의 영역이 된 것을 이렇게 보여준다.[103]

'그 뒤 연(燕)나라에 진개라고 하는 현명한 장수가 있었다. 그는 오랑캐(胡, 흉노를 지칭)에 인질로 갔었는데, 그 오랑캐로부터 상당한 신임을 받았다. 그러한 진개가 돌아와 동호를 습격해 패주시켰다. 동호는 (빼앗긴) 1,000여 리의 땅을 되찾고자 했다. (훗날) 형가(荊軻)와 더불어 진왕(秦王, 진시황)을 찌르고자 했던 진무양(秦舞陽)이 바로 진개의 후손이다. 연나라 또한 (전국시대의 다른 나라처럼) 장성을 쌓았는데, 그 장성은 조양(造陽)[104]에서 시작해 양평(襄平)에 이르렀다. 그리고 상곡·어양·우북평·요서·요동군을 설치해 오랑캐를 막게 하였다.'[105]

흉노는 유목민족이니, 흉노에 인질로 갔던 진개는 기병술 등을 익히고 돌아왔을 가능성이 높다. 이는 흉노와 동호는 다른 종족이란 뜻이다. 그러한 진개가 요동에 사는 동호를 쳐 1,000여 리의 땅을 획득했다. 동호가 그 땅을 되찾고자 해 연나라는 장성을 쌓고 요동군 등 5개 군[燕五郡]을 설치했다는 것이다. 『사기』는 연5군을 개설한 목적을 '오랑캐 방어[拒胡]'라고 밝혀 놓았는데, 여기에서의 오랑캐는 '예외적으로' 동호다.

고대 중국인들은 동쪽에 있는 오랑캐를 이(夷), 혹은 동이(東夷)로 불렀는데, 동이의 대표는 조선족이다. 동호족도 중국 처지에서 보면 동쪽에 있는 오랑캐이니 동이에 들어가야 한다. 그런데 동호는 서융(西戎)으로 분류한 흉노와 같이 움직인 적이 많았으니, 동이와 흉노 양쪽으로 분류될 수 있다. 동호는 몽골초원이 있는 중국 북쪽에서 움직인 적도 있으니 북적(北狄)으로 불릴 수도 있다. 동호는 동이 계열이지만 서융·북적으로 분류되기도 했다는 것을 알면 동호에 대한 혼란은 줄어든다.

동호와 조선

그런데 중국 처지에서 '동호'는, 동쪽에 있는 오랑캐 모두를 가리키는 의미가 될 수도 있다. 조선 지역에 사는 '조선족'도 동호에 포함시킬 수 있는 것이다. 고대 중국인들은 동호에 조선을 포함시켰는가? 정답부터 밝히면 '아니다.'이다. 요동과 조선을 구분했듯, 중국 사서들은 동호(족)과 조선(족)도 구분했다.

'고대의 중국인들은 조선과 동호를 구분하지 않았다.' '동호에는 조선도 포함된다.'는 인식은 일부 중국 사서들의 부정확한 표현 때문에 나왔다. 일부 중국 정사들이 진개가 공격한 거리를 1,000리가 아닌 2,000리로 적어 놓은 것이 그런 경우다. 『삼국지』「오환선비동이전」이 대표적 사료인데, 이 책은 '위략[106]'에 이르길, 연나라가 장수 진개를 파견하여, 조선의 서쪽을 쳐서 땅 2천 리를 빼앗고 만번한(滿番汗)에 이르러 그곳을 경계로 삼으니 조선은 점차 힘이 약해졌다.'[107]라고 해놓았다.

『삼국지』는 진개가 2,000리를 진격했고 조선의 서쪽을 쳤다고 해놓았으니, '고대 중국인들은 조선을 동호에 포함시켰다.'고 볼 수도 있는 것이다. 동호족은 조선족(=고조선족)과 같은 갈래일 수 있다. 이러한 이해가 확대되면 '조선이 곧 동호다.'란 인식이 만들어진다. 진개가 조선의 서쪽을 치며 2,000리를 진격했다는 기록이 있으면, 진개의 공격이 있기 전에는 '조선이 동호의 땅인 요동을 지배하고 있었다.'란 판단이 형성될 수도 있기 때문이다.

이 문제는 『사기』가 여러 부분에서 동호와 조선을 따로 묘사해 놓은 것을 확인함으로써 풀리게 된다. 『사기』는 동호와 조선은 서로 정복하지 못하고 별개 영역에서 별개 종족으로 존재했음을 확실히 보여준다. 둘은 같은 뿌리를 가졌는지 몰라도 그때는 별개였다.

『염철론(鹽鐵論)』도 마찬가지다. 『염철론』은 '연나라가 동호를 습격해 패주시켜 1,000리 땅을 개척하고 요동을 건너 조선을 공격했다(燕襲走東胡僻地千里, 度遼東而攻朝鮮).'[108]고 해놓았다. 『염철론』의 '度遼東而攻朝鮮'이란 표현은 요동을 지나야 조선이 나온다는 것과 함께 진개가 요동을 차지한 후 추가로 조선을 공격했음을 보여준다.

『사기』「조선전」은 '전국시대 연나라는 전성기 때 일찍이 진번과 조선을 침략해 예속시키고 관리를 두고 장새를 쌓았다.'[109]고 밝혀 놓았다. 연나라가 요동 말고도 진번과 조선(의 서부)을 정복했고 그곳을 지키기 위해 장새(=요새)를 쌓았다고 밝혀 놓은 것이다. 이어 '진나라가 연나라를 멸망시켜 (전국시대를 통일한 다음에는 그곳을) 요동외요에 속하게 했다.[110] '한나라가 일어난 다음에는 그곳이 너무 멀어 지킬 수 없었기에 패수(浿水)를 새로운 경계로 삼아 (제후국) 연나라가 관할하게 했다.'[111]고도 적어 놓았다.

따라서 『삼국지』「오환선비동이전」의 위 문장은 '까지'라는 조사를 넣어 '연나라의 진개가 조선의 서쪽까지 쳐서 2,000리를 확보하고 만번한을 조선과의 새로운 경계로 삼았다.'로 번역해야 그 뜻이 정확해진다. 진개가 공격한 처음 1,000여리까지는 동호가 사는 요동이고, 그 다음 1,000여리는 진번과 (고)조선의 서쪽 영역인 것이다.

중국 사서들이 말하는 이 (고)조선은 기자조선이다. 기자조선은 연나라의 공격을 받아 동쪽으로 물러났지만 연나라의 식민지가 된 것은 아니었다. 연나라는 과거 기자조선의 영역이었던 만번한을 기자조선과의 새 경계로 삼았다. 이 패배로 기자조선은 지금의 조양(朝陽)시 등이 있는 능하문명 지역을 연나라에 빼앗겼다.

만번한은 패수의 서쪽에 있었을 가능성이 높다. 진나라는 요동외요를 두어 만번한까지 관리했고, 한나라는 패수 서쪽까지만 영유했기 때문이다. 진나라 때는 요동외요를 둬 관리했으나 한나라 때는 그렇게 하지 않았다.

연(燕)장성, 진(秦)장성

고대 전쟁에서 패한 세력의 핵심은 탄압을 받기에 크게 위축된다. 진개에게 패한 핵심 동호족은 힘을 잃고 피지배 세력이 되었을 것이다. 그러나 그렇지 않은 동호족은 연나라에 협조하며 살 수 있다. 이들은 유목을 했으니 이동을 한다. 이동은 연나라의 지배를 강하게 받지 않게 만든다. 따라서 시간이 지나면 핵심 동호족이 있었던 중심부를 되찾으려 할 수도 있다. 연나라가 차지한 곳은 CoG니 힘이 있으면 빼앗으려고 하는 것이다.

이러한 반발을 누르기 위해 연나라는 그들이 차지한 중심부에 연5군을 만들어 성을 쌓고 병력을 증가시킨다. CoG를 강화하는 것이다. CoG를 통치하는 기관은 성 안은 물론이고 성 밖도 통치한다. 그런데 성 밖에는 연나라의 통치를 거부하는 세력이 있으니 성 밖 통치는 쉽지 않다. 성은 외적은 물론이고 반란세력을 막는 역할도 해야 하니 연나라는 그들이 쳐들어올 수 있는 도로 가운데 방어하기 좋은 곳을 골라 관문이나 요새 등을 만들고 봉수체제도 구축한다.

이러한 성과 관문·요새 가운데 일부를 연결하면 장성이 되는데, 연나라 때 만든 장성을 '연(燕)장성'이라고 한다. 연장성은 요동지역과 그 외부를 가르는 경계선이 아니라 요동지역 안에 구축되는 것이다. 그리고 성 안에 있는 통치기관은 연장성 바깥에 있는 요동지역은 물론이고 조선으로부터 빼앗은 만번한 지역도 관할한다.

그러한 연나라를 진나라가 무너뜨리며 전국시대를 통일했다(서기전 221). 하지만 진나라는 곧 무너지고(서기전 206), 초나라와 한나라 등으로 분열돼 다투다가 한나라에 의해 다시 통일되었다(서기전 202). 한나라도 초기에는 안정되지 않았다. 내부 분란이 적지 않았는데 그때 제후국 연나라에서 위만이 세력을 이끌고 한나라 밖으로 나왔다. 『사기』 「조선전」에는 이러한 내용이 있다.

'조선왕 위만은 옛날(전국시대라는 뜻) 연나라[112] 사람이다. (전국시대의) 연나라는 전성기 때부터 진번[113]과 조선을 침략하여 복속시키고 관리를 두어 국경에 성과 요새, 이른바 장새(鄣塞)를 쌓았다. 진나라가 연나라를 멸망시킨 뒤에는 (그곳을) 요동외요(遼東外徼)에 소속시켰다. 한나라가 일어난 다음에는 그곳이 멀어 지키기 어려우므로, 다시 요동의 옛 요새[遼東故塞]를 수리해 패수까지를 경계로 삼아 (한나라

의 제후국인) 연나라에 속하게 했다.'[114]

장새(鄣塞)의 '장(鄣)'은 성가퀴가 있는 작은 성이고, '새(塞)'는 변방에 만드는 요새이니, 장새(鄣塞)는 국경의 주요 도로 목을 지키기 위해 만든 관문(關門)보다 작은 성이나 요새가 된다. 전국시대의 연나라는 기자조선과의 국경인 만번한에 장새를 쌓아 운용했는데, 진나라는 만번한의 장새를 요동외요에 소속시켰다.

요동외요의 '요(徼)'는 『사기』의 「경포열전(黥布列傳)」에도 나온다. 『사기색은(史記索隱)』은 「경포열전」에 나오는 요에 대해 '변경에 있는 정(亭)과 장(鄣)을 말한다. 요(徼)는 변방을 둘러싸고 항상 그것을 지킨다.'[115]라고 설명해 놓았다. 이에 대해 윤내현 교수는 '정과 장은 다같이 초소를 말하는데, 특히 변경에 있는 것을 요라고 한다.'[116]라고 밝혀놓았다. 윤 교수는 만번한에 있는 요새를 요동외요로 본 것이다.

요동외요의 요(徼)는 '순찰할 요' 자이다. 그렇다면 요동외요는 요동 바깥에 있는 순찰 요새가 된다. 진나라는 만번한 장새가 너무 멀리 떨어져 있기에 요동지역에서 이따금 순찰병력을 보내 둘러보는 비상주(非常駐) 요새로 바꾼 것이다. 만번한의 장새가 비상주 요새가 된 것은 진(秦)나라도 쌓은 장성과 관련이 있다.

『삼국지』 「위지동이전」은 '진(秦)나라 군사가 천하를 차지했다. (진시황은) 몽염(蒙恬, ?~서기전 210)으로 하여금 요동에까지 이르는 장성을 쌓게 했다. 그때 (기자)조선에서 비왕(否王)이 옹립되었다. 비왕은 진나라가 자기 땅을 습격하지 않을까 두려워 진나라에 복속했으나, 끝내 진나라의 조회에는 참석하지 않았다.'[117]라고 해놓았다.

몽염이 쌓은 장성을 '진(秦)장성'이라고 한다. 서기전 215년 몽염은 30만 군을 이끌고 흉노를 북쪽으로 밀어내고 오르도스 지방을 빼앗았다. 그리고 흉노의 침입을 막기 위해 진시황에게 건의해 북쪽에 여러 성을 연결해 장성(=진장성)을 쌓았다. 오랫동안 흉노와 싸워온 몽염은 죽기 전까지 10여 년간 북방에 머물며 장성 구축에 진력했는데, 이것이 만리 장성의 원형이다.

그는 새로 쌓는 것이 아니라 기존 성을 잇는 식으로 장성을 만들었다. 연5군에는 연장성이 있었으니 새로 성을 쌓지 않고, 서쪽에서부터 이어져온 장성을 연결했다. 『삼국지』「위지동이전」은 이를 '몽염으로 하여금 요동에 이르는 장성을 쌓게 했다 (使蒙恬築長城到遼東).'라고 표현해 놓았다.

흉노는 주나라와 춘추·전국시대는 물론이고 진나라-한나라 때까지도 계속 침략 했으니, 진나라는 중국을 통일했어도 그에 대한 대비를 강화하지 않을 수 없었다. 대비에는 장성 구축만 있는 게 아니라 토벌도 있었다. 진나라는 많은 병력을 장성 에 주둔시켰으니, 기자조선도 염려와 대비를 하지 않을 수 없다.

『삼국지』「위지동이전」이 '(기자조선의) 비왕은 진나라가 자기 땅을 습격하지 않 을까 두려워 진나라에 복속했으나, 끝내 진나라의 조회에는 참석하지 않았다.'라고 해놓은 것은 기자조선이 진나라의 공격을 염려하면서도 각을 세워 대립했다는 뜻 이다. 진나라는 몽염이 구축한 진장성을 주방어선으로 삼았으니 1,000여리 떨어진 만번한 등 장성 밖의 요새는 방어할 수 없었다. 따라서 그곳을 요동외요로 부르며 이따금 병력을 보내 순찰하게만 했다.[118]

진나라가 무너지자 중국은 4년 간(서기전 206~202) 한(漢)과 초(楚) 등으로 나뉘어 다투는 혼란을 겪다가, 한나라에 의해 다시 통일되었다. 진나라 말기와 진나라의 붕괴로 내전이 벌어진 시기에는 장성 관리가 제대로 되지 않았다. 오랑캐들은 병력 이 상주하지 않는 요새를 점령하고 장성을 뚫고 들어오는 등의 침범을 하였다. 때 문에 재통일을 한 한나라는 장성 보수에 전력을 기울였다. 한나라 역시 만리장성을 주경계선으로 삼은 것이다.

만리장성 밖의 요새는 도로의 목이거나 지형지물 때문에 방어하기 좋은 곳만 사 용하기로 했다. 만번한 등 너무 멀거나 가치가 없는 요새는 순찰도 포기한 것이다. 한나라는 요동지역에서 장성 바깥에 있으면서 그들이 관리할 수 있는 옛 요새를

'요동고새(遼東故塞)'로 통칭했다. 한나라는 요동고새를 수리해 국경을 지키는 최전방 GP같은 요새로 활용했다. 그러나 패수까지는 한나라의 관할구역으로 주장했다.

요동지역 바깥에서 패수(浿水) 근처에 있는 요새들은 한나라가 관리할 수 없는 곳이 되었다. 이는 패수(浿水)를 국경으로 삼았지만 패수가 너무 멀어 순찰조차 하지 않게 됐다는 뜻이다. 한나라는 연나라가 빼앗았던 진번과 서부조선 지역에 대한 영유를 사실상 포기한 것이다.

3) 한나라의 급변으로 위만 망명

주(周)나라가 '봉건제(封建制)'를 펼쳐 영역을 넓힌 것은 잘 알려진 사실이다. 주나라 왕실은 수도와 그 주변만 다스리고, 멀리 있는 곳이나 새로 개척한 곳은 왕의 동생이나 차남 이하의 아들에게 나눠줘 다스리게 했다. 때문에 경쟁적으로 새로운 땅을 개척해 영토를 넓히려는 노력이 벌어졌다. 제후로 봉해진 이는 독립적인 권력을 행사했다.

이러한 주나라가 견융으로 부르며 무시하던 흉노에 대패해 동쪽으로 도읍을 옮겼다(서기전 771). 이 주나라를 이전의 주나라와 구분해 '동주(東周)'라고 한다. 서쪽에 도읍해 있던 원래의 주나라는 '서주(西周)'로 불렀다. 패주해온 동주 왕실은 과거 분봉을 해줬던 제후의 영역에 들어가 자리잡을 수밖에 없었다. 왕이 제후의 보호를 받게 된 것이니, 동주 왕실은 힘을 잃고 제후들이 강성해졌다.

그리고 제후들이 다투기 시작했는데, 그것이 바로 춘추시대이다. 명목상으로라도 동주 왕실이 유지된 상태에서 수백 개의 제후국이 다툰 서기전 403년까지를 춘추시대로 본다. 이어 전쟁을 통해 강성해진 몇몇 나라들의 리더들이 허울뿐인 제후를 벗어던지고 왕을 자처했다. 힘을 잃은 동주 왕실은 사라질 수밖에 없게 된 것인데 이것이 바로 전국시대이다. 그 나라들이 최종적으로는 일곱 개로 정리돼 대립하다 진나라에 의해 통일되었다(서기전 221).

봉건제, 군현제, 군국제

전국시대를 통일한 진시황은 춘추·전국의 혼란은 지방분권의 봉건제에서 비롯됐다고 보고 중앙집권제인 '군현제(郡縣制)'를 펼쳤다. 전국에 36개 군(郡)을 만들고 군 밑에는 현(縣)을 둔 다음 중앙에서 관리를 파견했다. 독립세력으로 치달을 수 있는 지방제후를 봉하지 않은 것이다. 그러나 진시황이 죽자 중국은 다시 분열해 싸우다 한나라가 통일했다(서기전 202).

한나라의 고조인 유방(劉邦, 생몰: 서기전 256~서기전 195, 재위: 서기전 206~서기전 195)은 제후도 봉할 수 있는 변형된 군현제인 '군국제(郡國制)'를 채택했다. 중앙에서 군(郡)으로 관리를 보내는 것이 원칙이지만, 황실 사람이나 특별한 공(功)이 있는 이는 국(國)으로 불리는 지역을 다스리는 왕(王)이나 공(公)으로 책봉하기도 한 것이다.

군을 다스리기 위해 전권을 갖고 중앙에서 파견된 장(長)을 '태수(太守)'[119]라고 했다. 국에는 왕을 봉했는데 왕은 세습할 수도 있었다. 군국제를 시행하는 과정에서 유방은 통일을 이루게 한 공신의 힘을 약화시키려고 했다. 부담스러운 이를 제거하는 공작에 나선 것인데, 그 과정에서 내분이 일어났다.

유방은 지금의 강소성(江蘇省) 서주시(徐州市) 풍현(豊縣) 출신이다. 유방에게 노관(盧綰, 서기전 256~서기전 194)이라는 죽마고우가 있었다. 노관은 유방과 같은 날 같은 시에 같은 마을에서 태어난 인연을 갖고 있다. 두 사람은 아버지끼리도 가까웠던 친구였다. 유방이 거병하자 노관은 그를 따라다니며 적극적으로 도왔다. 항우 세력을 평정하자 유방은 그를 제후국인 연(燕)나라[120]의 왕[燕王]에 봉했다.

유방은 노관과 한신 등 천하를 얻는데 기여한 일곱 명을 유씨가 아닌데도 제후에 봉했다. 7인의 이성제후(異姓諸侯)[121]를 둔 것이다. 전국시대의 연나라는 요동을 정벌한 전국시대 7웅이었으니 그 영토가 넓었다. 그러나 한나라의 제후국인 연나라의 강역은 훨씬 작았다. 전국시대 연나라가 차지했던 지역은 군이나 국으로 분리되고, 도읍지인 계(薊)를 중심으로 한 지역만 제후국 연나라가 됐기 때문이다.[122]

강소성 출신인 노관은 인연이 없는 곳을 맡았으니 현지세력의 도움을 받아야 했다. 『사기』「조선전」에는 '조선왕 위만은 옛날(전국시대라는 뜻) 연나라 사람이다.'라는 대목이 있다. 이는 위만 집안이 전국시대 연나라 때부터 그곳의 유력 가문이었다는 뜻이다. 연나라를 맡게 된 노관은 위만을 '부장(副長)'으로 삼아 그곳을 다스리게 되었다.

진희 반란, 한신 처형, 노관 배신, 위만 망명

그가 연왕에 부임할 때 그 유명한 한신(韓信, ?~서기전 196)이 처형되는 사건이 일어났다. 한신은 서기전 202년 해하(垓下)전투에서 항우를 제압하는데 큰 공을 세웠기에, 그 공으로 항우가 지배했던 초나라의 왕에 봉해졌다. 일곱 명의 이성제후 중한 명이 된 것이다. 그런데 이듬해(서기전 201) 한신은 모반을 획책한다는 모함을 받아 낙양으로 끌려 갔다.

그때 그가 했던 말이 "교활한 토끼가 죽으면 좋은 사냥개가 삶긴다[狡兔死 走狗烹]."였는데, 여기에서 토사구팽(兎死狗烹)이란 사자성어가 나왔다. 유방은 한신을 풀어주었으나 초왕에서 회음현을 책임진 회음후(淮陰侯)로 강등시켰다. 유방은 한신을 믿어주지 않은 것이다. 그리고 신임했던 진희(秦豨, ?~서기전 196)를 거록군(鉅鹿郡) 태수로 임명했다. 거록군은 지금의 하북성 형대(刑臺)시인 것으로 추정된다.

거록군의 북쪽에 있는 황토지대와 몽골초원에는 흉노가 있었다. 흉노는 묵돌 선우(冒頓 單于, 생몰: 서기전 234~서기전 174, 재위: 서기전 209~서기전 174)[123] 시절 다시 강성해져 황토지대인 오르도스 지역을 위협했다. 한신은 거록군으로 가게 된 진희를 만나 '거록에는 강병이 많으니 반란을 하자'는 뜻을 전했다고 하는데, 사실 여부는 확인되지 않는다.

유방의 부하 중에는 회음후로 강등된 한신과 한자가 같은 또 다른 '한신'이 있었다. 사가들은 그를 회음후 한신과 구분하기 위해 한왕 신(韓王 信, ?~서기전 196)으로 적는다. 흉노의 침입이 잦아진 서기전 201년 유방은 한왕 신을 북방에 있는 태원군의 태수로 임명했다. 그해 가을 묵돌 선우가 이끄는 흉노가 대규모로 쳐들어오자, 한왕 신은 화친을 추구했다. 이에 유방이 '한왕 신이 반역하는 것은 아닌가' 의심하자, 한왕 신은 흉노로 투항해버렸다.

위기를 느낀 유방은 서기전 200년 흉노를 치기 위해 대병을 이끌고 출병했다. 그리고 평성(平城)에 있는 백등산(白登山)에서 묵돌 선우가 이끄는 흉노군을 공격했다가 거꾸로 포위당했다[白登之戰]. 절체절명의 위기에 빠진 유방은 돈으로 평화를 사는 굴욕적인 화친을 맺고서야 위기에서 벗어날 수 있었다. 중국 사서들은 이 사건을 '평성의 치욕[平城之恥]'으로 기록해 놓았다.

그때 맺은 화친에 '한나라는 한나라 황실의 여인을 선우의 여인으로 바친다(혼인동맹).'와 '한나라의 황제와 흉노의 선우는 형제의 맹약을 맺는다(형제맹약).'[124]란 내용이 있었다. 그 후 유방은 거록군 태수인 진희로 하여금 북쪽 변경에 있는 한나라의 제후국인 조(趙)나라[125]와 대(代)나라의 군대도 지휘해 흉노를 막게 했다. 그런데 진희도 흉노와 내통한다고 의심해, 서기전 197년 8월 진희를 낙양으로 불러들였다.

눈치를 챈 진희는 낙양으로 가지 않고 대나라와 조나라의 병력을 불러들여 반란을 일으켰다. 그해 9월 유방은 직접 진희 토벌에 나서며 한신을 불렀는데, 한신은 병을 핑계로 따라가지 않았다. 한나라 왕실은 한신이 진희와 내통하고 있는 것으로 보았다(일설에는 내통한 적이 없는데 모함을 받았다고 한다). 그러한 한신을 낙양에 남게 된 유방의 부인인 여후(呂后, ?~서기전 180)[126]가 꾀로 불러들여 죽여 버렸다.

유방은 노관에게도 병력 동원을 지시했다. 노관은 흉노의 도움을 받아 진희를 치려고 했다. 그런데 진희도 흉노의 도움을 받아 유방 세력을 막아보려고 했다. 양측은 다른 의도를 갖고 흉노와 접촉했는데, 그 과정에서 서로 통하게 되었다. 진희와 노관이 흉노를 통해 접촉한다는 것이 알려지자, '의심병'에 걸린 유방이 노관에게도 소환 명령을 내렸다. 그때 낙양에서 일어난 것이 여후에 의한 한신 처형이었다.

한신이 처형된 것을 안 노관은 소환을 거부하다가, 그해(서기전 196) 흉노로 투항했다. 『사기』「한신·노관·진희 열전」은 '노관이 흉노로 망명해오자 흉노는 그를 동호(東胡)의 노왕(盧王)에 봉했다.'[127]라고 밝혀 놓았다. 동호는 요동지역에 있었으니 흉노에 종속된 동호일 것이다. 노관은 자신의 성을 딴 노왕이 돼 동호를 다스리는 역할을 하다 이듬해(서기전 195) 죽었다. 그러하니 연나라에 남게 된 위만(衛滿) 등 노관 세력들은 목숨을 부지하기 어려워졌다. 북쪽으로 가면 흉노로 간다고 의심을 받을 터이니 그는 동쪽으로 도주했다.

상하장에 터 잡은 지 1년 만에 기자조선 전복한 위만

『사기』「조선전」은 '(한나라의 제후국인) 연나라에서 도망나온 위만이 무리 천 여 명을 모아 북상투에 오랑캐 복장을 하고 동쪽으로 도망하여 요새(만리장성에 있는 요새인 듯)를 나와 패수(浿水)를 건너 진(秦)나라의 옛 공지(空地)인 상하장(上下鄣)에 머물렀다'[128]고 해놓았다. 제후국 연나라를 탈출한 세력이 패수를 건너려면 연5군 지역을 통과해야 한다. 패수를 건너면 진나라도 관리하지 않았으니 그곳은 중국 처지에서는 주인 없는 땅[空地]이 된다. 상하장의 '장(鄣)'은 '성가퀴 장'자이니, 상하장에는 작은 성이나 요새가 있었을 것이다. 상하장에 터잡은 위만 세력은 기자조선의 보호를 받았는데, 이를 『삼국지』 「위지」 「동이전」은 이렇게 표현해 놓았다.

'연나라 사람인 위만이 망명했다. 오랑캐 옷을 입고(한나라를 떠났으니 한나라의 관복 등은 벗어 버리고 중국 처지에서는 오랑캐인 조선의 옷을 입었다는 뜻) 동쪽으로 패수(浿水)를 건너, 준왕에게로 가서 항복했다. 위만은 준왕을 설득해 (기자조선의) 서쪽 경계에 살게 해달라고 요청하고, 중국의 망명객을 모아 조선의 울타리가 되겠다고 했다. 준왕은 그를 총애해 박사를 제수하고 규(圭)[129]를 하사했다. 100리의 땅을 봉하고 서쪽 변경을 관리하며 지키도록 하였다.'[130]

기자조선의 준왕은 위만을 한나라를 막는 세력으로 활용하기 위해 벼슬까지 준 것이다. 박사를 제수하고 규를 하사하고 100리 땅을 봉해준 것은 위만을 기자조선의 제후로 삼았다는 뜻이다. 그런데 위만은 1년 만에 준왕을 속이고 전복을 했다. 『삼국지』 「위지」 「동이전」은 이렇게 설명한다.

'(위만은) 한나라에서 망명해오는 이들을 받아들여 무리를 키웠다. 그리고 (기자조선의) 준왕에게 사람을 보내 거짓으로 고하기를, "한나라의 병사가 열 개의 길로 쳐들어오고 있으니 (기자조선에) 들어가 그들을 막겠다."고 하고는 마침내 (기자조선에) 들어와서는 준왕을 공격했다. 준왕은 위만에 맞서 싸웠으나 적수가 되지 못했다. 준왕은 좌우 궁인을 이끌고 바다 건너 한의 땅[韓地]에 들어가 한왕(韓王)이 되었다.'[131]

위만은 상하장 생활 1년 여인 서기전 194년쯤 대도박을 한 것이다.[132] 한나라가 열 개 길로 쳐들어오고 있는데 상하장의 요새는 작아 막기 어려우니 기자조선에 들어가 방어하겠다는 거짓 보고를 하고, 준왕이 받아 들이자 기자조선에 들어가 바로 준왕을 공격한 것이다. 위만은 위만조선을 열었다. 준왕은 좌우 궁인을 이끌고 바다 건너 한의 땅[韓地]으로 도망가 한왕이 되었다. 준왕이 도주한 한의 땅(韓地)은 어디인가.

무역 통로 장악한 위만조선

위 사료에서 주목할 것은 한나라가 열 개 길로 (기자조선을) 쳐들어오려고 했다는 대목이다. 이는 상하장에서 기자조선을 잇는 길이 무려 열 개라는 뜻이 된다. 그러나 중국 사서들은 요동군에서 패수까지 이르는 길이 단순했음을 보여준다.

요동군 치소에서 패수까지 가는 길은 해안길 하나였을 가능성이 높다. 북쪽 고원에는 유목민이 다니는 초원길이 있으나 그 곳은 우마차가 다니기에는 불편했다. 우마차가 다닐 길은 해안에 있었다. 그러나 패수를 건너면 다시 평야가 전개되니 도로가 급증한다. 그런 점에서 상하장은 서쪽에서 오는 위협을 막는 중요한 방어목이 된다. 패수는 평야를 흐르는 강이니 조운이 가능하다.

기자조선은 한나라를 경계했지만 무역이 주는 혜택은 컸기에 교역을 할 수밖에 없었을 것이다. 기자조선은 한나라(연5군)로 이어지는 길을 통제할 수 있으니 후방에서 한나라와 통하려는 나라의 무역을 중계할 수 있다. 덕분에 부(富)가 쌓이면 기자조선의 수도는 CoG가 된다.

기자조선이 한나라와 교역하는 도로를 통제할 수 있는 곳이 상하장이다. 위만이 1년여 만에 기자조선을 전복했다고 보는 것은 『사기』 「조선전」의 기록 때문이다.

이 사료에는 '때마침 효혜(孝惠) 고후(高后, 한나라 고조인 유방의 부인, 여후라고도 했다)의 시대를 맞아 천하가 처음으로 안정되었다. 요동 태수는 곧 위만을 외신(外臣)으로 삼는 것을 약속하고 새(塞) 밖에 있는 만이(蠻夷)들을 보호하여 변경에 도적이 들끓는 것을 없게 하였다.'[133]는 내용이 있다. 효혜는 유방이 죽은 서기전 195년 한나라의 두 번째 황제가 된 효제다. 효제는 유약했기에 유방의 부인이자 그의 어머니인 여태후(=고후)가 권력을 잡았다.

효혜와 고후 시절은 서기전 195년부터 효제가 요절하는 서기전 188년까지다. 고후는 아들 효제가 죽자 손자를 황제로 내세워 서기전 180년까지 한나라를 지배한 여걸이기도 했다. 요동태수가 위만을 외신으로 인정하려면 위만은 노관이 흉노로 투항한 서기전 196년쯤 기자조선 서쪽에 있는 상하장으로 도망쳐 나와 있다가 효제가 생존한 서기전 195년 기자조선을 전복하여야 한다.

『사기』「조선전」은 위만조선이 '진번과 (기자)조선 지역의 오랑캐[蠻夷]와 옛 연나라와 제나라 출신의 망명자들(전국시대 연나라와 제나라에서 기자조선 지역으로 망명해왔던 이들)을 복속시켜 왕이 되고 (기자조선이 도읍지인) 왕험을 도읍지로 하였음'[134]을 보여준다. 위만은 한나라를 배신해 망명해 나왔으니 한나라와는 각을 세울 수밖에 없다.

그러나 전쟁은 쉽게 할 수 없다. 여태후(고후) 시절의 한나라는 여전히 흉노의 압박을 받았기 때문이다. 흉노의 묵돌 선우는 "나도 독신이고 그대도 독신이니 잘해 보자."라는 노골적인 친서를 보낼 정도로 여태후를 위협했다. 여태후는 "저는 늙어서 기력이 다했고 머리카락과 이도 다 빠졌습니다."라는 내용의 답서를 보내야 했다. 여태후의 한나라는 공주나 옹주를 흉노 선우의 비(妃)로 바치며 흉노와의 대립을 피해갔다.

때문에 위만조선은 한나라와 충돌하지 않고 무역을 통해 빠르게 성장할 수 있었다. 한나라의 요동태수는 조건부로 위만조선을 인정해주어야 했던 것이다. 『사기』「조선전」에서 요통태수가 '위만을 외신으로 삼아 요새 바깥에 있는 오랑캐를 보호하며 변경에 도둑이 들끓지 않게 하는 임무를 맡겼다'고 해놓았다는 것이 이를 설명해 준다.

그러나 이 기록은 중국의 우세를 보여주는 전형적인 '춘추필법'이다. 춘추필법은 중국이 정치적·도덕적으로 우월했다는 식으로 기술하는 역사 서술이다. 『사기』는 바로 다음에 진심을 드러낸다.

'(한나라의) 요동태수는 … 위만으로 하여금 모든 오랑캐의 군장들이 천자를 보고자 하면 그것을 막지 아니하게 하였다. (한나라의) 황제는 (요동태수로부터) 그러한 보고를 받고 허락해주었으므로 위만은 군사의 위세와 재물을 얻게 되었다. 곁에 있는 소읍(小邑)을 공격해 굴복시킬 수 있게 되었다. 진번과 임둔도 복속돼 (위만조선의) 영토가 사방 수 천리에 이르렀다.'[135]

흉노의 예에서 보듯 무역통로의 독점은 CoG를 만드는 지름길이다. 부유해진 위만조선은 군사력을 갖춰 진번은 물론이고 임둔도 정복했다. 주변의 여러 지역을 복속시켜 사방 수천 리에 이르는 영토를 만들어 동북아의 강국이 된 것이다. 때문에 위세를 부렸다.

이를 『사기』「조선전」은 '또 위만은 입견(入見)을 막았다. 진번(眞番)과 주변에 있는 여러 나라들이 천자에게 글을 써 통하고자 했지만 통하지 못하였다.'[136] 라고 표현해놓았다.

통일기는 대혼란기

같은 민족이 여러 나라로 쪼개져있으면 혼란이라고 말한다. 민족은 통일돼 있어야 안정적이라는 고정 관념 때문일 것이다. 그래서 여러 나라로 쪼개져 경쟁한 중국의 춘추·전국시대를 대혼란기로 본다. 그러나 더 큰 난리는 한 나라가 쪼개지거나 통일될 때 일어난다.

중국의 전국시대가 진나라에 의해 통일되고, 그 진나라가 한·초 등으로 분열되었다가 한나라로 합쳐지는 450여 년간은 대단한 혼란기였다. 그러한 때 중국 밖의 민족이 깊이 중국에 개입했다. 흉노가 대표적이다. 흉노는 서주(西周) 때부터 춘추·전국시대, 그리고 진과 한 시절에도 계속 중국을 압박했다.

흉노의 협조자가 동호였기에 중국은 동호도 통제하려고 했다. 그러한 노력 중의 하나가 전국시대의 연나라가 진개를 보내 요동을 정복한 것이다. 흉노에 인질로 갔다가 돌아온 진개가 서기전 284년에서 서기전 280년 사이 요동에 있는 동호는 물론이고 진번과 서부 조선까지 공격하고 연5군을 설치했다. '동북아의 정치지도'를 바꾼 이 사건은 한4군 설치까지 200여 년간 이어진 동북아 대혼란을 만들었다.

위만과 기자는 중국 사람이다. 동북공정을 펼치는 중국 사학자들은 이를 근거로 기자조선과 위만조선은 중국사의 일부라고 주장한다. 이러한 논리대로라면 영국인들이 건너가 세운 미국은 영국이 되어야 한다. 덴마크인들이 만든 스웨덴과 노르웨이도 덴마크가 되어야 한다. 1990년 페루에서는 일본 이민자 집안 출신인 후지모리가 선거를 통해 대통령이 되었는데, 이 논리대로라면 페루도 일본이 되어야 한다.

사람들은 끊임없이 옮겨간다. 중국에 사는 한국계도 있고, 한국에 사는 중국계도 나온다. 이들이 강력해지면 그곳의 정치권력을 잡을 수도 있다. 중국에 있는 한국계가 권력을 잡았다고 해서 중국이 한국이 되지 않는다. 역사를 볼 때 중요한 것은 '별도의 정치세력이냐'란 문제다. 중국에서 망명나온 위만이 세운 나라가 중국과 대립했다면, 위만조선과 중국은 별개의 나라로 보아야 한다.

기자조선이 전복의 형태로 단군조선을 대체하고, 위만조선이 쿠데타의 형태로 기자조선을 대체했다고 해서, 기자조선이 단군조선과 단절되거나 위만조선이 기자조선과 달라진 역사를 만들지 않는다. 고려는 신라, 조선은 고려를 부정하고 나왔지만 이어지는 역사를 만든 것과 같은 이치다. 따라서 '위만조선은 중국사'라는 중국 사학자들의 주장은 엉터리가 된다. 그들은 한나라와 위만조선을 정복해 한4군을 만든 것을 통일전쟁이라고 주장하는데, 이는 어불성설이다.

중국은 동호족의 땅을 침략해 연5군을 만들었기에 한4군을 만드는 공격도 할 수 있었다. 따라서 연5군의 특성과 위치를 알아보는 것은 고조선(위만조선과 기자조선)의 강역을 이해하는 단초가 될 수 있다. 고구려의 탄생 및 성장과 밀접한 관련이 있는 것은 요동군이니 이를 살펴보기로 하자.

4) 한나라 요동군과 위만조선

한나라의 고조인 유방이 황실 사람이나 특별한 공(功)이 있는 이를 국(國)으로 불리는 지역을 다스리는 왕(王)으로 책봉할 수 있는 '군국제(郡國制)'를 채택한 것은 앞에서도 살펴봤다.[137] 이러한 지방장관은 군권(軍權)과 행정권·사법권 등 전권을 갖고 있으니 반란을 일으킬 수도 있다.

때문에 7대 황제인 무제(武帝)는 이들을 감찰하기 위해 '자사(刺史)'를 두었다. 자사는 여러 개의 군과 국을 관리했는데, 자사가 관리하는 지역을 '주(州)'라고 했다. 전한(前漢)은 황제가 직접 다스리는 7개 군(郡)으로 구성된 경기(京畿)와 자사가 관리하는 13개 주를 두게 되었다(206쪽 <그림 4> 참조). 후대에는 자사를 '목(牧)'으로도 불렀다.

'임시 관찰사' 개념으로 파견된 자사는 후대로 갈수록 강력해져 행정권은 물론이고 군사력도 관할하게 되었다. 때문에 군국제는 후한대에 이르러서는 '주-군(국 포함)-현'의 3층 제도가 되었다. 그후 대륙의 지방제도는 한동안 주-군(국)-현으로 고정되었다.

이 중 우리와 관계되는 것은 '연5군'과, 서기전 108년(107) 4개 군으로 만들어졌다가 26년이 지난 서기전 82년 2개 군으로 줄어든 '한2군'이다. 연5군과 한2군은 전한 시절 유주(幽州)에 속했다.

『한서』「지리지」는 유주가 탁군(涿郡)·발해군(勃海郡)[138]·상곡군(上谷郡)·어양군(漁陽郡)·우북평군(右北平郡)·요서군(遼西郡)·요동군(遼東郡)·현도군(玄菟郡)·낙랑군(樂浪郡)·대군(代郡)[139]의 10개 군과 광양국(廣陽國)[140]을 거느렸다고 밝히고 있다. 광양국은 과거 노관이 맡았던 제후국 '연'이다. 노관이 흉노로, 위만이 기자조선으로 망명한 후 한나라는 연국(燕國)을 광양군으로 바꾸었다가(서기전 80년), 광양국으로 개칭했다(서기전 73년). 이는 노관이 받은 연나라가 크지 않았다는 뜻이 된다.

『한서』 「지리지」에 나오는 현도군은 제1현도군이 아니다. 현도는 여러 번 치소를 옮겼는데, 『한서』 「지리지」에는 치소를 한 번 옮긴 다음인 제2현도군이 소개돼 있다. 제1현도군은 낙랑군에 붙어 생존했으나, 제2현도군부터는 요동군에 의지했다. 제2현도군은 요동군과의 결속 정도가 매우 강해, 요동군에 예속된 지역(=요동현도)으로 불릴 정도였다.

중국 사료에 나타난 요동군의 특징

『한서』 「지리지」는 요동군을 이렇게 설명하고 있다.

'진나라가 설치했고 유주에 속한다. 호수는 5만 5,972호이고 인구는 27만 2,539명이다. 속한 현은 18개이다. 양평현에는 목사관이 있었는데, (신나라를 세웠던) 왕망은 (양평을) 창평으로 고쳤었다. 신창현이 있다.

무려현은 서부도위의 치소이다. 망평현이 있다. 망평현에서는 요새 밖에서 발원한 대요수가 남쪽으로 흘러 안시에 이르러 바다에 들어가는데, 강의 길이가 1,250리이다. 왕망은 (망평을) 장열로 바꿨었다. 방현이 있다.

후성현은 중부도위의 치소이다. 요대현은 왕망 시절 순목으로 고쳐졌었다.[141] 요양현은 서남쪽으로 흐른 대양수가 요양에 이르러 요수로 들어간다. 왕망은 (요양을) 요음으로 고쳤었다. 험독현[142]이 있다. 거취 현이 있다. 실위산이 있는데 실위산에서 발원한 실위수가 북쪽으로 양평에 이르러 양수로 들어간다. 고현현이 있다. 안시현이 있다.

무차현은 동부도위의 치소인데 왕망은 환차로 고쳤었다. 평곽현에는 철관(鐵官)과 염관(鹽官)이 있다. 서안평현은 왕망이 북안평으로 고쳤었다. 문현이 있는데 왕망이 (문현을) 문정현으로 고쳤었다. 번한현이 있는데 번한현에는 요새 밖에서 발원

한 패수(沛水)가 서남쪽으로 흘러 바다로 들어간다.[143] 답씨현이 있다.'[144]

『사기』에 따르면 요동군은 전국시대의 연나라가 만들었는데, 『한서』「지리지」는 전국시대를 통일한 진(秦)나라가 설치한 것으로 해놓았다. 연이 존재할 때 진나라도 병존했으니 그렇게 한 것인지, 연5군 설치(서기전 284에서 280년 사이로 추정) 얼마 후 진나라가 연나라를 병합해 전국시대를 통일(서기전 221)한 탓인지, 그 이유는 알 수가 없다.[145]

『한서』「지리지」는 요동군에 속한 18개 현은 요동군 직할인 양평·신창의 2개 현, 서부도위에 속하게 된 무려·망평·방의 3개 현, 중부도위 소속인 후성·요대·요양·험독·거취·고현·안시의 7개 현, 동부도위 관할인 무차·평곽·서안평·문·번한·답씨의 6개 현이라고 해놓았다.

그리고 대요수와 대양수, 패수(沛水, 앞에서 자주 거론한 浿水와는 한자가 다르다)라는 세 개의 강을 설명해놓았다. 대요수(요하가 아니다)는 서부도위 소속의 망평현을 흐르고, 대양수는 중부도위에 속한 요양현에서 대요수에 합류하고, 패수(沛水)는 동부도위 소속인 번한현을 흐른다고 해놓았다.

고대에도 동서남북의 방위는 정확했다. 동부·서부·중부 도위는 방향을 가리킬 것이니 대요수는 서쪽, 대양수는 중앙, 패수(沛水)는 동쪽에 있는 것으로 보아야 한다. 또 '대양수가 서남쪽으로 흘러 요양에 이르러 (대)요수를 만난다.'고 해놓았으니 대요수는 서쪽, 대양수는 대요수의 동쪽에 있는 것이 분명해진다. 패수(沛水)는 다른 하천을 만나지 않고 동부도위 소속인 번한현을 흐른다고 해놓았으니, 요동군의 동쪽지역에서 바다로 흐르는 하천이 된다.

요새는 만리장성과 관련된 것으로 본다. 요동군에는 연나라와 진나라 때 만든 장성이 있고, 한나라는 그러한 장성을 국경으로 삼았다고 했기 때문이다. 이러한 이해를 토대로 그려본 요동군의 개략도가 181쪽의 <그림 3>이다. 이렇게 요동군의 개략도를 그려놓으면 각종 사건에 대한 이해가 빨라진다.

요동군의 수계

<그림 3>과 『한서』 「지리지」의 설명에서 주목할 것은 요동군이 임해(臨海)지역이라는 사실이다. 대요수가 중부도위 소속인 안시현에서 바다로 들어간다고 해놓았으니 요동군은 바다에 접해 있어야 한다. 요동은 소금 생산을 할 수 있는 곳이었다. 평곽현에는 염관(鹽官)이 있었으니 '요동지자'를 생산할 수 있다.

요동군은 여러 번 전쟁터가 되었지만, 희한하게도 바다를 건넌 수군이 강을 거슬러 올라가 상륙했다는 기록이 없다. 이는 바다로 들어가는 요동군의 두 강(대요수와 沛水)은 바다와 이어지는 조운(漕運)이 불가능했다는 의미가 된다.

대요수와 늪 '패(沛)'자를 쓰는 패수(沛水)의 하구가 만리장성 서쪽에 있다는 것도 유의해야 한다. 번한현 등 패수(沛水)의 동쪽에 있는 동부도위 산하의 일곱 개 현은 만리장성 바깥에서 해안을 따라 뻗어 있다는 것도 염두에 두어야 한다. 특히 멀리 있었던 것이 낙랑군과 연결되는 서안평현이었을 것이다.

<그림 3>에서 대양수가 대요수를 만나는 곳에 있는 요양현은 지금 중국 요녕성의 요양시가 아니다. 두 요양은 한자가 같아도 전혀 다른 곳이다. 대요수를 지금의 요하로, 대양수를 지금의 태자하로 보는 것도 잘못이다. 그러나 안시현이 고구려의 안시성이었던 것은 분명하다. 안시성의 전신인 안시현이 양평현보다 서쪽에 있는 해안에, 그것도 대요수 하구에 있었다는 것은 주목해야 한다.

서해는 간만의 차가 크다. 퇴적하는 토사가 많아 하구에는 개펄이 발달한 곳이 많다. 개펄 지역은 간조 시 수심이 얕아져 큰 배는 자유롭게 지나기 어렵다. 그 지역 어민이 사용하는 작은 어선이라면 지나갈 수 있어도, 군인과 화물을 실은 큰 배는 통과하기 힘들다.

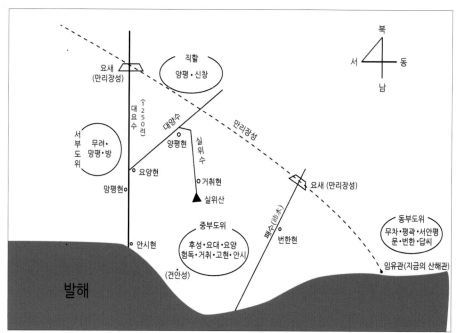

<그림 3> 전한 때의 요동군 개략도(『한서』「지리지」 설명 근거)   디자인 | 정다희

    강의 기울기가 심해 물살이 빠른 강은 조운을 할 수 없다. 조운은 어느 정도 수심이 유지되면서 강의 기울기가 완만한 곳에서만 이뤄진다. 요동군에서 바다로 흘러가는 대요수와 패수(沛水)는 배를 타고 바다에서 드나들 수 있는 그러한 강이 아니었다.

    그러나 조운은 바다와 강 사이에서만 이뤄지는 것이 아니었다. 강이 내륙에서 적당한 수심을 갖고 평탄하게 흘러준다면 그곳에서도 이뤄진다. 대요수는 바다로 이어지는 조운은 불가능해도, 내륙에서 평탄하게 흘렀다면 그곳에서는 가능할 수도 있다. 그러한 관점에서 대요수가 지금은 어느 강인지 찾아보자.

    『한서』「지리지」는 대요수를 중요하고 큰 강으로 본 듯 그 길이를 1,250리로 밝혀놓았다. 10리를 4km로 보는 지금의 셈법으로 계산하면 이는 500km가 된다.[146] 고대에는 강의 발원지에 대한 정밀 조사는 이뤄지지 않았을 것이다. 하지만 중요한 강의 길이는 개략적으로 파악했을 것이다. 500km는 결코 긴 길이가 아니다. 그런데도 '대'자를 붙인 것은 조운이 되는 중하류의 폭이 넓었기 때문일 수도 있다.

지금 요하(遼河)로 불리는 강의 길이는 약 1,390㎞이다.[147] 500km와 1,390km는 너무 차이가 난다. 그렇다면 (대)요수는 지금의 요하가 아닐 가능성이 매우 높아진다. 지금의 요하는 대평원을 흐르기에 기울기가 매우 작아 바다에서부터 들어가는 조운이 가능하다. 바다와 이어진 조운이 없었던 대요수와는 다른 것이다.

지금의 화북성 승덕(承德)시[148]를 흐르는 난하(灤河)의 길이는 885km이다. 난하는 진나라와 한나라의 장성(=만리장성)이 있었던 연산산맥 서쪽을 따라 남쪽으로 흐른다. 상류는 내몽골고원과 연산산맥에 이어져 있기에 유속이 빠르다. 그러나 중류인 승덕 부근에서는 유속이 떨어져 조운이 가능했다. 하지만 하류는 수심이 낮아져 바다로 이어지는 조운은 하지 못했다.[149]

지금의 요녕성 조양(朝陽)시와 능해(凌海)시를 흐르는 대릉하는 397km이니, 『한서』 「지리지」가 설명한 대요수보다 짧다. 옛날에는 백랑하(白狼河)·백랑수(白狼水)로 불리다가 요(遼)나라 때 영하(靈河), 금(金)나라 때 능하(凌河)로 개명됐고, 원(元) 시절엔 서쪽의 소릉하(小凌河)와 구별하기 위해서 대릉하로 불리게 되었다고 한다. 대릉하와 소릉하는 삼각주를 만드는데 두 삼각주는 거의 붙어 있다.[150]

대요수에는 '요택(遼澤)'이 있었다. 도로를 만들 수 없는 습지는 접근 자체가 불가능한 천연의 장벽이니 이름을 가질 이유가 없다. 대요수도 그러한 습지를 가질 수 있는데 그 중 한 곳이 '요택'으로 불리며 역사에 등장하게 됐다면, 그곳에는 기간(基幹)도로가 있었기 때문일 가능성이 높다. 요택은 장마나 우기 때만 불편해지는 도로가 있는 불완전 습지일 가능성이 높다.

고구려의 국제정치 역사지리

난하와 대릉하와 요하 그리고 반가구댐과 대흑정댐, 승덕과 조양
중국 지도책에 그려져 있는 난하, 대릉하, 요하의 위치를 다시 한번 확인하고 『한서』「지리지」에 설명돼 있는 대요수와 비교해 대요수가 지금의 어느 강인지 추정해보면, 지금의 난하가 대요수일 가능성이 높아진다.
디자인 | 정다희

    강을 만나는 기간도로는 도강을 위한 나루터를 갖는다. 대요수는 중하류에서 유속이 떨어져 도강이나 부분적인 조운이 가능했을 수 있다. 고대의 방어전술 중 하나가 갈수기 때 걸어서 건널 수 있는 여울[灘]과 도강을 하는 나루터를 지키는 '수탄(守灘)'이었다.

    요택은 기간도로가 있어 도강이 가능한 대요수 하류에 여름철에만 만들어지는 불완전한 습지였을 가능성이 높다. 우리는 요택이 대요수의 하구가 아니라, 도로와 나루가 있는 하류에 있다는 것에 주목해야 한다. 각종 사료의 설명을 분석하면 요택은 바닷가에 있지 않았다. 요택은 안시현의 북쪽인 대요수 하류의 나룻터에 있었다.

    이러한 조건을 갖춘 곳은 제한적이니 이 나루터는 전략거점이 된다. 적은 병력으로 지킬 수 있기 때문이다. 요택이 그러한 곳이었을 가능성이 높다. 여름철 '요택'이라는 습지가 되는 곳임에도 기간도로를 유지한 것은, 여름철에는 이용에 불편해도 결국은 가장 경제적인 도로이기 때문일 것이다. 그러한 습지는 기후변화나 불편함을 해소하기 위해 계속된 간척사업 등이 이어져 육화(陸化)될 수가 있다. 고대에는 여름철마다 요택이라는 습지가 만들어졌는데 현대에는 사라지는 것이다. 이러한 조건을 가진 고대의 강을 찾아내야 한다. 지금의 요하는 이러한 강이 아니다.

발해만 지역에서 가장 많은 육화(陸化)가 일어난 강 하구로는 난하가 꼽힌다. 난하 하구의 저지대는 북경으로 가는 빠른 길이었기에 오랫동안 육화가 추진돼 청나라 때쯤은 자유롭게 우마차가 다녔다고 한다. 난하 하구가 결정적으로 육화가 된 계기는 1970, 80년대 중류에 반가구댐[潘家口水庫]과 대흑정댐[大黑汀水庫] 등이 건설된 것이 꼽힌다. 이 치수 사업으로 홍수 시의 유량이 조절돼 난하 하구의 습지가 사라졌다. 여름철 홍수를 처리하느라 넓었던 난하의 하구 폭은 그 흔적만 남기게 된 것이다(185쪽 사진 참조).

고대 사서에는 한자가 다른 두 개의 패수가 등장한다. 하나는 요동군 안에서 흐르는 패수(沛水)이고, 다른 하나는 낙랑군 경내에 있는 패수(浿水)다. 역사적으로 중요한 것은 낙랑군의 패수(浿水)였다.

요동군에 있는 패수(沛水)는 습지나 개펄을 안고 있는 강일 가능성이 높다. 패수(沛水)와 요택이 관계돼 있다는 기록은 없다. 패수(沛水)로 수군이 배를 타고 들어갔다는 기록도 없으니 패수(沛水)는 자연장해물로 존재했을 것이다. 해안이 개펄과 습지이면 배를 댈 수도 없으니, 패수(沛水)의 하구는 역사적으로 의미 없는 공간이 된다.[151)

북한의 역사학자인 리지린은 난하가 요수라는 '난하 요수설'을 제기했었다. 그는 『관자』와 『전국책』 『산해경』 『사기』 『한서』 『회남자』 『설원』 『수경주』 『노룡새

2008년에 촬영한 난하대교 모습

난하는 과거에는 강폭이 매우 넓었다. 그런데 지금은 중하류에서부터 수량을 조절해 주는 여러 댐이 건설됐기에 강폭이 크게 줄었다. 그러나 다리는 과거의 강을 기준으로 건설됐기에 마른 땅에 교각을 놓은 부분이 많아졌다.

© 이정훈

략』등 선진(先秦)시대부터 명대(明代)에 이르는 각종 문헌 자료를 망라한 후 난하를 요수로, 난하 이동을 요동으로 비정하였다.[152] 이를 러시아의 유엠부찐이 동의하고[153] 한국의 윤내현이 전재해,[154] 한국에서도 큰 공감을 일으킨 바 있다.

난하의 난(灤)자는 '물 새어 흐를 난'자이다. 물이 새는 것을 난(灤)으로 표기한다. 하구둑을 만들기 전 우리나라의 낙동강 하구에는 삼각주(三角洲)가 발달해 있었다. 낙동강은 그러한 삼각주 사이로 동(東)낙동강·서(西)낙동강 식으로 새 발가락처럼 갈려져 바다로 들어갔다. 이러한 강은 수심이 낮아 바다와 연결되는 조운을 하기 어렵다. 습지도 많다. 동낙동강이 또 갈라져 흐르는 사이에 있는 을숙도는 지금도 유명한 습지이다.

서해는 간만의 차가 크다. 간만의 차가 큰 서해에 면한 중국과 우리나라에서는 뱃바닥이 편평한 평저선이 발달했다. 평저선도 많은 병력과 물자를 실으면 개펄이 발달하고 간만의 차이가 커 썰물 때 수심이 낮아지는 강 하구로는 들어가지 못한다. 난하 하구가 그러한 강이었을 가능성이 높다.

철관과 염관이 있는 동부도위의 평곽현

동부도위 소속의 평곽현에 철관(鐵官)과 염관(鹽官)이 있다고 한 것도 유의해야 한다. 염관은 소금을 만들어 유통시키는 기관이다. 암염(巖鹽)이나 염호에서 만드는 것이 아닌 한 소금은 바다가 있어야 만들 수 있다. 평곽현의 염관에 있는 것은 『관자』가 '요동지자'가 유명하다고 한 것과 일치한다.

평곽현에는 철로 만든 무기와 농기구 등을 제작해 유통시키는 철관도 있었다. 고대의 광업은 갱도를 깊이 파고 들어가 채굴해야 할 정도로 발전하지 못했다. 지표나 지표보다 약간 깊은 곳에 있는 철광석을 긁어모아 제철을 했다.

고대의 철은 지금의 강철처럼 단단하지도 않았다. 강철(특수강)을 만들 수 있는 '높은 온도'를 만들지 못했기 때문이다. 나무를 태워서 얻는 불로는 철광석을 녹이지 못한다. 나무보다는 강한 화력을 내는 석탄을 태워야 철광석을 녹일 수 있다.

석탄 채굴도 채광기술의 한계 때문에 노천광 형태의 장소에서 주로 이뤄졌다. 석탄을 점화시키려면 숯이 있어야 하는데, 좋은 숯은 숲이 있는 곳이라야 만들기 쉽다. 숲이 있고 석탄과 철광석이 있는 곳은 어디일까.

난하 중류에 있는 승덕은 오래 전부터 상업의 중심지였다(183쪽 사진 참조). 그런데 남쪽에 석탄과 구리 광산이 있어 1950년대 말부터는 중공업이 발달했었다고 한다.[155] 고대의 광산과 현대의 광산이 동일 조건에서 개발되는 것은 아니지만, 승덕 일대에 석탄과 구리 광산이 있다는 것은 주목하지 않을 수 없다.

요동군이 고대의 전략상품인 소금과 철을 생산해 유통시켰다면 큰 시장을 가져야 한다. 소금과 철제품을 필요로 하는 이들은 가축이나 농산물 등을 가져와 교환해가야 한다.

요동군에서 멀지 않은 내몽골 고원의 유목민들은 고대의 전략상품인 가축을 지천으로 키우고 있었다. 요동은 그러한 가축이 소금 및 철제품과 교환되는 큰 시장일 수 있다. 이 시장이 매우 컸다면 농산물 등 다른 물품도 교환되면서 요동은 CoG가 될 수 있다.

중부도위 소속의 험독현과 위만조선

『한서』「지리지」는 요동군 중부도위 산하에 험독현이 있음을 보여준다. 그러나 험독현의 특징에 대해서는 전혀 언급이 없다. 다만 응소가 험독현에 대해 '조선의 위만이 도읍한 곳이다. 물이 험한 곳에 의지하고 있어 험독이라고 했다(應劭曰 朝鮮王滿都也. 依水險 故曰險瀆)'란 주를 달아놓았다. 응소는 또 『한서』「지리지」에는 요동군 험독현이 나오는데, (그곳은) 조선의 왕(=위만)이 옛날에 도읍했던 곳이다(應劭注 地理志云遼東有險瀆縣朝鮮王舊都).'라는 주도 달아놓았다.

『한서』에 앞서 편찬된 『사기』에는 처음 상하장에 터잡았었던 '위만이… 망명자를 이끌고 왕험에 도읍했다(滿…亡命者王之都王險)'라는 기록이 있다. 『사기』는 위만이 왕험에 도읍했는데, 『한서』「지리지」에 주를 단 응소는 험독은 위만이 옛날에 도읍했던 곳이란 설명을 붙여 놓은 것이다.

『사기』「조선전」에는 '천여 명의 무리를 모은 위만이 상투를 묶고 오랑캐 복장을 한 다음 동쪽으로 달려가 요새를 나와 패수(浿水)를 건넌 다음 진(秦)나라의 옛 공지(空地)인 상하장에 머물렀다.'[156] 란 기록이 있다. 한나라를 탈출한 위만 세력은 패수(浿水)를 건너 진나라 때는 요동외요로 지배했지만 한나라 때는 영유하지 않은 상하장에 머물렀다고 해놓은 것이다.

상하장은 한나라를 탈출한 위만 세력이 처음 머문 곳이니, 위만의 첫 도읍지가 된다. 그런데 응소는 위만이 도읍한 곳은 요동군 험독현이라고 해놓았으니 모순이 된다.

이 문제는 무제 때인 서기전 108년 한나라가 한4군을 설치해 영토를 넓혔다는 것을 알면 풀리게 된다. 『사기』는 위만조선이 한 무제의 공격을 받아 무너진 것까지를 정리한 사료이고, 『한서』는 한 무제가 위만조선을 쳐 한4군을 설치한 다음의 일을 기록한 차이가 있다.

서기전 195년 한나라 동쪽 만리장성 밖으로 도주해 상하장에 머물며 기자조선의 보호를 받던 위만이 '한나라가 열 갈래로 군대를 보내 쳐들어오고 있으니 왕험에 들어가 함께 막겠다'는 거짓말을 하고 군대를 이끌고 왕험에 들어와 기자조선의 준왕을 쫓아내는 전복을 한 것은 서기전 194년쯤이다.

그러한 위만조선이 위만의 손자인 우거 때까지 86년 간 번성하다 서기전 108년 한 무제의 공격을 받아 무너졌다. 한 무제는 위만조선의 강역은 낙랑군, 왕험은 조선현으로 바꿨다. 그리고 진나라가 요동외요로 형식상 통치했던 곳은 요동군에 편입시켰다. 그때 상하장은 물길이 험하기에 요동군의 험독현에 들어갔을 가능성이 높다.

요동군의 중심부에서 험독에 가려면 요새라고 하는 만리장성은 물론이고 패수 (浿水)도 건너야 한다. 『사기』는 패수(浿水)를 지나 상하장이 있다고 했으니, 험독은 패수(沛水)와 패수(浿水)를 지나야 한다. 이는 험독이 요동의 중심부에서 멀리 떨어져 있다는 의미다.

그런데 『한서』 「지리지」는 패수(浿水)가 서쪽으로 흘러 바다로 들어간다고 했으니 낙랑군은 해안선이 남쪽으로 꺾어지는 곳에 있었을 가능성이 높다. 386쪽의 <그림

11>처럼 요동군을 이룬 해안선은 남쪽으로 내려가며 낙랑군의 해안선을 만들어야, 패수(浿水)는 서쪽으로 흐르는 강이 될 수 있다.

『삼국유사』는 위만이 처음 도읍한 곳을 왕검이라 해 놓았으나 왕검이 험독일 가능성을 배제할 수 없다. 왕검과 험독은 패수(浿水) 동쪽에 있다는 공통점이 있다. 험독에 대한 추적을 해본 것은 험독과 왕험, 그리고 평양 관계를 살펴보기 위해서이다.

『한서』「지리지」에 대해서는 신찬도 주를 달았는데, 신찬은 '왕험은 낙랑군 패수 동쪽에 있는데, 이것(왕험)은 이 험독에서 나온 것이다(王險城在樂浪郡浿水之東, 此自是險瀆也).'란 주를 달아놓았다. 이에 대해 안사고는 신찬의 말이 옳다(師古曰 瓚說是也)라고 해놓았다.

신찬의 주를 지지한 안사고의 설명 때문에 쉽게 험독=왕험이라는 인식이 생겼다. 그러나 '왕험에서 험독이 나왔다'고 번역되는 신찬의 주(注) 원문인 '차자시험독야(此自是險瀆也)'는 왕험에 앞서 험독이 위만조선의 수도였다는 뜻도 될 수 있다. 이러한 이해를 한다면 왕험과 험독은 다른 곳이 된다. 반면 험독이 왕검일 가능성은 높아진다.

전한 초기 한나라는 만리장성 바깥에 있는 험독(상하장)을 영유하지 않았다. 때문에 위만은 그곳으로 도주해 1년간 머물 수 있었고, 그때 위만은 기자조선을 위해 전한의 움직임을 감시하는 전방기지 사령관 역할을 했다. 그러한 위만이 기자조선의 준왕을 속이고 왕험에 들어와 전복을 했다. 기자조선을 위만조선으로 바꾼 것이다.

그리고 86년쯤 지난 무제 때 한나라는 위만조선을 치면서 험독을 요동군에 다시 편입시켰을 것으로 보인다. 험독현은 요동군의 중심부에서 먼 곳이었다. 때문에 험독군을 유지하는 것이 어려워 후한 때는 요동군에서 제외된다. 『후한서』「군국지」와 『진서』「지리지」에는 험독현이 요대현과 더불어 요동군에서 사라져 있는 것이 확인된다(251쪽 <그림 5>와 257쪽 <표 6> 참조).

5) 고구려와 요동의 접촉

이러한 이해를 토대로 사건 속에 나오는 요동군을 다시 살펴보자. 요동군은 대륙 세력의 동쪽 거점이었으니 고구려와 일찍부터 싸움을 시작했다. 이를 보여주는 것이 『삼국사기』「고구려본기」에서 요동과 고구려가 싸운 기록을 뽑아낸 191쪽의 <표 4>이다. 요동과 관련된 고구려의 싸움은 매우 많기에 이 표로 정리했다.

고구려는 요동군과 많은 싸움을 해 끝내 점령했다. 그리고 강국이 되어 북위·남조와 함께 동북아를 240여 년 가까이 안정적으로 정립(鼎立)시켰다. 그리고 1차 고당전쟁에서 요동을 잃음으로써 패망의 길로 들어섰다.

고구려는 3대 대무신왕 때부터 요동군과 싸웠는데, 그때의 고구려는 내륙국가였다. 고구려는 해안에 있는 서안평현과는 맞닿아 있었지만, 다른 곳에서는 요동군과 접해 있지 않았다. 내륙에서는 현도군(제3현도군 이후의 현도군)이 요동군과 고구려 사이에 있었던 것이 확실하다(384쪽 <그림 10> 참조).

양평현을 비롯한 요동군의 주력은 난하 인근에 있었다. 요동군은 해안길이 있는 발해 연안을 따라 서안평현이 포함된 동부도위를 동쪽으로 길게 두고 있었는데 그 일부 지역이 고구려에 맞닿을 것이다. 그리고 중부도위 소속의 험독현만 패수 너머 따로 떨어져 있는 특이한 모양을 하고 있었을 것이다.

고구려와 요동군 사이에 있었던 제3·4·5현도군은 매우 허술했다. 때문에 고구려는 현도군을 자유롭게 통과해 요동군을 공격할 수 있었다. 그곳에는 유목민들이 다니는 초원길이 있으니 기동력만 있으면 얼마든지 달려갈 수 있다. 고원평지에 있는 초원길에는 관문이나 강 같은 자연장애물이 없기 때문이다. 고구려를 치려는 세력도 역시 초원길을 이용할 수 있었다.

<표 4>에서 보았듯이 당 태종은 이세적을 요동 방면으로 진격하는 부대의 사령

<표 4>『삼국사기』「고구려본기」에 나오는 고구려 - 요동 전투 관련 기사

왕	때	『삼국사기』「고구려본기」에 실려 있는 전투 관련 기사		기타
3대 대무 신왕	11년 (28) 7월	한나라 요동태수가 공격해 옴. 왕은 멀리에서 온 한나라 군이 피로해지기를 기다리며 수도인 위나암성(=국내성)에서 수십 일을 지키며 항거함. 왕이 선물과 함께 편지를 보내자, 한나라 장수는 '편지를 보매 언사가 공순한지라 황제에게 이 말대로 아뢰지 않을 수 없다'고 하며 돌아감.		
5대 모본왕	2년 (49) 1월	장수를 보내 한나라의 북평·어양·상곡·태원을 습격했더니, 요동 태수 채동이 은혜와 신의로써 대접하므로 다시 화친함.		태원까지 공격
6대 태조 대왕	53년 (105)	태조대왕이 한나라 요동으로 장수를 보내 6개 현을 약탈시키니, 요동태수 경기(耿夔)가 군사를 내 항전해 고구려 군사가 크게 패함.	1월	
		요동태수 경기가 (예)맥 사람들을 쳐부숨.	9월	예맥은 고구려에 속해 있었음.
	69년 (121)	한나라의 유주자사 풍환과 현도태수 요광, 요동태수 채풍 등이 군사를 거느리고 침입해 예맥의 우두머리를 죽이고 병기와 마필·재물 등을 모조리 약탈해감. 태조대왕이 아우 수성에게 군사 2천여 명을 딸려 보내 풍환·요광을 맞받아 싸우게 함. 수성은 거짓으로 항복하겠다고 한 후 현도와 요동의 두 군을 쳐 성곽을 불 지르고, 2천여 명을 죽이고 사로잡음.	봄	고구려, 요동 · 현도 일시 점령
		왕이 선비족 군사 8천여 명을 데리고 (요동군의) 요대현으로 가서 공격하니, 요동태수 채풍이 신창으로 나와 싸우다 전사함. 채풍을 자기 몸으로 엄호하려던 공조연 용단과 병마연 공손포 등도 함께 죽음. 죽은 자가 1백여 명이었음.	4월	
	70년 (122) 1월	태조대왕이 마한·예맥과 함께 요동을 침공하니, 부여 왕이 군사를 보내 한나라를 구원하고 고구려 군사를 격파함(부여가 고구려를 배반함).		부여 배신
	94년 (146) 8월	왕이 장수를 보내 한나라 요동의 서안평현을 습격해 대방현의 수령을 죽이고 낙랑태수의 처자를 붙잡아옴(낙랑군 태수의 처자와 낙랑군 대방현의 수령이 요동군의 서안평현에 가있었던 것은 낙랑군이 요동군의 보호 받았다는 뜻).		서안평 습격

왕	때	『삼국사기』「고구려본기」에 실려 있는 전투 관련 기사	기타
11대 동천왕	16년 (242)	동천왕이 장수를 보내 요동의 서안평을 습격하여 깨뜨림(조위가 지배한 서안평을 공격한 것이니 조위에 대항했다는 뜻).	조위와 충돌
	20년 (246)	위(=조위)나라가 유주자사인 관구검으로 하여금 현도를 통해 고구려를 공격해, 고구려의 임시 수도격인 환도성을 함락시키며 크게 승리함. 남옥저까지 달아났던 동천왕은 밀우와 유유의 헌신으로 위기를 벗어났음. 이듬해 동천왕은 왕검으로 천도함(필자 주: 이 전투 기사에서는 요동이 거론돼 있지 않으나 중요한 전투였기에 옮김).	조위에 대패함
15대 미천왕	12년 (311) 8월	장수를 보내 요동의 서안평을 습격해 빼앗음(西晉은 '팔왕의 난'을 계기로 추락하다 '영가의 난'을 당하며 316년 무너지고, 보다 작은 진나라인 東晉이 317년 일어났다. 고구려는 서진의 혼란을 틈타 서안평을 점령한 것이다. 그리고 2년 뒤인 313년 고구려는 낙랑군을 멸망시키며 영토화했다).	서안평 점령
	20년 (319) 12월	동진(東晉, 317~419)의 평주자사인 최비가 고구려로 도망쳐와서 단(段)씨(=단선비) 우문(宇文)씨(=우문선비)와 함께 훗날 전연(前燕)을 세우는 모용선비의 모용외를 치자고 함. 세 나라가 (모용외 세력이 있는 요서의) 극성(棘城)으로 진군하니, 모용외는 성문을 굳게 닫고 지키면서 쇠고기와 술로 우문씨 군대만 위로함. 최비와 단씨·고구려는 우문씨가 모용외와 어떤 모략을 갖고 있다고 보고 군사를 끌고 되돌아옴. 우문의 대인(大人)인 실독관(悉獨官)은 두 나라가 돌아갔지만 단독으로 극성을 빼앗을 수 있다고 보고 공격했으나 모용외와 모용외의 아들인 모용황 군에 크게 패함. 그에 놀란 평주자사 최비가 기병 수십 명을 데리고 고구려로 도망오고 남은 군사들이 항복함. 모용외가 아들 모용인(慕容仁)을 시켜 요동의 관부(官府)를 진무케 하니(요동군을 점령했다는 뜻), 전일(前日)과 같이 편안해짐(이때부터 모용선비가 요동 장악). 고구려의 장수 여노가 하성(河城)에 웅거했는데, 모용외가 장군 장통을 보내 이 성을 습격하고 주민 1천여 호를 포로로 잡아 극성으로 데려감(장통은 미천왕이 병합한 옛 낙랑군의 실세로 모용외에게 투항한 인물이다). 미천왕은 자주 군사를 보내 요동을 침공함. 모용외는 아들인 모용한(慕容翰)과 모용인을 시켜 고구려를 침. 이에 미천왕이 동맹을 요청하니 모용한과 모용인 군이 곧 돌아감.	모용선비와 충돌. 모용선비가 요동을 차지함. 최비 고구려로 망명
	21년 (320) 12월	왕이 군사를 보내 요동을 침공했더니 모용선비의 모용인이 대항해 싸워 고구려 군이 패함.	요동 공격 실패

왕	때	『삼국사기』「고구려본기」에 실려 있는 전투 관련 기사		기타
18대 고국 양왕	2년 (385) 12월	6월	고국양왕이 4만 군사를 출동시켜 요동을 습격함. 후연(前燕, 384~407)의 왕 모용수(慕容垂, 재위 384~396)가 대방왕 모용좌를 시켜 (요서군의) 용성(龍城)을 진무하게 했었음. 모용좌는 고구려의 군사가 요동을 습격했다는 소문을 듣고 사마 학경으로 하여금 군사를 거느리고 구원케 하였으나, 우리 군사가 쳐부수고 드디어 요동과 현도를 함락시킴. 남녀 1만 명을 사로잡아 돌아옴	요동 · 현도 일시 점령
		11월	후연의 모용농이 군사를 거느리고 침입하여 요동과 현도 두 군을 회복함. 그 전에 유주와 기주 등의 유랑민 다수가 우리(=고구려) 편에 귀순했음. 때문에 모용농이 범양방연을 요동태수로 삼아 그곳 주민을 위무하게 했음.	요동 · 현도 뺏김
19대 광개 토왕	14년 (404) 1월	후연 임금인 모용희가 요동성으로 쳐들어왔으나 성을 함락하지 못하고 돌아감(이 사건 전에 광개토왕의 고구려는 요동군을 차지해 양평현을 요동성으로 고쳐 불렀음이 분명함, 기록은 없지만 현도도 장악한 것이 분명함).		요동 · 현도 장악
20대 장수왕	26년 (438) 3월	북연(北燕) 왕 풍홍이 요동에 도착하였기에(고구려로 망명했다는 뜻) 장수왕이 사신을 보내 "용성 왕 풍군(요서군의 용성을 수도로, 풍을 성으로 한 임금이라는 뜻)이 한데서 묵기에 사람과 말들이 수고한다."고 해주었더니, 풍홍이 창피하고 분해서 황제의 자격으로 고구려 왕을 꾸짖음. 장수왕은 풍홍을 (구 요동군의) 평곽(平郭)에 있게 했다가 북풍(北豊)으로 옮김. 풍홍은 고구려를 업신여겨 행정·치안·상벌 등에 대한 처리를 자기 나라에서 하듯이 했기에 장수왕이 그를 시종하는 사람을 떼버리고 그의 태자인 왕인(王仁)을 데려와 볼모로 삼음. 이를 원망한 풍홍이 유송(劉宋, 420~479)에 사신을 보내 자기를 맞아달라고 함. 유송의 태조가 사신 왕백구(王白駒)를 보내 그를 데려가려 하자, 장수왕은 달갑지 않아 장수 손수(孫漱)와 고구(高仇) 등을 시켜 북풍에서 풍홍과 그의 자손 10여 명을 죽임. 그러자 유송의 사신인 왕백구가 풍홍이 통솔하던 군사 7천을 거느리고 고구려 군을 습격해, 고구를 죽이고 손수를 사로잡음. 장수왕이 왕백구를 붙잡아오게 한 다음 그가 고구를 마음대로 죽였다는 설명과 함께 사신을 시켜 그를 유송으로 보냄. 유송의 태조는 먼 나라인 고구려의 뜻을 어기고 싶지 않다며 왕백구 등을 옥에 가두었다가 얼마 뒤 용서해줌.		북연 황실 제거
26대 영양왕	9년 (598)	1월 영양왕이 말갈 군사 1만 여 명을 거느리고 요서를 침공하니 수나라의 영주 총관(營州 摠管)인 위충(韋冲)이 우리 군사를 공격하여 물리침. 이 일을 안 수나라의 문제가 성을 내며 한왕(漢王) 양(諒)과 왕세적 등을 원수로 임명해 수·육군 30만을 거느리고 고구려를 치라고 함. 6월에는 조서를 내려 영양왕에게 줬던 관직을 삭탈함.		1차 고수 전쟁

왕	때	『삼국사기』「고구려본기」에 실려 있는 전투 관련 기사		기타
	9년 (598)	한왕 양의 군사는 유관까지 왔으나 장마로 군량 수송이 이어지지 못하고 전염병이 돌게 됨. 동래(東萊)에서 뱃길로 평양성으로 향하던 주라후(周羅睺) 군은 풍파를 만나 선박들이 유실되고 침몰함. 9월 수나라 군사가 돌아갔는데 죽은 자가 십상팔구였음. 영양왕이 송구하게 생각해 사신을 보내 사죄하며 '요동이 미천한 신하 아무'라고 자칭하는 표문을 올림. 수 문제는 그제야 군사를 철수시키고 처음처럼 대우하게 함.		1차 고수 전쟁
26대 영양왕	23년 (612)	1월	수 양제가 좌우 12군씩 도합 24군을 24개 길로 나눠 침공하게 함. 총 병력은 113만 3,800명이었음. 워낙 병력이 많았기에 다 출발하는 데만 40일이 걸렸음	2차 고수 전쟁 (살수 대첩)
		2월	수 양제가 군사를 통솔해 요수까지 나가니 여러 군사들도 강(요수)을 앞에 놓고 큰 진을 침. 고구려 병사들은 물(요수)을 사이에 두고 방어하였기에 수나라 군사는 건너오지 못함. 수나라 군대가 부교를 설치해 요수를 건너와 요수 동쪽에서 큰 싸움이 벌어져 고구려 군사가 1만 여명 가까이 전사함. 수나라의 부대들이 한(漢)나라 때의 양평(襄平)성인 요동성을 에워쌌으나 함락되지 않았음. 육합성을 제외한 다른 성도 항복하지 않았음. 내호아(來護兒)가 이끄는 수나라의 수군은 패수(浿水)를 통해 평양에서 60리 떨어진 곳까지 들어옴. 그리고 고구려의 유인술에 속아 평양성으로 들어갔다가 역공을 받고 도망쳐 바닷가에 주둔하게 됨. 별동대를 이끈 우문술 등이 이끄는 여러 부대가 (초원길을 통해) 압록수 서쪽에 집결함. 양제는 고려(=고구려) 왕이나 을지문덕이 오는 기회가 있으면 꼭 사로잡으라고 했었는데, 유사룡의 만류로 우중문은 수나라 군대의 실력을 알아보기 위해 수나라 군영을 찾아온 을지문덕을 사로잡지 않았음. 우중문과 우문술이 압록을 건너 을지문덕을 추격하니, 을지문덕은 거짓으로 패하면서 달아나 살수를 건너 평양성에서 30리 떨어진 산에 진을 치게 됨. 그리고 우중문 등이 속은 것을 알고 철수해 7월 살수에 이르자 우리 군사가 큰 공격을 가해 대패시킴. 내호아는 우문술이 패한 소문을 듣고 퇴각함. 우문술 등을 따라왔던 9개 군이 요동에 도착했을 때는 총수가 30만 5천여 명이었는데, 요동성으로 돌아갈 때는 2,700명 뿐이었음. 이 싸움에서 수나라는 요수 서쪽의 무려라(武厲邏) 지역을 빼앗아 요동군(=신요동군)과 통정진(通定鎭)을 설치하게 했음. 이때 백제는 고구려와도 내통하는 양단책(兩端策)을 구사하였음.	

왕	때	『삼국사기』「고구려본기」에 실려 있는 전투 관련 기사	기타
26대 영양왕	24년 (613) 1월	수 양제가 조서를 내려 (=또 고구려를 치려고) 전국의 군사를 탁군으로 소집함. 백성들을 모아 (수나라가 차지한) 요동 지역의 옛 성을 수리하고 군량을 저장시킴.	3차 고수 전쟁
	4월	수 양제가 요수를 건너와 우문술과 양의신은 평양으로, 왕인공(王仁恭)은 부여도로 나와서 신성으로 진군하게 함. 고구려 군사 수만 명이 대항해 싸우다 패전하여 성(=신성)에 들어가 굳게 지킴. (초원길을 통한 신성 공격과 별도로) 양제가 모든 수단을 동원해 요동성을 함락시키라고 했으나 실패함.	
	25년 (614) 7월	수나라가 또 침공했으나 수나라 진영에서 반역하는 자들이 나오자 양제가 철수를 지시함. 그러나 고구려는 수나라의 군사가 많다는 것 때문에 이들이 요수를 건너간 다음에야 추격했음. 수나라의 병부시랑(지금의 국방부 차관 해당) 곡사정이 고구려로 도망쳐 옴. 수 양제가 회원진에 와서 묵음. 그런데 수나라 전체가 소란하고 소집 대상인 군사들이 대부분 기일을 어기며 오지 않았음. 고구려 역시 피폐하여 곤란하였음. 내호아가 (바닷길로) 평양으로 진격해 오자 고구려 왕은 두려워 사신을 보내 항복을 청하며 곡사정을 돌려보냄.	4차 고수 전쟁
28대 보장왕	3년 (644) 7월	당 태종이 홍주(洪州)·요주(饒州)·강주(江州)의 3개 주에서 배 400척을 만들어 군량을 싣게 함. 영주(營州)도독 장검(張儉)은 유주(幽州)와 영주 두 도독의 군사와 거란·해(奚)·말갈 등을 거느리고 먼저 요동을 쳐 형세를 보게 함. 위정(韋挺)을 궤수사(=군량담당관)로 삼아 하북으로부터 여러 주들 지휘하게 함. 소경 소예(蕭銳)에게 명하여 하남 여러 주의 양곡을 운반하여 바닷길로 들어가게 함.	당, 1차 고당 전쟁 준비
	10월	당 태종이 "요동은 옛날 중국 땅이다"라며 직접 가서 고구려를 정벌하겠다는 의지를 밝힘. 북쪽에 있는 영주에서부터 곡식을 가져와 동쪽에 있는 옛 대인성(大人城:산동반도 앞 섬에 있는 성)에 저장시킴.	
	11월	낙양에 간 당 태종이 수 양제를 따라 고구려를 친 적이 있는 전(前) 의주자사 정천숙(鄭天璹)을 불러 의견을 물으니, 그는 "요동은 멀어서 군량 수송이 곤란하며 동이 사람들은 성을 잘 지키기에 항복 받을 수는 없다"고 대답함. 당 태종은 장량으로 하여금 배 500척과 4만 3천여 명을 거느리고 내주에서 바다를 건너 평양으로, 이세적은 보병·기병 6만을 이끌고 가 요동(新요동)에서 (당나라에) 항복한 오랑캐부대를 만나게 한 후, 두 부대를 합해 유주에 집합시켰음.	

왕	때		『삼국사기』「고구려본기」에 실려 있는 전투 관련 기사	기타
28대 보장왕	3년 (644)	11월	또 당 태종은 강행본과 구행엄에게 사다리와 무장수레를 만들게 함. 당 태종은 '이번 싸움에 대해 의심을 품거나 두려워 하지 말라'는 조서를 내림. 모든 군단과 신라·백제·해·거란 군 등에게도 길을 나누어 고구려를 치라고 했음.	
	4년 (645)	3월	정주(定州)에 온 태종이 신하들에게 "요동은 본시 중국의 땅인데 수씨(隋氏)가 네 번이나 군사를 냈으나 찾지 못했다. 내가 동방을 정벌하는 것은 전사한 중국 전사들의 원수를 갚는 것이며 고구려에 대해서는 (연개소문에게) 죽임을 당한 임금(영류왕)을 위한 것이다. 지금 사방이 대체로 평정됐는데 고구려만 못하였으니 늙기 전에 남은 힘으로 빼앗으려고 한다."고 말함.	1차 고당 전쟁 발발. 당, 개모성 비사성 등을 함락 시킴.
		4월	이세적 군이 유성을 떠나 통정에서 요수를 건너 현도성을 공격하고(결국은 현도성을 빼앗음), 이세적 군의 부사령관 격인 강화왕 도종은 (더 전진해) 신성을 공격했으나 빼앗지 못함. 그러나 이세적과 도종 군은 합세해 개모성을 함락시킴. 항복한 오랑캐 군을 이끈 장검 군은 선봉으로 요수를 건너 건안성을 공격했으나 함락시키지 못함. 장량이 이끈 수군은 바다를 건너가 비사성을 공격해 5월에 함락시킴.	
		5월	현도성을 공격하던 이세적 군이 방향을 돌려 요동성으로 진격하고, 요동성을 노리는 당 태종 군은 요택에 이름. 장작대장(지금의 공병부대장) 염립덕이 흙을 퍼 요택을 메움으로써 당 태종 군은 요택을 지나 요동성 앞에서 이세적 군과 합세함. 고구려의 보장왕이 신성과 국내성에서 보병과 기병 4만명을 동원해 요동성을 구원하려고 함. 신성을 공격하고 있던 도종이 이들을 막아섰으나 패배함. 그때 이세적 군이 지원해 줘 도종 군은 위기에서 벗어났고, 신성과 국내성에서 나온 고구려 군사는 요동성을 지원하지 못하게 됨. 당 태종과 이세적 군이 12일 동안 밤낮으로 요동성을 공격했으나 함락하지 못했음. 그때 요동성 안에 주몽 사당이 있었는데, 이 사당에는 연(燕, 모용선비의 나라인지 그 전의 연나라인지 알 수는 없음)나라 시절 하늘에서 내려줬다는 갑옷과 창이 있었음. 사당을 지키는 무당이 미녀를 여신으로 꾸며놓고 말하기를 "주몽이 기뻐하니 성은 반드시 보전될 것이다."라고 하였음. 이 전투에 백제 군대가 참여해 당나라 군과 함께 요동성을 공격했음. 마침내 요동성이 함락되자 당나라는 요동성을 요주로 고쳤음. 그리고 백암성을 치러 가니 백암성 성주가 자진 항복해, 백암성을 암주로 고쳤음.	당, 요동성 백암성 등을 함락 시킴.

왕	때	『삼국사기』「고구려본기」에 실려 있는 전투 관련 기사		기타
28대 보장왕	4년 (645)	5월 ~	이어 당나라 군이 안시성으로 몰려가니 고구려의 북부욕살 고연수와 남부욕살 고혜진이 고구려와 말갈 군사 15만을 거느리고 안시성 구원에 나섬. 그러나 (당나라의) 계책에 속아 대패하고, 고연수와 고혜진은 당나라 군에 항복함. 당 태종은 욕살 이하 관장 3,500명은 골라서 당나라 경내로 보내고, 남은 이들은 전부 석방하여 평양으로 돌려보냄. 하지만 말갈 사람 3,300명은 산채로 묻어버렸음. 안시성은 강력히 항전했기에 함락되지 않음. 당 태종은 '요동은 일찍 추워져서 풀이 마르고 물이 얼어 군사와 말이 오래 머무르게 할 수 없는데다 군량이 떨어질 것'을 예상해 철수하게 함.	안시성 전투
		10월	요택을 어렵게 건넌 당나라 군이 발착수를 건너니 폭풍이 불고 눈이 내려 얼어 죽는 자가 많았음. 당나라는 고구려로부터 빼앗은 현도·횡산·개모·마미·요동·백암·비사·협곡·은상·후황 등 10개 성을 철폐하고 주(州)로 바꾸었음. 요·개·암 3개 주의 주민 7만 명을 중국으로 옮김.	
	6년 (647)		당 태종이 우진달로 하여금 누선(=층배)을 타고 내주에서 1만 명을 발동해 바다를 건너가게 함. 우진달 군이 고구려의 석성을 빼앗음. 이세적 군은 영주도독부의 군사와 함께 신성으로 가게 했음.	2차 고당 전쟁
	7년 (648) 4월		당나라의 설만철이 내주에서부터 압록으로 들어와 고구려의 소부손이 지키는 박작성을 쳤으나 빼앗지 못함. 그러나 고신감은 바다를 건너 (고구려를) 공격해 역산에서 승리했음. 당 태종은 도적의 침입이 없었고 요동 전투에 참전하지 않았던 검남지방에서 고구려를 칠 선박을 만들게 함.	3차 고당 전쟁
	8년(649) 4월		당 태종 죽음. 태종은 임종 직전 요동전쟁을 중지하라는 조서를 내렸음.	장기전 돌입
	14년(655)		당 고종이 정명진과 소정방으로 하여금 고구려를 공격하게 함.	
	17년(658)		당 고종이 정명진과 설인귀로 하여금 고구려를 치게 함.	
	18년(659)		당나라의 설인귀가 횡산에서 온사문이 이끄는 고구려 군사를 쳐 승리함.	
	19년(660)		당나라가 설필하력·소정방·유백영·정명진으로 하여금 고구려를 치게 함.	
	20년 (661)		8월에 평양 방면 행군총관(사령관이라는 뜻) 소정방이 패강에서 고구려 군사를 깨뜨려 마읍산을 탈취하고 평양성을 포위함. 9월 설필하력 군이 압록을 건너 고구려 군사를 깨뜨렸으나 철수하라는 조서가 내려와 물러남.	

왕	때	『삼국사기』 「고구려본기」에 실려 있는 전투 관련 기사	기타
	21년 (662)	소정방이 평양성 포위를 풀고 철수함.	
	25년 (666)	연개소문이 죽고 그의 맏아들인 연남생이 막리지가 됨. 그런데 동생인 남건이 반란을 일으켜 막리지가 되자, 남생이 당나라로 투항함(6월). 9월 당 고종은 남생을 요동도독 겸 평양방면 안무대사로 임명하고 현도군공으로 삼음. 12월 당 고종은 이적(=이세적)을 고구려 공격전의 총사령관 격인 '요동방면 행군대총관 겸 안무대사'로 임명함. 하북의 여러 주는 조세를 요동으로 보내 군용으로 사용하게 함(당은 점령한 요동을 평양 공격 거점으로 활용한 것임).	소정방을 이세적으로 교체
	26년 (667)	9월 이적(=이세적)이 신성을 치니 성 안에서 반란이 일어나 성주 사부구를 결박해 항복함. 그러자 인근 16개 성이 따라서 항복함. 설필하력으로 하여금 신성을 지키게 함. 설인귀가 이끄는 군도 남소·목저·창암의 3개 성을 함락시킴.	
	27년 (668)	2월에 이적이 부여성을 빼앗음. 그러자 부여천(川) 안에 있던 40여개 성이 자청해서 당나라에 항복함. 이적이 대행성을 함락시키고 9월에 평양성을 함락시킴. 평양성에 있던 남건은 신성(信誠)이라는 중에게 군사에 관한 일을 맡겨 놓고 있었는데, 신성이 배신하여 성문을 열어줌으로써 이적 군이 평양성에 들어오게 되었음. 12월 당 고종은 수도인 장안의 함원전에서 고구려 왕 등을 포로로 받는 의례를 치름. 고구려 지역의 5부 176성 69만여 호를 9도독부 42주 100현으로 만들고, 평양에 안동도호부를 설치해 통치하게 하였음.	평양성 실함. 고구려 항복
당 고종	의봉 2년 (677) 2월	당나라가 항복한 보장왕을 '요동주 도독'으로 삼고 '조선왕'에 봉하여 요동으로 돌려보내 남은 백성(고구려의 유민)을 안정시키고 수습하게 함. 안동도호부를 신성으로 옮겨 통치하게 함. 보장왕은 안동도호부가 옮겨간 신성이 아니라 요동성에 머무는 요동주 도독에 임명된 것임. 이는 고구려 유민들의 저항으로 당나라가 평양 지역을 영유하지 못해 요동에서 고구려의 유민을 위무하게 했다는 뜻임. 그러나 요동에 온 보장왕은 당나라를 배반하고 비밀리에 말갈과 내통했음.	당, 평양 지배 포기

(주: '때'에서 괄호 안에 들어가 있는 숫자는 서기 연도다)
(표의 본문에서 괄호 안에 있는 글은 이해를 돕기 위해 필자가 넣은 것이다)
(8대 신대왕 조에는 현도군과 싸운 것을 넣어놓았다. 그때 현도군은 요동군에 예속돼 있었다)

관격인 '요동방면 행군대총관(大摠管)'에 임명해 1차 고당전쟁이 일어난 보장왕 4년(645) 4월 확보한 통정(=고구려의 무려라)에서 요수를 건너 현도성을 공격하게 하고, 이 부대의 부사령관격인 부(副)대총관 도종이 이끄는 군대는 신성까지 진격하게도 했다(251쪽 <그림 5> 참조).

통진에서 요수를 건너 현도성(제5현도군의 치소였던 신고구려현)과 신성까지 가는 길이 동(東)몽골 고원에 있는 내륙길 혹은 초원길이었을 것이다.

이 길에는 관문과 도강이 힘든 강이 없으니, 공격에 나선 부대는 빠른 진격을 할 수 있다. 고구려는 5대 모본왕은 2년(49) 북평·어양·상곡의 연5군은 물론이고 병주(幷州)에 속한 태원군까지 습격했는데, 이 공격도 초원길을 이용한 것으로 보인다.

서안평현을 잇는 해안길은 중요한 물류로이니 『삼국사기』에도 나와 있는 임유관(臨楡關) 같은 관문이 도로의 목마다 있었을 것으로 보인다. 이 해안길을 장악해야 요동으로 이어지는 물류를 지배하게 된다. 동쪽에 있는 나라와 중국 사이에서 중계무역을 해 부를 늘일 수 있는 것이다. 미천왕 때 고구려는 서안평현을 정복하며 이 해안길을 영유한 것이 분명하다.

고구려는 부여 왕실의 투항을 받은 494년(문자명왕 3) 이후 부여성을 쌓아 초원길도 확실히 장악한 것 같은데 그후 서서히 방기(放棄)해 돌궐 같은 외부 세력이 그 길로 들어오는 것을 허용했다. 당나라도 이 길을 통해 고구려 북쪽으로 들어와 산성을 빼앗고 이어 평양성을 함락시켰다.

요동군을 장악한 다음 고구려는 제국이 되었다. 그러자 수와 당이라는 대륙세력이 요동군을 놓고 고구려와 쟁패를 벌였다. 동북아의 대국인 고구려와 수·당은 요동 영유권을 놓고 패권 싸움에 들어간 것인데, 이는 요동의 가치가 급상승했다는 뜻이다. 수와 당은 이 싸움을 '요동전쟁[遼東之役]'으로 불렀다. 두 나라는 요동을 고구려와 등치어로 만든 것이다. 고구려의 CoG는 평양임에도 '고구려=요동'이란 인식이 만들어졌다.

고구려 패망 후 당나라는 평양지역은 포기하고 요동지역만 영유했으나 곧 요동지역을 거란에 빼앗겼다. 그리고 중국은 5대 10국의 시기와 요·금·원으로 이어지는 600여 년간 요동은 물론이고 고구려의 장수왕 평양을 지배하지 못했다. 이러한 중국이 명나라 때 고구려의 장수왕 평양을 '요동(요동도사 설치)'으로 명함으로써, 요동을 1,000여 km를 동진시켰음을 앞에서 살펴보았다.

고구려의 장수왕 평양이 요동으로 둔갑하게 된 비밀은 여기에 있다. 수·당 등이 고구려를 요동으로 불렀는데, 600여 년 후 장수왕 평양 지역에 들어온 명이 그곳을 요동으로 불러, 장수왕 평양이 요동이 돼 버렸다.

6) 제국이 되기 전의 고구려-요동전쟁

<표 4>를 고구려와 낙랑군간의 싸움을 정리한 358쪽의 <표 10>과 비교해보면, 고구려는 낙랑과는 비교할 수 없을 정도로 자주 요동군과 다툰 것을 알 수 있다. 제국이 되기 전인 장수왕 이전의 고구려가 요동과 어떤 싸움을 했는지 그리고 그 싸움이 어떤 영향을 끼쳤는지 상세히 살펴보자.

요동은 본래 동호의 땅이지 중국의 영토가 아니었다. 그런데도 수와 당이 영유권을 주장한 것은 전국시대의 연나라가 그곳을 점령했었고, 그곳에서 일어났던 오환을 조위(曹魏)가 굴복시켰으며, 그곳을 차지한 모용선비가 동진(東晉)에 우호적이었기 때문일 것이다. 고구려는 그러한 요동을 19대 광개토왕이 이끌던 404년 전에 차지해 28대 보장왕 4년(645) 당나라에 빼앗길 때까지 240년 이상 영유했다.

고구려=요동이라는 인식을 만들어낸 고구려와 중국, 그리고 고구려와 동호의 후예가 벌인 전쟁 가운데 중요한 것을 간추려 다시 상세히 살펴보자. 이러한 탐구는 요동의 중요성을 살펴보는 계기가 될 것이다. 고구려는 고조선의 CoG에 추가해 동호의 CoG를 차지하며 강국이 되었고 그곳을 잃으면서 무너졌다는 것은 기억해 두어야 할 대목이다.

왜 신나라는 고구려를 요서까지 동원하려고 했나

중국의 한나라는 왕망에 세운 신나라(9~23)에 의해 끊어졌다가 서기 25년 광무제에 의해 다시 이어졌다. 이를 후한(25~220)이라고 한다. 고구려는 신나라 때인 3대 대무신왕(생몰: 4~44, 재위: 18~44) 시절 급성장했다. 대무신왕의 재위기는 신나라와 광무제가 신나라를 무너뜨리고 후한을 세우는 시기와 겹쳐진다. 중국이 혼란에 빠졌을 때는 우리와 동호에게 기회가 된다.

그러나 초기의 고구려는 기회를 잡지 못했다. 오히려 휘둘리는 모습을 보였다. 『삼국사기』「고구려본기」유리명왕 31년(12)조에는 이러한 대목이 있다.

'한나라(신나라로 표현해야 옳다)의 왕망이 고구려로 하여금 군사를 동원해 오랑캐를 치게 했으나 변방으로 간 고구려 군사들은 오랑캐를 치지 않고 노략질을 하였다. 이에 요서 대윤(=태수) 전담이 쫓아와서 오랑캐를 치다가 죽자, 한나라(=신나라)의 주(州)와 군(郡)들은 그 책임을 고구려에 돌렸다. 이에 (신나라의) 엄우가 왕망에게 "맥(=고구려를 가리키는 듯) 사람에게 죄를 씌우면 부여의 족속 중에 그들에 동조하는 자들이 나올 것이다. 우리(=신나라)가 오랑캐(동호인 듯)를 이기지 못하고 있는데 부여와 예맥이 다시 일어나는 것은 큰 걱정이 된다."라며 만류했다.

그러나 왕망은 이를 무시하고 엄우로 하여금 고구려를 치게 했다. 엄우는 고구려의 장수인 연비를 꾀어 목을 벤 다음 한나라(=신나라)의 서울로 보냈다. 이에 왕망은 기뻐하며 고구려 왕을 하구려후로 하고 이를 천하에 알렸다. 그후 고구려가 한나라

의 변경을 침범하는 일이 더욱 심해졌다.'[157]

여러 중국 사서에도 실려 있는 이 사건은 요동군이 아니라 요서군을 무대로 한 것이 특징이다. 요동군 인근에 있었을 것이 분명한 요서군의 대윤이 명령에 불응한 고구려 군을 대신해 싸우러 나갔다가 전사했다는 것은, 오랑캐가 요서군 근처에 있었다는 뜻이 된다. 그렇다면 이 오랑캐는 동호일 가능성이 높다.

유리명왕 때의 고구려 수도인 졸본과 요동·요서 사이에는 제2현도군이 있었으니 양측은 제법 떨어져 있다고 보아야 한다(그러나 내륙길을 통하면 접근할 수는 있다). 그런데도 왕망은 고구려에게 요서로 출동하라고 했으니 고구려에서는 불만이 나올수 밖에 없다. 왜 신나라는 고구려에게 요서군까지 가서 오랑캐(동호)와 싸우라고 했을까?

낙랑군 멸망시켰던 대무신왕, 태원군까지 원정(遠征)한 모본왕

이 사건이 있기 28년 전인 유리명왕 3년(서기전 17) 유리명왕은 고구려의 골천 출신인 화희와 한나라 여인인 치희 둘을 부인으로 맞았다. 그러나 두 여자가 싸워 치희가 본가로 돌아가자 유리명왕은 황조가를 지었다. 유리명왕이 한나라 여인을 부인으로 맞았다는 것은 이 시기의 고구려는 한나라의 통제를 받았다는 뜻일 수 있다.

때문에 28년 후인 유리명왕 31년(12) 신나라의 명령을 받아 오랑캐(동호)를 치러 출병을 했다. 유리명왕은 아버지 주몽에 못지않은 정복 군주였다. 때문에 고구려 병사들은 자주성이 높아져 동호에 심정적으로 동조했다. 오랑캐를 치지 않고 요서군을 노략질한 것이다.

고구려의 본심을 안 신나라는 고구려를 하구려로 부르며 하대했는데, 이것이 유리명왕과 고구려로 하여금 반(反)중국으로 돌아서게 한 계기가 되었다. 2년 뒤인 유리명왕 33년(14) 고구려는 제2현도군의 치소인 고구려현을 탈취한 것이다.

신나라는 계속 위기를 맞았다. 24년(고구려 대무신왕 7년) 낙랑군에서 현지 사람[土시]인 왕조(王調)가 낙랑 태수인 유헌을 죽이고 낙랑군을 차지했다(낙랑군 1차 멸망). 신나라를 무너뜨린 것은 광무제가 아니라 경시제였다. 서기 23년 경시제가 곤양(昆陽)에서 왕망의 군과 전투를 벌여 승리하자, 신나라에서 내분이 일어나 왕망이 살해당했다. 그런데 경시제도 무능해 혼란이 일어나 25년 살해되고, 광무제가 추대됨으로써 후한(後漢)이 시작되었다.

그때 대무신왕의 고구려는 유리명왕이 새 수도로 정하기는 했으나 졸본 세력의 반발로 옮겨가지 못했던 국내로 천도해, 개마국·구다국 등을 정복하며 성장하고 있었다. 고구려는 제2현도군을 정복해 독립의 길을 달리고 있었으니 후한은 고구려를 치려고 했다. 그래야 왕조(王調)가 장악한 낙랑군도 칠 수 있기 때문이었다. 이를 위해 광무제는 요동군을 동원했다.

『삼국사기』는 대무신왕 11년(28) 7월, 요동군이 고구려를 공격했음을[158] 보여준다. 이 기습이 성공해 고구려는 위나암성(=국내성)에서 농성하며 방어하게 되었다. 이것이 고구려가 요동군과 충돌한 최초의 사건이다. 궁지에 몰린 고구려는 좌보 벼슬을 가진 을두지의 지혜로 화친함으로써 위기를 벗어났다. 화친은 고구려가 굴복했다는 뜻이다(191쪽 <표4>참조).

2년 뒤(30) 광무제는 왕준(王遵)을 낙랑태수로 임명해 왕조를 치게 했다. 그러자 낙랑군의 유력자인 왕굉(王閎)이 왕조(王調)를 죽이고 왕준을 맞다.[159] 왕조 정권은 7년만에 무너지고 낙랑군은 다시 후한의 영역이 된 것이다. 수복은 됐지만 이 사건으로 낙랑군의 위세는 크게 약해졌다. 후한은 낙랑군의 동부도위를 없애며 동부도위 산하의 영동7현을 버렸다.[160]

9년이 지난 서기 30년(대무신왕 20), 대무신왕이 복수에 나섰다. 낙랑군을 공격해 멸망시킨 것이다(낙랑군 2차 멸망). 『삼국사기』는 고구려가 어떠한 공격으로 낙랑군을 공략했는지에 대한 설명 없이 그냥 멸망시켰다고 해놓았다.[161] 이 승리로 고구려는 후한의 통제를 벗어난 것이 확실하다. 그러나 이 승리는 오래가지 못했다.

7년 뒤(44) 광무제가 수군을 보내 낙랑을 다시 수복한 것이다. 『삼국사기』는 이를 '대무신왕 27년(44) 광무제가 바다 건너로 군사를 보내 낙랑을 치고 군현을 다시 만드니 살수 이남이 다시 한나라에 속하게 되었다.'[162]고 밝혀놓았다.

중국이 왕험이나 낙랑, 장수왕 평양을 치는 전투를 보면 대부분 수군을 보냈다는 대목이 나온다. 이는 그곳이 중국에서는 너무 멀어 육군만 보내면 보급에 문제가 있다는 의미가 된다. 이러한 이해는 왕험과 낙랑, 장수왕 평양의 위치를 추정하는 좋은 단서가 된다.

후한이 살수 이북의 낙랑군은 수복하지 못했다는 것은 고구려를 굴복시키지 못했다는 뜻이다. 광무제가 수복한 낙랑군은 과거보다 줄어든 낙랑군이다. 그러나 현(縣)의 수에는 변화는 없었다. 이는 살수 이북에는 낙랑군의 현이 없거나 있어도 현의 치소는 살수 이남에 있어, 현은 없어지지 않았다는 의미다.

후한을 극복하려는 전통을 4대 모본왕도 이어갔다. 앞의 191쪽의 <표 4>에도 있듯이 모본왕 2년(49) 고구려는 연5군인 북평·어양·상곡군과 (연5군이 아닌) 태원군까지 공격했다. 이 공격은 광개토왕의 서정(西征)에 견줄 수 있는 장거리 원정이었다. 태원군은 206쪽의 <그림 4>에서 보듯이 유주(幽州) 서쪽에 있는 병주(幷州)에 속한 군(郡)이기 때문이다. 태원군은 전국시대부터 북방민족의 침입을 막는 곳으로 알려져 있다.

그때 고구려는 국내성이 수도였다. 낙랑군을 설명한 부분에서도 살펴보겠지만 국내성은 낙랑군에 인접해 있었던 것으로 보인다. 낙랑군은 지금 중국 요양에 있었으니 국내성을 수도로 삼은 고구려가 태원군까지 공격한 것은 대단한 장거리 공격이 된다.

모본왕의 고구려는 요동군을 치지 않고 우회해 장거리 공격을 했는데, 이 공격에 놀란 요동군의 태수 채동이 화친을 제의했기에 고구려는 공격을 거뒀다. 이 사건으로 고구려는 후한으로부터 확실한 독립한 것이 분명하다.

이 성과를 6대 태조대왕도 이어나갔다. 고구려는 태조대왕 53년(105) 1월과 9월, 69년(121) 봄과 4월, 70년(122)에 요동과 치고받았다. 그리고 94년(146) 8월엔 낙랑군을 이어주는 요동군의 서안평현을 쳐 그곳에 와 있던 낙랑 태수의 처자를 사로잡고 대방현(이때는 대방군이 없고 낙랑군 소속의 대방현이 있었다)의 수령을 죽이는 성과를 올렸다.

낙랑군 태수의 처자와 대방현의 수령(=현령)이 요동군의 서안평현에 와 있었다는 것은 후한의 낙랑군 영위가 원활하지 못했다는 뜻이다. 낙랑군은 현지인[土人] 왕조의 반란과 대무신왕의 정벌로 무너졌다가 복구됐지만 영역이 줄어들었으니, 요동군에 의지하지 않을 수 없었을 것이다. 낙랑군 태수의 처자가 고구려 군에 붙잡혔으니 고구려는 우위에 선 것이 된다.

1·2차 좌원대첩

8대 신대왕 4년(168) 고구려는 요동군에 예속된 현도군의 공격을 받아 항복했다. 뒤에서 살펴보겠지만 현도군은 여러 번 옮겨졌는데, 신대왕 때의 현도군은 제4현도군이다. 그러한 4현도군에 항복했기에 5년(169) 신대왕의 고구려는 현도 태수의 지시를 받아 부산(富山)을 공격하는 임무를 수행했다.

부산(富山)은 광개토왕릉비문에도 나온다. 이 비문에는 '영락 5년 을미에 광개토왕이 친히 군사를 이끌고 가서 패려를 **(토벌하였다). 부산(富山), 부산(負山)을 지나 염수에 이르러 3개 부락과 600~700명을 격파하였다.'[164]는 내용이 있다. 『삼국사

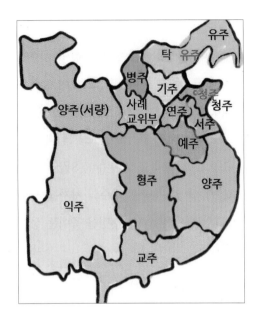

<그림 4> 후한의 13개 주[163]

(주: 요동군을 포함한 연5군과 낙랑군을 비롯한 한2군은
유주에 속했다, 이 지도는 유주가 지금의 요동반도는 물론
이고 한반도 북부까지 포함한 것으로 그려져 있다. 낙랑군
은 북한의 평안도, 대방 군은 북한의 황해도에 있었다는
잘못된 인식을 근거로 그렸기 때문일 것이다. 이 지도는
후한의 13개 주와 태원 군이 속한 병주의 대략적 위치를
파악하는 정도로만 썼으면 좋겠다).

기』는 현도군에 항복한 신대왕의 고구려가 현도태수의 지시를 받아 부산(富山)을
공격했다고 했으니, 부산은 연5군의 통제를 받지 않은 동호의 영역이었을 가능성
이 높다.

　신대왕 8년(172) 11월 고구려는 다시 제 4현도군의 공격을 받았다. 『삼국사기』는
분명히 밝히고 있지는 않으나 이때의 고구려는 수도인 국내성이 포위됐던 것이 확
실하다. 절체절명의 위기를 맞은 것이다. 그러나 고구려가 펼친 청야입보 전술 때
문에 식량을 구할 수 없어 현도군 세력은 돌아갈 수밖에 없었다.

　현도의 군대가 철수하자 고구려는 추격을 해 좌원에서 대승을 거뒀다(1차 좌원대
첩). 이 승리로 고구려는 제4현도군을 앞세운 요동군의 압박에서 벗어날 수 있었다.
1차 좌원대첩은 다시 후한에 예속됐던 고구려가 독립을 한 사건으로 보아야 한다.

　타계하기 2년 전인 14년(178) 3월 신대왕은 둘째 아들인 남무(男武)를 태자로 세웠

다. 신대왕이 죽자 사람들은 남무를 왕(고국천왕)으로 추대했는데, 그때 남무의 형인 발기(拔奇)가 소노가와 함께 각각 3만의 하호(下戶)를 이끌고 적국인 요동태수 공손강에게 투항해 버렸다.

발기와 소노가는 그들이 지배하고 있던 지역을 들어 항복한 것으로 보인다. 고구려를 배신하고 영토와 주민을 넘긴 것이니, 요동군의 영토와 인구는 늘어나고 고구려는 중요지대를 잃은 것이 된다. 요동태수는 고구려의 왕위 쟁탈을 핑계로 고구려를 칠 수 있는 기회를 잡을 수 있었다.

고국천왕 6년(184) 요동태수가 공격해오자, 고국천왕은 동생인 계수로 하여금 나가서 막게 했으나 실패했다. 그러자 고국천왕이 정예기병을 이끌고 나가 좌원에서 대승을 거뒀다(2차 좌원대첩). 고구려는 독립을 또 다시 확인한 것이다.

2차 좌원대첩은 대단히 중요한 승리였다. 요동군의 개입을 차단한 것은 물론이고 중국 정세까지도 흔들어버린 것으로 보이기 때문이다. 요동군은 후한의 변군(邊郡)이지만 국방상 중요한 곳이었기에, 이곳에서 패배하면 중국 중심부가 흔들릴 수 있었다.

황건적의 난과 공손씨 요동국 등장

고구려가 2차 좌원대첩을 거둔 184년 중국에서는 황건적의 난이 일어났다. 후한 경내 13곳에서 일어난 황건적으로 인해 후한 정권이 크게 흔들렸다. 후한이 황건적의 난을 제때에 억제하지 못한 것은 고구려와의 싸움(2자 좌원대첩)에서 실패했기 때문일 수 있다.

처음에는 지방에 있는 세력이 황건적 제압에 나섰다. 그렇게 나선 인물이 훗날 촉나라를 세우는 유비와 유비의 스승격인 노식과 황보숭, 위나라를 만드는 조조, 오나라를 건국한 손권의 아버지 손견 등이었다.

황건적의 난을 제압하는 과정에서 최대 실세로 떠오른 이는 동탁(董卓, ?~192)이었다. 그런데 동탁의 횡포가 자심해지자, 황건적의 난 진압을 계기로 일어났던 지방의 호족들이 반(反)동탁 전선을 형성했다. 이러한 연합군의 리더가 된 이가 소설 『삼국지연의』에도 나오는 원소(袁紹, ?~202)였다.

동탁이 거느렸던 무장 중의 한 명이 여포(呂布, ?~198)였다. 연합군은 동탁과 여포를 이간시키려 했는데, 소설 『삼국지연의』는 여기에 초선이라는 가공의 미인을 등장시켜 재미있게 꾸며 놓았다.

그러한 동탁이 공손탁(公孫度, ?~204)을 요동군 태수에 임명했다(189년으로 추정). 그리고 여포가 동탁을 죽이자(192), 각지에서 호족이 일어났다. 자기 나라를 만들려 한 것이다. 공손탁도 요동을 자신의 나라로 만들어갔다. 세칭 '공손씨 요동국'을 닦기 시작한 것이다.

중국에서 일어난 이러한 정변 때문에 고국천왕 19년(197)에는 난을 피해 한나라에서 고구려로 귀순하는 이가 매우 많아졌다. 이웃나라의 분란이 자국의 위기로 변하는 경우가 많다. 이웃한 국가끼리는 일의대수(一衣帶水)의 운명공동체이기 때문이다.

그해(197) 고국천왕(남무)이 아들 없이 죽자, 고국천왕의 부인인 우씨가 고국천왕의 동생인 발기(發岐, 먼저 요동군으로 투항한 拔奇와 형제가 된다)를 움직이려다 여의치 않자, 그의 동복(同腹)아우인 연우(延優)를 다음 임금(산상왕)으로 만들고 혼인했다.

그러자 발기(發岐)가 공손씨 요동국으로 달아나, 공손탁으로부터 3만 병력을 빌려 고구려로 쳐들어왔다. 공손씨 요동국은 요동군에 이어 또 다시 고구려의 왕위쟁탈전에 개입한 것이다. 이에 산상왕이 동생인 계수(罽須)를 보내 막게 하니 발기 군은 대패하고 발기는 자살하였다. 공손씨 요동국의 고구려 왕위 쟁탈전 개입은 실패로 돌아갔다.

조조의 오환 토벌

공손씨 요동국의 서쪽에 동호의 후예인 오환이 있었다. 오환은 원소와 가까웠다. 동탁이 제거된 후 원소는 후한의 실세가 되었는데 조조가 강력한 경쟁자로 떠올랐다. 200년 두 세력은 관도(官渡)에서 맞붙어 조조 군이 대승을 거뒀다(관도대전은 중국 역사의 3대 대전 중 하나로 꼽는다).

202년 원소가 죽자 원소의 아들인 원상(袁尙, ?~207)과 형인 원담(袁譚)이 다투다 원상이 우세해지자, 원담이 조조에 투항했다. 이로써 원상과 조조 사이에 전선이 형성되자, 원상은 아버지와 가까웠던 오환의 도움을 받기 위해 오환으로 들어갔다(205).

답돈(蹋頓)을 리더로 한 오환은 유성(柳城)을 본거지로 삼고 있었다. 『한서』「지리지」에 따르면 유성은 요서군에 속한 현이다(그러나 『후한서』「군국지」 요서군 조에는 유성현이 빠져 있다). 원상은 답돈의 도움을 받아 오환 군사를 이끌고 유주 일대를 자주 침공했다.

207년 조조가 원상과 오환 토벌에 나섰다. 그러자 오환에 원한을 품고 있으면서 독자 세력을 이끌고 있던 전주(田疇, 169~214)란 인물이 조조 진영에 합류했다. 고대의 전쟁은 어떤 길을 선택하느냐에 따라 승패가 갈리는 경우가 많다. 전주는 200여 년 동안 우마가 다니지 않는 노룡(盧龍)을 지나는 옛 길을 이용해 병력을 진공시키라고 권유했다.

조조는 이를 받아 들여 옛 길로 대부대를 침투시켰다. 오환은 그 동안 써온 길로 조조 군이 올 것으로 믿고 대비를 했다. 척후를 보내 감시를 하게 했지만 조조 군이 보이지 않았다. 그런데 갑자기 유성에서 2백리 떨어진 곳에서 샛길로 돌아온 조조의 대군이 나타나자 크게 당황했다.

건안 11년(207) 무종에 도착한 조조는 전주의 안내를 받아 노룡새를 지나 백단(白

檀)과 평강(平岡)을 거쳐, 백랑산(白狼山)에서 오환을 쳐 큰 승리를 거두고 유성(柳城)으로 진격했다. 원상은 공손씨 요동국의 공손강(公孫康, 204~221)에게 도망갔으나 공손강은 그를 죽여 그 머리를 조조에게 보냈다.

무종과 평강, 그리고 백랑산이 있는 백랑은 우북평군의 현이고, 유성은 요서군의 현이었다. 그리고 요동군을 차지하고 있는 공손강도 조조에 굴복하는 모습을 보였으니, 중국 사서들은 조조의 오환 토벌을 '3군(三郡)·오환 토벌'로 표현한다. 이는 요서군과 우북평·요동군이 인접해 있다는 뜻이다.

여기에서 주목할 것이 노룡(盧龍)을 지나는 옛길이다. 노룡은 노룡의 요새인 노룡새(盧龍塞)와 같은 곳인데, 지금은 중국 하북(河北)성 당산(唐山)시 천서(遷西)현 희봉구(喜峰口)촌이 그곳이다. 희봉구촌은 지금의 난하(灤河) 중류 바로 동쪽에 있고, 부근의 연산산맥에는 만리장성이 있다. 희봉구에서 멀지 않은 곳에 1975년부터 난하를 막아 건설에 들어가 10여 년만에 완성시킨 반가구(潘家口)댐으로 인해 생겨난 반가구 저수지[潘家口水庫]가 있다(212쪽 사진과 213쪽 지도 참조).

이 저수지로 인해 반가구와 희봉구 지역에 있는 만리장성의 일부가 수몰되었다. 그런데 가물면 만리장성을 이고 있는 봉우리 중 일부가 물 밖으로 올라와 '수중 만리장성'을 연출한다. 이 희봉구촌에 명나라 때인 1452년 축조됐다는 '희봉구관(喜峰口關)'이 있는데 이곳이 바로 노룡새다. 한나라 때 같은 곳에 만든 관문의 이름은 송정관(松亭關)으로 알려져 있다.[165]

희봉구관에는 오래 전부터 북방 민족이 중국을 치러 들어오는 곳이었다. 후한 말 조조가 요서의 오환을 토벌할 때와 전연(前燕)의 모용준(慕容儁)이 중원으로 진군할 때도 이 요새를 통과했다는 설명이 쓰여 있다. 중일전쟁 때 일본군도 이 관문으로 침입했다. 중국은 일본군이 점령한 이곳 마을 이야기를 소재로 한 영화 '귀신이 온다[鬼子來了]'를 제작해 2000년 칸 영화제에서 심사위원대상을 받은 적이 있다.[166]

이러한 희봉구에서 멀지 않은 하북성 진황도(秦皇島)시 창려(昌黎)현에 갈석산(碣石山)이 있다. 207년 오환을 정벌하고 돌아오게 된 조조는 이곳에 들러 '보출하문행(步出夏門行)'이라는 한시를 지었는데, 이 시는 연작 제 1수에 '동쪽으로 갈석에 이르러 푸른 바다를 바라본다(東臨碣石, 以觀滄海)'란 내용이 있어 '갈석편(碣石篇)'으로도 불린다(212쪽 사진 참조).

그렇다면 요서군과 요동군·우북평군은 지금의 희봉구촌 인근에 있었던 것이 된다. 요수는 지금의 난하[灤河]가 되는 것이다(213쪽 지도 참조).

조위(曹魏) 사마의의 요동국 정벌, 관구검의 고구려 침공

197년 발기(發岐)가 공손씨 요동국 군을 이끌고 침공했다가 실패해 자살한 후 공손씨 요동국은 207년 조조가 오환을 토벌할 때까지 고구려와 전혀 싸우지 않았다. 공손씨 요동국은 고구려보다는 조조 세력에 더 신경을 써야 했기 때문이다.

고구려 역시 공손씨 요동국만큼이나 서쪽 정세 변화에 신경을 곤두세운 것이 틀림없다. 발기에게 승리한 다음해(198) 2월 산상왕은 도읍지인 국내성에 인접한 곳에 산성 개념으로 환도성을 쌓게 했다. 그리고 조조의 오환 정벌이 성공한 다음인 산상왕 13년(209) 10월 환도성으로 천도했는데, 이는 조조의 공격에 대비한 것이 분명하다.

후한은 계속 혼란에 빠져들었다. 산상왕 21년(217) 한나라의 평주 사람인 하요(夏瑤)가 백성 1천 호를 데리고 고구려로 귀순했기에 고구려는 책성(柵城)에 그들을 배치했다. 이때의 평주는 공손씨 요동국의 평주다. 따라서 하요는 한나라 사람이 아니라 공손씨 요동국 사람으로 보아야 한다. 하요의 귀순은 고구려와 공손씨 요동국 사이를 긴장시켰을 가능성이 높다.

220년 후한의 위왕(魏王)에 책봉돼 권력을 휘두르던 조조가 죽자, 그의 아들 조비

희봉구
난하를 막아 만든 반가구댐으로 인해 생겨난 하북성 천서현의 반가구 저수지[潘家口水庫]로 인해 수몰된 연산(燕山)산맥의 만리장성. 과거의 노령새인 희봉구관은 이곳에서 멀지 않은 곳에 있다.

갈석산
하북성 진황도시 창려현에 있는 갈석산 입구. 오환을 정벌한 조조는 이곳에 들러 '갈석편'이라는 시를 지었다.

© 이정훈

옛 노룡새인 희봉구관과 갈석산 위치

구글 지도로 본 희봉구촌의 위치. 난하에 있는 반가구 저수지 곁에 있다. 희봉구촌 인근이 오환 족의 거주지인 유성현이 포함된 요서군 지역이다. 오환 토벌을 마친 조조가 들렸다는 갈석산도 이곳서 멀지 않은 남동쪽 해안가에 있다. 이는 요동과 요서군이 난하 인근에 있었다는 증거가 된다.

출처: https://www.google.co.kr/maps/search/%E5%96%9C%E5%B3%B0%E5%8F%A3/@40.0436 076,118.619904,10z

(曹丕, 생몰: 187~226, 재위: 220~226)가 후한의 효헌(孝獻)황제로부터 선양을 받아 위나라의 황제가 되었다.

이때부터 중국 역사는 삼국시대로 들어간 것으로 본다. 삼국시대는 위나라를 잇게 되는 진(晉)나라가 오(吳)나라를 무너뜨린 280년까지 지속된 것으로 본다. 그런데 중국 역사에서는 숱한 위(魏)나라가 등장했기에 조비가 연 위나라를 '조위(曹魏, 220~260)'로 불러 구분한다.

조위는 동북쪽에 있는 공손씨 요동국을 위협으로 보았다. 그때 공손씨 요동국에서도 급변이 일어났다. 고대의 궁중사(宮中史)를 보면 정변이 있은 후 실권자가 아닌데도 왕으로 추대된 이들은, 아들을 얻지 못하는 경우가 제법 있었다. 대표적인 사례가 공손씨 요동국의 3대 왕인 공손공(公孫恭, 재위: 221· ?~228)이었다. 그는 1대 왕인 공손탁의 아들이자 2대 왕인 공손강의 아우였다.

『삼국지』「공손탁전」에 따르면 그는 애초부터 병으로 인해 음경이 소실된 엄인(閹人=고자)이었고 쇠약해서 나라를 다스릴 수 없었다.[168] 그런데도 왕이 된 것은 형인 공손강의 아들인 공손황과 공손연이 어렸기 때문이었다. 그는 후사를 얻을 수 없으니 두 조카가 장성할 때까지 나라를 맡아달라는 뜻으로 추대 받은 것이다.

조비는 그러한 공손강을 거기장군(車騎將軍)과 평곽후(平郭侯)에 봉하고 죽은 공손강에게는 대사마(大司馬)를 추증했다(221). 위·촉·오가 다투는 삼국시대가 본격화했으니, 조비는 후방에 있는 공손씨 요동국을 회유할 필요가 있어 그렇게 한 것이다.

공손씨 요동국도 오환을 토벌한 조위와의 관계를 어렵게 할 이유가 없었다. 때문에 유력한 차기 실권자인 공손강의 장남 공손황(公孫晃)을 조위 조정에 임자(任子=볼모)로 보냈다. 이것이 형제의 운명을 갈랐다. 요동에 있게 된 동생 공손연(公孫淵, 재위: 228 ~238)이 장성하자 228년 병약한 공손공을 유폐시키고[169] 4대 왕이 된 것이다. 공손연은 조위와 좋은 관계를 만들었다.

그런데 형인 공손황이 조위에 있었던 탓인지 이듬해(229)부터는 조위와 동오(東吳, 손권이 세운 오나라) 사이에서 왔다갔다 하는 모습을 보였다. 때문에 237년 의심을 한 조위가 입조를 요구하자, 그는 거부하고 연왕(燕王)을 자처하며 대항했다. 조위는 유주 자사인 관구검을 보내 압박을 하다 철수했다. 그리고 이듬해(238) 사마의(司馬懿, 179~251 촉한의 제갈공명과 다퉜던 인물이다)[170]를 보내 공격하게 해, 공손연 부자(父子)를 죽이고 공손씨 요동국을 병합했다.

그때 고구려의 동천왕은 주부 대가를 시켜 군사 1천 명을 거느리고 가서 조위 군에 협조하게 하였다.[171] 고구려는 조위를 도와 공손씨 요동국을 없애고 그곳이 다시 대륙 세력의 땅이 되게 도와준 것이다. 이는 고구려의 중대한 판단 착오였다.

197년 발기(發岐)의 고구려 공격이 실패한 후 공손씨 요동국은 조조 세력이 있는 서쪽에 더 신경을 써야 했기에, 하요의 고구려 망명(217)이 있었음에도 30년 이상 고구려와 싸우지 않았다. 고구려와 공손씨 요동국은 냉전 비슷한 상태에 들어간 것이다. 고구려 처지에서 공손씨 요동국은 대륙세력의 동진(東進)을 막아주는 방파제 역할도 했다.

돌이켜보면 오환도 공손씨 요동국에겐 서쪽에서 오는 위협을 막아 주는 방파제였다. 그런데 공손씨 요동국은 이를 잊고 조조에게 협조해 오환 정벌에 동참했다가 (207), 21년이 지난 238년 조위의 공격을 받아 무너졌다. 고구려도 같은 길을 걸었다. 조위의 공손씨 요동국 정복에 협조함으로써 방파제를 허물어, 고구려도 '조위의 쓰나미'를 받게 된 것이다.

고구려의 협조를 받았음에도 공손씨 요동국을 정복한 조위는 고압적으로 나왔다. 고구려는 위만조선이 그랬던 것처럼 선공으로 나갔다. 『삼국사기』는 고구려가 4년 뒤인 동천왕 16년(242) '장수를 보내 요동의 서안평을 공격해 깨뜨렸다.'[172]고 써놓았다. 이로써 고구려와 조위 사이의 갈등이 깊어지자, 동천왕 20년(246) 조위는 유주자사인 관구검으로 하여금 1만 병력을 이끌고 현도를 통해 고구려를 침공하게 했다.

동천왕은 보·기(步騎) 2만 명을 이끌고 비류수[173]와 양맥[174]에 나가 싸워 승리했다. 그러나 다음 전투에서 크게 패해 1만8천여 명이 죽고 동천왕은 1천여 기병을 이끌고 압록원(鴨淥原)으로 달아났다. 이는 압록이 비류수와 양맥의 후방에 있다는 뜻이다. 그해 10월 관구검 군은 환도성을 함락하고 동천왕을 추격했다.

동천왕은 남옥저(과거의 동옥저 남부지역인 듯) 지역의 죽령으로 달아나다, 밀우와 유유의 활약으로 간신히 위기를 벗어났다. 남옥저는 지금의 요동반도 남쪽 북한의 서한만(=서조선만)에 있었을 가능성이 높으니 죽령은 지금 천산산맥 중에 있는 고개일 것이다.

이 전쟁에서 승리한 조위의 한 장수가 전쟁으로 파괴된 환도산성이 있는 환도산의 돌에 '불내성(不耐城)'이라는 글을 새기고, (낙랑군으로) 돌아갔다.[175] 이 싸움은 고구려가 처음으로 수도를 빼앗긴 경우였다(환도성과 불내성 문제는 낙랑군을 다룬 4장에서 상세히 살펴보기로 한다).

이듬해인 동천왕 21년(247) 동천왕은 환도성이 병란을 겪어 다시 도읍할 수 없다며 평양성(=왕검 평양)을 쌓고 백성과 종묘와 사직을 옮겼다.[176] 이에 대해 『삼국사기』는 '평양은 본시 선인 왕검이 살던 곳이다. 혹은 왕의 도읍터 왕검이라고 한다.'[177] 는 설명을 붙여 놓았다.

모용선비의 등장

공손씨 요동국을 세운 공손탁은 처음으로 평주를 만들었는데, 평주에 속했던 군은 확인되지 않는다. 공손씨 요동국을 무너뜨린 조위는 요동·창려(昌黎)·현도·대방·낙랑의 5개 군으로 평주(平州)로 구성했다가 평주를 유주(幽州)에 합쳤다.

265년 조위의 실세인 사마염(사마의의 손자, 생몰: 236~290, 재위: 265~290)이 조위 황실을 폐하고 진(晉, 세칭 西晉)나라를 열었다. 276년 서진은 유주에서 요동·창려·현도·대방·낙랑의 5개 군을 떼어내 다시 평주로 삼고,[178] 유주는 범양국(范陽國)·연국(燕國)·북평군·상곡군·광영군(廣寧郡)·대군(代郡)·요서군의 8개 군으로 하였다. 요동군과 한3군(현도·낙랑·대방)은 평주 소속이 된 것이다.

서진은 291~306년 간 지속된 '팔왕의 난'과 회제(懷帝)의 연호인 영가(永嘉) 연간인 307~312년 사이에 있었던 '영가의 난'으로 크게 약해지다가 316년 유연이 세운 전조(前趙)에 의해 무너졌다. 그리고 사마 황실의 사마예(司馬睿, 사마의의 증손, 생몰: 276~323, 재위: 318~323)가 양자강 이남인 강남에 망명 왕조를 세웠는데, 이를 이전의 진나라(서진)와 구분하기 위해 '동진(東晉, 317~420)'으로 부른다.

서진이 연속된 급변으로 약해져 가던 때 평주 창려군의 극성(棘城)에서 모용외(慕容廆, 269~333)가 이끄는 모용선비가 급성장했다. 『한서』「지리지」에 따르면 요서군에 교려(交黎)현이 있었는데, 응소는 '교려가 창려'라는 주를 달아 놓았다. 유성과 교려(=창려)는 같은 요서군 소속이었으니 모용선비는 오환족 일파의 재건으로도 보였다.

285년 자기 부족의 대인(大人=리더)이 된 모용외는 우문부(宇文部=우문선비)를 공격하려다 서진의 반대로 하지 못하게 되자, 서진의 유주 일대를 공격하기 시작했다. 그리고 서쪽으로 이주해 와 있던 부여(扶餘)를 공격해 부여왕 의려(依慮)를 자살하게 만들었다(285).

289년 서진은 모용외에게 모든 선비족의 리더라는 뜻으로 중국식 벼슬인 '선비도독(鮮卑都督)'을 주어 포섭하였다. 그러나 우문부와 단부(段部=단선비)가 이를 인정하지 않고 공격했기에, 모용외는 요서군 도하(徒河)현의 청산(靑山)으로 본거지를 옮겼다.

14대 봉상왕 2년(293) 8월 모용외가 (초원길로) 고구려를 침공했다. 봉상왕은 신성(新城)으로 피신가다 곡림(鵠林)에서 추격하는 모용외 군을 만났다. 그때 신성의 벼슬아치[新城宰]인 북부소형 고노자(高奴子)가 기병 5백 명을 거느리고 나와 모용외 군을 물리치고 봉상왕을 영접하였다. 이것이 『삼국사기』에 기록된 모용외와 고구려간의 첫 전투였다.

모용외는 우문부·단부는 물론이고 고구려와도 전선을 형성하게 된 것이다. 자신감을 가진 모용외는 294년 세력을 이끌고 원래 본거지인 창려군의 극성(棘城)으로 되돌아왔다. 그리고 봉상왕 5년(296) 고구려를 다시 침공해, 서천(西川) 둔덕[179]에 만들어 놓은 서천왕의 무덤을 파헤쳤는데, 갑자기 일꾼 중에서 죽는 사람이 나오고 광중(壙中, 무덤)에서 풍악 소리가 들려 철수했다.

고대 임금의 무덤은 도읍지 근처에 만든다. 서천 둔덕은 고구려의 도읍지(=왕검 평양) 인근일 가능성이 높다. 이 판단이 옳다면 모용외는 신성 지역을 우회해 왕검 평양을 포위했다가 철수한 것이 된다. 모용외가 철수하자 국상 창조리가 외적을 방어하려면 고노자를 써야 한다고 진언했다. 이에 봉상왕이 고노자를 신성태수로 삼으니 모용외가 다시 침노하지 못했다.

이러한 『삼국사기』의 기록은 신성이 모용외 군이 침입할 수 있는 초원길과 이어진 기간도로 상에 있고, 왕검 평양과 가깝다는 의미가 된다. 신성은 왕검 평양의 북쪽에 있으니 모용외는 유목하는 군사를 이끌고 초원길(=내륙길)로 쳐들어 오는 것이다. 모용선비는 고구려의 강력한 라이벌로 떠오르기 시작했다.

신하 세력에 밀리는 고구려 임금

그리고 고구려에서 심각한 권력 투쟁이 일어났다. 단초는 봉상왕의 궁실 개축이었다. 그때의 고구려는 왕검 평양을 수도로 삼았지만 국내성이 여전히 중심지 역할을 했다. 봉상왕은 9년(300) 국내성에서 15세 이상의 남녀를 징발해 궁실을 수리하게 했는데 백성들은 식량난에 쪼들리고 부역이 힘들어 유리·망명하는 경우가 많았다. 이에 국상인 창조리가 진언했으나 봉상왕은 듣지 않았다.

그러자 창조리는 여러 신하들과 의논한 후 왕을 폐하여 버리고 을불(乙弗, 15대 미천왕)을 새로운 왕으로 삼았다. 쿠데타를 당한 봉상왕은 화를 면치 못할 것을 짐작해 목을 매어 죽었다. 봉상왕은 자살한 유일한 고구려의 왕이다. 그러자 그의 두 아들도 화가 미칠까 두려워 따라 죽었다. 봉상왕의 직계는 끊어진 것이다.

신하들이 왕을 폐하면서 그 왕의 아들을 후계자로 한다면, 훗날 왕을 폐한 신하들이 당한다는 것은 명약관화하다(조선의 10대 왕인 연산군이 어머니가 폐비된 후 사약을 받아 숨진 것을 알게 되자, 그 일을 추진했던 세력을 제거하는 갑자사화를 일으킨 것은 유명하다). 그렇다면 여러 이유를 들어 왕의 아들을 죽게끔 하거나 죽여야 한다. 창조리 세력이 봉상왕과 그 아들을 제거한 것은 대단한 정변이 아닐 수 없다. 이는 왕일지라도 권력을 잡지 못하면 위험해진다는 뜻이다.

고구려도 중국의 황실만큼이나 많은 정변을 겪었다. 1대 동명성왕이 죽고 부여에서 찾아온 유리명왕이 뒤를 이었을 때, 왕위 승계에 불만을 품은 온조와 비류가 떨어져 나가 백제 등을 세운 것은 잘 알려진 이야기다. 유리명왕 때는 국내성으로의 천도를 놓고 유리명왕과 졸본 세력 간의 갈등으로 졸본에 있던 태자 해명이 자살하는 정변도 있었다.

3대 대무신왕은 동부여왕 대소를 죽이며 동부여를 무너뜨리고(대무신왕 5년, 서기 22년) 낙랑군도 일시적으로 멸망시켰던(대무신왕 20년, 서기 37년) 대단한 정복군주였다. 대무신왕이 매우 귀여워했던 왕자 호동은 최리의 낙랑국을 무너뜨렸다(대무신왕 15년, 서기 32년). 그러자 맏 왕비는 자신이 낳지 않은 호동이 태자가 되지 않을까 염려해 '호동이 나를 무례하게 대접하고 간통하려는 위험이 있다'고 울면서 참소했다. 왕이 의심하자 호동은 해명하지 않고 칼을 물고 엎어져 죽었다(대무신왕 15년 11월).[180]

호동이 자살한 다음달(12월) 대무신왕은 아들 해우(解憂)를 태자로 삼았다. 이는 혁혁한 정복에도 불구하고 대무신왕은 태자 옹립 투쟁을 허용할 만큼 권력이 약했다는 뜻이 된다. 그리고 12년이 지난 27년(44) 대무신왕이 죽자 신하들은 해우가 어려 정사를 할 수 없다며 대무신왕의 동생인 해색주를 왕(4대 민중왕)으로 추대했다. 고구려 조정에서는 신하들의 권력이 강성했던 것이다.

그러나 해우는 부활했다. 민중왕이 5년 만에 죽자 왕위에 오른 것(5대 모본왕)이다. 그런데 그 전(前)해 잠우부락의 대가인 대승 등이 1만호를 이끌고 낙랑으로 투항하였으니, 이러한 왕권 교체도 정변에 의한 것일 가능성이 높다. 모본왕이 된 해우는 즉위한 해(48) 10월 아들인 익(翊)을 왕태자로 세웠다. 모본왕은 태원군까지 원정했으나 재위 6년 만에 근신이었다가 사이가 틀어져 버린 두로(杜魯)의 칼을 맞고 살해되었다. 모본왕은 신하에게 피살당한 최초의 고구려 왕이다.

정변을 일으킨 세력은 힘을 쓸 수 없는 인물을 다음 왕으로 세우게 된다. 이들은 익(翊)이 어질지 못하여[不肖] 나라를 맡을 수 없다[181]며, 모본왕과는 4촌간이 되는 2대 유리명왕의 아들 고추가 재사(再思)의 아들인 일곱 살짜리 소년 궁(宮)을 세웠다. 여기에서 주목할 것이 '어질지 못함'으로 번역되는 '불초'이다. 고구려의 신하들은 '어진 이'를 다음 왕으로 추대하는 경우가 많았는데, 이는 신권(臣權)이 강력했다는 뜻이다.

그리고 모본왕의 부인인 태후가 수렴청정하는 모양을 갖추게 했다. 모본왕의 부인은 남편과 아들을 동시에 잃은 여인이다. 그러한 태후가 적대세력이 세운 임금을 놓고 수렴청정하도록 두는 경우는 없다. 그렇다고 태조대왕의 생부가 대원군으로 실권을 행사했다는 기록도 없다. 그렇다면 태조대왕 초기의 실세는 신하들이었을 것이다.

유리명왕의 아들 관계는 상당히 혼란스럽다. 유리명왕의 후계 문제는 336쪽에 있는 <표 9>를 참조하면 조금 정리될 수가 있겠다. 동부여에서 온 유리명왕은 온조를 비롯한 졸본부여 세력을 밀어내고 왕이 됐으니 불안했을 수밖에 없다. 그러나 유리명왕과 그 뒤를 이은 대무신왕-모본왕은 동명성왕처럼 정복군주 역할을 해냈기에 왕통을 유지할 수 있었던 것으로 보인다.

그러한 유리명왕계는 모본왕의 피살로 단절된 것으로 보인다. 주몽은 해모수(解

慕漱)의 아들이니 '해(解)'를 성으로 써야 한다. 주몽의 친자인 유리도 해를 성으로 삼고 있어야 한다. 『삼국사기』는 주몽과 유리의 성을 밝혀놓지 않았지만, 유리명왕이 태자로 삼았는데 황룡국과의 문제로 자살하게 되는 유리명왕의 아들은 해명(解明)이라고 해놓았다.

그리고 무휼이라는 이름을 가진 3대 대무신왕은 '대해주류왕(大解朱留王)'이라고도 했다고 해놓았다. 그러한 대무신왕이 아들 해우(解憂)를 태자로 삼았는데, 그가 죽자 신하들은 해우가 어리다는 이유로 대무신왕의 동생인 해색주(解色朱)를 4대 민중왕으로 삼았고, 민중왕이 죽자 해우를 5대 모본왕을 세웠음을 보여준다. 해명에서부터 해우까지는 모두 '해(解)'자가 들어가 있는데, 이는 해모수계라는 암시일 가능성이 매우 높다.

『삼국지』「위지 동이전」은 초기의 고구려가 계루부·절노부 등 다섯 부족의 연맹체였음을 보여준다. 절노부를『삼국사기』는 연나부로 표기한 것으로 보인다. 이러한 연맹체에 주몽과 유리가 연달아 들어와 해모수계 왕통이 이어졌다. 소노부인 이들은 정복능력을 발휘해 왕권을 유지하려고 했으나 기본적으로 소수였다. 시간이 흘러도 왕통이 안정되지 않았기에 모본왕은 독재로 흘렀다.

『삼국사기』는 '모본왕이 갈수록 포악해져 앉을 때는 사람을 깔고 앉고, 누울 때는 사람을 베고 누웠으며 그 사람이 조금만 움직여도 가차 없이 죽였다. 신하 중에 간하는 자가 있으면 활을 당겨 그를 쏘았다. 그래서 두로가 모본왕을 죽였다'고 해놓았다. 이 시해 사건으로 소노부 해모수계의 왕통이 끊어졌을 가능성이 높다.

두로 등은 모본왕이 임명한 태자 익을 폐하고 일곱 살짜리 궁(아명은 어수)을 새 임금(태조대왕)으로 세웠는데, 그때부터 계루부의 고씨 집권이 시작되었을 수 있다. 계루부는 왕, 연나부(절노부)는 왕비를 내는 것이다. 336쪽의 <표 9>는 궁의 아버지 재사는 유리명왕의 아들임을 보여준다. 그러나 유리명왕 아들에 대한 기록은 혼란스럽기에, 재사가 유리명왕의 아들인지 확신할 수가 없다. 궁은 고구려에서 다수를 차지한 예맥계의 고씨(계루부)일 가능성이 높다.

태조는 나라를 세운 왕에게 주는 묘호다. 『삼국사기』는 '국조왕(國祖王)이라고도 했다'는 주도 붙여 놓았으니, 궁은 새로운 왕통을 연 인물일 가능성은 높아진다. 새 지배층은 새 왕조를 열기보다는 고구려를 이어가는 것이 낫다고 봤을 수 있다. 그래서 국호에서 딴 고씨를 성으로 삼고 이 성을 소노부인 것으로 보이는 주몽에게도 부여함으로써, 고구려의 정통성을 이어가려고 했을 수 있다.

계루부(桂婁部)의 실세들에게 둘러싸였으니 태조대왕은 권력을 가질 수 없는 처지로 정치를 시작한 것인데, 100세가 될 때까지 94년간을 재위했고, 퇴위한 다음에도 19년을 더 사는 장수(長壽)를 한 까닭에 고구려사에서 보기 드문 실권자가 되었다.[182] 흥미로운 것은 그는 아들[183]을 태자로 임명한 적이 없다는 사실이다.

나이가 많은 그가 태자를 임명하면 권력은 태자에게 이동할 수도 있다. 그는 태자를 임명하지 않음으로써 취약한 상태에서 출발한 권력을 공고히 하는데 성공했다. 신하들은 임금이 자주 교체돼야 권력을 잡을 수 있는데, 그러한 기회를 주지 않은 것이다. 때문에 태조대왕 80년 조에는 왕위 계승 문제를 놓고 실력자들과 태조대왕이 동생인 수성이 대화하는 다음과 같은 대목이 나온다.

'태조대왕의 동생인 수성이 왜산에서 사냥을 하고 측근들과 잔치를 하자 관나우태 미유와 환나우태 어지류, 비류나조의 양신 등이 수성에게 "모본왕이 죽었을 때 태자가 불초해 여러 신하들이 왕자인 재사를 세우려 했더니 재사는 자신은 늙었다며 아들에 양도한 적이 있다. 재사를 세우려고 한 일의 취지는 형이 늙으면 동생에게 계승케 하자는 것이었다. 지금 왕(태조대왕)은 이미 늙었는데 양도할 뜻이 없으니 공(公=수성)은 대책을 세우라."고 은근히 권유했다.

그러자 수성은 "맏아들이 왕위를 잇는 것이 천하의 떳떳한 도리다. 왕이 비록 늙었으나 맏아들이 있는데 어찌 분에 넘치는 일을 바랄 수 있느냐."고 대답했다. 그러자 미유가 "아우가 어질면 형의 뒤를 잇는 일은 옛날에도 있었으니 공은 주저하지 말라."고 일침했다.[184]

이는 태조대왕이 아들이 있음에도 태자로 세우지 않았음을 보여준다. 고구려는 왕위의 장자상속과 형제상속이 병존한 국가였다.

권력투쟁의 산물로 왕이 된 태조대왕에게 최고의 보신책은 왕위를 유지하는 것이다. 신하들은 뒤늦게 태조대왕의 의도를 간파했기에, 그때 이미 62세가 된 수성을 세워보려고 '왕위의 형제상속'을 강조했는데, 수성은 장자상속이 정통이라는 명분을 내걸며 사양하는 모습을 보인 것이다.

그러나 14년의 세월이 수성을 변모시켰다. 태조대왕 94년(146) 7월 또 왜산에서 사냥하게 된 76세의 수성이 측근에게 "대왕이 늙었으나 죽지 않고, 내 나이도 곧 늙게 되니 기다리고만 있지 말고 계책을 꾸미기 바란다."고 했다. 수성은 자신의 뜻에 반대하는 이를 죽이면서까지 왕이 되겠다고 한 것이다.

이를 알게 된 태조대왕이 12월 수성에게 양위하고 별궁으로 은퇴하는데 그때 그의 나이가 100세였다. 태조대왕은 생전에 양위를 한 유일한 고구려 왕이다.

76세에 7대 차대왕이 된 수성은 인자한 마음이 적어 여러 사람을 죽였다. 그 중에는 태조대왕의 맏아들인 막근(莫勤)도 있었다. 차대왕 3년(148) 차대왕이 막근을 죽이자 막근의 동생인 막덕(莫德)도 화가 미치지 않을까 두려워 목을 매 자살했다.[185] 별궁에서 지내던 태조대왕은 차대왕 20년(165) 3월, 119세란 매우 많은 나이로 타계했다.

그러자 그해 10월 왕비를 내는 연나부의 연나조의인 명림답부가 차대왕을 죽이고, 좌보인 어지류가 중심이 돼 태조대왕의 막내아우인 백고(伯固)를 새 왕(8대 신대왕)으로 세웠다. 차대왕은 신하에게 피살된 두 번째 고구려 왕이다. 신하가 임금을 죽이는 정변이 다시 일어난 것이다.

그리고 실권을 잡은 신하들 사이에서 다툼이 재연됐는데, 이 다툼은 '누가 왕후를 배출할 것이냐'란 문제로 귀결됐다.

고구려 왕과 왕후 족의 대립

신대왕이 재위 15년 만에 죽자(179) 나라 사람[國人]들은 신대왕이 태자로 삼은 신대왕의 차남 남무를 왕으로 세웠다(9대 고국천왕). 그러자 남무의 형인 발기(拔奇)가 불만을 품고 요동군 태수인 공손강[186]에게 투항했다(179).

그리고 고국천왕 6년(184) 발기(拔奇)의 영향을 받은 탓인지 요동태수가 쳐들어왔다. 고국천왕은 왕자(고국천왕의 동생)인 계수(罽須)[187]를 보내 막게 하였으나 실패하자, 본인이 직접 나가 좌원에서 대승했다(2차 좌원대첩). 이 전투가 있기 4년 전인 180년(고국천왕 2) 고국천왕은 제나부 우소의 딸을 왕비로 삼았다. 연나부에서 왕후를 내던 전통을 깬 것이다(그러나 제나부는 연나부의 오기라는 지적도 많다).

8대 신대왕을 옹립할 때부터 영향력을 발휘한 어비류는 9대 고국천왕 때는 평자인 좌가려 등과 함께 왕후의 친척이 돼 권력을 행사했다. 고국천왕 13년(191) 4월 좌가려 등이 군사를 모아 서울(=국내성)을 침공했다. 군사 쿠데타를 일으킨 것인데, 고국천왕은 이를 진압하고 을파소를 국상으로 등용해 정치 안정을 꾀했다.

고국천왕 19년(197) 왕이 죽자 그의 부인 우씨의 선택으로 고국천왕의 동생인 연우가 왕(10대 산상왕)이 되었다. 그러자 불만을 품은 연우의 형 발기(發岐)가 공손씨 요동국으로 투항했다. 이 발기도 공손씨 요동국의 군대를 이끌고 고구려를 침공했다가, 연우가 보낸 계수의 군에 패하자 자살했다.

우씨가 고국천왕에 이어 산상왕의 왕후가 된 것은 그의 권력이 막강했다는 뜻이다. 그러나 그는 새로운 여자의 등장으로 자신이 낳은 아들을 임금으로 세우는데 실패했다. 그렇게 된 첫째 원인은 우씨와 산상왕 사이에 아들이 없었다는 것을 들 수 있다. 형수 덕에 권좌에 오른 산상왕은 막강한 왕후 세력을 견제하기 위해 고의로 아이를 낳지 않으려고 했을지도 모른다.

산상왕은 우씨 부인과의 동침을 피하는 것을 정당화하기 위해서인지 7년(203) 3월 아들을 얻게 해달라며 산천 기도를 했다. 그리고 3월 15일 꿈에 하늘로부터 "너의 소후(小后, 둘째 왕후)로 하여금 아들을 낳게 할 것이니 걱정 말라."는 소리를 들었다고 한다.

그리고 5년이 지난 12년(208) 11월 교제(郊祭, 야외에서 지내는 천지 제사)에 쓸 돼지가 달아나 주통촌에서 날뛰어 붙잡지 못했는데, 20세 가량의 아름다운 여자가 앞에서 잡아줘 잡아올 수 있었다. 이 말을 들은 산상왕이 이상하게 여겨 그녀 집으로 가서 동침하고 돌아왔다.

이듬해(209) 3월 왕후 우씨가 왕이 주통촌 여자(이름은 后女이다)와 동침한 것을 알고 질투해 죽이려 하니, 이 여자가 "내 몸속에 있는 왕자까지 죽이려 하는가."라며 저항해 죽이지 못했다. 이 소식을 들은 왕이 주통촌 여자에게 임신한 아이에 대해 물으니, 그녀는 '대왕의 혈육이 틀림없다'고 대답했다.

그리고 9월 주통촌 여자가 아들을 낳자 왕은 교제에 쓸 돼지 사건으로 이 아이의 어머니를 만났다며 아이 이름을 교체(郊彘, 돼지 체)로 짓고 그의 어머니를 소후(小后)로 삼았다. 17년(213) 왕은 다섯 살짜리인 교체를 태자로 세웠는데, 이는 우씨 세력과 결별하겠다는 뜻이 확실했다. 소후는 『삼국사기』에서는 관나부, 『삼국지』에서는 관노부로 표기된 부족 출신으로 보인다.

신하들 사이에서 가장 우세한 세력이 왕후를 배출한다. 그러한 상태에서의 왕은, 왕후족과 신하들이 바라는 것을 허락하는 존재가 되기 십상이다. 산상왕은 형의 부인이었던 우씨 집안의 도움으로 왕이 됐는데, 우씨를 버리고 주통촌 출신의 후녀에게서 얻은 아들을 태자로 세웠으니 일대 사건이 아닐 수 없었다.

신하들로부터 충성을 뽑아낸 동천왕

그러한 산상왕은 14년을 더 버티다 31년(227)에 죽고, 19살의 교체가 11대 동천왕이 되었다. 소후의 아들이니 눈치를 보고 자라 유약할 수도 있는데, 『삼국사기』는 동천왕의 성격은 너그럽고 인자하였다[王性寬仁]고 적어놓았다.

그리고 그의 배필이 된 왕후가 동천왕을 시험해본 것을 예로 들어, 그가 주위의 의심을 피하고 사람 마음을 잡을 줄 알았음을 보여준다. 왕후는 동천왕이 놀러나간 틈을 이용해 왕의 수레를 끄는 말의 갈기를 자르는 도발을 했다. 돌아와서 이를 본 동천왕은 "갈기가 없으니 불쌍하다."는 말만 하고 문제 삼지 않았다. 왕후가 근시를 시켜 밥상을 올리며 일부러 왕의 옷에 국을 엎지르게 했을 때도 왕은 화를 내지 않았다.[188]

성격이 좋은 동천왕은 우씨 세력도 적대시하지 않았다. 2년(228) 그는 생모가 아닌 우씨를 왕태후에 봉했다. 덕분에 우씨 집안과의 원한도 피해갔다. 8년(224) 우태후는 죽기 직전 "내가 행실을 잘못 가져 무슨 명목으로 지하에 있는 국양왕(=고국천왕)을 보겠느냐. 나의 시체를 구렁텅이에 버리지 못하겠거든 산상왕 능 옆에 장사지내 달라"고 유언했다. 이러한 유언은 동천왕의 독특한 리더십 때문에 우씨 세력이 몰락했다는 의미일 수 있다.

그때 대륙에서는 삼국간의 대립이 심했다. 동천왕 10년(236) 손권의 오나라(동오)가 위나라(조위)를 견제하기 위해 먼저 고구려에 사신을 보냈으나, 동천왕은 그의 목을 베어 조위에게 보냈다. 12년(238) 조위가 사마의로 하여금 공손씨 요동국을 칠 때 동천왕은 주부 대가로 하여금 1천 군사를 끌고 가서 조위 군에 협조하게 하였다.

그리고 20년(246) 동천왕은 조위 유주자사 관구검의 공격을 받아 수도인 환도성을 빼앗기는 대패를 당하는데, 그때 밀우와 유유가 온 몸을 바쳐 충성을 했다. 두 신하의 헌신을 받았다는 것은 동천왕이 실권을 잡았다는 의미이다. 이듬해(247) 그는 '본시 선인 왕검이 살던 곳이고 왕의 도읍터 왕검'이라고도 하는 평양(=왕검 평양)에 성을 쌓아 백성과 종묘사직을 옮겼다. 이러한 천도는 지극히 민족적인지라 사람들의 마음을 잡을 수 있었을 것이다.

그래서인지 다음해(248) 9월 그가 죽자 슬퍼하지 않는 이가 없었다. 근신들 가운데는 왕을 따라 죽으려는 자가 많았다. 새 왕(12대 중천왕)이 예절이 아니라 하여 금했지만 장삿날 왕의 무덤에 와서 자살한 사람이 많았다. 나라 사람들은 (애도의 뜻으로) 섶을 베어다 왕의 시체를 덮었기에, 그곳(동천왕을 장사 지낸 곳)을 시원(柴原)이라고 하였다.[189]

동천왕은 대무신왕 이후 신권(臣權)과 신권의 핵심인 왕후족에 휘둘려 버린 왕권을 독특한 리더십으로 회복시킨 군주였다. 그러나 그의 후예는 그런 능력을 이어가지 못했다. 동천왕의 뒤를 아들인 연불(然弗)이 이었다(12대 중천왕). 『삼국사기』는 중천왕은 풍채가 준수하고 쾌활하며 지략이 있었다[190]고 평해놓았으나, 아버지와 같은 리더십을 구사하지 못했다. 왕이 신하로부터 완전한 충성을 뽑아내는 것은 매우 중요한 일이면서 대단히 어려운 일이기 때문일 것이다. 중천왕은 연나부 출신으로 보이는 연씨를 왕후로 맞았다. 연나부는 왕후족으로 복귀한 것이다.

『삼국사기』는 중천왕은 즉위한 그해 11월 그의 아우인 예물과 사구 등이 반역을 도모했기에 사형을 시켰다고 밝히고 있다.

중천왕은 '여인의 전쟁'에도 휩싸였다. 4년(251) 그는 얼굴이 아름답고 머리카락이 9척이나 되는 관나부 출신의(『삼국지』에는 관노부로 표기돼있다) 관나부인을 소후(小后)로 삼으려다 왕후 연씨(椽氏)의 방해를 받았다. 두 여인 간의 갈등이 커지자 중천왕은 '현실'을 택했다. 왕후를 배출한 연나부의 힘이 막강했기에, 관나부인을 가죽주머니에 넣어 바다에 던져 버리게 한 것이다.

내분 위기를 정리한 중천왕은 아버지를 패배시킨 조위에 맞서기 시작했다. 12년 (259) 조위의 장수 울지가 군사를 이끌고 침입하자 정예 기병 5천을 끌고 나가 양맥 골짜기에서 쳐부수고 8천여 명의 머리를 베는[191] 큰 승리를 거뒀다.

중천왕이 죽자 그의 차남 약로(藥爐)가 뒤를 이었다(270, 13대 서천왕). 『삼국사기』 는 '서천왕은 총명하고 인자하니 나라 사람들이 사랑하고 존경했다'[192]고 해놓았 는데, 이는 고구려의 권력이 권문세가로 다시 옮겨갔다는 뜻일 수도 있다.

이를 보여주는 좋은 증거가 2년(271) 서천왕이 서부대사자 우수의 딸을 왕후로 삼 고, 7월에는 국상인 음우가 죽자 그의 아들인 상루를 국상으로 삼은 사실이다. 11년 (280) 10월 숙신이 침입하자 서천왕은 아우인 달가를 보내 막아내고 숙신의 본거지 인 단로성을 빼앗아 속지로 만들게 했다.

그리고 달가를 안국군(安國君)으로 삼아 서울과 지방의 군사 일을 맡게 하고 양맥 과 숙신 등 여러 부락을 총괄하게 했는데, 이는 달가에게 권력이 이동했다는 뜻이 다. 그러자 다른 동생들이 반란을 일으켰다. 17년(286) 서천왕의 아우인 일우와 소 발 등이 온탕(溫湯)이라는 곳으로 가서 반란을 도모했기에, 왕은 그들을 불러오게 한 후 역사(力士)를 시켜 잡아 죽였다.

23년(292) 서천왕이 죽자 서천왕의 차남인 태자 상부(相夫)가 다음 왕(14대 봉상왕) 이 되었다. 『삼국사기』는 봉상왕은 어려서부터 교만하고 방탕하며 의심과 시기가 많았다[193]고 기록해 놓았다. 즉위한 그해 3월 봉상왕은 안국군 달가가 아버지 항 렬에서는 큰 공적이 있고 백성들의 추앙을 받는다고 하여 그를 의심해 죽였다. 이 일로 인해 백성들의 원망이 많아졌다.

봉상왕은 세력을 키우고 있던 모용외의 침입을 처음으로 받았으나, 고노자의 활 약으로 위기를 넘겼다(293). 하지만 의심이 많아 아우인 돌고가 딴 마음(=왕위 찬탈)

을 갖고 있다고 몰아 자살하게 했는데, 나라 사람들은 돌고가 죄 없이 죽었다며 애통해했다. 때문에 돌고의 아들인 을불은 시골로 숨어 신분을 감추고 지냈다.

봉상왕 9년(300) 흉년이 들어 백성들이 서로 잡아먹는 일까지 벌어졌는데도 봉상왕은 국내성 사람들을 징발해 (왕검 평양의) 궁실을 수리하게 해 큰 원성을 샀다. 이에 국상인 창조리가 을불을 찾아내 숨겨놓고 쿠데타를 일으켰다. 그리고 봉상왕을 폐위해 가둬버리자 봉상왕은 자살했다. 창조리는 을불을 15대 미천왕으로 세웠는데 미천왕은 동천왕만큼이나 많은 곡절을 겪었던 탓인지 사람 마음을 사로잡을 줄 알았다. 신하들과 하나가 돼 정복전쟁을 펼친 것이다.

미천왕은 3년(302) 3만 군사를 거느리고 현도군을 쳐 8,000명을 사로잡아 왕검 평양으로 돌아왔다. 12년((311) 8월에는 장수를 보내 요동군에서 낙랑을 이어주는 젖줄인 서안평을 습격해 빼앗았다. 14년(313) 10월에는 낙랑군을 침공해 남녀 2,000여 명으로 사로잡았는데, 이 침공으로 낙랑군은 스러져 고구려의 영토가 되었다. 15년(314) 9월에는 남쪽으로 대방군을 쳤는데, 이 공격으로 대방군도 없어져 고구려의 땅이 되었다. 16년(315) 2월에는 현도성을 쳐 깨뜨리고 많은 이를 죽이고 사로잡았다.

이렇게 고구려가 팽창하는 동안 모용외 세력도 급성장해 307년 모용외는 모든 선비족의 우두머리라며 '선비대선우(鮮卑大單于)'[194]를 자칭했다. 그러는 사이 서진(西晉)은 크게 위축되다 316년 전조(前趙)의 침입을 받아 무너지고, 사마예가 강남에 동진(東晉)을 세웠다(317). 서진의 붕괴로 북중국은 여러 세력이 경쟁하는 무대가 되었다. 5호16국 시대가 본격화한 것이다.

전연(前燕)을 세운 모용선비의 급성장과 고구려

5호16국 시대는 서진을 무너뜨리는 흉노의 일파인 유연이 전조(前趙)를 세우는

304년 시작된 것으로 본다. 전조 건국 이후 북방민족들은 차례로 북쪽 중국으로 들어와 나라를 만들었다. 흉노·선비·저(氐)·갈(羯)·강(羌) 등 다섯 민족이 양자강 북쪽에서 16개의 나라를 세워 경쟁하게 된 것이다. 그러나 본격적인 5호16국 시대는 전조가 서진을 무너뜨린 316년부터로 보아야 한다.

이 중 가장 활발했던 것은 선비족으로, 선비는 탁발부(拓跋部)·모용부(慕容部)·단부(段部)·우문부(宇文部)·독발부(禿髮部)·걸복부(乞伏部)가 독립적으로 나라를 세웠다. 그리고 모용부가 가장 강력해져 서진 세력(西晉)을 적극적으로 수용했다. 그로 인해 많은 사람이 모용외에게 들어가자, 서진이 임명한 평주자사(平州刺史) 최비(崔毖, ?~?)가 모용부로 떠난 유민들에게 돌아올 것을 종용했다. 유민들은 이를 듣지 않는데, 최비는 모용외가 이들을 억류했기 때문이라고 생각했다.

때문에 미천왕 19년(318) 최비는 우문부·단부·고구려를 끌어들여 모용외를 협공하게 했다(부여도 동원한 것으로 보인다. 그러나 부여세력은 미약했다). 그러나 모용외는 3국 군사를 이간시켜 위기를 벗어나고 우문부의 군대를 크게 격파했다. 319년 최비는 모용외의 보복이 두려워하여 평주를 버리고 고구려로 망명하였다. 덕분에 모용외 세력은 손쉽게 평주의 중심인 요동군을 차지했다.

최비의 망명으로 모용선비와 고구려 사이의 긴장이 높아졌다. 미천왕은 자주 군사를 보내 모용외의 아들인 모용인(慕容仁)이 지키게 된 요동을 쳤으나 점령하지 못했다. 모용외 세력은 계속 팽창했다.

미천왕은 31년(330) 모용부의 서쪽에 있는 후조(後趙)의 석륵에게 사신을 보내 싸리나무 화살을 선물했다. 이는 동서에서 모용외 세력을 견제하자는 외교로 보인다. 이듬해(331) 미천왕이 죽고 태자인 사유가 뒤를 이었다(16대 고국원왕). 『삼국사기』는 고국원왕에 대한 인물평을 해놓지 않았다.

333년 모용선비에서 모용외가 죽자 왕위 쟁탈전이 벌어져, 셋째 아들인 모용황

(慕容皝, 생몰: 297~348, 재위: 337~348)이 승리했다. 고국원왕 6년인 336년 고국원왕은 동진에 사신을 보내 토산물을 바쳤는데 이것도 모용황을 견제하려는 노력이었다. 337년 모용황은 국호를 '연(燕)'으로 하고 '대선우' 대신 황제를 자칭했다. 이를 전연(前燕)의 건국으로 본다. 모용부와 대선우를 버리고 '연'과 '황제'를 칭한 것은 중국적인 것을 도입한다는 뜻이다.

338년 전연은 단부(段部)를 공격하고, 고구려가 접촉했던 후조의 침입을 물리쳤다. 339년에는 고구려의 신성을 침입해 고국원왕이 맹약을 청하자 철수하는 승리를 거뒀다. 이듬해 고국원왕은 세자를 모용황에게 보내 예방케 함으로써 전연에 굴복했음을 보였다. 이 일은 고구려가 세자(혹은 태자)를 외국에 보낸 두 번째 사례이다.[195]

전연의 팽창이 강력했기에 이듬해인 고국원왕 12년(342) 2월 고구려는 동천왕 때 조위 군에 함락돼 무너졌던 환도성을 보수하고, 8월 그곳으로 도읍을 옮겼다. 두 달 뒤인 10월에는 전연도 극성 동쪽에 있는 요서군 용성(龍城)으로 천도했다.[196] 그리고 11월 바로 고구려를 침공해 수도인 환도성을 빼앗아 궁실을 불태웠다. 고구려는 두 번째로 수도를 잃는 패배를 당한 것이다.

전연은 미천왕의 비(妃)인 주씨와 고국원왕의 왕비를 붙잡아 가고, 미천왕의 무덤을 헐어 시신을 가져갔다. 이 패배 때문에 고국원왕은 수도를 평양 동쪽에 있는 황성(黃城)으로 옮겼다(343). 황성은 앞에서 살펴보았듯 지금 중국 길림성의 산중 분지인 집안(集安)시이다.

고구려는 황성으로 천도했으나 낙랑군 지역은 뺏기지 않았다. 이는 전연이 고구려의 영토는 차지하지 않고, 고구려가 저항하지 못하게 굴복시키는 것을 목표로 했기 때문이다. 고구려를 굴복시킨 모용준은 붙잡아온 고국원왕의 어머니 주씨를 돌려보낼 때 사신을 보내 고국원왕을 정동대장군 영주자사 낙랑공으로 봉했다.

황성으로 천도한 후 고구려는 갑자기 백제와 싸우게 된다. 이는 백제가 황성에 인접한 지금의 요동반도에 있었기 때문일 가능성이 높다. 고국원왕은 39년(369) 9월 군사를 보내 남쪽으로 백제를 쳤으나 치양에서 패했다. 이듬해인 고국원왕 40년(370), 전연이 전진(前秦)의 공격을 받아 무너지는 대사건이 일어났다. 초대형 급변이 일어난 것이다.

그때 전연의 태부인 모용평이 전연에 굴복했던 고구려를 협조국으로 보고 도주해왔다. 고국원왕은 전연에 대한 원한이 있었기에 그를 붙잡아 동진(東晉)으로 보냈다. 고구려는 전연을 무너뜨린 전진이 아니라 동진을 친구로 본 것이다. 그리고 다음해(371) 10월 백제 근초고왕이 3만 군사를 이끌고 평양성(남평양)을 공격했기에, 고국원왕이 나가 싸우다 헛살에 맞아 사망했다.

황성은 왕검 평양과 마찬가지로 궁벽한 곳이다. 때문에 고국원왕은 낙랑군이 있었던 '장수왕 평양'으로 자주 갔다. '장수왕 평양'은 왕검 평양 다음에 등장한 곳이니, 남평양으로 불렸을 수 있다. '장수왕 평양'은 궁벽한 방어처인 황성을 대신하여 전진기지 역할을 했다.

소수림왕 이후 고구려왕들의 왕권 장악

고국원왕은 25년(355)에 아들 구부(丘夫)를 태자로 세워놓았는데 그가 다음 왕이 되었다(17대 소수림왕). 『삼국사기』는 그를 키가 장대하고 큰 지략이 있었다[197]라고 평해놓았다. 소수림왕은 전연을 무너뜨린 전진과 접촉해 불교를 받아들여 공인하고 법령을 반포하며 내부를 다졌다. 그리고 아버지의 원수를 갚으려는 듯 백제를 치는 전쟁을 많이 했다.

소수림왕이 14년(384)에 아들 없이 죽자 동생인 이련(伊連)이 다음 왕이 되었다(18대 고국양왕). 『삼국사기』는 고국양왕에 대해서는 인물평을 해놓지 않았는데, 이는 그에게 왕통이 넘어간 것에 대해 신하들의 저항이 없었다는 것으로 해석된다. 고구려는 여전히 위기에 빠져 있었기에 내분을 할 틈도 없었을 것이다.

소수림왕의 고구려에게 불교를 전승해준 전진(前秦, 351~394)은 티베트계인 저족(氐族)이 세운 나라다. 감숙성 일대에 살았던 저족은 전조(前趙)와 후조(後趙)에서 용병으로 많이 활동했다. 그때의 리더가 포홍(蒲洪)이었는데, 이들은 후조에 의해 지금의 하북성으로 강제 이주했다. 동쪽으로 옮겨온 것이다. 349년 후조의 황제 석호가 죽자 이듬해 포홍은 자립해 '삼진왕(三秦王)'을 자칭하고 성을 '부(苻)'로 고쳤다. 포홍에서 부홍(苻洪)이 된 것이다.

그러한 부홍이 부하에게 살해되자 부홍의 3남인 부건(苻健)이 뒤를 이었다. 부건은 왕호를 폐하고 동진(東晉)에 신속하였다. 그때 후조가 염민에 의해 무너지자, 부건은 관중(關中) 지역의 군벌인 두홍(杜洪)을 방심시킨 뒤 장안을 공격해 점령하고 351년 진(秦)나라를 열었다. 이 진나라를 중국 역사에 등장하는 여러 진나라와 구분하기 위해 '전진(前秦)'으로 부른다. 352년 황제에 오른 부건은 두홍 잔당 및 동진의 북벌군과 싸우며 평정해 가다 354년 관중을 차지했다.

355년 부건이 죽고 아들 부생(苻生)이 황제에 올랐는데, 부생은 폭정을 일삼아 민심을 잃었다. 357년 부생의 4촌이자 부홍의 손자인 부견(苻堅, 생몰: 337 ~385, 재위: 357~385)이 반정을 일으켜 부생을 폐위하고 '천왕'에 올랐다. 부견은 한족인 왕맹(王猛)을 중용해 내치를 다지고 366년부터 적극적으로 외정(外征)에 나섰다. 그리고 전연(前燕)의 요청으로, 전연을 침공한 환온(桓溫, 312~373)이 이끈 동진의 북벌군을 물리침으로써(369), 전연과 화북지방을 양분했다.

동진의 환온은 '형설지공(螢雪之功)'이라는 고사를 만들어낸 차윤(車胤)을 등용하고 351년 북벌을 단행해 큰 성과를 올린 인물이었다. 환온은 354년 전진(前秦) 공략에는 실패했으나, 356년엔 서진 때의 도읍인 낙양(洛陽)을 수복했다. 이로써 동진의 숙원인 북벌을 도맡게 되자 '토단(土斷)'으로 불렸던 철저한 호구조사를 통해 조세와 병력을 확충했다. 365년 전연에게 낙양을 빼앗기자, 369년 그는 대대적인 북벌을 감행했으나 전연에 대패했다. 370년 전진이 전연을 무너뜨렸다.

북벌을 추진하던 환온이 동진의 황제를 바꿔버린(폐제→간문제) 이듬해(371년) 백제의 근초고왕이 '장수왕 평양'을 공격해 고구려의 고국원왕을 전사시켰다. 동진의 정변과 '백제의 북정(北征)'은 관계가 없었을까. 고구려는 전연에 항복한 후 전연에 가까워졌는데 그러한 전연이 무너졌으니 백제는 고구려를 칠 수 있었을 것이다. 백제와 동진은 대체로 좋은 관계를 유지했으니, 백제는 동진의 북벌에 자극받아 고구려를 공격한 것일 수도 있다.

동진에서 환온이 권력을 장악하고 있던 360년, 전연에서 모용위(慕容暐 , 생몰: 350~384, 재위: 360~ 370)가 즉위했다. 모용위는 나이가 어렸기(즉위할 때 만10세)에 숙부인 모용각(慕容恪)이 섭정을 했는데, 모용각은 선정을 베풀었다. 367년 모용각이 죽고 모용평(慕容評)이 실권을 잡으면서 전연의 국력은 쇠퇴했다. 2년이 지난 369년 동진의 환온이 북벌군을 일으켜 공격해오자 모용평은 전전긍긍했다. 전연은 이 위기를 훗날 후연을 세우는 모용수(慕容垂)의 활약과 전진(前秦)이 보내준 구원군 덕분에 겨우 물리칠 수 있었다.

환온 군이 퇴각하자 모용평은 모용수의 전공을 두려워하여 모용수를 죽이려고 했기에 모용수는 전진(前秦)으로 망명하였다. 그러한 전진이 370년 전연을 침공해 전연을 멸망시켰다. 모용수는 계속 전진의 장수로 활약했다. 383년 동진을 치기 위해 90만 대군을 이끌고 비수(淝水)로 갔던 전진 군이 약체로 평가되는 8만의 동진 군을 상대했다가 대패했다(비수대전). 그때 모용수가 전진의 부견을 지켜주었다.

비수는 지금의 안휘(安徽省)성에 있는 회하(淮河)의 지류인데, 비수대전은 소수인 조조 군이 원소 군을 물리친 관도대전, 역시 소수인 유비+손권 연합군이 조조 군을 깨뜨린 적벽대전과 함께 중국 3대 대전으로 꼽는다. 이 승리로 동진은 기사회생해, 5호16국의 분열은 더 이어지게 되었다. 이듬해(384) 모용수는 14년 만에 연나라를 재건하는데, 이를 '후연(後燕, 384~407)'이라고 한다.

후연은 전연을 이었다고 자처했으니 요동과 현도군 등 과거 전연의 영역을 영유했다. 모용수가 후연을 세운 해 소수림왕이 죽고 그의 동생이 뒤를 이었다(고국양왕). 고국양왕 2년(385) 2월 고구려는 요동군과 현도군을 공격해 점령했으나, 11월 후연 모용농의 반격을 받아 두 곳을 내주게 되었다. 다시 모용선비와 고구려는 요동쟁탈에 들어간 것이다.

왕다운 왕들의 등극

390년 고국양왕이 재임 8년 만에 죽고 그의 아들인 담덕(談德)이 다음 왕이 되었다(19대 광개토왕). 『삼국사기』는 광개토왕을 '그는 나면서 부터 허우대가 크고 활달한 뜻을 가졌다'[198] 라고 평해놓았다. 『삼국사기』는 미천왕 이후 고구려왕들(미천왕, 고국원왕, 소수림왕, 고국양왕, 광개토왕, 장수왕, 문자명왕, 안장왕, 안원왕)은 신하세력이나 태후세력에 의해 즉위했다고 해놓지 않았는데, 이는 그 시기 고구려의 왕권이 강력해졌다는 의미가 된다.

『삼국사기』는 그 시기의 임금을 '체격이 크고 기개가 호걸스러웠다(장수왕),'[199] '키가 7척5촌이요 큰 도량이 있었다(안원왕)'[200]는 식으로 임금감으로 평가해놓았다. 양원왕에 대해서는 '나면서부터 총명하고 지혜가 있었으며 장성해서는 활달한 성격이 보통 사람보다 월등하였다,'[201] 평원왕에 대해서는 '담력이 있었으며 말타기와 활쏘기를 잘했다.'[202] 영양왕은 '풍채가 준수하고 쾌활하였으며 세상을 구제하고 백성을 안정시키는 일을 자기 임무로 생각했다'[203]는 평을 붙여 놓았다.

그러나 영양왕의 이복동생으로 왕위에 올랐다가 연개소문에 의해 죽임을 당한 영류왕에 대한 인물평은 없다. 영류왕의 조카로 고구려의 마지막 임금이 된 보장왕에 대해서도 『삼국사기』는 인물평을 달아놓지 않았다.

각각의 왕에 대한 『삼국사기』의 평은 주목할 만하다. 신하를 휘어잡는 리더십이 있는 왕들은 그러한 성격으로 묘사했고, 그렇지 못한 이들은 선한 사람으로 설명해놓았기 때문이다. 왕들의 리더십은 정통성이 있는 경우에 강했다. 소수림왕에서부터 평원왕까지의 고구려는 강성했는데, 그 시기의 왕들이 대체로 그러했다. 반면 초기의 왕들은 정통성이 약해, 신하와 왕후 족에 휘둘린 일이 많았음을 보여준다.

다음의 <표 5>는 「고구려본기」를 토대로 고구려 왕실이 당한 쿠데타나 쿠데타와 관련된 일들을 정리해본 것이다. 고구려 임금 가운데 신하에게 시해(피살, 암살)된 이는 5대 모본왕(두로에 의해), 7대 차대왕(명림답부에 의해), 27대 영류왕(연개소문에 의해) 세 명이고, 자살한 이는 14대 봉상왕(창조리에 의해 폐위된 후) 한 명이다. 이는 쿠데타가 성공한 경우다.

고구려가 맞은 첫 번째 초대형 정변(政變)은, 졸본부여에 들어와 혼인한 소서노(召西奴)의 도움으로 고구려를 이끌게 된 1대 동명성왕(주몽)이 소서노의 아들이 아니라 동부여에서 어머니 예씨(禮氏, 동부여에 있었을 때의 주몽 부인)와 함께 찾아온 유리를 태자로 세우고 타계함으로써, 유리가 2대 왕이 된 일일 것이다. 유리가 일으킨 이 쿠데타로 소서노는 아들 비류·온조와 함께 고구려를 떠났고, 온조로 하여금 백제를 세우게 했다.

6대 태조대왕-7대 차대왕-8대 신대왕, 그리고 9대 고국천왕-10대 산상왕으로의 승계는 전형적인 형제상속이다. 그런데 그 과정이 순탄하지 않았다. 고국천왕에서 산상왕으로의 승계에서는 왕후족인 우씨 세력이 매우 강성했음을 보여준다.

11대 동천왕은 독특한 리더십으로 신하들을 휘어잡았지만, 12대 중천왕은 다시 왕후족인 연씨 세력에 휘둘리는 모습을 보였다. 6대 태조대왕 이후 고구려의 왕비

<표 5> 고구려 왕실의 쿠데타 정리

(시해된 임금은 셋, 자살한 임금은 한 명으로 임금을 바꾸는 쿠데타는 네 번 있었다.

임금	때	사건	특징	비고
2대 유리 명왕	1년 (BC 19)	4월 동명성왕이 동부여에서 어머니 예씨와 함께 찾아온 아들 유리를 태자로 세우고 9월에 타계함. 유리가 새 왕(2대 유리명왕)이 됨.	동명성왕이 졸본부여에서 혼인한 부인인 소서노 세력이 붕괴함. 소서노는 아들인 비류·온조와 남쪽으로 떠나, 온조가 백제를 세우게 됨.	성공
	28년 (10)	국내성으로의 천도 문제를 놓고 유리명왕과 졸본세력이 대립하게 되었을 때, 황룡국과의 외교문제를 이유로 졸본에 있던 태자 해명이 자살함.	유리명왕은 정통을 세우는 것이 큰 과제였음. 졸본세력과의 갈등이 첨예했기에 유리명왕은 새 수도인 국내성은 물론이고 졸본에도 머물지 못하고 행궁에서 지내다 타계했음.	
5대 모본왕	6년 (53) 11월	자연재해가 이어졌고 모본왕이 포악했기에 모본왕의 근신인 두로(杜魯)가 모본왕을 죽임(첫 번째 시해).	암살된 첫번째 고구려 왕. 모본왕의 5촌 조카로 설명돼 있는 일곱 살의 궁 (宮)을 태조대왕으로 세움.	성공
6대 태조 대왕	94년 (146) 10월	우보 고복장이 태조대왕 80년부터 시작된 왕의 아우 수성의 쿠데타 가능성을 왕에게 이야기함. 왕은 "내가 이미 늙었고 수성은 나라에 공로가 있으니 그에게 왕위를 내어주려 한다." 고 대답함.	태조대왕이 장기집권(94년간)을 하자 수성이 쿠데타를 모의함. 이를 안 태조대왕이 수성에게 선양함으로써 쿠데타가 일어나지 않음.	
7대 차대왕	1년 (146) 12월	양위 의사를 밝혔던 태조대왕이 아우 수성(7대 차대왕)에게 왕위를 내주고 별궁으로 은퇴함.	고구려 왕 중 유일하게 생전에 양위한 경우임.	양위
	2년 (147) 3월	차대왕이 우보 고복장을 죽임	고복장이 처형된 것에 대해 원근의 사람들은 분개하며 애석해 했음.	친위 쿠데 타
	3년 (148) 4월	사람을 시켜 태조대왕의 맏아들인 막근을 죽임. 그러자 막근의 동생인 막덕도 두려워 목을 매 자살함	차대왕이 왕권 강화를 위해 학정을 함.	″

임금	때	사건	특징	비고
7대 차대왕	20년 (165) 10월	연나(왕후족인 연나부 소속인 듯)조의인 명림답부(明臨答夫)가 차대왕을 죽이고 태조대왕이 막내 아우인 백고(伯固, 8대 신대왕)를 추대함(두 번째 시해).	백고는 무도한 차대왕의 환난을 피해 산 골에 은퇴해 있다가 좌보어지류 등에 의해 77세에 왕이 됨.	성공
8대 신대왕	2년 (166) 1월	전국에 죄수 대사(大赦) 명령을 내림	명림답부의 사변이 일어났을 때 도망쳤던 차대왕의 태자인 추안이 대사령을 듣고 살려달라고 옴. 신대왕은 그에게 구산 뢰와 누두어 두 곳을 주고 그를 양국군(讓國君)에 봉해주었음.	
	12년 (176) 3월	3월 신하들의 권유로 차남인 남무(男武)를 태자로 삼음.		
9대 고국 천왕	1년 (179)	신대왕이 죽자 왕이 되지 못한 신대왕의 맏아들 발기(拔奇)가 소노가와 함께 하호 3만여 명씩을 거느리고 후한의 요동태수인 공손강에 항복하고 비류수가로 돌아와 살게 됨.	동생 (남무=고국천왕)이 왕이 되었으니 형인 발기는 살기 위해 요동군에 투항한 것으로 보임.	왕위 쟁탈전
	2년 (180) 2월	우씨(于氏)를 세워 왕후로 삼음. 우씨는 제나부(提那部) 우소(于素)의 딸임(왕후족이 연나부에서 제나부로 교체된 듯).	우씨는 고국천왕-산상왕 2대에 걸쳐 왕후를 하게 됨.	왕후족 변경(?)
	6년 (184) 1월	후한의 요동태수가 고구려를 공격함. 동생인 계수가 막지 못하자 고국천왕이 기병을 거느리고 나가 좌원에 나가 싸워 크게 쳐부숨(2차 좌원대첩).	이 승리로 고국천왕은 실권을 장악한 것으로 보임. 이 패배 직후 후한에서는 지방의 반란인 황건적의 난이 일어남.	실패
	12~13년 (190~191)	12년 9월 왕후의 친척으로 나라의 권력을 쥐고 있던 중외대부패자(中畏大夫 沛者) 어비류와 평자(評者) 좌가려(左可慮)가 네 연나(椽那)와 반역을 획책함. 13년 4월 좌가려가 군사를 모아 서울을 침공하자, 고국천왕이 서울과 지방의 군사와 마필을 징발하여 이를 진압함.	왕후족들이(제나부+연나부) 반란을 일으킴. 이 반란 진압 후 고국천왕은 인재 필요성을 절감해 안류(晏留)의 천거로 서쪽 압록곡(鴨淥谷) 좌물촌(左勿村)에 사는 을파소(乙巴素)를 국상으로 삼음.	실패

임금	때	사건	특징	비고
10대 산상왕	1년 (197)	고국천왕이 아들 없이 죽자 왕후인 우씨는 왕이 죽은 것을 비밀에 붙이고 밤에 왕의 동생인 발기(發歧, 고국천왕의 형인 拔奇와는 한자가 다름)를 찾아가 "왕에게는 아들이 없으니 그대가 뒤를 이어야겠다."고 함. 발기는 왕이 죽은 것을 알지 못했기에, "하늘이 마련한 운수는 돌아갈 데가 있으니 경솔히 논의할 수 없다. 더군다나 부인이 밤에 출입을 하는 것은 예절이 아니다"라고 대답함. 창피해진 왕후가 발기의 동생인 연우를 찾아가니, 연우는 의관을 정돈하고 맞아 잔치를 베품. 이튿날 왕후가 선왕의 유언이라며 연우를 왕으로 삼게 함. 산상왕은 장가를 들지 않고 우씨를 왕후로 삼음.	분개한 발기(發歧)가 군사를 일으켜 왕궁을 포위했으나 그를 따르는 사람이 없었음. 발기는 요동으로 달아나 (공손씨 요동국의) 요동 태수인 공손탁에게 귀순함. 그러한 발기가 공손탁으로부터 군사 3만을 받아 쳐들어왔으나 연우가 동생 계수를 보내 막게 해 대패함. 패배한 발기는 자살했음.	실패
	12년 (208) 11월	교제에 쓸 돼지가 달아나 주통촌에서 발견됨. 이 돼지가 날뛰어 붙잡지 못했는데 20세가량 되는 아름다운 여자가 웃으면서 앞으로 나와 잡아 준 뒤 이 돼지를 잡을 수 있었음. 이 말을 들은 왕이 이상하게 여겨 밤에 미복으로 그 여자 집을 찾아가 동침함.	여자는 "행여나 아들이 있게 되거든 버리지 말기를 원합니다."라고 함. 왕은 이 말을 승낙하고 대궐로 돌아옴.	후사 경쟁
	13년 (209) 3월	산상왕이 주통촌 여자에게 갔던 사실을 안 왕후가 그 여자를 질투해 몰래 군사를 보내 죽이려고 함. 이 소문을 듣고 도망을 친 이 여자가 추격병에 붙잡혀 죽임을 당하게 되자, "너희들이 지금 나를 죽이러 온 것은 왕의 명령이냐, 왕후의 명령이냐. 내몸을 죽이는 것은 좋으나 왕자까지 죽이겠느냐"라고 하니 병사들은 죽이지 못하고 돌아와 보고함. 이 말을 들은 왕이 여자 집에 찾아가 "네가 임신한 아이가 누구의 아이냐" 라고 물으니, 여자는 "정말 대왕께서 끼치신 혈육입니다"라고 대답함.	왕후 우씨와 주통촌 여자 간의 후사 갈등	

임금	때	사건	특징	비고
10대 산상왕	13년 (209) 9월	주통촌 여자가 아들을 낳으니 왕이 맏아들을 얻었다며 매우 기뻐함. 교제에 쓸 돼지 사건으로 그 아이 어머니를 사랑할 수 있게 됐다고 하여 아이 이름을 교체(郊彘)라고 하고, 아이 어머니를 소후(小后)로 삼음.	왕이 주통촌 여자로부터 드디어 아들을 얻음.	
	17년 (213) 1월	교체를 태자(=11대 동천왕)로 삼음.	왕비족인 제나부의 우씨 세력 붕괴. 관나부가 왕후족이 된 듯.	왕후족 교체(?)
11대 동천왕	2년 (228) 3월	왕이 우씨를 봉하여 왕태후로 삼음. 동천왕이 생모가 아닌 우씨를 뒤늦게 왕태후로 삼은 것은 통합의 의미일 것임.		
	8년 (234) 9월	태후 우씨 죽음.		
	20년 (246) 10월	조위의 관구검이 환도성을 함락하고 주민을 도륙함. 남옥저로 달아난 왕은 밀우와 유유의 기지와 헌신으로 위기를 벗어남.	신하들의 헌신을 이끌어 냄.	왕권 확립
12대 중천왕	1년 (248) 10월	동천왕이 태자로 세웠던 연불(然弗)이 12대 중천왕이 됨. 중천왕은 연나부의 연씨(椽氏)를 왕후로 삼음.		연나부가 다시 왕비족 됨
	1년 (248) 11월	중천왕의 아우인 예물(預物)과 사구(奢句)가 반역을 도모함.	중천왕은 두 아우를 사형시킴.	쿠데타 실패
	4년 (251) 4월	왕후인 연씨부인과 미인이기에 중천왕이 장차 왕후로 삼으려고 했던 관나부인이 갈등하자, 왕은 관나부인을 자루에 넣어 바다에 던져 죽게 함	처족인 연씨(연나부) 세력과의 관계를 계속 유지함. 관나부가 밀림.	왕후족 경쟁, 관나부 패배

임금	때	사건	특징	비고
13대 서천왕	17년 (286) 2월	왕의 아우인 일우(逸友)와 소발(素勃)이 반란을 도모함. 이들은 병이 들었다는 핑계로 온탕(溫湯)에 가서 도당들과 방종하게 오락하며 불온스러운 언사를 퍼뜨림.	국상(國相)을 시켜준다고 유인해 역사를 시켜 잡아 죽임.	실패
14대 봉상왕	1년 (292) 3월	서천왕의 태자인 상부가 왕위(=봉상왕)에 올라 서천왕에 의해 안국군에 임명됐던 서천왕의 아우인 달가(達賈)를 죽임.	봉상왕은 달가가 아버지 항렬에서는 큰 공적이 있어 백성들이 높이 쳐다본다고 하여 그를 의심하여 죽임. 이에 나라사람들은 눈물을 뿌리며 서로 서러워함.	왕권 갈등
	2년 (293) 9월	봉상왕은 아우인 돌고(咄固)가 딴 마음을 가졌다고 몰아 자살하게 함.	나라 사람들은 돌고가 죄없이 죽었다며 애통하게 생각함. 돌고의 아들 을불(乙弗)은 시골로 도망침.	〃
	5년 (296) 8월	모용외(慕容廆)가 침입해 서천왕의 무덤을 파다 겁이 나서 물러남.	국방 위기	
	9년 (300) 8월	가뭄으로 흉년이 들어 백성들이 서로 잡아먹음. 그런데도 왕이 국내성에서 15세 이상의 남녀를 징발해 환도성의 궁실을 수리케 하니 식량에 쪼들리고 부역에 피곤한 백성들이 유리 망명함. 그러자 국상 창조리(倉助利)가 봉상왕을 밀실에 가둬 군사로 지키게 하고, 을불을 새 왕(15대 미천왕)으로 세움.	봉상왕은 화를 면치 못할 것을 짐작하고 목을 매 자살함(봉상왕은 자살한 유일한 고구려왕). 그의 두 아들도 죽었음.	쿠데타 성공
24대 양원왕	13년 (557) 10월	환도성에 간 주리(朱理)가 반역을 했다가 사형을 당함.	주리 처형	실패
27대 영류왕	25년 (642) 10월	영류왕이 장성 쌓는 일을 감독하게 했던 연개소문(淵蓋蘇文)이 영류왕을 죽임.	세 번째로 암살된 고구려왕. 연개소문이 보장왕을 세움.	쿠데타 성공

는 연나부(절노부)에서 배출되다가 9대 고국천왕 때 제나부, 형제간 왕위쟁탈전이 재연된 10대 산상왕 시절 관나부(관노부)로 바뀌었다가, 12대 중천왕부터 다시 연나부가 배출하게 된 것으로 보인다. 왕후족의 교체는 정변을 부른다.

신권(臣權)도 종종 왕의 경쟁자를 추대하는 '전복(顚覆)'을 한다. 14대 봉상왕은 「고구려본기」 봉상왕조의 표현대로 의심과 시기가 많아, 경쟁자를 없애는데 주력하다가 원한을 사 창조리에 의해 유폐되자 자살하였다.

그리고 신하들은 봉상왕의 조카인 을불을 미천왕(15대)에 세웠는데(300), 그는 낙랑과 대방군을 정복하는 등 혁혁한 공을 세웠다.

미천왕 이후 고구려는 큰 궁중 정변을 겪지 않았다. 이는 왕권이 신권을 제압했거나 갈등하지 않게 되었다는 의미일 것이다. 그리고 257년을 건너뛰어 24대 양원왕 때 주리가 반란을 일으켰다가 제압당했다. 모처럼만에 고구려에서 반란이 일어난 것이다. 27대 영류왕은 642년 연개소문으로부터 죽임을 당했는데, 이는 고구려 왕실이 당한 마지막 쿠데타였다.

고구려사를 보면 '작지만 더 중요한' 정변도 다수 발견된다. 가장 중요한 정변은 28대 보장왕 27년(668) 9월 평양성에서 일어난 사건이다. 그때 평양성은 이적(=이세적)이 이끄는 당나라군에 포위돼 있었기에 보장왕은 항복을 결정했다. 보장왕은 연개소문의 아들인 남산을 이적 군에게 보내 항복하게 했으나, 연개소문의 또 다른 아들인 남건이 평양성을 지키려 했다.

남건은 중 신성(信誠)을 신뢰해 그에게 군사에 관한 일을 맡겼는데, 신성이 이적과 내통해 성문을 열어 주었다. 때문에 이적 군이 평양성으로 들어와 보장왕과 남건을 붙잡아 고구려를 멸망시켰다.

이런 식으로 고구려의 정변은 외세와 연결된다. 고구려의 내부 정변은 외부세력의 고구려 왕위쟁탈전 개입처럼 국제 정치의 요소로 변모하기도 했다.

광개토왕 이후 요동과 현도 지배

모용선비와 광개토왕의 이야기로 돌아가 보자. 고구려는 광개토왕이 등장함으로써 비로소 요동군 지역을 차지했다.『삼국사기』「고구려본기」는 광개토왕 13년(403) 11월 고구려가 후연을 침공했고, 이듬해(404) 1월 후연 임금인 모용희가 직접 요동성을 빼앗으려고 쳐들어왔으나 실패했음을 밝히고 있다. 이는 404년 이전 광개토왕의 고구려가 요동성을 차지했다는 뜻이다. 고구려는 404년 이전의 공격에서 요동군과 현도군 지역을 차지했을 가능성이 높다.

광개토왕릉비문의 영락 5년(395년)조에는 이런 내용이 있다. '패려(稗麗)[204]가 고구려인에 대한 (노략질을) 그치지 않으므로, 영락 5년 을미(乙未)에 왕이 친히 군사를 이끌고 가서 토벌하였다. 부산(富山)과 부산(負山)을 지나 염수(鹽水)에 이르러 3개 부락(部洛) 600~700영(營)을 격파하니, 노획한 소·말·양의 수가 이루 다 헤아릴 수 없었다. 이에 왕이 행차를 돌려 양평도(襄平道)를 지나 동으로 ▨성, 역성(力城), 북풍(北豊), 오비▨(五備▨)로 오면서 영토를 시찰[遊觀土境]하고, 수렵을 한 후에 왔다.'[205]

여기에서 패려(비려로 읽는 경우도 있다)는 모용선비일 가능성이 높다. 양평도는 양평현을 치소로 한 요동군 지역, 유관토경(遊觀土境)은 새로 넓힌 영토를 둘러보는 것이 분명하다. 따라서 이 비문은 모용선비가 만든 후연을 정복한 광개토왕이 행차를 돌려 고구려의 새 영토가 된 양평도(=요동군)을 지나 유관토경과 사냥을 하며 수도인 황성이나 평양(장수왕 평양)으로 돌아왔다[田獵而還]는 것이 된다. 이는 고구려가 요동군의 치소인 양평현을 점령했다는 뜻이다. 이렇게 본다면 고구려는 395년 요동을 정복했다.

광개토왕릉비문에 나오는 부산(富山)은『삼국사기』「고구려본기」신대왕 5년(169)조에도 한번 등장했다(그러나 負山은 나오지 않는다). 신대왕 5년 '왕이 대가인 우거와 주부인 연인 등에게 군사를 이끌고 가 현도태수 공손도를 도와 부산(富山)의 도적을 치게 했다.'[206]가 그것이다. 그때는 현도태수의 명령으로 부산을 쳤으나 광개토왕 때는 고구려가 직접 부산을 정벌했다.

광개토왕 때의 현도군은 제5현도군이다. 광개토왕릉비문에서 광개토왕이 현도군에서 제법 떨어져 있는 것으로 보이는 부산(富山)과 부산(負山)을 지나 염수(鹽水)에 이르러 3개 부락(部洛) 600~700영(營)을 격파했다면 광개토왕은 제5현도군도 정복한 것이 된다.

395년 요동군과 제5현도군을 정복한 광개토왕의 고구려가 403년 또 후연을 공격했을 수 있다. 404년에는 요동군과 제5현도군을 되찾으려는 후연군의 침입을 물리쳤다. 그리고 645년 고구려는 1차 고당전쟁 때 당나라에 요동과 현도를 내주었으니, 고구려는 240년 이상 요동과 현도를 지배한 것이 된다.

240년은 705년(서기전 37~668)의 고구려 역사에서 3분의 1(34%) 남짓한 기간에 해당한다. 고구려는 전체 역사의 3분의 1기간이자 최전성기에 요동과 현도를 영유했다.

모용선비는 중국세력이 아니었다. 319년 최비의 고구려 망명사건으로 요동군은 모용선비의 땅이 됐으니, 요동군이 중국세력의 품을 떠난 것은 326년 이상으로 더 길어진다. 요동은 본래 동호의 땅이었다. 전국시대 연나라가 차지함으로써 중국세력이 영위했다.

대륙을 통일한 수와 당은 요동을 빼앗으려고 했다. 고구려와 요동전쟁을 하게 된 것이다. 때문에 고구려는 요동과 등치어가 돼 갔다. 대륙세력은 고구려와의 전쟁을 요동전쟁으로 부르게 됐으니, 요동은 고구려와 같은 뜻으로 확대된 것이다.

7) 서안평과 회원진, 안시성

다시 요동의 위치에 대해 집중해보자. 고구려와 요동군 간의 전쟁을 정리한 191쪽의 <표 4>를 상세히 풀어본 것은 요동군의 구성을 살펴보기 위함이다. 이를 181쪽의 <그림 3>과 결합시키면 전한 때의 요동군의 모양을 대략 알 수가 있다. 요동군의 형세를 알면 고구려의 국제정치사 구성은 수월해진다. 이때 유의할 것이 동부도위 소속의 서안평(현)이다. 『한서』 「지리지」의 묘사에 따르면 서안평현은 요동군의 동쪽에 있다. '서(西)'자가 들어가 있지만 동쪽에 있는 것이다.

서안평은 지금 요하 서쪽에 있었을 것

요동군에서 동쪽 외곽인 서안평은 고구려와 일찍부터 각축한 곳이 됐다. 『삼국사기』 「고구려본기」에는 동부도위 소속의 서안평현이 세 번 나온다. '태조대왕 94년(146) 8월 왕이 장수를 보내 요동의 서안평현을 습격해 대방현의 현령을 죽이고 낙랑 태수의 처자를 붙잡아왔다.'[207]는 것이 첫 번째다.

'낙랑 태수의 처와 아들을 붙잡아왔다'의 원문은 '략득낙랑태수처자(掠得樂浪太守妻子)'이다. 략(掠)은 '노략질할 략' 자이다. 낙랑태수의 처자라면 낙랑군 치소인 조선현에, 대방현령이라면 대방현에 있어야 한다. 그런데 요동군 서안평현에 있다가 태조대왕 군의 침입을 받아 낙랑 태수의 처자는 붙잡혀가고 대방현령은 죽임을 당했으니 이상한 일이 아닐 수 없다. 이는 낙랑군이 서안평현에 많은 것을 의지했다는 의미이다.

189년쯤 공손탁이 후한 황실에 의해 요동태수에 임명되었다. 공손탁은 요동군은 물론이고 그 인근 장악해 '요동국'으로 불러도 무방한 독립국을 만들었다. 공손씨 요동국은 낙랑군도 지배했다. 200년 초 공손씨 요동국은 낙랑군에서 둔유현 이남을 떼어내 대방군을 만들고 과거 낙랑군 남부도위가 관할했던 7개 현을 다스리게 했다.

'공손씨 요동국'이라고도 하는 이 나라는 공손탁-공손강(공손탁의 장남)-공손공(공손탁의 차남)-공손연(공손강의 차남)으로 50년 정도 이어지다가 서기 238년(고구려 동천왕 12년) 조위의 사마의에 의해 정복되었다. 사마의가 공손씨 요동국을 칠 때 동천왕은 주부 대가를 시켜 군사 1천 명을 거느리고 가서 조위 군에 협조하게 하였다.[208] 서안평의 주인은 조위로 바뀐 것이다.

『삼국사기』는 그러한 고구려가 4년 뒤인 동천왕 16년(242) '장수를 보내 요동의 서안평을 공격해 깨뜨렸다.'[209]며 두 번째로 서안평을 거론한다. 이로써 고구려와 조위 사이의 갈등이 깊어져가다, 동천왕 20년(246) 고구려는 조위 관구검 군의 침공을 받았다. 이 싸움에서 대패한 고구려는 왕검 평양으로 천도했다.

265년 사마의의 손자인 사마염이 조위를 무너뜨리고 진나라(西晉이라고 함)를 세우고, 280년 삼국시대를 통일했다. 서진은 연5군과 한3군(낙랑·현도·대방)을 지배했으나 곧 혼란에 빠져 약해져가다 무너지고(316), 동진(東晉)이 일어났다. 동진은 양자강 일대를 북쪽 국경으로 삼았으니 연5군과 한3군을 영유할 수 없었다.

그무렵 동호의 후예인 모용선비가 일어났는데 고구려의 미천왕이 12년(311) 8월 장수를 보내 요동의 서안평을 습격해 빼앗았다.[210] 이것이 『삼국사기』에 세 번째로 서안평이 거론된 경우다. 서안평을 차지한 미천왕은 2년 뒤인 14년(313) 낙랑군을 정복하고 그 이듬해(314)엔 대방군도 합병해 영토를 넓혔다.

그리고 고구려는 서진의 땅인 요동군을 놓고 모용선비와 경쟁했다. 이 대립은 서진의 평주자사인 최비의 고구려 망명사건을 겪으며 모용선비가 요동군을 장악하는 것으로 마무리됐다(319). 이듬해인 미천왕 21년(320) 고구려는 군대를 보내 요동군을 빼앗으려 했으나 실패했다. 그리고 긴장이 높아져 고국원왕 12년(342) 고구려

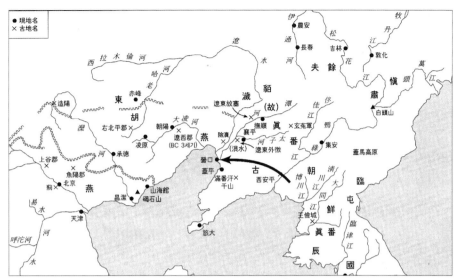

양평과 서안평에 대한 혼란

만리장성은 연산(燕山)산맥을 따라 산해관까지 있다고 해놓고, 만리장성을 품고 있는 요동군의 치소인 양평은 지금 태자하 부근에, 요동군의 서안평은 압록강 하구로 비정해 놓은 지도. 『한서』「지리지」는 양평현이 만리장성 서쪽에 있음을 보여 주는데 우리 학계는 먼 동쪽에 있는 것으로 본 것이다. 이런 지도 때문에 요동군과 낙랑군 비정은 더욱 어려워졌고 고구려사는 난해해졌다.[211]

는 모용선비가 세운 전연(前燕)의 공격을 받아 수도인 환도성을 빼앗기는 대패를 당했다.

이러한 기록은 서안평이 요동과 낙랑을 잇는 해안도로상에 있음을 보여준다. 따라서 서안평을 차지하면 요동과 낙랑을 분리시킬 수 있다. 미천왕의 고구려가 서안평을 차지한 후 낙랑과 대방군을 합병한 것은 이 때문일 것이다.

서안평에 대해 살펴보는 것은 우리 역사학계가 서안평을 지금의 압록강 하류에 있는 것으로 비정해놓고 있기 때문이다(154쪽 <그림 2>나 이를 다시 옮긴 247쪽의 지도에서처럼 우리 학계는 서안평을 중국 단동쯤에 비정하고 있다). 이러한 비정이 요동군의 치소인 양평현을 지금의 요녕성 요양시로 비정한 것과 더불어 고구려의 역사지리를 왜곡시킨다.

지금의 요양에서 지금의 압록강 하구 사이에는, 천산(千山) 산맥으로 불리는 거대한 산악지대가 있어 오가는 것이 매우 불편하다. 요양과 압록강 하구는 같은 지역(요동군)으로 묶이기 어려운 것이다.

우리 학계는 한나라가 '요새'로 부르며 국경으로 한 만리장성이 지금의 연산(燕山)산맥을 따라 산해관(山海關)에서 발해를 만나는 것으로 본다. 『한서』「지리지」는 만리장성이 요동군 안에 있었음을 보여준다(181쪽 <그림 3> 참조). 양평현은 만리장성의 바로 서쪽에 있었다.

그런데 우리 학계는 요동군의 치소인 양평현을 만리장성에서 멀리 동쪽으로 떨어져 있는 지금의 요양시로 보고 있으니 모순이 아닐 수 없다. 따라서 서안평을 압록강 하류로 비정한 것도 지극히 비논리적이 된다. 이러한 인식의 틀을 깨야 한다.

우리는 고구려가 일찍부터 초원길을 통해 지금의 요하 서쪽으로 진출해 있었고, 중기에는 해안길에 있는 서안평과 낙랑·대방을 빼앗았으며 백제의 관미성을 함락해 바다로 진출했고, 전성기에는 요동군과 제5현도군을 점령해 지금의 난하와 만리장성까지 영토를 확장했다는 역사인식을 가져야 한다. 그것이 중국과 우리 사서가 담고 있는 진실에 가깝다.

요동군은 오랫동안 기간도로가 있는 해안길을 차지하고 있었던 것으로 보인다. 현재의 산해관(山海關, 『삼국사기』에는 임유관으로 나옴)에서부터 지금 요하가 있는 곳까지 이어지는 해안길을 따라 요동군 동부도위 소속의 현들이 늘어서 있었던 것이다. 이러한 현 가운데 낙랑군으로 이어지는, 따라서 요동군에서 보면 가장 동쪽에 있었을 것으로 추정되는 곳이 서안평현이다.

서안평은 지금 요동만 가까운 곳이었을 가능성이 높다. 서안평이 어디에 있었는지는 고수·고당 전쟁을 설명한 데서 다시 살펴보기로 한다.

그런데 역사지리 비정은 척척 맞아 들어가지 않는다. 사료들 사이에서도 혼동이 있기 때문이다. 서안평에 대한 비정이 그러한데,『요사』「지리지」에는 '요나라의 수도인 상경임황부가 본래는 한나라 요동군의 서안평이었다(上京臨潢府 本漢遼東郡 西安平之地).'란 기록이 있다.

76쪽의 <표 1>과 82쪽의 사진에서 보듯이 상경임황부는 지금 내몽고자치구 적봉(赤峯)시 파림좌기(巴林左旗)의 임동(林東)진이다. 임동진에는 요나라 때 쌓은 상경임황부 토성의 흔적이 남아 있다. 파림좌기의 임동진은 전형적인 내륙이다.『요사』는 그러한 내륙에 서안평이 있었다고 해놓은 것이다.

『한서』「지리지」는 현도군조에서 '서개마현의 마자수가 서북쪽의 염난수로 들어가고, (염난수는) 서남쪽에 있는 요동군의 서안평현에 이르러 바다로 들어간다'라고 설명해놓았다. 서안평현은 임해지역이라고 해놓은 것인데, 이는『요사』의 설명과 상충된다. 두 사서의 기록이 다르다면 선택을 해야 한다. 필자는『한서』「지리지」의 설명이 옳을 것으로 본다. 서안평은 내륙일 수가 없기 때문이다(486쪽 <그림 12> 참조).

요택은 기간도로에 있었다

무려라(武厲邏)와 요택도 주목할 대상이다. 고구려는 광개토왕 14년(404) 전에 요동군을 차지해, 1차 고당전쟁을 치러 요동성을 뺏기는 보장왕 4년(645)까지 240년 이상 계속 지배했다. 1~4차 고수전쟁에서 고구려는 요동군의 양평현인 요동성을 지켜냈었다.

1차 고수전쟁(611)은 완벽한 방어였기에 고구려는 전혀 영토를 잃지 않았다. 그러나 2차 고수전쟁(612)에서는 일부를 빼앗겼다.『삼국사기』「고구려본기」는 2차 고수전쟁을 치른 후 '이 전쟁에서 수나라는 오직 요수 서쪽의 우리 땅인 무려라(武

厲邐) 지역을 빼앗아 요동군과 통정진(通定鎭)을 설치했을 뿐이다.'[212] 라고 기록해 놓았다. 이를 반영한 것이 251쪽의 <그림 5>이다.

<그림 5>에서 보듯 요수 서쪽에는 구 요동군의 서부도위에 속한 현(무려·망평·방)이 있었다. 그런데 공손씨 요동국 때 서부도위는 소멸돼 망평현은 제5현도군으로 옮겨가고, 무려·방현은 사라져 버렸다. 그렇다면 2차 고수전쟁에서 수나라는 서부도위 지역의 일부를 혹은 전부 빼앗아 '수나라의 요동군'으로 명명하고 그곳에 있는 무려라를 통정진으로 바꾼 것이 된다. 수 양제가 요수 서쪽을 차지해서 만든 요동군을 과거의 요동군과 구분하기 위해 '신(新)요동군'으로 부른다.

무려라(통정진)와 확실히 다른 곳이 회원진(懷遠鎭)이다.『삼국사기』「고구려본기」에는 회원진이 세 번(실제로는 네 번이나 세 번으로 본다) 나오는데, 모두 대륙의 군대가 모였다가 출발하는 곳으로 설명돼 있다. 고구려가 무려라를 빼앗긴 2차 고수전쟁을 묘사한 「고구려본기」 영양왕 23년(612)조에는 '우문술 등은 노하진(瀘河鎭)과 회원진을 떠나기 전에 사람과 말들에게 각각 1백일 분의 식량을 주었다.'[213]란 기록이 있는데, 이것이 첫 번째로 회원진을 거론한 경우다.

두 번째는 수 양제의 4차 고수전쟁을 묘사한 영양왕 25년(614) 7월과 8월조이다. 7월조는 수 양제를 태운 어가가 (다시 고구려를 치기 위해) 회원진으로 갔는데, 그때 수나라는 이미 전국이 난리에 빠져 있었다. 때문에 소집된 군사의 대부분이 기일을 어기며 소집 장소에 오지 않았다.'[214]라고 돼 있다.

수나라의 육군은 제대로 모이지 않아 고구려를 치지 못했지만 수군은 평양으로 진격했다. 그러자 영양왕이 항복을 청하며 4차 고수전쟁 직전 고구려로 귀순한 곡사정(수나라의 전 병부시랑)을 돌려보냈다. 그리고 8월조에서 '(이에) 양제가 회원진으로부터 군사를 거뒀다.'[215]라며 회원진을 거론한다. 수양제는 회원진에 머물며 수군(水軍)의 전황을 지켜보다 영양왕이 항복을 청하자 회원진을 떠나 수도로 돌아온

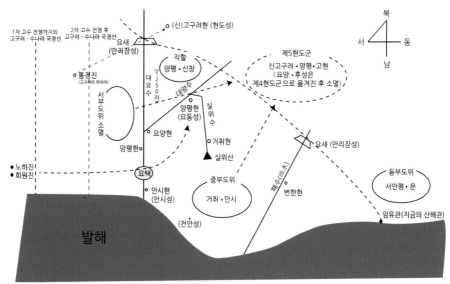

<그림 5> 마지막 요동군(고구려가 차지했던 구 요동군 설명 포함)

2차 고수전쟁(612)에서 수나라는 고구려로부터 구 요동군의 서부도위 지역의 일부로 보이는 무려라를 빼앗아 통정진으로 명명하고, 그곳에 (신)요동군을 만들었다. 33년 뒤인 645년 제1차 고당전쟁 때 당나라의 이세적 군은 통정진에서 출발해 요수를 건너 고구려의 현도성을 빼앗았다. 위 그림에서 괄호를 친 곳은 고구려의 성 이름이다.

것이다. 회원진은 두 번 거론됐지만 동일한 상황을 설명하며 나온 것이니 이 글에서는 한 번 거론한 것으로 본다.

그리고 1차 고당전쟁을 묘사한 『삼국사기』「고구려본기」 보장왕 4년(645)조에 '(3월) 당나라의 이세적 군사가 유성(=구 요서군 소속, 전연의 두 번째 도읍지)을 떠나 회원진으로 가는 것처럼 했다가 가만히 북쪽 골짜기 길로 갔다. 그리고 4월 통정에서 요수를 건너 현도에 이르자, (기습을 당한) 고구려의 여러 성이 놀라 성문을 닫고 스스로의 힘으로 방위했다.'[216]는 대목에 나오는 것이 세 번째다.

이 기록은 고구려의 무려라였던 통정이 회원진보다 북쪽에 있고, 무려라(통정)에서 요수를 건너면 현도성으로 갈 수 있으며, 회원진에서 요수를 건너면 요동성 등으로 갈 수 있다는 것을 알려준다(그림 5참조). 그런데 무려라에서 요수를 건널 때 요택이 있다는 말이 없으니 무려라는 요수의 중상류쯤에 있어야 한다.

무려라는 구 요동군 서부도위의 무려(無慮)현과 한글 발음이 비슷해, 구 요동군의 무려현이 고구려의 무려라가 된 것은 아닌가란 추측을 해볼 수 있다. 그러나 한자가 다르고 무려현과 무려라의 관계를 언급해 놓은 사료가 없기에, 이에 대해서는 누구도 의견을 밝힐 수 없다.

『삼국사기』는 2차 고수전쟁을 설명한 영양왕 23년(612)조에서 '요동성은 곧 한나라의 양평성이다'라고[217] 밝혀 놓았다. 요동군 양평현이 고구려의 요동성이라는 데는 모든 역사학자들이 동의한다. 『한서』「지리지」설명을 토대로 요동군을 그린 181쪽의 <그림 3>이나 251쪽의 <그림 5>를 보면 양평현은 만리장성 서쪽에 있어야 한다. 그렇다면 고구려의 요동성도 지금 만리장성 서쪽에 있어야 한다. 전성기의 고구려는 만리장성 서쪽까지 영유했다.

보장왕 24년조는 당 태종이 이끄는 당나라 군이 요택과 요수를 어떻게 건너 공격했는지에 대해 설명하고 있다. 지금 연산산맥에 있는 만리장성 서쪽에 난하가 있다. 난하는 바다로부터의 조운이 불가능하니, 고대의 요수일 가능성이 높다. 그렇다면 난하는 요택을 품고 있는 요수일 가능성이 매우 높아진다.

1차 고당전쟁 때(645) 당나라의 이세적 군이 현도성과 신성을 치기 위해 무려라(통정)에서 요수를 건너는 대목에서는 요택이 나오지 않는다. 반면 당 태종 군이 요동성을 치러가기 위해 회원진에서 출발해 요수를 건널 때는 요택이 나온다. 『삼국사기』「고구려본기」보장왕 4년(645) 5월조에는(음력 5월이면 장마가 있는 한여름이다) 이세적 군보다 늦게 출발한 당 태종 군이 회원진에서 요수를 건너다 요택(遼澤)을 만나 어렵게 통과하는 것이 잘 묘사돼 있다(「그림 5」 참조).

'요택의 펄이 200여리 펼쳐 있어 사람과 말이 다닐 수 없었다. 그런데 [지금으로 말하면 시설공병(施設工兵) 부대장에 해당하는] 장작대장(將作大匠) 염립덕이 그(=요택) 위를 흙으로 덮어 다리(=흙을 쌓은 다리)를 만들어줌으로써 군대가 통과할 수 있게 해, 당 태종 등은 요택을 건너 동쪽으로 갈 수 있었다.'[218]

여름철 요택이 생긴다는 불편함이 있음에도 '회원진에서 출발해 요수를 건넌 것'은 그 길이 요동성으로 가는 기간도로(해안길)이기 때문일 것이다. 초원길로는 기동성이 좋은 기병부대를 보낼 수 있어도, 중장비를 사용하는 본부대는 해안길로 가야 한다.

요택이 있는 그곳은 사람이나 우마차가 전혀 지나지 못하는 곳은 아니고, 불편한 곳이었을 가능성이 높다. 요수를 건너는 나루터나 여울을 만나는 길은 인마(人馬)는 통과하지만, 우기가 되면 우마차의 바퀴가 빠지는 진창길이 된다. 난하 하류가 그런 지역이었을 가능성이 높다. 난하 하류는 명나라 말 육화(陸化)가 되었고 1985년 반가구댐 등이 완성돼 육화가 더 가속화 됐다(183쪽 지도와 185쪽 사진 참조).

안시성은 지금 요서지역 깊은 곳에 있었다

구 요동군의 안시현과 고구려의 안시성도 주목해 보아야 한다. 1차 고당전쟁(645) 때 당 태종 군은 현도·횡산·개모·마미·요동·백암·비사·협곡·은상·후황 등의 10개 고구려 성은 함락했으나, 신성과 건안성·안시성은 빼앗지 못했다.

『삼국사기』「고구려본기」보장왕 4년(645) 4월조에는 '(당나라의) 영주도독 장검이 오랑캐 군사를 선봉으로 삼아 요수를 건넌 다음 건안성을 초월해 우리(고구려) 군사를 깨뜨리고 수천 명을 죽였다.'[219]라는 대목이 있다. 5월조에는 이세적이 "건안은 남쪽에 있고 안시는 북쪽에 있는데, 우리(당나라 군)의 군량은 전부 (당나라 군이 빼앗은) 요동에 있습니다."[220]라고 대답하는 부분도 있다.

『한서』「지리지」는 요수가 안시현에서 바다에 이른다고 했으니 위 설명대로라면 건안성은 안시의 동남 방향에 있어야 한다. 이는 요동군의 해안선이 안시에서는 남쪽이나 동남쪽으로 돌출해 있다는 뜻이된다. 181쪽의 <그림 3>과 251쪽의 <그림 5>는 이를 반영해 그린 것이다. 102쪽의 지도와 154쪽의 <그림 2> 등을 보면 지금 난하 하구는 발해를 향해 약간 돌출해 있다.

그런데 안시성을 쳤다가 실패한 당 태종 군은 요택을 지나 철수를 했다. 이는 안시 인근에서는 요수를 건널 수 없다는 뜻이 된다. 앞에서 밝혔듯 요수의 하구는 조운이 불가능하니, 철수하는 당 태종 군은 나루나 여울이 있는 상류의 요택으로 되돌아가 요수를 건너 회원진으로 퇴각한 것이다.

중국의 옛날 고사(故事)를 모아 명나라 말에서 청나라 초기에 만들어진 것으로 보이는 병법서인 『삼십육계』에는 '만천과해(瞞天過海)'라는 계책이 있다. 만천과해는 당 태종이 고구려를 치려할 때 바다를 두려워해 배를 타려고 하지 않았기에, 당나라 장수인 설인귀가 배에 흙을 깔아 육상처럼 꾸민 후 황제를 태워 바다를 건너가게 했다는 고사이다.

중국이 주장하듯 134쪽의 <사진 1>이나 <사진 3>처럼 고구려의 안시성이 지금의 요양 인근에 있었다면 당 태종은 배를 타고 발해를 건너 지금 요하를 거슬러 올라간 다음 안시성에서 싸워야 한다. 그러나 『삼국사기』는 당 태종이 배를 타고 가서 안시성 전투를 했다고 밝혀놓지 않았다. 요수에 있는 요택을 지나 안시성 전투 등을 치르고 다시 요택을 건너 회원진으로 돌아왔음을 보여준다.

이는 안시성이 회원진에서는 육로로 공격할 수 있을 정도로 가까이 있는 곳임을 보여준다. 안시성은 지금의 요하 서쪽 깊은 곳에 있었던 것이다. 만천과해는 당 태종을 속여 바다를 건너게 한 것만을 근거로 하지 않는다. 후한의 북해태수 공융, 삼국시대 오나라(동오)의 손책, 수나라의 문제 사례도 근거로 한 것이 만천과해다. 『삼국사기』엔 당 태종이 배를 탔다고 해놓은 부분이 없다.

안시성은 고구려가 무너진(668) 다음에도 독립해 있다가, 671년 검모잠이 일으킨 고구려 부흥운동을 진입하러온 당나라 장수 고간에 의해 함락되었다.[221] 이러한 사실은 나라가 망했다고 해서 지역까지 바로 굴복하지는 않는다는 것을 보여준다. 깊은 요서에 있었던 안시성은 고구려 독립의 상징 같은 곳이다.

8) 요동군의 변화

역사의 흐름에 따라 요동군도 변했다. 전쟁 등의 결과로 요동군의 범위는 축소되기도 하고 확대되기도 한 것이다. 그러나 요동군이 치소를 바꾼 적은 없었다.

전한과 후한(공손씨 요동국 포함) 그리고 서진(西晉)은 요동군을 통치했다. 그러나 5호16국 시대에 들어선 동진(東晉)은 통치할 수가 없었다. 동진의 영역은 요동군에서 멀리 떨어진 양자강 이남으로 축소되었기 때문이다.

그때 요서군에서 일어나 강력해진 것이 모용외가 이끄는 모용선비였다. 서진에 의해 임명된 평주자사 최비(崔毖)가 모용선비의 성장에 두려움을 느껴 고구려와 단부·우문부를 동원해 모용선비를 치려다 실패하자 고구려로 망명했다(319).

최비가 고구려로 도망쳐 오자, 양평에 남은 최비의 군사들이 모용선비에 항복했다. 양평(요동군)을 점령한 모용외는 아들 모용인(慕容仁)을 시켜 요동의 관부(官府)를 진무케 하니 전일(前日)과 같이 편안해졌다(요동군을 모용선비가 차지했다는 뜻)고 『삼국사기』는 밝혀놓은 바 있다.

그때 고구려의 장수 여노가 하성(河城)에 웅거하고 있었다. 모용외는 장군 장통(張統, ?~?)[222]을 보내 이 성을 습격하고 주민 1천여 호를 포로로 잡아 극성으로 데려갔다. 그런데도 미천왕이 자주 군사를 보내 요동을 침공하자, 모용외는 아들인 모용한(慕容翰)과 모용인을 시켜 고구려를 쳤다. 이에 밀린 미천왕이 동맹을 요청하니, 모용한과 모용인 군이 곧 돌아갔다.

장통, 모용선비에 투항해 새로운 낙랑군 만듦

장통은 미천왕이 점령해 고구려에 통합시킨 옛 낙랑군과 대방군의 유력자였다. 미천왕의 고구려가 두 군을 공격할 때 낙랑군 사람인 왕준(王遵)이 1,000여 호의 사람을 이끌고 모용외에게 귀부할 것을 권유하자, 장통은 따랐다. 모용외는 사람을 이끌고 찾아온 장통을 낙랑 태수에 임명했다.

장통 세력의 귀순을 받아들여 모용외가 만들어준 낙랑군은 미천왕이 점령한 본래 낙랑군과 다른 지역이다. 모용선비의 낙랑군은 갈석산이 있는 지금 하북성 진황도시 창려현 지역에 있었던 것이 확실하다. 지금의 창려현 지역에 전연의 수도인 용성과 옛 요서군의 유성현이 있었다. 이는 모용외가 만들어준 낙랑군이 용성에 가까이 있었다는 뜻이 된다.

하성(河城)은 「고구려본기」에 딱 한 번, 위 대목에서만 나온다. 모용외가 새로 만든 낙랑군 태수인 장통을 보내 하성을 공격한 것을 보면 하성은 모용선비의 수도는 물론이고 모용외가 새로 만들어준 낙랑군과도 가까이 있었을 가능성이 높다.

서진과 동진의 역사를 기록한 『진서』는 요동군에 대해 정확히 기록할 수 없었다. 다행인 것은 모용선비가 서진에 우호적이었기에 『진서』는 개략적으로나마 요동군에 대한 것을 적었다. 이런 이유로 전한까지의 역사를 밝힌 『한서』, 후한의 역사도 정리한 『후한서』와 함께 『진서(晉書)』의 「지리지(혹은 군국지)」에도 요동군(『진서』에는 요동국으로 돼있다) 조가 들어가게 되었다.

그런데 세 사료가 설명하는 요동군의 형세가 다르다. 이는 잦은 전쟁의 결과로

<표 6> 중국 사료에 나오는 요동군의 변화(『진서』「지리지」에는 요동국으로 나온다)

	『한서』지리지	『후한서』군국지	『진서』지리지	비고
소속	유주	유주	평주	
호수	5만 5,972호	6만 4,158호	5,400호	8,186호 증가 (전한→후한)
인구	27만 2,539명	8만 1,714명		19만 0,825명 감소 (전한→후한)
현	양평 - 목사관	양평	양평-동이교위	소속 현 18→11→8 개로 감소. 존속 현 18→10→6 개로 축소.
	신창	신창	신창	
	무려-서부도위	무려	-	
	망평	망평(『후한서』는 망평을 요동속국이라고도 해놓았다)	(현도군 망평현)	
	방	(요동속국 방현)	-	
	후성-중부도위	후성(『후한서』는 후성이 현도군에도 속했다고 해놓았다)	-	
	요대	-	-	
	요양	(현도군 요양현)	-	
	험독	(요동속국)	-	
	거취	-	거취	
	고현	(현도군 고현현)	(현도군 고현현)	
	안시	안시	안시	
	무차-동부도위	-	-	
	평곽	평곽	-	
	서안평	서안평	서안평	
	문	문	문	
	번한	번한	-	
	답씨	답씨	-	
	-	-	낙취	
	-	-	역성	

요동군의 범위가 변했기 때문이다. 소속도 바뀌었다. 유주 소속이었던 요동군은 후한 말 등장한 공손씨의 요동국이 평주를 설치해 요동군을 넣었기에, 그후로는 평주 소속이 되는 등의 변화를 겪었다. 소속 현도 크게 변했는데 이를 정리한 것이 257쪽의 <표 6>이다.

이 표를 보면 요동군은 후한 때 요양과 고현의 2개 현, 서진·동진 때는 추가로 망평현을 현도군으로 보냈고 후성현은 요동과 현도군 양쪽에 모두 속해 있었음을 보여준다. 『후한서』의 설명은 후성이 요동군에 있다가 현도군으로 옮겨왔다고 설명한다. 그러나 『진서』에서 요양현은 사라졌다. 거취현은 『후한서』에서 사라졌다가 『진서』에서 부활했다. 『진서』에는 낙취와 역성현이 추가된 것도 보인다.

무려·평곽·번한·답씨는 『진서』에서 사라졌고, 요대·무차현은 『후한서』는 물론이고 『진서』에도 나오지 않는다. 『후한서』는 방현과 험독현이 요동속국이 되었고, 망평현은 요동군과 요동속국 양쪽에 속했다고 해놓았다. 『진서』에서 사라진 현은 고구려에게 빼앗긴 것들일 것이다.

『한서』는 요동군에 속한 현이 18개인데, 『후한서』는 11개, 『진서』는 8개로 밝혀놓았다. 동진은 요동국을 통치하지 못했으니 요동국의 호수(가구 수)도 정확히 알지 못했다. 때문에 『한서』에는 5만여, 『후한서』에는 6만여로 돼 있는 호수가 『진서』에는 5,400호로 크게 줄어 있다. 『진서』는 요동국의 인구도 밝혀놓지 못했다.

요동군의 변화를 보여주는 <표 6>에 현도군의 변화를 정리한 385쪽의 <표 17>을 덧붙여 보면 중국세력이 고구려의 공격을 받아 이 지역에서 지속적으로 약해져 간 과정을 알 수 있다.

259쪽의 <그림 6>은 『한서』「지리지」를 토대로 그린 전한 때의 요동군, 『후한서』「군국지」를 토대로 그린 후한 때의 요동군, 그리고 『진서』「지리지」를 근거로 한 동진 때의 요동국이 어떻게 변화해 갔는지를 그린 형세도이다. 동진 때의 요동

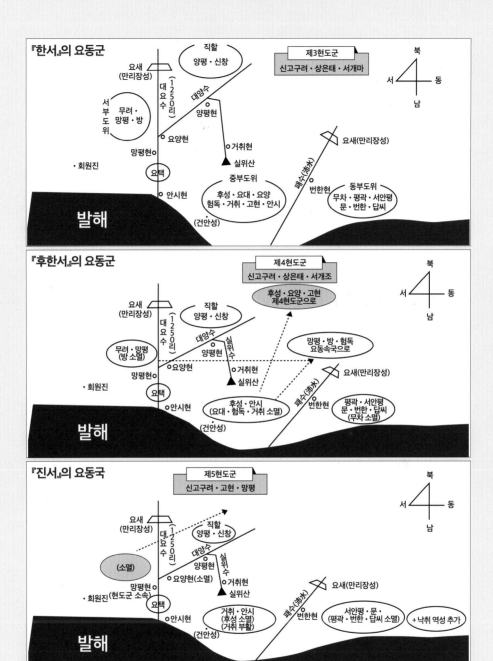

『한서』의 요동군

직할
양평·신창

제3현도군
신고구려·상은태·서개마

북
서 동
남

요새
(만리장성)

대요수
(1250리)

대양수

양평현

거취현

실위산

요새(만리장성)

서부도위
무려·망평·방

무려·망평·방

망평현

·회원진

요택

안시현

발해

중부도위
후성·요대·요양
험독·거취·고현·안시

(건안성)

패수(浿水)

번한현

동부도위
무차·평곽·서안평
문·번한·답씨

『후한서』의 요동군

제4현도군
신고구려·상은태·서개조

후성·요양·고현
제4현도군으로

북
서 동
남

요새
(만리장성)

직할
양평·신창

대요수
(1250리)

대양수

실위수

무려·망평
(방 소멸)

양평현

망평현

요양현

·회원진

요택

안시현

거취현

실위산

망평·방·험독
요동속국으로

요새(만리장성)

후성·안시
(요대·험독·거취 소멸)

(건안성)

패수(浿水)

번한현

평곽·서안평
문·번한·답씨
(무차 소멸)

발해

『진서』의 요동국

제5현도군
신고구려·고현·망평

북
서 동
남

요새
(만리장성)

직할
양평·신창

대요수
(1250리)

대양수

실위수

(소멸)

양평현

망평현

요양현(소멸)

·회원진(현도군 소속)

요택

안시현

거취현

실위산

요새(만리장성)

거취·안시
(후성 소멸)
(거취 부활)

(건안성)

패수(浿水)

번한현

서안평·문
(평곽·번한·답씨 소멸)

+낙취 역성 추가

발해

<그림 6> 현도군의 서진과 요동군의 축소

위에서부터 『한서』「지리지」를 토대로 한 요동군, 『후한서』「군국지」를 토대로 그린 요동군, 『진서』「지리지」를 근거로 그린 요동국. 후대로 올수록 요동군의 내륙 지역이 현도군으로 바뀐 것을 알 수 있다. 현도군이 자꾸 서쪽으로 이동해 왔음도 알 수 있다.

디자인 I 정다희

국이 전한 때의 요동군에 비해 눈에 띄게 축소된 것과 현도군이 계속 요동군 지역으로 파고들어온 것을 알 수 있다.

현도군은 요동군 이상으로 많이 변했다. 신고구려현을 제외하면 동진 때의 제5현도군은 100% 과거의 요동군으로 구성된다. 신고구려현도 과거에는 요동군 지역이었을 가능성이 높다. 그렇다면 제5현도군은 요동군에 넘겨 받는 지역으로 군을 만든 것이 된다. 우리는 '동진(東晉) 이후 시대의 제5현도군은 과거에는 요동군 지역이었다.'라는 것을 염두에 두고 역사를 풀어나가야 한다.

9) '제국' 고구려 시절의 구 요동군

북중국에서 5호16국시대(304~439)가 본격화할 때 남중국에서는 317년 건국한 동진(東晉)이 419년까지 이어졌다. 북중국은 439년 북위에 의해 통일되었다. 그러자 상대적으로 안정돼 있던 남중국에서 혼란이 일어났다. 이 혼란은 419년 동진이 무너지고 송(=劉宋)이 들어서면서부터 본격화했다. 이 송나라를 중국역사에 등장하는 다른 송나라와 구분하기 위해 '유송'이라고 한다.

479년 유송이 제(=南齊)로 바뀌었다. 이 제나라도 다른 제나라와 구분하기 위해 '남제'로 부른다. 520년 남제는 다시 양(梁)나라로 바뀌었다. 557년에는 진(陳)나라가 양나라를 대체해 589년까지 유지되었다. 북중국에서는 북위가 안정을 이뤘으나, 남중국에서는 유송 → 남제 → 양 → 진으로 거듭해서 왕조가 바뀐 때를 남북조시대(420~589)라고 한다.

남북조시대는 5호16국시대와 19년(420~439) 정도가 겹친다. 419년 동진이 무너지고 유송이 들어선 후 남중국에서는 왕조 교체만 있었으나, 북중국에서는 439년 북위가 통일할 때까지 혼란한 5호16국시대가 이어졌기 때문이다.

광개토왕 이후 옛 요동군 확실히 지배하고 해안길도 영유

모용선비가 만든 전연이 부견(苻堅)이 이끄는 전진(前秦)의 공격을 받아 멸망했다 (370). 그리고 384년 모용황의 5남인 모용수가 '후연(後燕, 384~407)'을 재건했다. 이 후연을 고구려 왕족 출신의 고운(高雲)이 찬탈했다가 풍발이 이었는데, 고운과 풍발 이 이끈 이 연나라를 '북연(北燕, 407~436)'이라고 한다.

광개토왕 9년(399) 후연은 내륙길을 통해 고구려의 신성과 남소성을 쳐 함락하 고 700여 리 지역을 넓히며 그들 백성 5천여 호를 옮겨놓았다.[223] 그러한 고구려 가 광개토왕 11년(401) 후연의 숙군성(宿軍城)[224]을 치자 후연의 평주자사인 모용귀 가 성을 버리고 달아났다.[225] 광개토왕은 13년(403) 11월에도 후연을 침공했다.[226] 401년 혹은 403년 공격 이전에 고구려는 후연의 요동군을 차지했을 가능성이 높 다(광개토왕릉비문에 따르면 395년 후연의 요동군을 차지했을 수도 있다).

광개토왕 14년(404) 후연이 빼앗긴 요동성 되찾으려고 쳐들어왔으나 실패했다. 강성해진 고구려는 장수왕 26년(438) 북위와 함께 풍발의 아들인 풍홍이 이끄는 북 연을 무너뜨리고 요서군의 일부도 차지했다. 고구려와 북위는 요서군을 양분한 것 이다. 태조대왕 때에 이어 고구려는 다시 요서군을 차지했다.

고구려가 요동군을 차지했다는 것은 해안길을 영유하게 됐다는 뜻이다. 이와 관 련해 주목할 것이 광개토왕 1년(391) 10월에 성공시킨 초기백제의 관미성 함락이 다. 관미성 덕택에 초기백제는 여러나라와 해로를 연결해 번성할 수 있었다. 지금 요동반도 좌측(요동만 쪽)에 위치한 관미성은 해안길에 있는 요동군은 물론이고 지 금 산동반도 지역과 뱃길로 이어졌을 가능성이 높다. 관미성 장악 덕에 고구려는 해로도 지배할 수 있게 되었을 것으로 보인다.

북위를 만든 탁발선비는 선비족의 일파다. 그러한 탁발선비가 요서의 일부와 그 서쪽을 차지한 것은 모용선비를 대신해 동호족의 독립을 이어간 것이 된다. 동아시아는 일부 요서군과 그 동쪽을 장악한 고구려, 일부 요서군과 그 서쪽을 지배한 북위, 그리고 양자강 남쪽에서 명멸한 남조의 왕조로 정립(鼎立)되었다. 제국 고구려는 만리장성 서쪽까지 영유한 것이다.

전성기의 고구려가 만리장성 서쪽을 장악했다는 것은 『삼국사기』 기록으로도 확인된다. 2차 고수전쟁을 기록한 「고구려본기」 영양왕 23년(612)조에는 수양제가 '고구려의 보잘 것 없는 것들이 공손히 있지 않고 발해와 갈석(산) 사이에 모여 들어서, 요(遼, 요동 전체를 가리키는 듯)와 예(濊, 고구려의 선조이기도 한 예맥 지역인듯) 지경을 자주 침범해 왔다.'[227]라고 한 대목이 있다.

여기서 주목할 것이 '예'라는 단어다. '예맥'은 예와 맥을 합쳐 부르는 말이다. 맥은 초기 고구려가 일어난 지금의 중국 요양시 일대이고, 예는 지금의 요서 지역일 가능성이 있다(이에 대해서도 300쪽 <그림 7> 등 참조).

보장왕 3년(644) 조에는 1차 고당전쟁 준비에 들어간 당 태종이 '고구려의 연개소문이 임금(영류왕)을 죽이고 백성을 학대하니 이 실정을 어찌 용납할 수 있겠는가. 이제 (내가) 유주와 계주 등을 순행하며 요동과 갈석에서 (영류왕을 죽인 연개소문의) 죄상을 규탄하려고 한다.'[228]란 내용의 조서를 내린 대목도 있다. 이는 전성기의 고구려가 옛 요동군은 물론이고 만리장성 서쪽에 있는 갈석산 일대를 차지하고 있었다는 뜻이다.

그때의 만리장성은 의미가 없었다. 고구려와 선비를 비롯한 유목민족이 마음대로 넘어다녔기 때문이다. 임유관(지금의 산해관)처럼 해안에 있는 중요한 도로에 있는 관문만 역할을 했을 뿐이다.

그러나 의외의 자료도 있다. 지금의 대릉하 중류 쯤에 있는 요녕성 금주(錦州)시

요녕성 금주시 의현의 만불당석굴
고구려가 최강성기였던 문자명왕 8년(499) 북위가 지금 요령성 금주시 의현의 대릉하 주변에 만든 만불당석
굴의 입구. 이때의 고구려는 지금 '요서주랑'이라고도 하는 해안길을 통해 요동을 경략했다. 의현으로 이어지
는 내륙의 유목길(=초원길)은 북위처럼 유목을 하는 종족이 지배했을 수 있었을 것이다.   ⓒ 이정훈

요서주랑
의현 동쪽에 있는 금주시 북진(北鎭)의 부돈유리사 인근 채석장 건물에 쓰여 있는 '요서주랑(遼西走廊)'이라는
글귀. 북진에서부터 서남쪽으로 이어지는 요서주랑을 따라 난 해안도로는 전성기의 고구려가 영유한 것이 틀
림없다.   ⓒ 이정훈

의현(義縣)에는 북위 시대에 만든 만불당석굴(萬佛堂石窟)이란 유적이 있다. 의현은 65쪽과 183쪽의 지도에서 보듯이 만리장성에서 동북으로 한참 떨어진 대릉하 중류에 있다. 만불당석굴은 북위 태화23년(499)에 건조한 것으로 중국 동북지역에서 연대가 제일 오래 되고 규모도 제일 큰 석굴 군(群)이다. 이 석굴은 북위가 건축했다는 기록이 있으니 북위 것이 아니라고 의심할 수가 없다.

서기 499년은 고구려 문자명왕 8년으로 고구려가 가장 강성했을 때이다. 그런데 북위가 대릉하까지 들어와 석굴을 만들었다면, 고구려가 장악한 요동은 과연 만리장성 서쪽에 있었는가란 의심이 들 수도 있다. 이 모순을 정밀하게 설명해내는 것은 쉽지 않다. 주어진 조건만을 토대로 해석을 해야 한다.

이때의 고구려는 해안길을 통해 구 요동군 지역 영유에 주력한 것으로 보인다. 그래서 임유관을 지나 갈석까지 진출했다. 반면 내륙길(초원길)은 포기했을 수 있다. 더 좋은 길을 차지했으니 내륙길 영유는 방기했는데, 북위가 그 틈을 이용해 들어와 만불당석굴을 만들었을 수 있다.

명나라 이후에는 지금의 요하 서쪽을 요서라고 했으니, 주요 도로가 있는 이 해안가를 세칭 '요서주랑(遼西走廊)'으로 불렀다. 이는 흉노족이 한나라로 쳐들어오던 지금 감숙성의 저지대의 회랑지역을 '하서주랑(河西走廊, 河는 황하로 河西는 황하의 서쪽을 의미한다)'이라고 한 것과 비슷하다.

고구려는 이 요서주랑을 통해 요동을 경략했을 것이다. 북위는 유목민족이니 인적이 드문 그 북쪽의 유목길을 통해 의현에 만불당석굴을 만든 것으로 추정된다. 그렇게 고구려는 북위와 병존했는데, 이 평화는 북위가 고구려의 요동 지배를 인정함으로써 이뤄진 것이다. 북위가 고구려 요동 지배를 인정한 것은 '봉작(封爵)'을 통해서도 확인된다.

요동군공으로 봉작받은 전성기의 고구려 왕들

북위 말고도 여러 나라가 고구려 왕을 봉작했는데, 이중 지역을 기반으로 한 봉작은 유의해서 보아야 한다. 고구려가 그 지역을 지배하고 있음을 인정한 것이기 때문이다. 266쪽의 <표 7>은 『삼국사기』 「고구려본기」를 근거로 다른 나라가 고구려 왕을 지역 군주로 봉작한 것을 간추린 것이다.

<표 7>에서는 광개토왕의 고구려가 요동을 영유했음을 확인하기 위해 『북사』에 나온 광개토왕 봉작을 예외적으로 추가시켰다. 『북사』는 후연이 광개토왕을 요동과 대방 두 나라의 왕으로 봉작[229]했다고 해놓았으니, 광개토왕의 고구려가 요동과 대방을 차지한 것은 분명해진다. 후연의 전신인 전연은 광개토왕의 할아버지인 고국원왕을 낙랑공에 봉작한 적이 있다. 그렇다면 전연과 후연은 고구려의 낙랑과 요동·대방 지배를 확실히 인정한 것이 된다.

이 표는 광개토왕 이후의 고구려 왕들이 1차 고당전쟁에서 요동군을 당나라에 빼앗기기 전까지 반복해서 요동공·요동군공·요동군 개국공 등으로 봉작됐음을 보여주는데, 이는 고구려가 요동군을 지배한 시기와 일치한다.

고구려로부터 구 요동과 현도를 빼앗은 당나라가 당나라에 투항한 연남생을 현도군공에 봉작한 것과 당나라에 항복한 보장왕을 요동주도독에 임명한 것도 고구려가 요동과 현도군을 지배했었음을 보여준다. 200년 이상 고구려 왕을 요동군공에 봉작한 사실도 '고구려=요동'이라는 인식을 만드는 데 기여했을 수 있다.

장수왕 15년(427) 고구려는 황성에 있던 수도를 평양(장수왕 평양)으로 옮겼다. 요동은 장수왕 평양에 비하면 격이 떨어진다. 그런데도 대륙세력은 고구려 왕을 요동군공 등으로 봉작하고, 고구려와 관계가 나빠지면 요동성을 목표로 삼아 고구려를 쳤다. 고구려와의 전쟁을 요동전쟁으로 번역해야 하는 '요동지역(遼東之役)'[230]으로 불렀으니 '고구려=요동'이란 등식은 만들어질 수밖에 없다.

<표 7> 지역 이름을 토대로 고구려왕이 봉작된 것 정리(『삼국사기』 근거)

고구려왕	때	봉착한 이	고구려왕이 받은 봉호	비고
16대 고국원왕	25년12월	전연 왕 모용준	낙랑공(樂浪公)	고구려, 전연에 굴복
19대 광개토왕	-	후연 왕 모용보	요동 · 대방 두 나라 국왕	『北史』『고구려열전』 근거
20대 장수왕	원년1월	동진 안제	고구려왕 낙안군공(樂安郡公)	
	23년6월	북위 세조	요동군 개국공 고구려왕	
21대 문자명왕	1년-월	북위 효문황제	요동군 개국공 고구려왕	
	3년2월	남제 황제	영 · 평 2주 정동대장군 낙랑공	
22대 안장왕	2년2월	양 고조	고구려왕	
		북위	요동군 개국공 고구려왕	
23대 안원왕	1년1월	양 고조	전(前) 왕의 작위(고구려왕)를 계승케 함.	
	2년3월	북위 황제	요동군 개국공 고구려	
24대 양원왕	6년9월	북제	요동군 개국공 고구려왕	
25대 평원왕	2년2월	북제 폐제	요동군공 고구려왕	
	19년1월	북주 고조	요동군 개국공 고구려왕	
	23년12월	수 고조	요동군공	
26대 영양왕	1년1월	수 문제	전 왕의 '요동군공' 관작을 계승케 함.	
	2년3월	수 문제	요동군공 고구려왕	요동군공에 고구려왕 추가함
	9년6월	수 문제	수 · 육군 30만으로 고구려 치게 하며 영양왕에게 준 관직을 삭탈함.	영양왕의 요서 침공 직후
27대 영류왕	7년2월	당 고조	요동군공 고구려국왕으로 삼음	
28대 보장왕	2년 윤6월	당 태종	요동군공 고구려왕	
	25년9월	당 고종	연남생을 현도군공으로 봉작함	
당 고종	의봉 2년 (677)	당 고종	항복한 보장왕을 요동주 도독으로 삼고 조선왕에 봉함	

남조의 왕조들도 고구려 왕을 봉작했다. 이들은 육로가 아닌 배편으로 고구려와 통해야 했다. 남조의 사신들은 대개 배를 타고 패수(浿水)로 들어온 후 평양성으로 향했다. 바로 옛 낙랑군 지역으로 들어온 것이다. 때문에 남조의 나라들은 낙랑을 중시해 고구려 왕을 대개 낙랑공으로 봉작했다. 남제의 황제가 문자명왕을 영·평 2주 정동대장군 겸 낙랑군공에 봉작한 것이 좋은 사례다.

<표 7>은 『삼국사기』만을 근거로 했기에 남조의 기록에 나오는 고구려 왕 봉작은 생략돼 있다. 『삼국사기』는 동진(東晉)의 안제가 장수왕을 낙안공으로 봉작했음을 보여주는데, 낙안이 어디인지 알 수 가 없다.

당나라는 고구려 지역 영유에 실패

고구려를 멸망시킨 당나라의 고구려 지배는 쉽지 않았다. 도처에서 저항세력이 일어난 탓이다. 이들은 신라와 연계해 투쟁했기에, 676년 당나라는 신라와 백제에서는 물론이고 고구려의 장수왕 평양 지역에 주둔시켰던 병력을 철수시켰다. 신라는 당의 지배를 물리치고 명실상부하게 삼국통일을 이룰 수 있었다. 당나라는 고구려와 백제 지역을 영토로 만들려고 도호부와 도독부를 설치했다가 신라와 합세한 두 나라 유민들의 저항으로 물러난 것이다.

당나라가 정복한 고구려를 요동으로 부른 것은 고구려 패망 2년 전(666)에 투항한 연개소문의 장남 연남생이 당나라에서 숨지자(679), 만들게 된 그의 묘지석[231]을 통해서도 확인된다. 1921년 낙양에서 발굴된 이 묘지석에는 '공의 성은 천(泉, 연남생의 원래 성은 淵인데, 당 고조의 이름이 李淵인지라, 중국 투항 후 그는 중국어로는 淵과 발음이 같은 泉으로 성을 바꾸게 되었다)이고 이름은 남생, 자는 원덕이며 요동군 평양성 사람이다.' [232]란 내용이 새겨져 있었다.

이 묘지석대로 이해한다면 당나라는 고구려 땅에 9도독부 42주 100현을 설치한 것과 별개로 고구려 전역을 요동으로 부르기 시작했음을 알 수 있다. 고구려 시절에는 평양이 훨씬 크고 중요한 곳이었는데, 고구려 패망 이후에는 평양이 요동 밑에 들어가게 되었다. 그러했으니 요동은 고구려와 등치어가 돼, 장수왕 평양이 있는 동쪽으로 이동하게 된다.

연남생의 묘지는 그의 동생인 연남산 무덤과 함께 발견되었다. 형(연남생)과 대립했던 연남산도 고구려가 패망한 후 당나라에 항복해, 사재소경이라는 벼슬을 받고 701년 사망했다. 연남산의 무덤에서 나온 묘지석에는 '군의 이름은 남산이고 요동의 조선인이다.'[233]란 내용이 새겨져 있었다. 요동은 고구려이고, 조선은 장수왕 평양을 가리키니, 여기에서도 요동이 고구려와 등치어로 묘사돼 있음을 알 수 있다.

장수왕에서 보장왕 사이의 고구려는 요동군을 차지했지만, 고구려의 CoG인 장수왕 평양은 그 동쪽에 있었다. 그런데 대륙국가들이 평양에 있는 고구려 왕을 반복해서 요동공으로 봉작했고, 당나라가 고구려 정복한 다음에는 고구려 전역을 요동으로 불렀기에, 요동이란 이름은 장수왕 평양을 향해 '동진(東進)'하게 되었다. 평양도 이성계가 세운 조선에 의해 지금의 북한 평양으로 동진(남진으로 볼 수도 있다)했는데 요동도 동진했으니, 우리의 고대사는 혼란스러워진다.

신라의 대당(對唐) 투쟁

109쪽의 <표 2>에서 보았듯이 당나라의 안동도호부가 잦은 이전을 하며 축소된 데는 치열한 국제 정치가 숨어있다. 신라가 당나라 군을 패배시켜 삼국통일을 완수한 676년 당나라가 평양성에 있던 안동도호부를 옛 요동성으로 황급히 옮긴 것은 현지세력의 저항 때문이었다.

고구려의 저항세력은 장수왕 평양 이외의 지역에서도 있었다. 앞에서 밝혔듯 안시성은 1차 고당전쟁(645)은 물론이고 고구려가 무너진 다음에도 굳건히 버텼다. 그러한 안시성을 정복하기 위해 당나라 고종은 함형 2년(671) 고간(高侃)이 이끄는 부대를 따로 보냈다. 안시성은 고간의 공격으로 무너졌다.

고간 군은 672년 백빙산에서 또 다른 고구려 저항군을 깨뜨렸는데, 그때 신라가 고구려 저항군을 구원하였다. 신라는 당나라에 대해 각을 세운 것이다. 673년 당나라는 이근행을 보내 호로하에서 고구려 저항군을 깨뜨리고 수천 명을 사로잡았는데, 그때 남은 저항군이 신라로 달아났다. 신라의 조직적인 고구려 저항군 지원은 당나라를 당황하게 만들었다.

때문에 신라 문무왕 14년(674) 당나라 고종은 크게 노하여 문무왕에게 준 관작을 삭제하고, 당나라에 머물고 있던 문무왕의 동생인 김인문을 신라 왕으로 세워 신라로 귀국하게 하였다. 그러자 문무왕은 고구려 보장왕의 서자인 안승을 (고구려)의 보덕왕에 봉하며 맞섰다. 고구려 유민의 저항을 유도한 것이다. 이듬해(675) 유인궤가 이끄는 당나라 군이 칠중성에서 신라 군을 깨뜨렸다. 이 패배로 신라 문무왕이 사죄하자, 당 고종은 문무왕에게 준 관작을 회복시키고 신라로 가고 있던 김인문을 당나라로 돌아오게 했다.

그러나 신라는 투쟁을 멈추지 않았다. 문무왕이 사죄했다는 그해 신라는 당나라 군과 18번 싸워 모두 이겼다. 6,047명의 머리를 베고 말 2백 필을 얻었다. 이는 문무왕이 사죄했다는 기록이 중국의 춘추필법일 수 있다는 것을 보여준다. 676년 11월 소부리주 기벌포에서 사찬 시득이 이끄는 신라의 수군이 당나라의 설인귀 군과 격전을 벌여, 4천여 명의 머리를 베며 승리했다.[234] 이 패배로 당나라는 신라와 신라가 차지한 백제의 전역과 장수왕 평양 등 고구려 상당 지역에 대한 영유를 포기했다. 신라는 삼국통일을 완수한 것이다.

이 패배가 임박했을 때 당나라는 평양에 설치한 안동도호부를 옛 요동성으로 황급히 이전했다. 요동성은 1차 고당전쟁 때 격전을 벌이다 당나라 군에게 함락됐기에 성이 온전하지 않을 수 있다. 반면 신성은 백암성처럼 항복했기에 온전했다. 이적은 온전하게 넘어온 신성을 설필하력으로 지키게 했는데 그러한 신성으로 다시 안동도호부를 옮겼다(677).

그리고 같은 해 당나라로 끌고 왔던 보장왕을 요동주도독 겸 조선왕에 봉하여 요동으로 보내 남은 백성을 안정시키게 했다. 그때 (당나라의 여러 주에) 먼저 와서(=끌려 와서) 살고 있던 동쪽 사람들(=고구려 출신들)도 보장왕과 함께 요동으로 돌아가게 하였다.[235) 그러나 요동으로 간 보장왕은 당나라를 배반하고 훗날 발해를 세우는 말갈과 내통하였다. 당나라는 안동도호부를 만든 신성으로 보장왕을 보내지 못하고 요동으로 보낸 것인데, 이는 보장왕의 귀환이 고구려 유민의 저항을 확대시킬 수 있다고 보았기 때문일 수 있다.

당나라는 그들 군대 철수로 신라에게 넘겨주게 된 옛 백제에 대해서도 같은 조치를 취했다. 부여융은 백제 의자왕의 태자였다. 백제가 망하자 부흥운동을 펼쳤던 그는 당나라에 항복해, 당나라에 의해 웅진도독에 임명됐다(662). 그리고 유인원을 따라 당나라에 가 있었는데, 신라가 삼국통일을 완성했다(676).

위기를 느낀 당나라는 부여융을 웅진도독 겸 대방군왕에 임명하고 옛 백제로 돌려보내 남은 백성을 안정시키게 했다. 옛 백제 지역을 신라에서 분리시켜 당나라 지역으로 만들려고 한 것이다. 그러나 신라가 매우 강경했기에 그는 고국으로 가지 못하고 신성에 있는 안동도호부에 있다가 그곳에서 죽었다.[236)

당나라는 4년이 지난 고종 개요 원년(681) 보장왕이 말갈과 통한 것을 알고, 보장왕을 당나라의 공주(邛州)로 소환했다. 소환된 보장왕이 이듬해(682)에 죽었다. 당 고종은 보장왕의 영구를 당나라 서울로 가져 오게 해 (동돌궐의 지도자로 당나라에 먼저 투항했던) 힐리(頡利)의 무덤 왼편에 장사지내게 했다.[237)

그 시기 동호 지역에서는 거란이, 장수왕 평양 지역에서는 말갈이 일어났다. 696년 거란의 지도자인 이진충이 영주를 함락하자, 장수왕 평양에서 일어난 대조영 집단이 적극 호응했다. 698년 이진충의 난을 진압한 당나라는 고구려 유민들의 배반을 의식해 신성에 있는 안동도호부를 안동도독부로 격하시켰다.

당나라는 고구려 유민들이 계속 반기를 드는 것을 막기 위해 다음해(699) 보장왕의 아들인 고덕무를 안동도독에 임명해 지역을 안정화하도록 했다. 그러나 그것도 실패해 705년에 안동도독부를 안동도호부로 환원하고 유주로 보냈다. 714년 당나라는 이러한 안동도호부를 평주로 옮겨졌다가 안록산의 난이 한창인 지덕(至德, 756~758) 연간에 없앴다. 당나라는 옛 고구려 지역에 대한 지배를 포기한 것이다.

옛 고구려 땅(장수왕 평양)에서 일어난 발해는 2대 무왕 시절인 732년 9월 장군 장문휴(張文休)를 보내 등주(登州)를 공격하고, 이듬해에는 거란과 연합해 하북 지방을 쳤다. 이 공격에 당황한 당나라는 신라를 끌어들여 발해의 남쪽을 공격하게 했는데 이 공격으로 신라는 패강(浿江) 이남을 영유할 수 있게 되었다. 패강을 경계로 신라와 발해는 옛 고구려 영토를 분할하게 된 것이다.

이 패강이 고구려의 평양(장수왕 평양) 서북쪽에 있는 패수(浿水)라면 신라는 발해의 수도(=중경현덕부)를 점령한 것이 된다. 그러나 신라는 발해(진국)의 수도를 빼앗은 적이 없으니, 패강과 패수는 다른 강이 된다. 이 패강을 찾아야 우리는 발해와 통일신라의 정확한 경계선을 알 수 있다.

우리 역사학계는 패강을 대동강으로 보는 듯, 지금 북한 평양 남쪽에 발해와 통일신라 국경선이 있는 것으로 지도를 그리고 있는데 이는 잘못된 것일 수 있다. 패강과 패수의 차이는 우리 역사학계가 풀어야 할 큰 숙제이다.

79) http://search.daum.net/search?w=img&q=%EC%A0%84%EA%B5%AD%EC%B9%A0%EC%9B%85&docid=33AtjfY_mTCXZXzf-m&DA=IIM(검색일 2016년 10월 1일)

80) 『관자(管子)』 제77 「지수(地水)」 齊有渠展之鹽, 燕有遼東之煮

81) 이는 관자가 서기전 645년에 사망한 것을 근거로 한 표현이지 『관자』가 요동이라는 표현을 넣어 가장 먼저 편찬된 책은 아니라는 뜻이다. 김필수 등 옮김, 『관자』(서울: 소나무, 2006)는 16쪽 '관자라는 문헌'이란 편에서 '지금 전해지는 관자는 춘추시대에 시작하여 전한(前漢) 시대까지 거의 700년이라는 기나긴 시간에 걸쳐 여러 사람에 의해 이루어진 경세의 바이블이자 백과전서라고 할 수 있다.'라고 설명한다. 현존하는 『관자』는 서기전 79년부터 서기전 8년 사이 생존한 전한 말의 유향(劉向)이 편찬한 것으로 알려져 있다.

82) 주(周)나라 무왕인 희발(姬發)은 상(商)나라를 멸망시킨 뒤 자신의 동생인 소강공(召康公) 석(奭)을 연(燕) 제후에 봉했는데 그것이 춘추시대 연나라의 시작이다.

83) 춘추·전국시대를 관류한 연나라의 수도는 계(薊)인데, 계는 지금의 북경 지역이다. 계를 중심으로 한 지역에 들어섰던 나라나 제후국은 대부분 '연'을 국호로 사용했다. 따라서 북경은 '연경(燕京)', 북경으로 가는 것은 '연행(燕行)'으로 부르는 경우가 매우 많았다. 조선시대 청나라의 수도인 북경에 가는 것을 '연행', 그 여정을 기록한 것을 『연행록』으로 이름 지은 것이 대표적이다.

84) 한반도와 중국 대륙으로 둘러싸인 서해는 수심이 얕고 간만의 차가 커서 갯벌이 발달했다. 이러한 갯벌을 밀물 때도 바닷물이 들어오지 못하는 '땅'으로 바꾸려면 대규모 토목공사가 필요하다. 인간의 힘과 축력(畜力)으로 이러한 공사를 하는 데는 오래 시간이 걸린다. 중국과 한국의 사서(史書)들은 오랫동안 진행된 일은 일상으로 보고 거의 기록하지 않았기에 서해 간척사(干拓史)를 살피는 것은 매우 어렵다. 염전을 만들기 위한 갯벌의 육화(陸化)는 대규모 토목공사인지라, 더 많은 노동력을 요구한다. 염전에서 생산한 소금을 소비자가 있는 내륙으로 보내려면 도로와 교통수단도 발달해 있어야 한다. 따라서 천일염을 생산하는 염전 건설은 가축보다 큰 힘을 내는 기관(engine)이 개발된 산업화 이후에 이뤄졌다고 보아야 한다. 지금 서해 해안에 남

아 있는 염전은 대일항쟁기에 건설된 것이 대부분이다.

85) http://dic.daum.net/word/view.do?wordid=kkw000286397&supid=kku000364685#kku000364685(검색 2016년 10월 22일). 함수(鹹水)의 사전적 뜻은 '바다의 짠물'이다.

86) 이를 보여주는 가장 좋은 자료가 중국 전한(前漢) 선제(宣帝) 때 환관(桓寬)이 편찬한 『염철론(鹽鐵論)』이다. 이 책은 국가가 소금과 쇠로 만든 제품의 판매를 독점해 국가의 부를 늘이는 것에 대한 논의를 정리한 것이다. 소금 판매를 상인에게 맡겨 상인이 부를 모으게 한 후 세금을 추징할지 국가가 소금 판매를 독점해 국가가 직접적으로 부를 늘일지는 산업화 이전 시기 중요한 논의 사항이었다.

87) 배성동·임진혁, 『울산 염부들의 구술; 울산 소금 이야기』(울산: 울산발전연구원 부설 울산 학연구센터, 2015).

88) 이 시기 서해안 갯벌에서는 염전이 건설돼 천일염이 대량 생산됐으니 소출이 적은 자염 생산지는 쇠락할 수밖에 없었다.

89) 동물은 식(食)과 불완전한 주(住)만 있어도 살 수 있지만, 사람은 의식주를 모두 필요로 한다. 이동을 하려면 사람은 의식주를 들고 가야 하는데, 이를 위해서는 싣고 다닐 수 있는 수단이 절대적으로 필요하다. 이 수단의 기본이 바로 바퀴다. 바퀴를 단 수레와 수레를 끌어줄 축력(畜力)은 반드시 있어야 한다. 수레가 다닐 수 있는 길(도로)도 있어야 한다. 그러한 길이 있는 곳까지 대개 같은 문화권이 된다.

90) 서영수, "요동군의 설치와 전개," 서영수 외, 『요동군과 현도군 연구』(서울:동북아역사재단, 2008), 39쪽.

91) 중국은 산해관을 기준으로 그 서쪽을 관서(關西), 동쪽은 관동(關東)으로 불렀다. 관내(關內)와 관외(關外)로 부르기도 했다. 때문에 지금의 요동반도는 관동지방에 해당해, 러일전쟁 후 요동반도를 조차한 일본은 그곳에 '관동도독부'를 설치하고 '관동군'을 주둔시켰다.

92) 전국시대 연나라 소왕(昭王) 때의 장군이다. 진나라의 시황을 암살하고자 했던 형가의 부장 진

무양의 조부이다. 진개는 소왕 29년(서기전 284)에서 33년(서기전 280) 사이 동호를 공격한 것으로 보인다.

93) 『戰國策』권9 「燕策」 燕東有朝鮮遼東 北有林胡樓煩.

94) 한문은 어떻게 띄어 읽기를 하고 어떤 조사를 넣어 해석하느냐에 따라 그 뜻이 크게 달 라질 수 있다. 이 글은 기존 사서와는 해석을 달리하는 경우가 간간이 있음을 밝혀둔다.

95) 조선의 요동으로 이해한 학자로는 북한 역사학자인 리지린을 꼽을 수 있다. 리지린, "진한(秦漢)대 료동군의 위치," 『역사과학 1』(평양: 과학백과사전출판사, 1963); 리지린, 『고조선연구』(평양: 과학원출판사, 1993).

96) 요동에 대한 체계적인 연구는 한국·북한·중국에서 모두 부족한 편이다. 김한규, 『요동사』(서울: 문학과지성, 2004); 서영수, "요동군의 설치와 전개," 『요동군과 현도군 연구』(서울: 동북아역사재단, 2008), 14-62쪽 등을 참고할 만하다.

97) 賀政權, "遼東一詞的由來及其他," 『東北地方史硏究』(1987-2), 76-77쪽.

98) 김한규, 『요동사』(서울: 문학과지성, 2004), 50쪽,

99) 당(唐)나라 이전의 중국 고대 국가들은 지금 중국의 서부인 섬서성(陝西省)이나 하남성(河南省) 등에 도읍했다. 지금 섬서성의 서안(西安)에는 주나라(서주)의 수도인 호경(鎬京)과 당나라의 수도인 장안(長安)이 있었고, 지금 하남성의 낙양(洛陽)에는 서주와 후한· 조위·서진 등의 수도가 있었다. 북송의 수도였던 개봉(開封)도 하남성에 있다.

100) 『요동지』「지리지(地理志)」秦名韻書遼遠也 以其遠在九州之東故名.

101) 『요동지』「건치지(建置志)」遼在中國爲東北極邊 自昔有天下者多都秦晉 去遼爲最遠 故取 荒遠之義而名.

102) 지금의 漢字 수는 10만 자가 넘는다. 그러나 고대에는 그렇게 많지 않았다. 후대로 내려올수록 개념과 물품 등이 늘어나니, 그것을 표현하기 위해 자꾸 글자를 만들었기 때문이다. 새로운 물품과 개념을 표현해줄 문자를 만들지 못하면 그 개념과 물품을 만든 나라의 용어를 수입한다.

지금 한국어와 일본어에서 외래어와 외국어가 많이 쓰이는 것은 그 때문이다. 중국 상(商)나라의 수도인 은허(殷墟)에서는 초기 청동기시대의 한자인 갑골문을 새긴 거북 등껍질이 다수 발견되었다. 연구를 통해 밝혀진 갑골문 시대의 한자는 3,000여 자 정도다. 이러한 갑골문이 발전해 청동기 말기인 춘추시대와 초기 철기인 전국시대 전서(篆書)체의 한자를 만들었다. 전서체의 한자는 5,000여자 정도로 확인되고 있다. 공자·장자 등의 제자백가가 활약한 시기의 한자가 5,000여 자에 불과했다는 것은 그들의 사고 범위가 지금 생각하는 것처럼 그렇게 넓지 않았다는 의미이다. 이렇게 문자의 수가 달렸으니 고대의 중국인 다양한 오랑캐를 다 표현할 수가 없었다. 처음 위협을 준 흉노를 오랑캐[胡]로 적었는데, 그들과 다른 오랑캐가 동쪽에서 나타나 위협하면 '동호(東胡)'로 적게 되는 것이다. 오랑캐[胡, 흉노]가 東胡를 정복해 함께 공격해 오면, 고대의 중국인들은 胡와 東胡를 동일한 것으로 오해할 수도 있다. 이러한 사정을 알지 못하면, 후대에는 胡와 東胡를 같은 종족으로 보는 오류를 범하게 된다.

103) 『사기』에는 요동이 연나라의 강역에 속했다는 것을 보여주는 문구가 많다. 연나라 후기 일을 기록한 대목에서 특히 그러하다. 이는 진개의 공격으로 요동을 연나라로 편입하고 난 다음의 일을 기록한 것이기 때문이다. 『사기』를 비롯한 여러 사서들은 시대를 명확히 밝히지 않고 서술했기에, 연나라가 지배하지 못했을 때의 요동과 연나라가 지배했을 때의 요동을 혼재시키고 있어 혼란을 준다.

104) 연나라가 장성을 쌓았다고 하는 양평은 요동군의 양평현이 분명하다. 양평에 대해서는 중국의 많은 사서가 설명하고 있다. 그러나 조양(造陽)은 전혀 나오지 않는다. 『한서漢書』「지리지」는 연5군의 하나인 상곡군 조에 조양과 발음이 비슷한 '저양(沮陽)'현 기록만 담고 있다.

105) 『사기(史記)』 제110 「흉노열전(匈奴列傳)」 제50 其後燕有賢將秦開 爲質於胡 胡甚信之. 歸而襲破走東胡 東胡卻千餘里. 與荊軻刺秦王秦舞陽者, 開之孫也 燕亦築長城 自造陽至襄平. 置上谷 漁陽 右北平 遼西 遼東郡 以拒胡.

106) 『위략(魏略)』은 중국 삼국시대 위나라(=조위)를 중심으로 쓴 역사서이다. 정사인 25사에는 들

어가지 않는다. 후에 이 책이 유실돼 청나라 때 왕인후(王仁俊)가 잔존하여 전해진 글을 모아 집본을 펴냈으나 매우 간략해, 장붕일(張鵬一)이 민국(民國) 11년에 다시 편집했다. 위략의 본래 저자는 어환(魚豢)이다. 어환은 위략의 저자인 것 이외는 알려진 것이 없다.

107) 魏略曰 燕乃遣將秦開攻其西方 取地二千餘里 至滿番汗爲界. 朝鮮遂弱.

108) 『염철론』「伐攻」제45 燕襲走東胡僻地千里, 度遼東而攻朝鮮.

109) 『사기』「조선전」朝鮮王滿者 故燕人也. 自始全燕時, 嘗略屬眞番朝鮮, 爲置吏, 築鄣塞.

110) 『사기』「조선전」秦滅燕 屬遼東外徼.

111) 『사기』「조선전」漢興爲其遠難守, 復修遼東故塞, 至浿水爲界 屬燕.

112) 옛 연나라[故燕]는 전국시대의 연나라를 의미한다. 위만의 선조는 전국시대 연나라 사람이란 뜻이다.

113) 진번 지역에 살았던 종족은 매우 약했던 것이 틀림없다. 때문에 외부 세력의 지배를 자주 받았다. 『사기』는 진번이 '(전국시대의) 연나라가 전성기일 때 기자조선과 함께 연나라에 복속되었다(自始全燕時 嘗略屬眞番朝鮮)'고 적어놓았다. 또 『사기』는 '위만은 진번과 조선의 오랑캐를 복속시키고 옛 연나라(전국시대 연나라)와 제나라(전국시대의 제나라)에서 망명나온 이들의 왕이 되었다(稍役屬眞番朝鮮蠻夷及故燕齊亡命者王之)'라고도 해 놓았다. 진번은 전국시대의 연나라와 위만조선의 지배를 받았던 것이다. 한 무제는 위만조선을 정복한 후 진번 지역에 진번군을 만든 것으로 보인다. 그러나 진번군은 설치 26년 만에 낙랑군에 흡수돼 사라졌다. 낙랑군은 통합한 진번군 지역에 남부도위(樂浪郡南部都尉)를 설치해 소명(昭明)·대방(帶方)·함자(含資)·열구(列口)·장잠(長岑)·제혜(提奚)·해명(海冥)의 7현을 관할하게 하고, 소명현을 남부도위의 치소로 삼았다.

114) 『史記』「조선전」朝鮮王滿者 故燕人也. 自始全燕時, 嘗略屬眞番·朝鮮, 爲置吏, 築鄣塞, 秦滅燕, 屬遼東外徼. 漢興, 爲其遠難守, 復修遼東故塞, 至浿水爲界, 屬燕.

115) 『사기색은(史記索隱)』徼謂邊境亭鄣 以徼繞邊陲 , 常守之也.

116) 윤내현, 『한국고대사신론』(서울: 일지사, 1986), 68쪽.

117) 『三國志』 卷30 「魏書東夷傳」 所引 緯略 及秦兵天下 使蒙恬築長城到遼東. 時朝鮮王否立畏秦襲地 略服屬秦 不肯朝會.

118) 지금 한반도의 휴전선은 군사분계선(MDL)과 비무장지대(DMZ)로 구성돼 있다. 군사분계선에서 남북으로 2km쯤 떨어진 곳을 남방한계선과 북방한계선으로 하고, 그 사이를 비무장지대로 정해 놓았다. 남북한 군은 비무장지대 바깥에서만 제대로 된 무력을 갖출 수 있다. 때문에 한국은 남방한계선을 따라 GOP(General Out Post: 일반소초)를 만들고 정규부대를 배치해놓았다. 북한도 마찬가지다. 정전협정은 비무장지대에는 기관총 이하의 화기를 가진 경찰병력이 들어가 관리하게 해놓았다. 이들이 주둔하는 초소를 GP(Guard Post: 감시 초소)라고 하는데, 정전협정은 양측의 GP 수도 지정해 놓았다. 이러한 GP에 기관총 이하의 화기를 갖고 들어가 주둔하는 경찰 병력을 한국은 민정경찰(民政警察), 북한은 민경대(民警隊)라고 한다. 비유해서 설명하면 GOP부대가 늘어선 남방한계선이 진 장성이다. 진 장성 밖에서 만번한까지는 남방한계선에서 군사분계선 사이가 된다. 만번한 등에 있는 비상주 초소는 GP가 된다. 한국은 GP에 민정 경찰을 상주시키지만 진나라는 이따금 순찰 병력을 보내 관리했다.

119) 전한(前漢)과 후한(後漢) 사이에 짧게 존재한 신(新) 나라 때는 '대윤(大尹)'으로 불렀다.

120) 이 연나라는 전국시대에 있었던 연나라와는 다른 한나라의 제후국 연나라다. 영역은 전국시대 연나라가 있었던 지역보다는 작을 것으로 보인다.

121) 한나라 통일에 기여한 공로로 유씨가 아님에도 제후가 된 7인은 연왕(燕王) 노관(盧), 초왕(楚王) 한신(韓信), 회남왕 경포, 양왕 팽월, 장사왕 오예(吳芮), 민월왕 무저, 남월왕 조타이다.

122) 『한서』 「지리지」에 따르면 한나라 고조 유방이 세운 연국(燕國)은 제8대 황제인 소제(昭帝) 원봉 원년(서기전 80) 광양군(廣陽郡)으로 바뀌었다가 10대 황제인 선제(宣帝) 본시(本始) 원년(서기전 73) 광양국(廣陽國)이 되었다. 『한서』 「지리지」는 광양국이 전국시대의 연나라인 계현(薊縣)과 방성현(方城縣)·광양현(廣陽縣)·음향현(陰鄉縣)의 네 개 현으로 구성돼 있음을 밝히

고 있다.

123) 묵돌은 '용감한 자'라는 뜻의 투르크어인 'Bayatur(바야투르)'를 한자로 음사한 것이라고 한다. 묵특 선우는 한자를 우리말로 읽어 '모돈 선우'라고도 했다. 위키백과, 묵돌선우(검색 2016년 8월 31일) http://ko.wikipedia.org/wiki/%EB%AC%B5%EB%8F%8C_%EC%84%A0%EC%9A%B0

124) 한 고조는 유경(劉敬)을 시켜 종실의 딸인 옹주(翁主)를 바쳐 선우의 연지(부인)로 삼게 하고 매년 흉노에게 일정한 양의 서(絮 -솜), 증(繒 -비단), 술과 식물(食物 -음식)을 바치며 형제(兄弟)가 되어 화친할 것을 약속했다.

125) 이 조나라도 전국시대 조나라보다 훨씬 작다. 한나라는 전국시대 조나라의 도읍 일대를 제후국 조나라로 정했기 때문이다.

126) 서기전 195년 유방이 죽자 여후가 낳은 아들인 유영이 16세에 2대 황제(혜제)에 올랐다. 여후는 여태후(呂太后)로 불리게 되었는데, 혜제는 유약했기에 여태후가 실권을 행사했다. 여태후는 상당히 잔인했다. 그러한 어머니에 눌렸는지 혜제는 재위 7년만인 서기전 188년 사망했다. 여태후는 혜제의 아들을 황제에 올리고 자신은 태황 태후가 돼 더 강한 권력을 휘둘렀다. 여태후는 당나라 때의 측천무후, 청나라 시기의 서태후 등과 더불어 중국 역사에서 손꼽히는 여성 권력자다.

127) 『사기』 「한신·노관·진희열전」 盧綰遂將其衆亡入匈奴, 匈奴以爲東胡盧王. 흉노가 노관을 노왕(盧王)으로 봉한 이유를 밝혀 놓은 자료는 없다. 노왕은 노관(盧綰)의 성인 盧를 딴 것일 가능성이 높다. 노관은 흉노로 망명 1년 뒤 사망했다.

128) 『史記』 「조선전」 滿亡命 聚黨千餘人, 魋結蠻夷服而東走出塞, 渡浿水, 居秦故空 地上下鄣.

129) 천자가 제후를 봉할 때 제수하는 玉으로 만든 패인 홀(笏).

130) 『삼국지』 「위지」 「동이전」 燕人衛滿亡命 爲胡服, 東度浿水 詣准降. 說准求居西界 , (故)中國亡命爲朝鮮藩屛. 准信寵之 拜爲博士 賜以圭, 封之百里 令守西邊.

131) 『삼국지』「위지」「동이전」滿誘亡黨衆稍多. 乃詐遣人告准 , 言漢兵十道至 , 求入宿衛 , 遂還攻准. 准與滿戰 不敵也. 將其左右宮人走入海 居韓地 自號韓王.

132) 위만이 상하장 생활 1년여 만에 기자조선을 쳤다고 한 것은 전후 과정을 보고 내린 추정이다. 위만의 망명은 노관이 흉노로 망명한 다음에 일어났다고 보아야 한다. 노관은 서기전 196년 흉노로 망명했으니 그 직후 위만도 상하장으로 망명했을 것으로 본다. 상하장에 터 잡은 위만은 서기전 195년 준왕을 속여 기자조선을 전복한 것으로 본다.

133) 『史記』「조선전」會 孝惠高后時, 天下初定, 遼東太守即約滿爲外臣, 保塞外蠻夷無使盜邊.

134) 『史記』「조선전」稍役屬眞番·朝鮮蠻夷及故燕·齊亡命者王之, 都王險.

135) 『史記』「조선전」勿得禁止. 以聞 上許之. 以故滿得兵威財物, 侵降其旁小邑, 眞番臨屯皆來服屬, 方數千里.

136) 『사기』「조선전」又未嘗入見, 眞番旁衆國欲上書見天子, 又擁閼不通.

137) 전한(前漢)의 역사를 기록한 『한서(漢書)』「지리지(地理志)」에 의하면 전한 말인 원시(元始) 2년(서기 2년)의 군과 국은 103개였다. 그런데 후한의 역사를 정리한 『후한서(後漢書)』의 「군국지(郡國志)」는 순제(재위 125~144) 때의 군과 국을 105개로 밝히고 있다. 현의 수(數)에도 변화가 있었다. 전한 때의 현은 1,587개였는데 후한의 현은 1,180개였다.

138) 『한서』「지리지」는 발해군을 처음 소개한 사료다. 발해군은 17개 현과 8개 후국(侯國)으로 구성돼 있었다. 이 발해군이 고구려가 무너진 후 등장한 발해(=대진국)와 같은 지역에 있었는지는 확정적으로 말하기 어렵다. 한나라는 특별한 정복과정 없이 발해군을 세웠다. 신(新)나라 때는 영하(迎河)군으로 이름이 바뀌어 존재했다. 『후한서』「군국지」에서는 기주에 속해 있고 5개의 현과 3개의 후국(侯國)을 거느린 것으로 나와 있다.

139) 대군은 전국시대 연나라의 서쪽에 있는 조(趙)나라의 땅에 있었던 것으로 본다. 150쪽의 <그림 1> 참조.

140) 한나라의 제후국이었던 연나라[燕國]가 노관의 반란 이후 광양국으로 바뀌었다. 광양국의 치

소는 전국시대 연나라의 도읍이었던 계현(薊縣)이니, 광양국은 전국시대 연나라 도읍지라고 해도 과언이 아닐 것이다.

141) 안사고는 (요대현을) 요수현이라 한다고 설명해 놓았다.

142) 험독현에 대해 응소는 조선의 위만이 도읍한 곳이다. 물이 험한 곳에 의지하고 있어 험독이라고 했다, 신찬은 왕험성은 낙랑군 패수(浿水)의 동쪽에 있어 험독으로 불리기 시작했다라고 했는데, 안사고는 신찬의 설이 옳다는 설명을 달아놓았다.

143) 응소는 '요새 밖에서 발원한 한수(汗水)가 서남쪽으로 흘러 바다로 들어간다고 하였다(應劭曰 汗水出塞外西南入海)'는 주를 달아놓았다. 응소는 한수(汗水)가 곧 패수(沛水)라고 해놓은 것이다.

144) 『한서』 「지리지」 요동군 秦置 屬幽州 戶五萬五千九百七十二 口二十七萬二千五百三十九縣 十八. 襄平 有牧師官 莽曰昌平. 新昌. 無慮 西部都尉治. 望平 大遼水出塞外 南至安市入海 行于 千二百五十里 莽曰長說. 房. 候城 中部都尉治. 遼隊 莽曰順睦. 遼陽 大梁水西南至遼陽入遼 莽曰遼陰. 險瀆. 居就 室僞山 室僞水所出 北至襄平入梁也. 高顯. 安市. 武次 東部都尉治 莽曰桓次. 平郭 有鐵官 鹽官. 西安平 莽曰北安平. 文 莽曰文亭. 番汗 沛水出塞外西南入海. 沓氏.

145) 『한서』 「지리지」는 요서·상곡 등 다른 연5군도 모두 진나라가 설치했다고 밝혀놓았다.

146) 고대에도 10리를 4km 정도로 보았다.

147) 다음백과의 라오허(遼河) 항목. http://100.daum.net/encyclopedia/view/b06r0110a(검색 2017년 6월 13일).

148) 화북(華北)평원과 내몽골고원이 갈라지는 산지에 있다. 난하의 지류로 여러 개의 온천 수가 흘러들어오는 열하(熱河)에 면해 있다. 한족보다는 비(非)한족 영역으로 더 오래 있었다. 청나라가 중국을 차지한 후 이곳을 청나라 황제의 피서산장으로 쓰면서 중국 영토로 굳어졌다. 열하에 있는 청나라 황제를 찾아간 것을 묘사한 박지원의 『열하일기』는 당시 이 지역의 물길이 어떠했는지 잘 보여준다. 다음백과 청더(承德) 항목 참조. http://100.daum.net/encyclopedia/

view/b20c2470a(검색 2017년 6월 14일).

149) 위키백과의 롼허(灤河) 항목, https://ko.wikipedia.org/ wiki/%EB%A1%BC%ED%97%88(검색 2017년 6월 13일).

150) 위키백과의 다링허(大凌河) 항목, https://ko.wikipedia.org/wiki/%EB%8B%A4%EB%A7%81%ED%97%88(검색 2017년 6월 13일).

151) 대릉하와 소릉하가 만든 삼각주가 거의 잇닿아 있다는 점에 주목하면 패수(浿水)는 대릉하 일 수도 있다. 고대에는 삼각주 역시 통과하기 어려운 습지나 늪으로 보았을 것이기 때문 이다.

152) 리지린, "진한(秦漢)대 료동군 위치," 『력사과학 1』 (평양: 과학백과사전출판사, 1963).

153) 유엠부찐, 『고조선』 (서울: 국사편찬위원회, 1986).

154) 윤내현, 『한국고대사신론』 (서울: 일지사, 1986).

155) 미주 148과 동일함.

156) 『사기』 「조선전」 滿亡命 聚黨千餘人, 魋結蠻夷服而東走出塞, 渡浿水, 居秦故空地上下鄣

157) 『삼국사기』 「고구려본기」 유리명왕 三十一年 漢王莽發我兵伐胡, 吾人不欲行, 强迫遣之, 皆亡出塞, 因犯法爲寇, 遼西大尹田譚追擊之, 爲所殺. 州郡歸咎於我. 嚴尤奏言貊人犯法宜令州郡 且慰安之 今猥被以大罪 恐其遂叛 扶餘之屬 必有和者 匈奴未克扶餘濊貊復起此大憂也. 王莽不聽 詔尤擊之 尤誘我將延丕斬之 傳首京師(兩漢書及南北史皆云誘句麗侯鄒斬之). 莽悅之 更名吾王 爲下句麗侯 布告天下 令咸知焉 於是 寇漢邊地愈甚.

158) 『삼국사기』 「고구려본기」 대무신왕 十一年 秋七月 漢遼東太守將兵來伐 王會羣臣問戰守之計….

159) 『후한서』 권 1. 建武六年(서기 30)初, 樂浪人王調據郡不服. 遣樂浪太守王遵擊之. 郡吏殺調降.

160) 이때 낙랑군 남부도위는 폐지하지 않았다.

161) 『삼국사기』 「고구려본기」 대무신왕 二十年 王襲樂浪 滅之.

162) 『삼국사기』 「고구려본기」 대무신왕 二十七年 秋九月 漢光武帝 遣兵渡海伐樂浪 取其地爲郡縣

薩水已南屬漢.

163) 이 지도는 http://bookgutnine.blog.me/220235081631에서 전재한 것이다. 한 무제가 설치
한 13개 주는 冀·兗·青·幷·徐·揚·荊·豫·涼·益·幽·朔方·交阯이다. 이 지도는 후한 시절의 13개 주
를 그린 것이라, 삭방과 교지는 사례교위부와 교주로 표현돼 있다.

164) 永樂五年歲在乙未, 王以稗麗不□□[人], 躬率往討. 過富山[負]山, 至鹽水上, 破其三部洛六七百
營(□은 판독이 안되는 글자).

165) 중국의 관문(關門)을 소개한 아래 사이트에서 '시펑커우(喜峰口)관' 참조. http://blog.naver.
com/PostView.nhn?blogId=yejihanja&logNo=20201163993(검색 2018년 1월 5일).

166) 이 사진은 반가구의 수중 장성을 소개한 블로그에서 추출했다. http://blog. naver.com/
PostView.nhn?blogId=yalp&logNo=221083312972(검색 2018년 1월 5일).

167) 이욱연 "영화와 함께 떠나는 중국여행 ③ '귀신이 온다(鬼子來了)'/ 농민의 논리, 국가주의 앞에
무너지다," 「신동아」 (2005년 11월호).

168) 『삼국지』 권8 「위서 공손도전」 初 恭病陰消爲閹人 劣弱不能治國.

169) 『삼국지』 권8 「위서 공손도전」 太和 二年 淵脅奪恭位.

170) 소설 『삼국지연의』에서 촉나라 제갈량(제갈공명)과 경쟁하는 위나라의 재사 사마의(사마중
달)이다. 238년 공손연이 이끄는 공손씨 요동국 토벌에 나선 그는 요동군의 치소인 양평성을
함락시키고 공손연을 죽였다. 249년 사마의는 '고평릉의 변'이 라는 쿠데타로 실권을 잡고 조
씨 집안을 허수아비로 만들었다. 239년 그가 죽자 선왕(宣王)이라는 시호가 내려졌다. 때문에
『삼국사기』는 그를 '사마 선왕'으로 표기 해놓았다. 260년 그의 손자인 사마염은 조조의 증손
인 조위의 4대 황제 조모(생몰: 241~260, 재위: 254~260)로부터 선양을 받아 진나라(晉,
서진)을 열고, 사마의에게 '선황제'라는 시호를 올렸다.

171) 『삼국사기』 「고구려본기」 동천왕 十二年 魏太傅司馬宣王率衆 討公孫淵, 王遣主簿大加將兵千
人助之.

고구려의 국제정치 역사지리

172) 『삼국사기』「고구려본기」동천왕 十六年 王遣將 襲破遼東西安平.

173) 동부여를 탈출해 졸본에서 고구려를 세운 주몽이 원년(서기전 28) 비류수를 따라 상류로 올라
갔다가 송양이 이끄는 비류국을 만나고, 이듬해(동명성왕 2년, 서기전 27) 송양의 항복을 받았
던 그 비류수이다.

174) 양맥은 유리명왕이 33년(14) 8월 오이와 마리로 하여금 군사 2만을 거느리고 서벌(西伐)을 해
정복했던 나라다.

175) 『삼국사기』「고구려본기」동천왕 二十年 秋八月 魏遣幽州刺史毌丘儉 將萬人出玄菟來侵 王將
步騎二萬人 逆戰於沸流水上 敗之 斬首三千餘級 又引兵再戰 於梁貊之谷又敗之 斬獲三千餘
人 王謂諸將曰 魏之大兵 反不如我之小兵 毌丘儉 者魏之名將今日命在我掌握之中乎 乃領鐵騎
五千 進而擊之 儉爲方陣 決死而戰 我軍大潰死者一萬八千餘人 王以一千餘騎 奔鴨淥原冬十月
儉攻陷丸都城屠之乃遣將軍王頎追王王奔南沃沮 至于竹嶺 軍士分散殆盡 唯東部密友獨在側
謂王曰今追兵甚迫 勢不可脫臣請決死而禦之 王可遯矣 遂募死士 與之赴敵力戰 王間行脫而去
依山谷 聚散卒自衛謂曰 若有能取密友者 厚賞之 下部劉屋句前對曰 臣試往焉 遂於戰地見密友
伏至乃負而至 王枕之以股 久而乃蘇 王間行轉輾 至南沃沮 魏軍追不止王計窮勢屈不知所爲東
部人紐由進曰 勢甚危迫不可徒死 臣有愚計 請以飲食 往犒魏軍因伺隙刺殺彼將若臣計得成 則
王可奮擊決勝矣 王曰 諾 紐由入魏軍詐降曰 寡君獲罪於大國 逃至海濱措躬無地 將以請降於陣
前 歸死司寇 先遣小臣 致不腆之物 爲從者羞 魏將聞之將受其降 紐由隱刀食器 進前 拔刀刺魏
將胸 與之俱死 魏軍遂亂 王分軍爲三道 急擊之魏軍擾亂不能陳 遂自樂浪而退 王復國論功 以密
友紐由爲第一 賜密友巨谷靑木谷賜屋句鴨淥杜訥河原以爲食邑 追贈紐由爲九使者 又以其子多
優爲大使者 是役也魏將到肅愼南界 刻石紀功 又到丸都山 銘不耐城而歸.

176) 『삼국사기』「고구려본기」동천왕 二十一年 春二月 王以丸都城經亂不可復都 築平壤城移民及廟
社.

177) 『삼국사기』「고구려본기」동천왕 二十一年 春二月 … 平壤者本仙人王儉之宅也 或云王之都王儉.

178) 『진서』「지리지」平州. 按, 禹貢冀州之域, 於周爲幽州界, 漢屬右北平郡. 後漢末, 公孫度自號平 州 牧. 及其子康 康子文懿竝擅據遼東, 東夷九種皆服事焉. 魏置東夷校尉, 居襄平, 而分遼東 昌 黎玄 菟帶方 樂浪 五郡 爲平州, 後還合 爲幽州. 及文懿滅後, 有護東夷校尉, 居襄平. 咸寧二年 十月, 分 昌黎遼東 玄菟帶方 樂浪 等郡國五置平州. 統縣二十六, 戶一 萬八千一百.

179) 『삼국사기』「고구려본기」는 서천왕이 죽자 '서천 둔덕에 장사 지냈다(서천왕 二十三年 王薨 葬 於西川之原)'고 밝혀놓았다. 고구려의 왕릉은 도읍지 인근에 있으니 서천 둔덕은 왕검 평양 인 근일 가능성이 높다.

180) 『삼국사기』「고구려본기」 대무신왕 15년 … 冬十一月 … 元妃恐奪嫡爲太子 乃讒於王曰好童不 以禮待妾 殆欲亂乎 王曰 若以他兒憎疾乎 妃知王不信 恐禍將及 乃涕泣而告曰請大王密候若無 此事 妾自伏罪 於是 大王不能不疑 將罪之 或謂好童曰 子何不自釋乎 答曰我若釋之是顯母之 惡 貽王之憂 可謂孝乎 乃伏劍而死.

181) 『삼국사기』「고구려본기」 태조대왕 慕本王薨 太子不肖 不足以主社稷.

182) 94년간 재위하고 119세를 산 6대 태조대왕 다음으로 오래 산 이는 94세에 타계하며 79년을 재위한 20대 장수왕이다. 장수왕은 오래 살았기 때문에 長壽王이란 시호를 받았으나, 태조대 왕이 더 장수했고 재위기간도 길었다. 왕은 격무를 치러야 하고, 경쟁자로부터 위해를 받는 경 우가 많다. 그러한 것을 이겨내고 오래 재위하는 것은 왕권을 강화하는 한 방법이 된다.

183) 차대왕 3년 조에는 태조대왕에게 막근과 막덕이라는 아들이 있었다는 내용이 있다.

184) 『삼국사기』「고구려본기」 태조대왕 八十年 秋七月 遂成獵於倭山 與左右宴. 於是貫那于台彌儒 桓那于台菸支留沸流那皂衣陽神等 陰謂遂成曰, 初慕本之薨也 太子不肖 羣寮欲立王子再思 再 思以老讓子者 欲使兄老弟及. 今王旣已老矣 而無讓意 惟吾子計之. 遂成曰承襲必嫡 天下之常 道也 王今雖老 有嫡子在 豈敢覬覦乎. 彌儒曰 以弟之賢 承兄之後 古亦有之. 子其勿疑.

185) 『삼국사기』「고구려본기」 차대왕 三年 夏四月王使人 殺太祖大王元子莫勤 其弟莫德恐禍連及 自縊.

186) 이 요동태수 공손강은 공손씨 요동국의 2대 왕 공손강(재위 204~221 ?)과 다른 인물로 보아야 한다. 요동태수로 있은 기간이 다르기 때문이다.

187) 『삼국사기』 「고구려본기」 고국천왕 六年 漢遼東太守興師伐我 王遣王子罽須拒之. 여기에서의 王子는 고국천왕의 아들이 아니라, 고국천왕을 포함한 모든 왕의 아들로 태어난 이를 가리키는 보통명사다. 고국천왕은 아들이 없었다. 산상왕 2년 조에서 산상왕이 아우 계수(罽須)를 보내 공손씨 요동국 군을 이끌고 온 발기(發岐)를 막아 발기를 자살하게 만들었다고 한 대목이 있으니, 발기(拔奇)-남무(고국천왕)-발기(發岐)-연우(산상왕)-계수 순으로 형제가 된다.

188) 『삼국사기』 「고구려본기」 동천왕 ··· 王性寬仁 王后欲試王心 候王出遊 使人截王路馬鬣 王還曰 馬無鬣可憐 又令侍者進食時 陽覆羹於王衣 亦不怒

189) 『삼국사기』 「고구려본기」 동천왕 二十二年 ··· 秋九月 王薨 葬於柴原, 號曰東川王. 國人懷其恩德 莫不哀傷, 近臣欲自殺以殉者衆, 嗣王以爲非禮禁之. 至葬日 至墓自死者甚多. 國人伐柴 以覆其屍 遂名其地曰柴原.

190) 『삼국사기』 「고구려본기」 中川王(或云中壤) 諱然弗 東川王之子 儀表俊爽 有智略.

191) 『삼국사기』 「고구려본기」 중천왕 十二年 冬十二月 ··· 魏將尉遲(名犯長陵諱) 將兵來伐. 王簡精騎五千 戰於梁貊之谷 敗之, 斬首八千餘級.

192) 『삼국사기』 「고구려본기」 西川王(或云西壤) 諱藥盧(一云若友) 中川王第二子 性聰悟而仁國人愛敬之.

193) 『삼국사기』 「고구려본기」 烽上王(一云雉葛) 諱相夫(或云歃矢婁) 西川王之太子也幼驕逸多 疑忌

194) 44쪽의 미주 2에서는 흉노의 리더를 선우, 선비와 돌궐 거란과 여진 등은 최고 리더를 칸(汗)이나 대칸(大汗)으로 불렀다고 했으나, 모용외는 흉노의 예에 따라 '대선우'를 자칭했다.

195) 첫 번째는 유리명왕 27년 3월 황룡국이 사신을 보내 태자 혜명을 초청했기에 해명 태자가 주위의 만류를 뿌리치고 황룡국을 방문한 것이다. 황룡국의 왕은 처음에는 해명을 죽이려 했으

나 감히 하지 못하고 예절을 갖춰 돌려보냈다.

196) 같은 사건을 기록한 『삼국사기』의 기록과 중국 사서의 기록은 연대가 일치한다. 그러나 일부는 어긋난 경우가 있는데, 이는 왕의 연호 계산이 달라졌기 때문인 것으로 보인다. 『진서』 「모용황재기」에 따르면 모용황이 용성으로 천도한 것은 한 해 전인 341년(함강 7년)으로 계산된다.

197) 『삼국사기』 「고구려본기」 小獸林王(一云小解朱留王) 諱丘夫 故國原王之子也 身長大有雄略.

198) 『삼국사기』 「고구려본기」 廣開土王 諱談德 故國壤王之子 生而雄偉 有倜儻之志.

199) 『삼국사기』 「고구려본기」 長壽王 諱巨連(一作璉) 開土王之元子也 體貌魁傑 志氣豪邁.

200) 『삼국사기』 「고구려본기」 安原王 諱寶延 安臧王之弟也 身長七尺五寸 有大量 安臧愛友之安臧 在位十三年薨 無嗣子 故卽位.

201) 『삼국사기』 「고구려본기」 陽原王(或云陽崗上好王) 諱平成 安原王長子 生而聰慧 及壯雄豪過人.

202) 『삼국사기』 「고구려본기」 平原王(或云平崗上好王) 諱陽成(隋唐書作湯) 陽原王長子有膽力善騎射.

203) 『삼국사기』 「고구려본기」 嬰陽王(一云平陽) 諱元(一云大元) 平原王長子也 風神俊爽以濟世安民自任

204) 광개토왕비는 풍화로 마모가 됐기에 정확한 글자 판독은 어렵다. 패려(稗麗)를 비려(裨麗)로 읽는 학자들도 많다. 돌에 새겨진 '벼 禾' 변과 '옷 衤' 변은 구분하기 어렵기 때문이다.

205) ▨은 보이지 않는 글자다. 원문은 다음과 같다. 永樂五年歲在乙未 王以稗麗不▨▨人躬率往討 過富山負山至鹽水上破其三部洛六七百營牛馬群羊不可稱數 於是旋駕因過 襄平道東來▨城力 城北豊五備▨ 遊觀土境田獵而還.

206) 『삼국사기』 「고구려본기」 신대왕 5년(169)조에는 '신대왕이 대가인 우거와 주부인 연인 등을 시켜 군사를 거느리고 현도태수 공손도를 도와 부산의 도적을 쳤다(五年 王遣大加優居主簿然人等 將兵助玄菟太守公孫度 討富山賊)'라는 기록이 있다. 고구려 군이 현도태수를 도와서

친 부산(富山)이 광개토왕릉비문에 있는 부산(富山)과 같은 곳일 수 있다. 그렇다면 광개토왕

은 제5현도군 지역을 차지한 것이 된다.

207) 『삼국사기』「고구려본기」태조대왕 九十四年 … 秋八月 王遣將 襲漢遼東西安平縣 殺帶方令掠

得樂浪太守妻子.

208) 『삼국사기』「고구려본기」동천왕 十二年 魏太傅司馬宣王率衆 討公孫淵, 王遣主簿大加 將兵千

人助之.

209) 『삼국사기』「고구려본기」동천왕 十六年 王遣將 襲破遼東西安平.

210) 『삼국사기』「고구려본기」미천왕 十二年 秋八月 遣將襲取遼東西安平.

211) 서영수 외, 『현도군과 요동군 연구』(서울 : 동북아역사재단, 2008) 39쪽.

212) 『삼국사기』「고구려본기」영양왕 二十三年 … 唯於遼水西 拔我武厲邏 置遼東郡及通定鎭而已.

213) 『삼국사기』「고구려본기」영양왕 二十三年 … 述等兵自瀘河懷遠二鎭 人馬皆給百日糧,

214) 『삼국사기』「고구려본기」영양왕 二十五年 … 秋七月 車駕次懷遠鎭 時 天下已亂 所徵兵多失期

不至.

215) 『삼국사기』「고구려본기」영양왕 二十五年 … 八月 帝自懷遠鎭班師.

216) 『삼국사기』「고구려본기」보장왕 4년 李世勣軍發柳城 多張形勢 若出懷遠鎭者 而潛師北趣甬道

出我不意 夏四月 世勣自通定濟遼水至玄菟 我城邑大駭 皆閉門自守.

217) 『삼국사기』「고구려본기」嬰陽王 23년 …遼東 城則漢之襄平城也.

218) 『삼국사기』「고구려본기」보장왕 4년 … 5月… 帝至遼澤 泥淖二百餘里 人馬不可通 將作大匠

閻立德布土作橋 軍不留行 度澤東.

219) 『삼국사기』「고구려본기」보장왕 4년… 4월… 營州都督張儉 將胡兵爲前鋒 進度遼水 趨建安城

破我兵 殺數千人.

220) 『삼국사기』「고구려본기」보장왕 4년… 5월… 對曰 建安在南 安市在北 吾軍糧皆在遼東.

221) 『삼국사기』「고구려본기」당 고종 함형 二年 辛未歲 秋七月 高侃破餘衆於安市城.

222) 장통은 낙랑군과 대방군을 이끌던 사람이다. 서기 313년과 314년 미천왕이 낙랑과 대방을 공격해 점령했는데, 그 때 장통은 1,000여 가(家)를 이끌고 모용외 세력에게 투항했다.

223) 『삼국사기』 「고구려본기」 광개토왕 九年 春… 二月 燕王盛 … 以驃騎大將軍慕容熙爲前鋒 拔新城南蘇二城 拓地七百餘里 徙五千餘戶而還.

224) 『삼국사기』 「고구려본기」에는 숙군성이 한 번 나온다. 평주자사가 양평이 아닌 숙군성에 와 있는 것은 특이하다. 후연에서 정변이 있어 평주자사가 숙군성에 와 있었는데 광개토왕이 이를 알고 숙군성을 친 것으로 보인다. 이 공격으로 고구려는 구 요동군을 차지했을 수도 있다.

225) 『삼국사기』 「고구려본기」 광개토왕 十一年 王遣兵攻宿軍 燕平州刺史慕容歸棄城走.

226) 『삼국사기』 「고구려본기」 광개토왕 十三年 冬十二月 出師侵燕.

227) 『삼국사기』 「고구려본기」 영양왕 二十三年 春正月 壬午 帝下詔曰 高句麗小醜 迷昏不恭崇聚勃碣之間 荐食遼濊之境.

228) 『삼국사기』 「고구려본기」 보장왕 3년…又手詔諭天下 以高句麗蓋蘇文弒主虐民 情何可忍 今欲巡幸幽薊問罪遼碣.

229) 『북사(北史)』 「高句麗傳」 垂子寶 以句麗王安 爲平州牧 遼東帶方二國王.

230) 『삼국사기』에는 遼東之役이라는 표현이 두 번 나온다.

231) 이 묘지석은 당나라 고종 의봉 4년(679)에 만들어졌다. 왕덕진(王德眞)이 찬(撰)하고, 구양통(歐陽通)이 쓴 것으로 돼 있다. 1921년 중국 하남성(河南省) 낙양(洛陽) 북교(北郊)에서 출토됐다. 크기는 가로 2척(尺) 8촌(寸) 6분(分), 세로 2척(尺) 9촌(寸)이다(104×104cm로 표현하는 경우도 있다). 해서체(楷書體)로 47자가 새겨진 47개 행으로 구성돼 있다. 현재 중국 하남성(河南省) 개봉도서관(開封圖書館)에 보관돼 있다.

232) 이 묘지석의 원문과 번역문은 한국 고대사회연구소 편, 『譯註 韓國古代金石文』(서울: 駕洛國史蹟開發研究院, 1992)에 실려 있다. 묘지석에 새겨져 있는 이 부분의 원문은 '公姓泉諱男生字元德遼東郡平壤城人也'이다.

233) 大周故金紫光祿大夫行營繕大匠上護軍遼陽郡開國公泉君墓誌銘幷序라는 제목을 붙인 이 묘
　　 지석에는 '君諱男産遼東朝鮮人也'라는 한자가 새겨져 있었다.

234) 『삼국사기』「신라본기」문무왕 十六年 … 冬十一月 沙湌施得領船兵與薛仁貴 戰於所夫里州 伎
　　 伐浦 敗績 又進大小二十二戰 克之斬首四千餘級.

235) 『삼국사기』「고구려본기」儀鳳 二年 丁丑歲 春二月 以降王爲遼東州都督 封朝鮮王, 遣歸遼東安
　　 輯餘衆, 東人先在諸州者 皆遣與王俱歸. 仍移安東都護府於新城 以統之.

236) 『삼국사기』「백제본기」인덕 2년 儀鳳中 以隆 爲熊津都督帶方郡王 遣歸國 安輯餘衆. 仍移安東
　　 都護府於新城 以統之. 時 新羅强 隆不敢入舊國 寄理高句麗死.

237) 『삼국사기』「고구려본기」開耀 元年 召還卬州, 以永淳初死 贈衛尉卿. 詔送至京師葬頡利墓左.

4장

낙랑·대방·현도군과 고구려

대표적인 고조선 유물인 '잔무늬 구리거울'

과거엔 다뉴세문경이나 지금은 정문경이라고도 한다. 사진은 구리거울의 뒷면인데, 뒷면에는 끈을 넣어 매달 수 있게 해주는 꼭
지가 2~3개 있어, 꼭지 '뉴(紐)'자를 써서 '다뉴(多紐)'란 이름을 얻었다. 그리고 한자로는 '세문(細紋)'이라고 하는 가늘게 판 무늬
가 수없이 많아 '다뉴세문경(鏡)'이라고 했다. 잔무늬는 '정문(精紋)'으로도 표현하기에 정문경이라고 했다. 우리말로는 '잔무늬
구리 거울'이다.

박물관에서는 사진처럼 대개 뒷면이 보이도록 전시해 놓았다. 앞면은 단순한데다 녹이 슬어 거울 기능을 상실했기 때문이다. 거
울 면은 약간 오목한 것이 많은데, 이는 제사를 지낼 때 햇빛을 모아 강하게 반사하기 위한 것으로 짐작된다. 구리와 주석의 합금
인 청동기로 제작했다. 고조선 지역은 물론이고 중국 일본에서도 발굴됐다. 사진은 논산에서 출토된 국보 141호다.

1) 낙랑군과 대방군과 고구려

(1) 낙랑군의 탄생

　　요동군만큼이나 우리와 연관이 많은 낙랑군을 살펴보자. 한 무제가 낙랑군이 포함된 한4사군을 설치한 이유는 무엇일까. 많은 군사력을 투입해 정복을 하려면 이유가 있어야 한다. 낙랑군은 한4군 중에서는 현도군 다음으로 긴 420여 년을 존속하며, 현지세력에 의해 무너졌다 복구되는 것을 반복했다. 왜 중국 세력은 낙랑군을 포기하지 않은 것일까.

위만 조선의 성립

　　『삼국지』「오환선비동이전」은 위략을 인용해 전국시대 연나라는 진개로 하여금 조선(기자조선)의 서쪽까지 도합 2,000리를 빼앗고 만번한(滿番汗)에 이르러 그곳을 (기자조선과의) 경계로 삼았다고 적어놓았다. 1,000리까지는 동호의 땅을 빼앗아 연5군을 설치하고, 다음 천리는 기자조선을 밀어내고 경계를 설정한 것이다.

　　고대의 전쟁은 우마차가 다닐 수 있는 길을 오가며 했다. 때문에 전쟁은 길을 통제할 수 있는 관문(關門)을 지키거나 빼앗는 것으로 승부를 가르는 경우가 많았다. 그 시절 연나라와 기자조선이 '싸울 수 있는 길'은 하나뿐(해안 길)이었을 가능성이 높다. 평시 그 길로는 무역품을 실은 우마차가 오갔는데, 진개는 그 길을 따라 진격해 기자조선의 서쪽 땅 1,000여 리를 차지했다.

　　연나라는 연5군을 만든 후 연장성을 쌓았다. 전국시대를 통일한 진나라는 연장성 등을 이어 지금의 만리장성을 축조했다. 이러한 장성은 연5군의 핵심부를 연결한 것이다. 따라서 만리장성 밖에도 연5군 지역이 있다. 만번한은 이러한 장성에서 1,000여 리를 더 간 곳에 있었다. 장성 밖에 있는 이곳을 잇는 도로의 관문에는 수

비 부대를 보냈다.

장성과 만번한의 요새 사이는 대륙세력이 지배하고 있는 것처럼 보이지만, 실재로는 그곳에 웅거해온 현지세력에 포위돼 있는 불안정한 곳이 된다. 시간이 지날수록 관문 방어가 어려워지니 대륙세력은 상주 병력을 철수시키고 이따금 순찰하는 식으로 바꾸게 된다. 장성 바깥에 있으면서 순찰병력을 보내 관리하는 요동지역의 관문과 요새를 진나라는 '요동외요'로 불렀다.

진시황이 죽자 진나라는 바로 혼란에 빠져 유방과 항우가 격돌하게 되었다. 때문에 요동외요들에 대한 순찰 관리를 포기하고 장성만 지키게 되었다. 요동의 장성 바깥에 있는 옛날 관문과 요새를 요동고새(遼東故塞)로 부르게 된 것이다. 그러나 중요한 요동고새는 도로 방어를 위해 관리되었다.

이러한 요동고새를 나와 패수를 건너면 과거에는 연나라가 정복해 진나라가 영유한 땅이었지만, 한나라 때는 영유하지 않은 '주인 없는 땅[空地]'이 펼쳐진다. 그 중 한 곳이 '장(鄣)'이라는 요새를 두었기에 진나라 때 상하장으로 불렸다. 패수(浿水)는 장수왕 평양에 가까이 있으니 요동군에서는 상당히 멀다. 하지만 진나라는 그곳(=상하장)을 요동군에 속한 험독현으로 삼았다.

한나라 초기 정변이 일어나자 한나라를 탈출한 위만이 세력을 이끌고 그곳으로 들어왔다. 위만은 그의 상사인 노관이 유방의 의심을 받아 한나라의 적국인 흉노로 도주하자, 그도 살기 위해 기자조선으로 도주한 것이다. 한나라와 각을 세우고 있던 기자조선은 위만세력을 받아주었다.

그러한 위만이 1년 만에 준왕을 속이고 전복을 했다. 그리고 순식간에 강성해졌는데 『사기』「조선전」은 이를 진번과 임둔을 바로 복속시켜 영토가 수천리에 이르게 되었다[238]고 표현해 놓았다. 이어 예맥에 있는 남려가 한나라로 투항한 것을 보면 위만은 예맥도 복속시켰던 것이 분명하다. 위만조선은 왜 이렇게 빨리 국력을 키우게 된 것일까.

그 해답은 무역에서 찾아야 한다. 『사기』「조선전」 등은 요동고새를 나와 패수(浿水)를 건너야 조선(기자조선)의 왕험성에 이를 수 있다고 해놓았는데, 이는 요동군과 왕험성 사이에 도로가 있었다는 뜻이다.

『사기』「조선전」은 위만이 한나라 군이 열개의 길로 쳐들어 오고 있다고 속이고 왕험에 들어가 전복했다고 밝혀 놓았다. 이는 우마차가 다니는 해안길은 물론이고 유목민이 쓰는 모든 초원길을 다 사용했다는 뜻일 것이다. 아니면 왕험과 험독(상하장) 사이엔 길이 더 많다는 뜻일 수도 있다. 이러한 길 덕택에 위만은 1년만에 부를 키워 전복을 할 수 있었다.

그때 한나라는 흉노와 싸우고 있었다. 서기전 200년 지금의 산서성 대동 부근의 백등산에서 유방이 이끄는 한나라 군은 묵돌선우('모돈선우'라고도 함)와 충돌해 완패했다(백등산 전투). 이 패배로 한나라는 상당한 공물을 흉노에 바쳐야 했다. 그러했으니 한나라는 서기전 194년 기자조선을 뒤엎고 일어난 위만조선을 칠 여력이 없었다. 때문에 인정하는 쪽으로 갔다.

이를 『사기』「조선전」은 '(한나라의) 요동태수는 (위만이) 요새[塞, 만리 장성] 밖의 만이(蠻夷)를 보호해 변경에 도적이 들끓는 것을 없게 하고, 만이의 군장이 한나라의 천자를 뵙자고 하면 막지 않는다는 것을 조건으로 위만을 외신(外臣)으로 삼는다는 약속을 해주었다.'[239]라고 표현해 놓았다. 위만조선은 요동군으로 가는 기간도로를 장악하고 있는데, 한나라의 인정까지 받았으니 한나라와 통하려는 나라를 제어할 수 있었다.

이를 『사기』「조선전」은 '또 위만은 (한나라와 통하려는 나라가 한나라로 사신을 보내는) 입견(入見)을 막았다. 진번(眞番)과 주변에 있는 여러 나라들이 천자에게 글을 써 통하고자 했지만 통하지 못하였다.'[240]라고 설명해 놓았다. 무역로를 통제함으로써 위만조선은 많은 부를 얻었는데,『사기』「조선전」은 '그런 까닭에 위만은 군사와 재물을 얻었다.'[241)]라고 해 놓았다.

위만 세력은 패수가 있는 상하장(험독)에 은거해 있다가 왕험을 차지했으니, 기자조선과 달리 패수(浿水)를 활용할 수 있었다. 패수(浿水)는 요동군을 흐르는 패수(沛水)·요수(遼水)와 달리 조운(漕運)이 가능했다.[242)] 위만조선은 제(齊) 지역인 산동반도를 비롯한 중국의 동해안 및 한반도의 서해안과도 교역할 수 있게 된 것이다. 육운과 조운을 겸하는 복합 운송을 하게 되었으니 위만조선은 국력을 빠르게 키울 수 있었다.

이러한 물류로가 유사시 전쟁로가 된다. 위만조선을 세우고 86년이 지난 뒤 이물류로 때문에 위만조선은 절체절명의 위기에 봉착했다.

조한(朝漢)전쟁

위만은 한나라와는 척을 진 사람이다. 그래서인지 위만의 손자인 우거가 이끌던 시절 한나라에서 도망나온 이들을 많이 받아들이고(한나라를 배반하고 나온 이들을 많이 받아들였다는 뜻), 주변에 있는 나라들이 한나라에 사신을 보내 입견하려는 것을 막았다. 진번 주변의 여러 나라가 한나라 천자에게 올리는 글도 통과시키지 않았다.[243)]

갈등이 커지자 한나라는 무제 원봉 2년(서기전 109년) 회유하려고 섭하를 사신으로 보냈으나, 우거는 무제의 조칙을 받지 않았다. (이에 앙심을 품은) 섭하가 한나라 돌아가다 계상(界上)에서 패수(浿水)[244)]에 이르자, 마부로 하여금 배웅나온 조선의 비왕(裨王)인 장(長)을 찔러 죽이게 했다. 그리고 패수를 건너 요새(만리장성)에 도착해, 천자(=한 무제)에게 조선의 장수를 죽였다고 보고했다.

한나라의 황제(한 무제)는 그 이름이 아름답다('잘 했다'는 뜻)고 하며, 그를 요동군의 동부도위로 임명했다. 위만조선은 이에 불만을 품고 군사를 보내(요동군 동부도위를 습격해) 섭하를 죽였다.[245] 위만조선이 선제공격을 하였으니 한나라도 나설 수밖에 없었다. 조한(朝漢)전쟁이 일어난 것이다.

『사기』「조선전」은 '한 무제가 좌장군 순체는 죄수들로 급조한 육군을 이끌고 요동에서 (육로로) 진군해 우거를 치게 하고(左將軍 荀彘 出遼東討右渠), 누선장군 양복은 제(齊) 지역에서 수군 7,000명을 거느리고 발해를 건너 먼저 왕험에 도착하게 했음'[246]을 보여준다.

좌장군 순체가 죄수 부대를 이끌고 간 것은 병력 부족 때문일 수 있다. 당시의 한나라는 남이와 서남이·흉노에 대한 정벌과 안정화 작전에 많은 인원을 동원해놓고 있었다. 섭하를 죽인 데 대한 대응은 급히 해야 하는데 병사를 모으는 것이 여의치 않았기에, 사면을 조건으로 죄수를 투입한 것으로 보인다. 순체가 이끈 육군은 요동고새를 나와 왕험성으로 향했다.

제(齊) 지역에서 출항한 양복의 수군이 먼저 위만조선 강역에 도착해 왕험성을 공격했다가 반격을 받아 대패했다. 그리고 한나라의 공격은 위만조선의 선전에 막혀 지지부진해졌다. 전쟁이 장기화되자 위만조선에서 배신이 일어났다. 위만조선의 재상[相]인 노인(路人)과 한음(韓陰) 니계상(尼谿相) 참(參) 그리고 장군 왕겹(王唊)이 항복을 모의 한 것이다.

원봉 3년(서기전 108) 여름 니계상 참이 사람을 시켜 조선왕 우거를 죽였다. 이에 우거의 대신인 성이(成已)가 반발하자, 한나라는 우거의 아들인 장강(長降)과 노인의 아들인 최(最)로 하여금 그 백성(= 부하)을 꾀어 성이를 죽이게 했다. 이로써 위만조선이 평정되어 (한나라는) 4개 군(郡)을 두었다.[247]

한나라는 위만조선 지역을 분할했다. 위만이 기자조선을 무너뜨린 직후에 차지했던 진번지역에는 진번군, 임둔지역에는 임둔군을 두고, 순수 위만조선과 예맥지역에는 낙랑군을 만들었다(서기전 108). 그리고 이듬해(서기전 107) 낙랑군에서 예맥지역을 떼어내 현도군(=제1현도군)으로 만들었다. 한나라가 창해군을 만들었다가 영유를 포기했던 예맥지역은 현도군이 된 것이다(창해군은 뒤에서 살펴본다).

그러나 너무 멀었기에 한4군의 영위는 쉽지 않았다. 한나라는 한 무제 사후 5년인 서기전 82년 진번군을 낙랑군, 임둔군을 현도군에 통합시켰다. 이는 현지세력의 저항 때문이었다(그러나 이때의 저항을 설명한 사료는 없다). 현지세력은 한4군 지역에서만 흥기하지 않았다. 남중지역과 하서지역·서남이지역·삭방지역 등 한 무제가 확보한 모든 변군(邊郡)에서 일어났다.

무역이 초래한 정복전쟁

한 무제가 한4군을 설치한 것은 부(富) 때문으로 보인다. 고대에도 (수)공업은 농업만큼이나 중요했다. 농기구나 소금 같은 생필품 제조업이 특히 그러했다. 이러한 (수)공업을 왕실을 비롯한 지배층이 독점했다.

몽골고원은 강수량이 적어 농사짓기 어렵다. 대부분이 풀밭으로 있다. 따라서 가축을 키우는 비용이 농업지역에서 농업 부산물로 키우는 것보다 훨씬 저렴하다. 축력(畜力)은 농업지역에서 더 필요로 한다. 반면 몽골고원에서는 곡식과 농기구·소금 등이 귀하니, 양측은 적절한 곳에서 만나 교역을 한다. 이러한 교역이 농업이나 (수)공업 이상으로 큰 부를 가져다준다.

농업과 (수)공업은 국가 안에서 이뤄지는 부의 창출이지만, 무역은 국가 밖에서도 부를 만든다. 무역은 상인들이 하는데, 이들은 국경을 넘나드니 국가의 보호를 필요로 한다. 때문에 국가 지도자와 상인 사이에 커넥션이 구축된다. 이러한 무역과 커넥션에 문제가 생기면 군사력을 투입해 유리한 체제를 만들려는 노력이 일어난다. 중상주의(重商主義) 시절 유럽 국가들이 식민지를 늘이는 제국주의를 했듯이,[248] 중상주의에 빠진 동아시아 고대국가들도 정복을 한 것이다.

고대에는 길이 적었다. 고대의 경계는 '면(面) 대 면(面)'으로 접하지 않고 길로 이어져 있었다. 따라서 도로 이외의 지역이나 도로가 있어도 한적한 곳에서는 다른 종족이 독립해 있거나 자치를 할 수 있었다. 정복국가가 만든 식민지에서는 더욱 그러했다. '식민지에는 정복자와 무관한 현지세력이 독립적으로 존재할 수 있다'는 것은 기억해둬야 할 부분이다.

한나라 7대 황제인 무제(생몰: 서기전 156~서기전 87, 재위: 서기전 141~서기전 87)는 한 3군을 만들기 20년 전인 서기전 128년 훗날 제1현도군을 만들게 되는 예맥 지역에 창해군(蒼海郡) 설치했었다. 창해군은 한 무제가 영토 밖에서 확보한 최초의 변군(邊郡)이었다.

창해군을 개설 후 한 무제는 정복으로 남중7군과 하서4군, 한4군 등의 변군을 만들었다. 그러나 창해군만은 정벌로 확보하지 않았다. 창해군을 필두로 한 한 무제의 변군 설치는 무역이 정복을 초래하는 사실을 여실히 보여준다.

사료들은 예맥의 '예'자를 '깊을 濊'와 '더러울 穢', '거칠 薉'자를 혼용 해서 쓰고 있다. 예맥은 위만조선의 지배를 받았는데, 위만조선과 갈등이 있었다. 때문에 예맥지역 28만 명의 군장인 남려가 요동군으로 투항했다. 이 사건을 『한서』「무제기」는 '원삭[249] 원년(서기전 128년) 가을 동이의 예군(薉君=예맥의 군장이라는 뜻)인 남려 등이 28만 명을 이끌고 항복해왔기에 그곳을 창해군으로 삼았다.'[250]라고 밝혀놓았다.

『후한서』는 '예의 남려왕 등이 우거(위만조선의 왕)에 반란을 일으켜 28만 명을 이끌고 요동으로 투항했다'[251]며 보다 분명히 위만조선과의 갈등을 설명한다. 그리고 『사기』는 복건(服虔)이라는 사람의 견해를 인용해 "예맥은 진한의 북쪽, 고구려와 옥저의 남쪽에 있고, 동쪽으로는 큰 바다에 접해 있다(服虔曰 穢貊在辰韓之北 高句

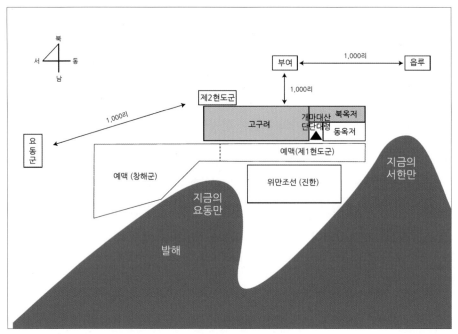

<그림 7> 위만조선·고구려 등 위치 개략도(『삼국지』「동옥저전」「읍루전」등 근거) 디자인 l 정다희

麗·沃沮之南 東窮于大海)."는 설명을 붙여놓았다.

한4군을 만들 때 주몽이 세운 고구려라는 나라는 없었다. 그러나 고구려 지역은 있을 수 있다. 『사기』에 언급된 고구려는 고구려 지역으로 보아야 한다. 고구려 지역은 바다에 접하지 않았으나, 예맥(창해군)은 동쪽으로 바다를 접했다고 해놓은 것이다.

제2고수전쟁을 준비하는 수 양제가 '고구려의 보잘것 없는 것들이 미욱하여 공손하지 못하고 발해와 갈석 사이에 모여들어 요(遼)와 예(濊)의 지경을 자주 침범해 왔다' 란 내용의 조서를 내린 적이 있다(고구려 영양양 23년, 서기 612). 여기서의 '예'가 예맥인데 이는 예맥이 발해 연안을 따라 요동만에 있었다는 뜻이 된다. 갈석산은 지금도 발해에 가까이 있으니, 예맥은 발해연안을 따라 지금의 요동만까지가 된다. 그렇다면 창해군(예맥)이 접한 동쪽의 큰 바다는 지금의 요동만이여야 한다(300쪽 <그림 7> 참조).

『삼국지』「위서」「동옥저전」은 '동옥저는 고구려의 개마대산 동쪽에 있다. 큰 바다에 임하여 살았다. 그 땅의 형태는 동북으로는 좁고 서남으로는 길다. 가히 천리이다. 북으로 읍루와 부여에 접하고, 남으로 예맥에 접해 있다.'[252]고 밝혀놓았다. 『삼국지』는 고구려와 동옥저 사이에 개마대산이라는 자연 장벽이 있었음을 보여준다.

'동(東)'자 때문에 동옥저가 한반도의 동쪽에 있다고 보는 것은 문제가 될 수 있다. 동옥저는 북옥저의 남쪽에 있었을 가능성이 매우 높기 때문이다. 동옥저가 접한 큰 바다를 지금의 동해로 보는 것은 더 큰 오해일 수 있다. 지금의 동해에 접해 있었다면 그 땅은 동북으로 좁고 서남으로 길 수 없기 때문이다.

동옥저는 지금 요동반도가 있는 서한만에 접해 있었을 것이다. 예맥(창해군)은 지금 요동만 서쪽, 동옥저는 지금 북한의 서한만 서쪽에 있었던 것이다.

『삼국지』가 그냥 옥저가 아닌 동옥저를 거론한 것은 옥저가 둘로 나눠졌기 때문일 것이다. 옥저는 서기전 107년에 만든 제1현도군의 치소였다가, 서기전 75년 제1현도군이 구려 서북으로 옮겨가며 낙랑군이 동부도위를 만들었을 때 낙랑군 동부도위 소속의 현이 되었다.

그리고 47년이 지난 동명왕 10년(서기전 28) 『삼국사기』는 고구려가 북옥저를 병합해 고을로 만들었음[253]을 보여준다. 옥저는 고구려가 정복해 고을로 삼게 되는 고구려 소속의 북옥저와 낙랑군 동부도위에 속한 동옥저로 양분된 것이다.

중국 사서인 『삼국지』는 이러한 현실을 반영해 그냥 옥저가 아닌 「동옥저전」을 만든 것이다. 『삼국지』는 「위서」「읍루전」에서 '읍루는 부여에서 동쪽으로 1,000여 리 떨어져 있고 큰 바다에 면해 있다. 남으로는 북옥저(고구려가 점령해 고을로 삼은 북옥저)에 닿았으나 북으로는 그 끝을 알지 못한다. 땅은 산이 많아 험하다.'254) 라고 해놓았다. 읍루가 동쪽으로 접한 바다가 지금의 동해일 것이다.

이러한 설명을 토대로 그린 개략도가 300쪽의 <그림 7>이다. 북에서부터 남으로 부여·읍루—고구려·옥저—예맥—위만조선이 있는 것이 된다. 그런데 위만조선이 예맥을 지배했다고 했으니, 위만조선은 예맥보다 더 가까이 있는 진한도 통제했을 가능성이 높다.

이 그림에서 주목할 것이 진한(辰韓)의 위치다. 지금 우리는 진한을 신라의 전신으로 보기에 지금의 경상북도 남부에 있는 것으로 본다(303쪽 지도 참조). 예맥은 그러한 진한 북쪽에 있다고 했으니, 그렇다면 예맥은 지금의 경북 북부쯤에 있어야 한다.

그러나 예맥은 지금 경북 북부 지역에 있지 않았다. 일부 전문가들은 보다 북쪽인 강원도에 예맥이 있었다고 주장한다. 동쪽에 있는 예맥인 '동예'는 강원도에 있었고 그 서쪽에 위만조선과 낙랑군이 있었다는 희한한 비정도 한다. 강원도의 서쪽은 대략 지금 북한의 평양이니, 위만조선과 낙랑군이 그곳에 있었다는 짜맞추기를 한 것이다(303쪽, 354쪽, 390쪽 지도 참조).

그런데 중국 사서들은 예맥의 남쪽에 진한과 위만조선이 있다고 했으니, 위만조선은 지금 경북 남부지역에 있었다고 해야 한다. 그러나 위만조선과 낙랑군은 지금 경남지역에 있지 않았으니, 이는 앞뒤가 맞지 않는 주장이 된다.

우리에게 불리한 춘추필법으로 작성된 중국 사서의 내용과도 맞지않는 상태로 구성돼 있는 것이 우리 고대사이다. 따라서 우리 고대사에 대한 추적은 기존의 이해를 버리고 새로 쌓아 올리듯이 추적해 보아야 한다.

진한(辰韓)은 위만조선의 일부였을 수도 있다. 『삼국사기』「신라본기」 혁거세 거서간조는 '그에 앞서(혁거세가 13세에 서나벌[徐那伐]의 왕위에 오르기 전) 조선의 유민

다음 백과에 나오는 진한의 위치[257)

우리 역사학계는 진한이 경북 남부지역에 있었던 것으로 본다. 그렇다면 위만조선은 지금의 경북 북부지역에 있어야 한다. 그러나 우리 역사학계는 위만조선을 경남·북에 있었던 것으로 비정하지 않는다. 동쪽의 예맥족인 동예도 지금 동해에 접한 강원도 북부에 있는 것으로 그려 놓고 있다. '예'는 발해에서 지금 서한만까지의 지역이니 동예는 지금 서한만의 서쪽에 있었을 가능성이 높다. 이렇게 우리 고대사는 혼란스럽다.

들이 산골 속에 나뉘어 살며 여섯 마을을 만들었다. 첫째는 알천 양산촌이고, 둘째는 돌산의 고허촌 ⋯ 여섯째는 금산의 고야촌이라 하였는데 이것이 바로 진한의 6부이다'라고 해 놓았다. 조선(위만조선 혹은 기자조선)의 유민들이 진한을 만들었다고 해놓은 것이다.

마한·변한·진한을 한반도 남부에 비정한 것은 우리 역사에서 가장 큰 실수일지도 모른다. 삼한은 지금 요동반도 인근에 있었을 가능성이 매우 높기 때문이다. 한반도로 보는 지역이 고대에는 지금의 요동반도였을 수 있다. 이 가설을 수용해 점검해 나가면 우리 고대사는 비교적 쉽게 풀려 나간다.

창해군 설치와 도로 개설

한 무제가 예맥 땅에 설치하게 된 창해군에 대해 『한서』 「식화지(殖貨志)」는 '무제 즉위 수년 뒤 팽오(彭吳)[255]가 예맥조선(濊貊朝鮮)을 뚫어[穿] 창해군을 설치하자 곧 연(燕)과 제(齊) 지방이 소란해졌다.'[256]라고 해놓았다. 『한서』 「식화지」는 예맥을 예맥조선이라고 해놓았는데, 이는 위만조선이 예맥을 통제했기 때문에 한 표현임이 분명하다.

예맥은 상당히 넓은 지역에 살고 있는 현지세력일 것이다. 제2차 고수전쟁을 앞둔 수 양제가 요(=요동)과 예(=예맥) 사이, 발해와 갈석 사이에 고구려가 와 있었다고 했으니 예맥은 발해연안을 따라 지금의 요동만까지 넓게 포진해 있는 현지종족이고 지역일 수 있다. 주몽으로 대표된 부여세력은 이들의 일부(=소수맥)를 이끌고 고구려를 만들었다.

고구려는 부여와 맥족의 결합체로 보인다. 『후한서』는 맥족의 일부가 북쪽 혹은 북서쪽에 있는 소수로 가서 살았기에 '소수맥'이라 했는데 소수맥에서 고구려가 나왔다고 해놓았기 때문이다. 예맥은 고구려의 뿌리인 맥족의 갈래일 수 있다.

위만조선보다는 요동군에 가까이 있었던 예맥은 위만조선의 강한 통제에 불만을 품었기에 한나라에 투항했을 것이니, 위만조선이 그러한 예맥을 공격할 수 있다. 한나라가 예맥을 지켜주려면 군대를 보내야 한다. 군대를 보내려면 우마차가 다니는 기간도로가 있어야 하는데, 요동군과 예맥(창해군) 사이에는 없었던 모양이다. 요동과 위만조선을 잇는 길은 있었지만, 그 길은 창해군을 위해 이용할 수가 없다. 한나라는 그 공사를 팽오에게 맡겼다.

『한서』「식화지」는 팽오가 담당했던 기간도로 건설 공사를 '뚫을 천(穿)'으로 표현했다. 요동과 창해 사이에는 보부상이 다니는 작은 길 정도만 있었기에 우마차가 다닐 수 있는 큰 길을 내는 것을 '뚫는다'라고 표현한 것일 수 있다.

같은 사건을 『사기』「평준서」는 '팽오가 조선(예맥조선)을 매수해 무너뜨린 뒤[賈滅] 창해군을 설치했다. 그러자(팽오가 창해군을 잇는 길을 내려고 하자) 연과 제 지역에서 쓰러지는 소동이 일어났다.'[258]고 기록해놓았다. 여기에서 주목할 것은 '조선'이라는 단어와 '값 가(賈)'와 '멸할 멸(滅)'자로 구성된 '가멸(賈滅)'이란 단어다. 그리고 연과 제 지역에서 쓰러지는 소동이 일어났다는 표현도 살펴보아야 한다.

창해군을 설치할 때 위만조선은 건재했으니 「평준서」에 나오는 조선은 위만조선의 통제를 받던 예맥(혹은 예맥조선)이 분명하다. 이러한 해석은 『사기색은』이 '팽오는 상인[賈人][259]의 이름이다. 그는 처음으로 그 길을 열어 조선(=예맥조선)을 멸망시켰다. 조선(예맥조선)은 번(番, 오랑캐)의 이름이다.'[260]라는 주를 붙여 놓은 데서 뒷받침된다.

팽오는 한나라와 위만조선 사이를 오가는 상단(商團)의 리더였을 가능성이 높다. 그러한 대상인이 예맥을 무너뜨렸다면 돈으로 했을 터이니, '매수해서 무너뜨리다'라는 뜻을 가진 '가멸(賈滅)'로 표현할 수 있다. 팽오가 건설하게 된 기간도로는 요동군에서 위만조선이 통제하는 해안길을 거치지 않고 바로 창해군으로 가는 길이었을 것이다. 그런데 요동군을 비롯한 연5군 지역의 경제력이 약했기에, 공사에 투입되는 인원과 비용을 후방에 있는 연(燕)과 제(齊) 지역에서 징발했다. 연은 지금이 북경 인근이고, 제는 산동반도 지역이다. 연과 제가 힘들어 했다는 것은 공사가 어려웠다는 뜻이다.

공사에 동원된 사람들은 외지에서 먹고 자며 일을 해야 한다. 장정들이 오랫동안 부역(賦役) 나가 있는데 공사비용까지 부담해야 한다면 민심은 흉흉해지고 경제가 어려워진다. 이를 『사기』「평준서」는 '연과 제 지역에서 쓰러지는 소동이 일어났다 (燕齊之間 靡然發動)', 『한서』「식화지」는 '연과 제 지방이 소란해졌다(燕齊之間 騷然騷動)'라고 표현해 놓았다.

창해군을 잇는 도로 건설을 2년째 하고 있을 때 한 무제는 황하 만곡부 남쪽에 있는 흉노를 쳐 삭방군(朔方郡)을 설치했다. 삭방군 영유를 위해 막대한 투자를 하게 됐기에 한나라의 경제가 나빠졌다. 그러자 공손홍(公孫弘)이 변군을 줄이라고 건의해, 한 무제는 삭방군은 영유하고 창해군은 영유하지 않는다는 결정을 내렸다. 한나라의 창해군 영유는 2년 만에 끝난 것이다.

무역과 남중7군 개설

장사꾼인 팽오가 창해군 확보와 창해군을 잇는 도로 건설을 맡았었다는 것은 무역이 고대 정복전쟁의 한 원인이었음을 보여준다. 한 무제는 창해군에 이어 남중7군도 만들었는데, 이것 또한 무역 때문에 일어났다. 남중7군은 지금의 중국 운남성(雲南省)인 서남이(西南夷) 땅에 만든 것이었다. 서남이지역 정복은 당몽(唐蒙)과 사마상여(司馬相如, 서기전 179~서기전 117년)가 해냈는데, 『사기』「서남이열전」에는 이런 기록이 있다.

<(한나라의) 왕회(王恢)[261]가 동월(東越)[262]을 공격하자, 동월 사람들은 그들의 왕인 영(郢)을 죽여 (항복 의사를) 알려왔다. 왕회는 (그러한) 군사적 위세를 바탕으로 (남월을 위협해보기로 하고) 파양령(番陽令, 파양현의 현령)인 당몽(唐蒙)을 남월(南越)[263]로 보내 넌지시 (남월을) 깨우치게 하였다.

당몽이 찾아가자 남월 사람들은 당몽에게 촉(蜀)[264]지역에서 나는 구장(枸醬, 호깨나무 열매로 만든 장)을 대접했다. (구장의 맛이 좋았기에) 당몽이 (구장을) 들여온 곳을 물으니, "서북쪽 장가(牂柯)로부터 갖고 온다. 장가강(牂柯江)은 넓이가 수 리(里)이

며 (남월의 수도인) 번우성(番禺城)[265] 아래로 흘러간다."라고 하였다.

(한나라로) 돌아온 당몽이 장안(長安)에서 촉(蜀)지역에서 온 상인을 만나 (구장에 대해) 물었다. 상인이 답하기를 "구장은 오직 촉지방에서만 나는데, 대부분 몰래 가지고 나가 야랑(夜郎)[266]에 팝니다. 야랑은 장가강 가에 있는데, 장가강은 너비가 100여 보(步)인지라 족히 배를 띄울 만합니다(장가에서 장가강에 배를 띄우면 야량에 도달할 수 있다는 뜻). 남월은 재물을 가지고 야랑을 역속(役屬=복속)시켰고 (그 영향력은) 서쪽으로 동사(同師, 지명)에까지 이르고 있지만, (야랑을) 신하로 부리지는 못합니다."라고 하였다.

이 설명을 바탕으로 당몽이 (한 무제에게) 글을 올리고[上書], 한 무제를 설득하여 말하기를 "남월왕은 황옥좌독(黃屋左纛)[267] 제도를 시행하며, (다스리는) 땅은 동서 만여 리(里)라고 합니다. 이름은 외신(外臣)이지만(=겉으로는 한나라에 굴복한 듯하지만), 실재로는 한 주(州)[268]의 주인(主人)입니다. 지금 장사(長沙)[269]와 예장(豫章)[270]을 통해 가면 물길이 끊기는 경우가 많아 (남월로) 가기 어렵습니다(장사와 예장을 흐르는 강은 남월로 이어지지 않는다. 장가강에서 배를 띄워야 야랑에 갈 수 있다는 뜻). 제가 들은 바로는 야랑이 보유한 정예 군사는 족히 10여만 명이 된다고 합니다. 장가강에서 배를 띄워 불시에 (군대를) 보낸다면, 그것은 월(越=남월)을 제압할 수 있는 하나의 기책(奇策)이 될 수 있을 것입니다. 진실로 한나라의 강성함과 파와 촉지역의 넉넉함이라면 야랑에 이르는 길을 개통해 관리를 두는 것(=야랑에 군현을 설치해 영유화하는 것)은 매우 쉬운 일입니다."라고 하니, 한 무제가 그것을 허락하였다.

(한 무제는) 당몽에게 낭중장(郞中將, 장군 품계 중의 하나)을 제수(除授)하고, 천인의 군대와 만여 인의 보급부대를 이끌고 파·촉지역의 작관(筰關)이라는 곳에서부터 (야랑으로) 들어가게 하였다. (야랑에 들어간) 당몽이 야랑후(夜郎侯)[271]인 다동(多同)을 만나 (회유하기 위해) 하사품을 넉넉히 주었다. 그리고 군사적인 위협과 외교적 이

득으로 타이르고 훈계해, (야랑에 한나라의 현을 설치하고 한나라 소속의) 관리를 두기로 (야랑후와) 약속했다. 야랑후의 아들을 현령으로 삼도록 하였다.

그런데 야랑 주변의 작은 읍(邑)들이 모두 한나라의 비단[繒帛]을 욕심냈다. 이들은 한나라에 이르는 길이 험하여 (비단을) 얻을 수 없다고 보았기에 (그곳까지 길을 내겠다는) 당몽의 말을 바로 약속으로 받아들였다. (당몽이) 귀환하여 이를 보고하자 (한 무제는 야랑을) 곧 건위군(犍爲郡)으로 삼게 하고(현이 아니라 군으로 높여 주었다는 뜻), 파와 촉지역의 군사들을 징발해 (야랑까지) 길을 닦게 하였다. (그 길은) 북도(僰道)[272]로부터 장가강으로 향하였다.

그러자 촉(蜀) 출신인 사마상여(司馬相如)가 "서이(西夷)의 공(邛)[273] 과 작(筰)[274] 지역도 군(郡)을 설치할 만하다."고 하였다. 한 무제는 사마상여를 낭중장(郞中將)으로 삼아 서이(西夷)로 가서 (서이 사람들을) 깨우치게 하였다. 당몽이 남이(南夷)에 가서 했던 것처럼 하게 한 것이다. (그리고 한나라는 서이지역에) 도위(都尉) 하나와 10여 개 현(縣)을 설치하고 그곳을 촉지역에 속(屬)하게 하였다.>[275]

이러한 설명은 국경을 넘는 상인들의 이익을 빼앗기 위해 한나라가 정복에 나섰음을 보여준다. 그때는 도로가 발달하지 않았기에 국경을 넘는 상인들은 가축에 싣거나 등짐 등으로 운반했을 것이다.[276] 무역 대상지를 정복하려면 우마차를 끌고 다니는 군대를 보내야 한다. 더 큰 길을 내야 하는 것인데, 군대를 보내기 위해 닦은 기간도로는 더 많은 무역품을 오가게 하여 더 큰 부를 가져다준다.

고대에도 지금의 관세와 비슷한 무역세가 있었다. 따라서 무역이 늘어나면 국가의 세수도 증대한다. 지배층은 무역상으로부터 받은 물건을 독점 판매해 또 큰 수익을 올린다. 그러하니 국가와 지배층은 무역을 확대하기 위해 혈안이 된다. 무역로를 확장하고 안정시키기 위해 군대를 보내 무역 상대국을 영토화하는 작업을 병행하게 되는 것이다.

고대에도 교역은 중요했다
중국 요양시 요양박물관에 진열돼 있는 금나라 시절의 동전 더
미. 전쟁 등이 일어났을 때 약탈되는 것을 피하기 위해 부자가 땅
에 묻어 놓은 것 같은데, 부자 집안이 몰살당한 탓인지 잊혀졌다가
1,000여 년 뒤 우연히 발견되었다. 오랜 세월 묻혀 있었기에 한덩
어리가 돼 있었다고 한다. 무게는 수 톤이 넘는다고 한다. 이렇게
많은 돈을 묻어 놓은 것은 고대에도 돈을 중시했다는 뜻이다. 큰
돈은 무역을 통해 얻는다. 한나라-위만조선 때도 무역은 상당히 중
요해서 전쟁 발발의 이유가 되었다.   © 이정훈

그러나 도로 공사는 쉽지 않았다. 당몽이 길을 내는 곳은 파와 촉지역에서 멀었
기에, 그 지역에서 공사하는 사람들을 위해 보낸 식량은 10분의 1 정도만 현지에
도착했다. 당몽 세력이 도로 공사를 하고 있는 현지의 오랑캐[蠻夷]인 공(邛)과 북
(僰)[277]족은 공사하는 이들을 공격해 많은 피해를 입혔다. 한나라는 이들을 회유하
기 위해 10분의 1정도만 전달된 양식을 그들에게도 나눠줘야 했으니, 몇 년이 지나
도 도로는 개통되지 않았다.

파와 지방에서 거둬들인 조세로는 도로 공사 비용을 충당할 수 없었기에 한나라
는 남이(南夷) 지구의 부농(富農)들을 불러 재산을 내놓게 한 후 겨우 공사를 완료했
다. 사마상여는 당몽이 겪은 것을 참고해 서남이의 이민족들을 미리 위무하며 '서
남이도(西南夷道)'라는 도로를 닦았다. 이 도로가 완성됨으로써 한나라는 서남이지
역도 영유하게 되었다.

"모든 길은 장안으로 통한다"

당몽 등이 파와 촉지역에서 장정과 세금을 징발해 기간도로를 내는 것은 팽오가 연과 제지역에서 장정과 세금을 동원해 요동군에서 창해군까지 길을 내는 것만큼 어려웠다. 이는 『사기』「평준서」가 '동쪽으로는 창해군에 이르렀는데, 창해군에 이르는 길을 내는 공사비용이 남이(南夷) 지역에서 길을 내는 것만큼이나 많이 들었다.'[278]고 밝혀놓은 데서 확인된다.

대상인과 한나라 지배층이 결탁해서 벌인 정복전쟁이 항상 잘 된 것은 아니었다. 사람과 돈을 징발당하는 지역에서는 불만이 쏟아지는데, 이것이 커지면 반란이 되기 때문이다. 한 무제는 그들을 달래는 작업도 해야 했다. 한 무제는 이 일을 승상까지 하게 되는 공손홍(公孫弘, 서기전 200~서기전 121)[279]에게 맡겼다. 『사기』「서남이열전」에는 공손홍의 활동에 대해 이러한 기록이 있다.

<이때에 이르러 파와 촉지역의 4개 군(郡)은 서이도(西夷道)와 남이도(南夷道) 공사를 위해 수(戍)자리 병사들을 보내고 그들을 위한 군량도 제공하게 되었다. 그런데 몇 해가 지나도 길이 개통되지 않았다. 그곳으로 간 병사 가운데 일부는 고달픔과 굶주림으로 유리하거나 습한 기운으로 죽는 경우가 매우 많았다. 서남이족이 여러 차례 반란을 일으켰다. (한나라는) 군대를 동원해 그들을 쳤건만 비용만 소모될 뿐 성과가 없었다.

한 무제가 그러한 사태를 염려해 공손홍에게 조사해 알아보도록 하였다. 돌아온 공손홍이 (한 무제에게) 그 불편함에 대해 보고했다. 공손홍이 어사대부(御史大夫)가 되었을 때, (한나라는) 삭방군에 성(城)을 쌓아 황하를 경계로 흉노[胡]를 축출하려 하였다. (그러자) 공손홍이 (한 무제에게) 여러 차례 서남이 경영에서 본 손해를 이야기하며, (서남이 경영은) 포기하고 흉노 문제에 전력하는 것이 좋겠다고 보고하였다. 황제는 서이(西夷) 경영은 포기하고, 남이(南夷)와 야랑(夜郞) 두 현(縣)에만 도위를 하나씩 설치하고 (야랑에 설치했던) 건위군은 스스로 지키며 (군현을) 이루어가도록 하였다.>[280]

서기전 126년 한 무제는 위청(衛靑)으로 하여금 황하 만곡부의 남쪽(지금의 하남성 지역)에 있는 흉노를 쳐 삭방군과 오원군(五原郡)을 새로 만들고 운중군(云中郡)과 안문군(雁門郡)의 영역을 넓혔다. 그러자 흉노의 반격이 일어나 삭방군의 유지가 쉽지 않았다. 건위군 등을 만들어 간신히 서남이와 남이를 지배하고 있었는데, 흉노와의 전쟁으로 삭방군을 유지하는 것이 어렵게 된 것이다.

서기전 126년은 한나라가 창해군을 설치하고 2년이 지난 시점이다. 팽오가 요동군에서 그곳으로 이어지는 기간도로를 공사하고 있었는데, 징발을 당한 연과 제 지역이 매우 힘들어 했다. 한나라는 창해군(예맥)과, 건위군(서남이), 남이, 삭방군(흉노)에서 모두 싸우게 되었으니 국력이 바닥났다.

때문에 한 무제는 공손홍의 건의를 받아들여 정복 사업을 정리했다. 서남이 공략을 포기하면서 창해군 경영도 정리한 것이다. 이를 『사기』「공손홍전」은 '공손홍이 여러 번 간하길, 창해군을 폐지하고 오로지 삭방군만 받들게 하라고 청하였기에 한 무제가 이를 허락하였다.'[281]라고 해놓았다.[282]

위기를 넘긴 한 무제는 다시 정복을 추진했다. 5년이 지난 서기전 121년 곽거병으로 하여금 하서주랑[283]의 흉노를 쳐 하서(河西)4군을 설치했다. 서기전 111년에는 남월(南越)을 평정하고 남이 지역에 9개 군,[284] 지금의 운남성 지역에 있는 서이를 공격해 6개 군[285]을 만들었다. 당몽과 사마상여의 건의로 시작했던 남이와 서남이 정복을 완료한 것이다. 처음에는 건위군만 하나만 설치했었는데 15개 군을 만들게 된 것이다.

그리고 서기전 108년 동이(東夷)지역을 공략해 위만조선을 멸망시키고 한4군을 만들었다. 정복으로 확보한 이러한 영토를 관리하기 위해 한 무제는 13개 주를 만들어 주-군-현 제도를 시작했다(206쪽 <그림 4> 참조).

한나라가 존재한 시기 유럽에서는 로마가 번성했다. 로마가 강력함을 유지한 이유는 여러 가지로 설명할 수 있는데, 그 중 하나가 도로의 건설이다. '모든 길은 로마로 통한다(All roads lead to Rome)'만큼 로마의 유럽 지배를 잘 설명해주는 말도 없다. 로마는 우기에도 마차는 물론이고 말이 끄는 전차(chariot)가 다닐 수 있도록 돌을 깐 도로를 만들었다.[286]

한나라가 13개 주를 만들어 지방을 경영한 것도 우마차가 다닐 수 있는 좋은 도로를 개설하지 않으면 불가능했다. '모든 길은 장안(長安)으로 통'했던 것이다. 도로는 지역을 나누는 기본이 됐기에 지금도 지방을 '도(道)'로 표현한다.

313쪽의 <표 8>은 중국 사서를 근거로 정리해본 한4군의 변화도이다. 위만조선을 멸망시킨 한나라는 한3군을 만들었다가 현도군을 추가해 한4군을 조성했으나, 현지세력의 흥기로 금방 한2군으로 줄어들었다가 사라져간 과정을 보여준다. 구체적인 증거로 한4군의 변화를 설명하기에 앞서 이 표를 보여주는 것은 전체를 알고 각론으로 들어가는 것이 이해에 도움이 되기 때문이다.

이 표를 통해 분명히 보여주고자 하는 것은, 한나라는 위만조선의 통제를 받아온 모든 세력을 지배한 것은 아니라는 점이다. 한3군을 거쳐 한4군을 만들었어도 한나라가 지배하지 못하는 현지세력이 많았다. 부여가 대표적이다. 부여와 읍루는 『삼국지』 등의 설명을 토대로 만든 300쪽의 <그림 7>에서처럼 한4군에서 멀리 떨어져 있었기에 한4군의 통제를 받지 않았다. <그림 7>는 한4군이 고구려도 지배하지 못했음을 보여 준다.

(2) 낙랑군의 변화

낙랑군 소속으로 있던 예맥을 떼어내 현도군으로 만들고 25년이 지난 서기전 82년 한나라는 임둔군과 진번군을 없애게 되었다. 무제의 아들인 8대 소제(昭帝) 시원 5년 때였다. 두 군의 철폐는 『한서』 「소제본기」 7의 시원 5년조가 '담이(儋耳)군[287]

<표 8> 한4군의 변화도

서기전 108년	서기전 107년	서기전 82년	서기전 75년	서기전 30년	196-220년	5호16국 시대	남북조 시대
현지세력 (부여 등)	현지세력 (부여 등)	현지세력 (부여, 구려, 맥 등)	현지세력 (부여 등)	현지세력 (부여 등)	현지세력 (부여 등)	현지세력 (부여 등)	현지세력 고구려가 지배
임둔군 15개 현 치소-동이	임둔군 15개 현 치소-동이		제2현도군 3개 현 (전한 요동군 의지) 치소-고구려	제3현도군 3개 현(후한 요동군 의지) 치소-고구려	제4현도군 6~3개 현 (공손씨 요동국 소속) 치소-고구려	제5현도군 (전연-후연-북연 소속) 치소-고구려	
현지세력 (옥저 등)	제1현도군 치소-옥저 (낙랑군 의지)	제1현도군 옥저 등 +7개 현 (낙랑군 의지) 치소-옥저	현지세력 (구려, 맥, 옥저 등)	현지세력 (고구려, 맥, 옥저 등)	현지세력 (고구려 등)	현지세력 고구려가 지배	
현지세력 (구 창해군)							
낙랑군 11개 현 치소-조선	낙랑군 11개 현 치소-조선	낙랑군 18개 현 / 본래 11개 현 치소-조선	낙랑군 25개 현 / 동부도위 7개 현 치소-불내 / 본래 11개 현 치소-조선	낙랑군 18개 현 / 본래 11개 현 치소-조선	낙랑군 6개 현 치소-조선		
진번군 15개 현 치소-잡	진번군 15개 현 치소-잡	/ 남부도위 7개 현 치소-소명	/ 남부도위 7개 현 치소-소명	/ 남부도위 7개 현 치소-소명	대방군 7개 현 치소-대방		
현지세력	현지세력	현지세력	현지세력 (韓·濊 등)	현지세력	현지세력 (백제 등)		

과 진번군을 파했다.'[288)]라고 해놓은 것과 『후한서(後漢書)』 권85 「동이열전」 「예전 (濊傳)」이 '시원 5년 임둔과 진번을 파하고 낙랑과 현도에 합했다.'[289)]라고 기록해 놓은 데서 확인된다.

가장 먼저 진번군과 임둔군이 사라진 이유

담이군은 서기전 110년 지금 중국 해남도(海南島)의 담주(儋州)시 일대에 설치됐던 것으로 보이는 군이다. 그런데 반란이 끊이지 않아 서기전 82년 한나라는 이를 주애(珠崖)군에 편입시켰다. 담이군이 현지세력의 흥기로 폐지됐다면 진번과 임둔군도 같은 이유로 폐지됐을 가능성이 높다(진번·임둔군 폐지 이유를 설명한 사료가 없어 이렇게 우회적으로 추측해본다).

진번과 임둔은 어떤 군이었을까. 『한서』 「무제기(武帝紀)」 원봉(元封)3년조는 무제가 낙랑·진번·임둔·현도의 4개 군을 열었다고 밝히고 있는데, 이에 대해 신찬은 『무릉서』를 인용해 '진번군의 치소는 잡현(霅縣)[290)]인데 장안에서 7,640리를 가며 15개의 현이 있었다.'라고 설명해놓았다. 그리고 진번군에 속했던 15개 현 가운데 7개 현[291)]을 낙랑군으로 넘겼다. 낙랑군은 그 중의 하나인 소명현을 치소로 한 남부도위를 만들어 7개 현을 다스리게 했다고 밝혀 놓았다. 그런데 잡현은 낙랑군 남부도위로 넘어간 7개 현에 들지 못했다. 이는 잡현이 현지세력에게 넘어 갔다는 뜻이다.

이어 신찬은 『무릉서』를 인용해 '임둔군의 치소는 동이(東暆)현인데 장안에서 6,138리를 가며 15개의 현이 있다.'[292)]라는 주도 달아놓았다.

임둔군의 치소인 동이현은 옥저를 치소로 한 제1현도군으로 넘어갔다. 그리고 7년 뒤(서기전 75) 제1현도군은 구려라는 곳의 서북으로 이동해 제2현도군이 됐다. 현도군의 이전 역시 현지세력의 흥기 때문이다. 제1현도군은 옮겨가면서 거느렸던 현 가운데 일부인 7개 현을 낙랑군에 넘겼다. 낙랑군은 동부도위를 설치해 그 7개 현을 다스리게 했다.

그때 제1현도군의 치소였던 옥저와 옛 임둔군의 치소였던 동이도 낙랑군 동부도위로 넘어갔으나 치소는 되지 못했다. 낙랑군 동부도위의 치소는 불내현이 되었다. 그러나 불내현이 제1현도군 소속으로 있었던 곳인지, 임둔군에 있다가 제1현도군으로 넘어온 곳인지는 알 수가 없다.

임둔과 진번은 지역이나 종족의 이름이다. 예맥도 그러하다. 그러나 현도(玄菟)는 북쪽을 가리키는 보통 명사다. 과거 한나라는 예맥 지역에 창해군을 만들었는데 창해(蒼海)는 '푸른 바다'를 뜻한다. 예맥의 동쪽에 바다(지금 요동만으로 추정)가 있으니 그곳을 인수한 한나라는 보통 명사인 '창해'로 이름을 지었을 것이다. 예맥족은 소수맥 등 여러 곳에 흩어져 살고 있었으니, 그들이 살고 있는 한 곳을 차지했다고 해서 그 곳을 예맥군으로 명명하기 어려웠을 지도 모른다.

한나라가 예맥을 현도군으로 명명한 것은 그들이 지배한 예맥이 그곳에 있었기 때문일 것이다. 제1현도군은 낙랑군의 북쪽에 있으면서 동쪽으로는 바다에 접한 곳이었다. 그러나 예맥족은 소수맥과 창해군이 되었던 곳 등 지금 발해만 연안과 요동반도에 이르는 상당히 넓은 곳에 퍼져 살고 있었다. 제1현도는 그러한 예맥 지역 가운데 낙랑군 북쪽에 있는 예맥으로 보인다. 그러한 제1현도군이 폐지하게 된 임둔군으로부터 7개 현을 넘겨받았다.

서기전 75년 7개 이상 현을 가졌을 것이 분명한 제1현도군이 거느리고 있던 현 중 7개를 낙랑군으로 넘기고 구려 서북으로 옮겨가 제2현도군이 되었다. 제1현도군은 동쪽에 있는(낙랑군에서 보면 동쪽에 있는) 7개 현을 낙랑군 동부도위로 넘겨주고, 그 서쪽의 현은 포기해 현지세력에 넘겨주는 형식으로 구려 서북으로 옮겨가 제2현도군이 된 것이다. 한나라는 낙랑군 동부도위에 속하게 된 7개 현을 '영동(領

東)7현'으로 불렀다.

『한서』「지리지」의 낙랑군 조에 따르면 동부도위는 불이(不而)·잠태(蠶台)·화려(華麗)·사두매(邪頭昧)·전막(前莫)·부조(夫租)의 7개 현을 거느려야 한다. 여기에서 문제가 되는 것이 불이와 부조현이다. 『한서』「지리지」는 낙랑군 동부도위의 치소를 불이현이라고 해놓았지만, 다른 사서에서는 불이현이 나오지 않기 때문이다. 『삼국지』와 『삼국사기』에는 '불내'가 나온다. 불이의 '이(而)'자와 불내의 '내(耐)'자는 상당히 비슷하다. 때문에 불이를 불내, 혹은 불내를 불이로 잘못 적은 것은 아닌가 하는 의견이 많다.

부조(夫租)현도 다른 사서에는 나오지 않는다. 1958년 11월 평양시 낙랑구역 정백동(당시는 정백리)에서 공사를 하다 발견된 서기전 1세기 무렵 축조된 것으로 보이는 무덤(정백동 1호 무덤)에서는 '부조예군(夫租薉君)'이라고 새겨진 은도장이 출토되었다. 이 도장은 한 변의 길이가 22mm 정도로 정방형에 가까웠는데, 이러한 길이는 한나라의 관인(官印)에서 일반적으로 발견된다.

이 도장은 공인(公印)으로 판단되었다. 그러나 공인은 사망자를 위해 부장될 수가 없다. 사망자의 명예를 위해 도장을 넣고자 할 때는 모조품을 넣었다. 실재로 정백동에서 발견된 고상현(高常賢)묘(정백동 2호 무덤)에서는 '부조장인(夫租長印)'이라고 파여진 모조도장이 발굴된 바 있다. 때문에 부조란 지역은 실존한 것 같은데, 한자 '夫租'는 '沃沮'와 비슷하다.

때문에 부조가 옥저라는 주장이 있으나, 둘이 같다는 것을 보여주는 증거는 아직 없다. 지금 북한 평양에서 부조예군 등의 도장이 출토됐다고 해서 북한 평양을 낙랑군의 중심부로 비정할 수도 없다. 부조현(혹은 옥저현)은 낙랑군의 중심부가 아닌 동부도위 산하의 변두리이기 때문이다.

아무튼 『한서』「지리지」 낙랑군조에는 불내와 화려·부조 등이 나와 있는데, 『삼국지』「동옥저전」은 '광무 6년(30, 고구려 대무신왕 13년) 후한은 변방에 있는 군[邊郡]을 줄이면서[省] (낙랑군의) 동부도위를 없앴다. 그 후로는 현의 (지도자인) 거수(渠帥)를 "현의 후[縣侯]"로 삼았다. 불내(不耐)와 화려(華麗)·옥저(沃沮) 등 모든 현은 후국(侯國)이 되었다.'[293]라는 내용을 싣고 있으니, '불이는 불내', '부조는 옥저'라는 강한 추측은 상존한다.

고구려의 유리명왕은 33년(14) 8월 오이와 마리로 하여금 2만 병력으로 서쪽을 쳐 양맥을 없애고 군사를 더 진출시켜 한나라(=제2현도군)의 고구려현도 습격해 탈취하였다. 이로써 제2현도군은 무너지고 한나라는 그 서쪽에 제3현도군을 만들었다. 현도군은 약체였다.

대무신왕은 20년(37) 동부도위를 잃은 낙랑군을 습격해 멸망시켰는데 7년 뒤인 대무신왕 27년(44) 후한의 광무제가 바다 건너로 군사를 보내 낙랑군을 수복했다. 그러나 살수 이남까지만 수복했으니 살수 이북은 고구려의 영토로 남았다. 이는 강성해진 고구려의 공격으로 현도군과 낙랑군이 모두 흔들렸다는 뜻이다. 그럼에도 낙랑군은 남부도위를 유지했다.

후한은 아홉 살에 즉위한 4대 황제인 화제(和帝, 생몰 79~106, 재위 88~106) 때부터 허약해졌다. 황태후인 두씨가 수렴청정을 하면서 외척들이 발호한 것이 계기였다. 고국천왕이 2차 좌원대첩을 한 184년, 후한에서 황건적의 난이 일어나자 황건적 토벌에 나선 군벌들의 힘이 강화됐다. 그 와중에 동탁이 소제(13대)를 폐위시키고 헌제(獻帝)를 추대했다(189). 동탁은 189년까지 힘을 썼는데, 그 시절에 공손탁이 요동태수에 임명되었다.

동탁이 제거된 후 군웅할거 시대가 열린 것을 삼국시대(220~280)라고 한다. 공손탁도 독자 세력을 구축했다. 그는 신임하는 관리들에게 '후한 왕조가 곧 끊어지려고 하니 (새로) 왕업을 일으키겠다.'는 뜻을 밝히고 요동군을 갈라 요서중료군(遼西

<그림 8> 한사군과 그 대표인 낙랑군의 변화를 보여주는 개념도

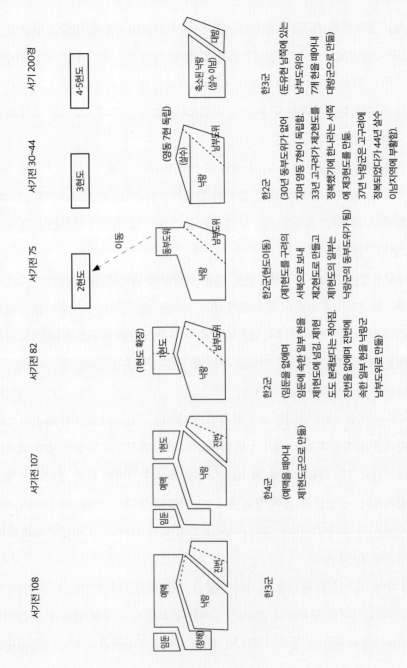

中遼郡)을 새로 설치했다. 바다 건너 동래(東萊, 산동반도에 있는 청주의 동래군)를 차지한 다음에는 주변의 여러 현을 묶어 '영주(營州)'로 만들고 영주자사를 두었다.

『진서』「지리지」에 따르면 공손탁은 요동·창려·현도·대방·낙랑의 5개 군을 평주로 묶고 스스로 평주목에 올랐다. 이는 공손씨 요동국이 후한을 대신해 낙랑군을 지배하게 됐다는 뜻이다. 204년 공손탁을 이은 그의 아들 공손강(公孫康)이 후한 헌제 연간(189~220)에 낙랑군의 둔유현 이남의 땅을 떼어내 대방군을 만들었다(둔유현은 그대로 낙랑군에 남았음. 그 남쪽의 7개 현이 대방군이 되었다).

둔유현 이남은 과거 낙랑군 남부도위에 속했던 곳이고, 그 이전에는 진번군 지역에 해당한다. 공손탁이 대방 등 5개 군을 묶어 평주를 만든 것은, 그의 아들 공손강이 대방군을 만들었다는 것과 시간상 모순이 된다. 그때 낙랑군도 현지세력의 흥기로 흔들리고 있었다. 공손강이 대방군을 설치한 것은 낙랑군 복구를 위한 것으로 보인다.

대방군을 만들면서 낙랑군 남부도위는 없어진 것으로 본다. 이러한 낙랑군과 현도·대방군의 변화를 보여주는 개략도가 318쪽의 <그림 8>이다. 이러한 개략도를 그려보는 것은 낙랑군의 위치를 추적할 수 있는 단서를 찾기 위해서이다.

춘추필법과 한나라가 만든 화이사상

대륙국가가 만든 사료를 살펴볼 때 주의할 점이 있다. 중국 중심의 정치관이 들어가 있는 점이다. 고대 국가의 국제정치에서는 이상주의보다는 현실주의 성향이 훨씬 강했다. 공자처럼 이상주의를 전파해 주변과 공존하려는 노력도 있었지만, 이익에 따라 집산하는 현실주의가 일반적이었다. 따라서 동맹 체결은 '이익'이라는 확실한 목적이 있는 경우에만 이뤄졌다. 이익이 바뀌면 방기나 배신이 나올 수밖에 없었다.

전한의 역사를 기록한 사서에서 강하게 드러나는 것은 '화이사상(華夷思想)'[294]이다. 중국은 '중원'으로 불리는 황하 중류에서 문명을 피워 전파했으니, 중국은 세계의 중심인 '화(華)'이고, 주변은 이를 받아들여 개화한 '오랑캐[夷]'라는 것이다. 때문에 중국의 리더는 주변의 리더보다 높은 '황제'가 되었다. 하-상-주와 춘추·전국시대만 해도 중국의 리더는 왕이었다. 그런데 중국을 처음 통일한 진나라의 리더가 '최초의 황제[始皇]'을 자처하며, 그후 중국의 리더는 황제로 불리게 되었다.

중국은 세계는 '중국'과 중국이 아닌 '중외(中外)'로 구성됐다는 인식을 가졌다. 스스로는 '화족(華族)' 혹은 하(夏)나라를 이은 화족이라며 '화하족(華夏族)'으로 불렀다. 화하와 대비되는 것이 오랑캐인데, 상나라 시절의 갑골문에는 오랑캐를 지칭하는 글자로 '융(戎)'과 '이(夷)', 서주시대의 청동기에는 '적(狄)'과 '만(蠻)'자가 나타난다. 동이-서융-남만-북적이라는 사이(四夷) 개념은 주(周)나라 때 등장해 춘추·전국시대를 거치며 정착되었다.

이러한 화이사상을 반영한 정치제체가 '천조(天朝)체제'이다. 중국의 조정은 하늘을 대신하니 중국의 황제는 하늘의 대행자인 천자(天子)가 되고, 오랑캐가 있는 주변은 이러한 중국에 사대(事大)해야 한다. 천조 체제에서 중국은 '종주국(宗主國, Suzerainty state)', 주변국은 '조공국(朝貢國, Tributary state)'이 된다. 중국은 이 체제로 패권을 유지하면서, 중국과 주변을 안정시키려고 했다.

그리고 패권을 유지하기 위해 '종주국은 강압이 아니라 덕(德)을 베풀어야 한다.'는 논리도 만들어냈다. 군사력을 투사하는 것이 아니라 우수한 문화를 전파해 이민족을 개화하고 동화시켜야 한다는 것이다. 그 대가로 조공국은 의례적인 조공(ritually respect)을 바친다. 이는 중국의 신하국이 된다는 의미인데, 이를 중국 사서들은 '외신(外臣)'으로 표현했다. 외신은 '중국 조정에 들어오지 않지만 중국의 신하'라는 의미이다.

외신 때문에 중국의 역사 무대는 거대해진다. 후대에는 외신으로 표기된 나라가 중국의 일부였는지, 중국의 속국이었는지, 중국으로부터 독립한 나라였는지 구분하기 힘들어지기 때문이다. 이러한 외신에 대해 잘 정리한 학자가 일본의 구리하라 도모노부(栗原朋信)[295]다.

그는 중국 한(漢)나라는 황제의 덕과 중국의 예법이 미치는 범위에 따라 천하를 '내외(內外)'로 나누고, 중국 안에서는 '내신(內臣)'과 '내객신(內客臣),' 중국 바깥에서도 '외신(外臣)'과 '외객신(外客臣)'이 있는 것으로 구분했다고 보았다. 그리고 '내신과 외신의 구별은 민족적인 것이 아니라 제도상의 것, 바꾸어 말하면 문화적인 것'[296]이라고 하였다. 중국의 예(禮)가 통하면 중국 영토에 근무하는 내신이고, 그렇지 않으면 외신이라는 것이다.

예(禮) 중에서도 중요한 것이 법이다. 중국이 정한 법이 통하면 '내'이고 그렇지 않으면 '외'이다. 이는 민족을 기준으로 내외를 나누지 않았다는 의미다. 그러나 민족을 구분하지 않았다는 것은 형식상의 주장이고, 실제로는 내신은 중국 내부(의 민족)이고 주변은 외신이라고 했다.

그는 외신을 '한나라 황제의 덕화(德化)와 함께 예(禮)가 보급될 뿐, 법은 미치지 않는 지역'[297]으로 보았다. 덕과 예절은 만국 공통일 수 있다. 그러한 공통 규율이 통하면 한나라의 천하에 포함된 외신이라는 것이다.

외신과 한나라와의 관계에 대해서 구리하라는 두 나라 관계를 규정한 '직약(職約)'을 설명하며, '보통의 경우 한나라 황제의 통제력은 한나라의 천하에 편입된 외신에게는 통하지 않는다'고 보았다. 한나라는 그 나라 국내 질서에는 간섭하지 않았다는 것이다. 하지만 외신 상호간의 질서 유지에는 한나라가 영향을 미친다'[298]라고 보았다. 이는 주변국 문제에 한나라가 개입한다는 뜻이다.

외신과 외객신은 덕이 통하는 차이에 있었다. 한나라는 중국의 덕이 덜 통하는 흉노를 외객신으로 보았다.[299] 그러나 실질적으로 외신과 외객신은 차이가 없다고 하였다.

자연장벽 등 지리적 조건 때문에 완전 분리돼 있어[300] 덕화(德化)로도 신속시킬 수 없는 절역(絶域)의 나라는 조공국(朝貢國)으로 보았다.[301] 그러한 나라에는 한나라의 영향력이 미치지 못하니 교역만 일어난다. 이러한 교역을 '중국은 갖다 바친다'는 의미를 갖고 있는 '조공(朝貢)'으로 기록해, 절역의 나라도 한나라에 신속한 것처럼 만들어놓았다. 중국 중심의 춘추필법은 주변을 중국의 신하국과 번국(藩國) 등으로 만들어 서서히 중국에 편입시키는 기능을 한 것이다.

『사기』「조선전」을 보면, 요동태수가 위만을 외신으로 하였다는 것이 있다. 『사기』「조선전」은 '(한나라의) 요동태수는 요새[塞, 만리장성] 밖의 만이(蠻夷)를 보호해 변경에 도적이 들끓는 것을 없게 하고, 만이의 군장이 한나라의 천자를 뵙자고 하면 막지 않는다는 것을 조건으로 위만을 외신(外臣)으로 삼는다는 약속을 해주었다.' '요동태수가 모든 만이(蠻夷)의 군장이 (중국에) 들어와 천자를 뵙고자 하면 막지 않도록 하였다. 천자도 (요동태수로부터) 이를 보고받고 허락하였다. 이로써 위만은 군사의 위세와 재물을 얻게 되어 그 주변의 소읍들을 침략하여 항복시켰다. 진번과 임둔도 모두 와서 복속하니 (위만조선의 영역이) 사방 수천 리가 되었다'고 해놓았다.

이는 위만조선이 한나라의 외신이었다는 뜻이다. 그러나 외신은 한나라의 일부가 아니다. 한나라는 위만조선과 남월을 굴복시킬 때 덕이 아니라 전쟁으로 하였다. 전쟁을 한 것은 두 나라가 한나라를 인정하지 않았다는 완벽한 증거가 된다. 무역은 했다. 그런데 『사기』를 쓴 사마천[302]은 이 무역을 '조공'으로 표현함으로써 위만조선과 남월이 한나라에 굴종한 것 같은 인상을 주었다. 두 나라를 외신으로 표현해 두 나라가 천조체제를 받아들인 것으로 꾸며놓은 것이다.

외신으로 기록해 놓으면 한나라가 두 나라를 치는 것은 침략이 아니고, 천조체제

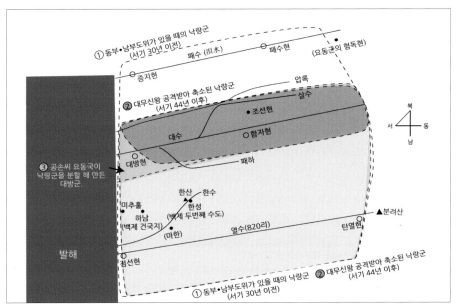

<그림 9> 낙랑군 지형 개략도와 변천과정 (『한서』「지리지」등 설명 근거)
❶은 동부·남부도위가 있던 최전성기의 낙랑군(서기 30년 이전) ❷는 대무신왕의 고구려 공격으로 축소된 낙랑군(44년 이후)
❸은 공손씨 요동국이 낙랑군을 잘라 설치한 대방군. 대방군을 만들 때 열수에 있는 점선현과 탄열현은 고구려가 영유한 것으로
보인다. (주: 북쪽에서부터 패수 대수 열수가 있는 것으로 그린 것은 패수가 요동군에 보다 가까이 있었기 때문이다.)

를 확립하기 위해 한나라의 법과 예와 덕을 전파하는 것이 된다.

중국 역사가들의 이러한 역사 기록 원칙을 '춘추필법'이라고 했다. 국어사전은 춘추필법을 '중국의 경서(經書)인『춘추(春秋)』와 같이 엄정하고 비판적인 태도로 대의명분(大義名分)을 밝혀 세우는 역사 서술의 논법(論法)'[303]이라고 밝혀놓았다.

그러나 중국의 정치가이며 학자였던 양계초(梁啓超 1873~1929)는 저서인『중국역사연구법(中國歷史研究法)』[304]에서 존화양이(尊華攘夷: 중국을 높이고 오랑캐는 깎아내린다), 상내약외(詳內略外: 중국사는 상세히, 외국사는 간단히), 위국휘치(爲國諱恥: 중국을 위해 중국의 수치를 숨긴다)를 춘추필법(春秋筆法)으로 역사를 쓰는 원칙[사필원칙·

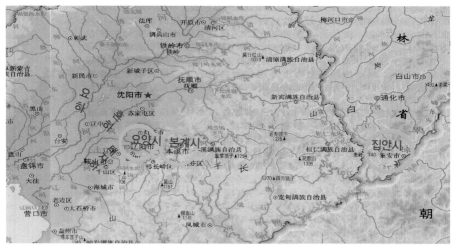

지금 요하·혼하·태자하는 패수·대수·열수가 될 수 있는가

현대 중국지도는 지금 요하·혼하·태자하가 서쪽 또는 서남쪽으로 흐르고 있음을 보여준다. 혼하와 태자하를 대수와 열수로 본다면 압록과 살수는 지금의 어느 강이냐는 의문을 일으킨다. 그러나 대수·패수는 낙랑군 남쪽에 있어야 하니 두 강은 태자하 남쪽, 즉 요동반도를 흐르는 강일 수 있다.

史筆原則]으로 밝혀놓았다. 대륙 국가 사료에는 곳곳에 춘추필법이 숨어 있다. 이를 의식하고 그들의 사료를 읽어나가야 한다.

낙랑군의 구성

『한서』「지리지」는 동부도위와 남부도위를 거느리고 있는 낙랑군과 서기전 75년 구려 서북으로 옮겨갔다가 서기 14년 유리명왕의 고구려가 정복해 버린 제2현도군을 보여준다. 임둔군과 진번군은 싣고 있지 않는 것이다. 낙랑군은 서기 30년 동부도위를 없앴는데, 그러한 동부도위가 포함돼 있으니 『한서』「지리지」는 서기전 75년에서 서기 30년 사이의 낙랑군을 설명하는 것이 된다. 낙랑군 설명은 단출한데 정리하면 이렇다.

'한 무제 원봉(元封) 3년(서기전 108)에 열었다. (신나라를 세웠던) 왕망은 낙선(樂鮮)

지금 요하가 요동만으로 들어가는 요녕성 반금시의 해안 습지에 펼쳐져 있는 홍해탄

지금의 요하 하구는 여름철 갯벌에서 자라는 붉은 색을 띤 식물로 덮히기에 홍해탄(紅海灘)으로 불리며 반금시의 관광 명소가 되었다. 이곳은 지금도 사람이 살 수 없다. 그러하니 이곳은 역사 속에 '요택'이란 이름으로 등장할 이유도 없다. 출처 :https://blog.naver.com/rlaaud9294/80 180106341(검색 2018년 3월 22일)

군으로 고쳐 불렀었다. 유주(幽州)에 속한다. 6만 2,812호이고, 인구는 40만 6,748명이다. 운장(雲鄣)이 있다. 25개 현이 있다.

(25개 현은) 조선(朝鮮), 염감(訮邯), 패수(浿水-왕망은 樂鮮亭으로 고쳐 불렀음), 함자(含資), 점선(黏蟬), 수성(遂成), 증지(增地-왕망은 增土로 고쳐 불렀음), 대방(帶方), 사망(駟望), 해명(海冥-왕망은 海桓으로 고쳐 불렀음), 열구(列口), 장잠(長岑), 둔유(屯有), 소명(昭明-남부도위 치소), 누방(鏤方), 제해(提奚), 혼미(渾彌), 탄열(呑列), 동이(東暆), 불이(不而-동부도위 치소), 잠태(蠶台), 화려(華麗), 사두매(邪頭昧), 전막(前莫), 부조(夫租)현이 있다.'[305]

『한서』「지리지」는 일부 현에 대해서는 지리적 특성을 달아놓았다. 패수현에는 '패수(浿水)가 서쪽으로 흘러 증지현에서 바다로 들어간다(浿水 水西至增地 入海)', 함자현에는 '대수(帶水)가 서쪽으로 흘러 대방현에서 바다로 들어간다(含資 帶水西至帶

方 入海', 탄열현에는 '분려산(分黎山)이 있는데 분려산에서 열수(列水)가 나와서 서쪽의 점선현에 이르러 바다로 들어가며 820리를 흐른다(呑列 分黎山 列水所出 西至黏蟬入海 行八百二十里)'고 해놓은 것이다.

낙랑군에는 서쪽(실제로는 서남쪽일 듯) 방향으로 흐르는 패수·대수·열수의 세 강이 있고, 증지·대방·점선현은 임해(臨海) 현이라는 것이다(323쪽 <그림 9> 참조). 이러한 낙랑군에 대해 '응소(應劭)[306]는 옛 조선국이다(故朝鮮國也)라는 설명을, 조선현에 대해서는 '주나라의 무왕이 기자를 조선에 봉했다'는 주를 달아 놓았다.

서쪽이나 서남쪽으로 흐르는 강이 연속으로 있는 곳은 지금의 요동만 동북쪽에서부터다. 324쪽의 지도에서처럼 요하·혼하·태자하 등은 하류에서는 서쪽이나 서남쪽으로 흐르고 있다. 이곳은 '만주벌판'으로 불리는 대평원이라 이 강에서는 조운이 원활했다.

『요사』 등은 요나라의 동경요양부가 고구려의 장수왕 평양이고 낙랑군과 기자조선이 있던 곳이라고 해놓았다. 지금 요양시 인근을 흐르는 태자하는 지금 심양시 인근을 흘러온 혼하를 만나 요동만으로 흘러가는데, 합류 이후의 강을 지금은 '대요하'라고 한다. 지금 철령시 인근을 흘러온 요하는 지금 반금(盤錦)시에서 요동만으로 들어간다. 이렇게 요녕성에는 대요하와 요하가 별도로 있다.

지금의 대요하와 요하가 바다를 만나는 곳은 요택(遼澤)보다도 훨씬 큰, 우마차는 물론이고 사람도 접근하기 힘든 거대한 습지대였다. 지금 반금시는 갈대와 갯벌에서 자라는 붉은 빛을 띤 식물로 덮여 있어 '홍해탄(紅海灘)'으로 불리는 그 습지를 관광지로 운영하고 있다(325쪽 사진 참조). 홍해탄 일대는 당연히 무인지대다. 사람들의 역사가 만들어지는 곳이 아니니 요택 같은 이름을 가질 이유가 없다.

요동군을 지금의 난하 인근, 위만조선을 지금의 요양시 인근으로 본다면 두 곳 사이는 상당히 멀다. 그러나 해안을 따라 도로가 있었으니 주랑 형태(263쪽 아래의 요서주랑 사진 참조)로 연결된다. 내륙에 유목길(=초원길)이 있지만 그곳은 우마차가 다니는 일반적인 교통로가 아니었다. 전국시대 연나라의 진개는 이 해안길을 따라 진격해 기자조선을 치고 만번한을 새로운 경계로 삼았을 것이다.

이러한 만번한이 요동군에서 너무 멀기에 진나라는 요동외요 형식으로 관리하였고 한나라는 영유를 포기해 빈 땅으로 두었을 것이다. 그 인근에 상하장이 있었는데 위만은 그곳에 들어가 세력을 모은 다음 기자조선을 전복했다.

위만조선은 상하장을 영유했기에 기자조선이 잃은 서쪽 천여 리의 땅도 상당 부분 회복했다. 수륙 물류로를 장악해 빠르게 국력을 키웠다. 이를 『사기』 「조선전」은 위만조선의 영토가 사방 수 천리에 이르렀다고 표현해놓았다. 서진(西進)을 한 위만조선이 신속(臣屬)시킨 영역이 훗날 남여의 투항으로 한나라가 창해군을 설치했다가 포기한 예맥 지역일 것이다.

위만조선은 서쪽으로 패수 등이 흘러가는 바다에 면해 있었다. 이러한 위만조선의 북쪽에, 서쪽으로는 지금의 요서지역에 걸쳐 있고 동쪽으로는 지금 요동만에 접한 예맥이 있었다. 그러한 예맥 중의 일부가 남여가 이끌고 한나라에 투항했던 창해군 지역이다.

이 예맥의 일부가 제1현도군이 되었다. 그리고 현지세력의 저항에 밀려 내륙인 구려 지역의 서북으로 옮겨갔는데(제2현도), 유리명왕의 고구려가 정복해 병합했다. 그러자 한나라는 서쪽에 새로운 현도군인 제3현도군을 만들었다.

102쪽의 지도에서 보듯이 지금의 요동반도는 서쪽에 요동만이라는 바다, 동쪽에 서한만이라는 바다에 접해 있다. 요동반도 중간에 천산산맥이 있는데, 이 산맥 동쪽이 영동7현으로 부른 낙랑군 동부도위가 있었던 곳일 수 있다. 동부도위 산하에 옥저현(혹은 부조현)이 있는데 옥저는 바다에 접했다고 했으니 옥저는 서한만(중국 측은 西朝鮮灣으로 표현)에 면한 지역이어야 한다. 이는 옥저가 지금 한반도 동해에 접했다는 기존의 이해와는 크게 다른 것이다.

요동군 비정보다 힘든 것이 낙랑군 비정이다. 요동군은 1차 고당전쟁을 계기로 대륙세력이 가져가 영유했으니 중국 사서에 비교적 자세한 기록이 남았다. 그러나 낙랑군은 중국에서 멀리 있는데다 중국이 영유했던 기간도 짧았고 되가져가지도 못했으니, 중국 사서들은 정확한 기록을 남기기 못했다. 『한서』 「지리지」 등이 설명한 낙랑군 기록은 정확하기 어려운 것이다.

그러나 『요사』 『금사』 『원사』가 지금 중국 요양을 고구려의 장수왕 평양으로 비정했고, 우리의 『삼국사기』도 지금 중국의 집안이 분명한 황성(黃城)의 서쪽에 장수왕 평양이 있다고 했으니, 장수왕 평양과 기자조선·위만조선·낙랑군의 치소는 지금 요양에 있었던 것이 확실하다.

(3) 힘들었던 주몽 - 유리 승계와 졸본 - 국내 천도

고구려의 건국 과정을 다시 정리해보자. 고구려의 건국은 제2현도군과 밀접한 관계가 있다. 서기전 75년 구려의 서북으로 옮겨가 요동군에 의지하게 된 제2현도군은 치소를 고구려현으로 삼았다. 그리고 38년이 지난 서기전 37년 구려 중의 한 곳인 졸본으로 들어온 주몽이 고구려를 세웠다. 고구려는 제2현도군과 가까운 곳에 건국한 것이다.

서기전 28년 주몽이 이끄는 고구려가 북옥저를 병합해 고을로 삼았다. 그리고 동명성왕 19년(서기전 19) 4월 주몽이 북부여에서 낳은 아들 유리가 어머니 예(禮)씨와 함께 찾아와 태자가 되었다가, 그해 9월 동명성왕이 타계하자 바로 2대 왕이 되는[307] 사건이 일어났다.

졸본 땅에 들어온 주몽은 비류와 온조란 아들을 거느린 소서노와 재혼했었다. 소서노는 주몽이 세운 고구려를 키우는 데 큰 기여를 했다. 그런데 갑자기 전(前) 부인

(유리의 어머니 예씨)과 같이 나타난 유리가 5개월 만에 왕이 돼 버렸으니 갈등이 일어나지 않을 수 없다. 유리가 왕이 되었으니 이들은 생존을 장담할 수가 없다. 아들을 왕으로 만들기 위해 주몽을 도와왔던 소서노는 두 아들과 더불어 세력을 이끌고 졸본을 떠났다.

이들의 이탈로 다급해진 유리명왕은 우호세력을 확보하려고 했다. 고구려를 세운 주몽이 제일 먼저 항복받은 것은 송양이 이끄는 비류국이었다. 졸본세력이 아니었던 송양은 고구려의 지배세력에 편입된 것이다. 유리명왕은 2년(서기전 18) 7월 송양의 딸과 혼인했다.[308]

비류·온조 세력이 떠났으니, 유리명왕은 졸본에 있는 것이 쉽지 않았을 것이다. 때문에 유리명왕 3년(서기전 17) 7월 골천에 이궁을 짓고 그곳에서 지냈는데, 그해 10월 왕비 송씨(송양의 딸)가 죽었다. 유리명왕은 그 달에 바로 골천 사람의 딸인 화희, 한나라 사람의 딸인 치희 두 여자에게 장가를 들었다. 치희는 제2현도군 출신이었을 것이다.

그때까지 고구려는 한나라(제2현도군)와 다툰 적이 없었다. 유리명왕은 한나라의 도움을 받기 위해 치희를 부인으로 들인 것 같은데, 이것도 성공을 거두지 못했다. 현지인인 골천 세력과 한나라 세력 사이에 민족 갈등이 일어난 것이다. 화희와 치희 사이에도 대립이 일어나 치희가 친정으로 돌아갔다.

그때 유리명왕이 지은 '황조가'는 한나라(제2 현도군)의 협조를 받아 왕권을 강화하려던 노력이 허사로 끝났음을 보여준다. 그리고 고구려에서는 어떤 왕도 중국 여인을 배필로 맞지 않게 되었다.

우호세력 확보에는 실패했지만 유리명왕은 정복은 제대로 해냈다. 유리명왕 11년(서기전 9) 초원길로 진격해 선비를 쳐 속국으로 만들고, 14년(서기전 6) 11월에는 대소가 이끄는 강력한 경쟁자인 부여의 침입을 막아냈다.

국내성으로 천도 못한 유리명왕

7년이 지난 뒤 유리명왕은 졸본을 벗어날 수 있는 기회를 잡았다. 유리명왕 21년 (서기 2년) 3월 교제(郊祭, 야외에서 지내는 천지 제사)에 쓸 돼지가 달아났기에 장생(掌牲, 제물로 쓸 짐승을 맡은 관리)인 설지(薛支)를 시켜 쫓아가게 했는데, 그가 국내(國內)의 위나암(尉那巖)에 이르러 돼지를 붙잡은 것이 계기였다.

설지는 그 돼지를 국내 사람의 집에 가둬놓고 기르게 한 후 돌아와서 왕에게 "국내 위나암은 산과 물이 깊고 험하며 토양이 오곡을 재배하기 적합하고 산짐승과 물고기 등 산물이 많은 것을 보았습니다. 그곳으로 도읍을 옮기면 백성들의 복리가 무궁할 뿐 아니라 전쟁 걱정을 면할 수 있을 것입니다."라고 아뢨다. 산과 물이 깊고 험한 것은 방어에 유리하다는 뜻이다.

그해 9월 유리명왕은 국내에 가서 지세를 보고 돌아왔다가 이듬해(서기 3년) 10월 국내로 도읍을 옮기고 위나암성을 쌓았다.[309] 그러나 유리명왕은 국내에 안착하지 못했다. 이궁에서 지내거나 사냥하는 식으로, 국내성에 머물려 하지 않았다. 그가 국내에 안착하면 졸본 세력과 새로운 갈등이 일어날 수 있기 때문이었을 것이다.

위나암성을 쌓은 국내는 어디일까. 한·중·일 역사학계는 지금 중국 길림성의 집안(集安)시로 비정하고 있다. 이는 『세종실록』 「지리지」와 1921년 일본인 도리이 류조가 중국 집안을 국내성으로 비정해놓은 것을 따른 것으로 보인다. 그러나 『요사』와 『삼국사기』 등의 기록, 그리고 광개토왕릉비문을 보면 집안은 황성이었던 것이 분명하다.

조위(曹魏) 군이 동천왕의 고구려를 침공해 수도인 환도성을 함락한 기록은 환도성이 낙랑군 동부도위의 치소인 불내현이었을 가능성을 보여준다. 이는 『삼국사기』 「고구려본기」 동천왕 20년(246) 10월조에서 고구려의 임시 수도격인 환도성을 함락한 조위의 장수가 환도산에 이르러 '불내'라고 새기고 돌아갔다는 것을 근거로 한 것이다.

그런데 「고구려본기」는 『괄지지』를 인용해 '불내성은 곧 국내성이고 돌을 쌓아 만들어 놓았다. 이는 환도산과 국내성이 서로 접한 것이다(括地志云 不耐城卽國內城也. 城累石爲之 此卽丸都山與國內城 相接)'라는 주를 달아 놓았으니, 국내성이 환도성과 함께 불내현에 있었다는 추측은 신빙성을 갖는다.

후한이 불내 등 동부도위 산하의 7개 현(세칭 영동7현)을 제후국으로 독립시킨 것은 낙랑군에서 일어난 왕조(王調)의 반란을 제압한 서기 30년이다. 유리명왕이 국내를 새 도읍지로 정하고 위나암성을 쌓은 것은 그보다 27년 앞선 서기 3년이었다. 그때 고구려는 약한 나라였는데 불내현을 차지해 국내성을 쌓는 것이 가능할 수 있었을까.

이 의문은 전한(前漢)의 사정을 보며 풀어가야 한다. 전한은 무제 사후 계속 약해져가다 13대 애제(哀帝, 생몰: 서기전 27~서기전 1 재위; 서기전 7~서기전 1)와 14대 평제(平帝, 재위; 서기전 1~서기 5), 황제도 되지 못한 15대 유영(劉嬰, 재위; 6~8) 시절 혼란이 극심해졌다.

스무 살에 13대 황제가 된 애제는 태자 때부터 가까이 지내온 미남자인 동현(董賢, 서기전 22~서기전 1)과 동성애에 빠졌다. 동현은 여동생을 애제의 후궁으로 넣으며 권력을 장악해갔다. 애제가 동현을 얼마나 좋아했는지를 보여주는 고사가 '단수지벽(斷袖之癖)'이다.

애제는 동현과 동침을 했다. 하루는 애제가 먼저 깼는데 동현이 애제의 옷소매를 벤 채 자고 있었다. 애제는 동현을 깨울 수 없어 칼로 자신의 옷소매를 잘라내고 일어났다. 여기에서 나온 말이 '옷소매를 자르는 병'이라는 뜻의 '단수지벽', 줄여서 '단수(斷袖)'다. 단수는 남성동성애를 지칭하는 용어가 되었다.

그러한 동현과 경쟁했던 이가 훗날 전한을 중단시키고 신(新)나라를 세운 왕망(王莽, 생몰: 서기전 45~서기 23, 재위: 8~23)이었다. 서기전 1년 애제가 죽자 왕망은 동현이 황제의 병환을 돌보지 않았다며 탄핵했다. 두려움을 느낀 동현은 목을 매 자살했다. 왕망은 동현 집안을 철저히 몰수함으로써 누구도 자신을 넘보지 못하게 했다.

그리고 애제의 아들이 아닌 아홉 살의 평제를 새 황제(14대)로 세웠다. 왕망은 자신의 딸을 평제에게 보냈다가 6년 뒤 평제를 독살해버렸다. 이어 전 해에 태어나 만 한 살인 유영(유영은 평제의 아들이 아니다)을 태자로 세우고 스스로는 '가황제(假皇帝)', 다른 사람들은 그를 '섭황제(攝皇帝)'로 부르게 하다, 2년 뒤(8) 태자인 유영이 아니라 자신이 황제에 올라 신나라를 열었다.

그러했으니 전한은 변군(邊郡)을 제대로 돌볼 수가 없었다. 변군 중의 변군인 낙랑군은 흔들렸을 것이니, 개마대산(지금 요동반도의 척추인 천산산맥으로 추정) 너머에 있는 동부도위 산하의 영동7현은 유지하기 힘들었을 수 있다. 동부도위는 유명무실해지고, 일곱개 현은 반(半) 독립상태가 되었을 수 있다.

고구려는 동명성왕 때인 서기전 28년 북옥저를 점령해 고을로 삼았다. 제1현도군의 치소였던 곳의 일부를 빼앗은 것이다. 전한은 서기전 7년부터 심각한 혼란에 들어갔으니, 서기 3년 유리명왕의 고구려는 동부도위의 힘이 약해진 불내현 지역에 공간을 만들었을 수 있다. 불내현의 국내에 위나암성을 짓게 하는 것이다. 그런데 졸본세력의 반대도 만만치 않았기에 천도를 단행하지 못했다.

국내와 불내는 지금 중국의 철령시일 가능성이 높다. 지금 요양에서 보면 그곳은 천산산맥의 자락을 넘어가야 한다.

국내로 천도하지 않았어도 갈등은 일어났다. 유리명왕이 국내로 가지 않고 질산의 북쪽에서 사냥이나 하고 다니자 대보인 협보가 이를 비판하는 간(諫)을 한 것이다. 협보는 동부여에서부터 주몽을 따라와 나라를 세운 개국 공신이다. 유리명왕은 크게 노해 협보를 파면했다.

분개한 협보는 남한(南韓)[310]으로 가버렸다. 협보가 국내성으로 천도를 하라고 간한 것은 남은 졸본 세력과 결별하라는 요구일 수 있다. 그러나 졸본세력과 결별할 수 없었기에 유리명왕은 오히려 협보를 파직한 것으로 보인다.

이듬해인 23년(4) 2월 유리명왕은 아들 해명을 태자로 삼고 전국의 죄수를 크게 사면했다. 죄수 사면은 협보 세력을 석방해 양쪽 세력을 융합시켜보려는 노력일 가능성이 높다. 『삼국사기』는 태자 해명이 옛날 도읍에 남아 있었다.[311]해놓았는데 이는 졸본세력을 안정시키려는 조치로 보인다.

제2 현도군의 고구려현 빼앗은 유리명왕

그러한 때인 유리명왕 27년(8) 3월 고구려는 황룡국과 충돌했다. 옛 도읍(=졸본)에 있었던 해명이 황룡국에 맞서려고 했는데, 유리명왕은 그러한 행동을 못마땅히 여겼다. 때문에 28년(9) 3월 사람을 보내 해명을 자살하게 만들었다.

『삼국사기』에는 해명이 유리명왕의 명을 받아 자살하려고 하자 어떤 사람이 해명에게 "대왕(유리명왕)의 맏아들(동부여에 볼모로 가는 것을 거부하고 요절한 도절은 이미 죽어 태자께서 바로 후계자가 되었다"[312]라며 만류하는 대목이 있다. 이러한 해명의 어머니는 누구일까.

유리명왕의 첫 왕비인 송양의 딸은 혼인 1년 3개월 만에 사망했다. 따라서 송씨가 낳은 아들이 있다면 한 명뿐이다. 그런데 유리명왕의 맏 아들(=도절)은 죽었다고 했으니 해명은 송씨의 아들일 수가 없다. 죽은 맏아들과 해명이 쌍둥이라면 몰라도 그렇지 않다면 해명은 송씨가 낳은 아들일 수 없다.

송씨가 타계한 후 유리명왕은 한나라 여인 치희와도 혼인했으나, 이 혼사는 바로 깨져 치희는 본가로 돌아갔다. 치희가 품은 아들이 있었다고 해도 유리명왕은 그

아들을 볼 수 없을 것이다. 그렇다면 해명은 골천 여인인 화희의 아들이어야 한다.

그런데 『삼국사기』는 전혀 다른 사실을 제공한다. 해명이 자살한 후 3남인 무휼(無恤)이 태자가 되었는데, 무휼의 어머니는 송양의 딸인 송씨[313]라고 해놓은 것이다. 무휼이 송씨의 아들이라면 일찍 죽은 장남(=도절)과 자살한 차남 해명은 송씨가 낳은 아들이 아니어야 한다.

유리는 혼인을 해 어린 아들과 함께 아버지를 찾아 왔을 수 있다. 아니면 갑자기 2대 왕이 됐는데 비류와 온조 등이 고구려를 떠났기에, 협조 세력을 구하기 위해 급하게 현지 세력과 혼인했을 수도 있다. 그리하여 얻은 아들이 있었다면 이들은 일찍 죽은 도절과 자살한 해명이 될 수 있다.

유리명왕은 송양을 새 파트너로 삼고 그의 딸과 결혼해 무휼을 낳았을 수도 있다. 그런데도 갈등은 꺼지지 않았기에 3년(서기전 17)부터는 골천 이궁에서 지내게 됐는데, 골천 이궁으로 간지 3개월 만에 송씨 부인이 죽었다. 그리고 골천여자 화희, 한나라 여인 치희와 혼인했다가 치희와 헤어졌다.

골천의 이궁으로 간 후 바로 송비가 죽고 골천 여자인 화희와 결혼했다는 것은, 유리명왕이 송양 세력과 헤어지고 골천 세력을 새 파트너로 삼은 것으로 볼 수 있다. 유리명왕이 골천의 이궁에서 지낸 것은 까닭이 있을 것이다. 골천 세력은 강력했기에 치희를 앞세운 한나라 세력도 떨어져 나갔다.

처가가 있는 골천 이궁에서 지내던 유리명왕은 해명이 죽고 1년이 지난 유리명왕 29년(10) 7월 두곡(豆谷)에 이궁을 지었다. 26년 만에 골천을 떠난 것이다. 해명은 골천여인 화희의 아들일 수 있다. 유리명왕은 해명을 자살하게 했으니 골천 세력과 이별해 두곡으로 나온 것일 수도 있다.

그런데 요절한 송씨가 낳은 아들 무휼은 잃지 않고 키워냈다고 하니 이상해진다. 그리고 유리명왕은 해명이 자살하고 5년이 지난 33년(14) 11살의 무휼을 태자로 삼아 군사와 국정을 맡겼는데, 이는 앞뒤가 맞지않은 이야기가 된다.

송씨 부인은 서기전 17년에 죽었으니, 송씨가 생전에 낳아놓은 아들이 있다면 서기 14년 그는 서른 한 살이어야 옳기 때문이다. 11살 일 수는 없는 것이다. 그런데도 11살의 무휼을 송씨의 아들이라고 해놓은 것은, 대무신왕은 범졸본 세력의 지지를 받아야 했기 때문일 수 있다.

무휼을 태자로 세우기 1년 전인 유리명왕 32년(12) 11월 부여가 침입해왔다. 유리명왕은 10살인 무휼에게 방어하게 했는데, 무휼은 학반령에 군사를 숨겨놓았다가 부여 군사를 급습해 대승을 거뒀다. 이 승리로 무휼은 인정을 받아 이듬해 태자가 되었다. 유리명왕은 태자 무휼에게 군사와 국정을 맡겼다.

무휼이 10살에 부여 군사를 깨고 11살에 군사와 국정을 도맡게 된 것은『삼국사기』에는 이름이 나오지 않는, 그러나 송씨 집안으로 꾸며야하는 왕비족이 계속 권력을 잡았기 때문일 수 있다.

유리명왕은 졸본 부여의 왕통을 흔들며 등극한 탓인지 혼인과 자식 관계가 복잡하다. 336쪽의 <표 9>는『삼국사기』를 근거로 정리한 유리명왕의 아들에 대한 정리다.

유리명왕은 신나라의 왕망으로부터 '하구려후'로 불리는 사건을 겪고 2년이 지난 33년(14) 8월 주몽을 따라 부여에서 고구려로 왔던 오이와 마리로 하여금 군사 2만 명을 거느리고 서벌(西伐)을 하게 해, 양맥이라는 나라를 없애고 한나라의(현도군 소속) 고구려현을 습격하여 탈취하게 했다.[314] 고구려는 처음으로 한나라를 침공한 것이다.

그때 제2현도군의 치소인 고구려현을 차지했기에 구려로 불려온 졸본부여는 고구려를 국호로 삼았을 수 있게 되었을 것이다. 이 패배로 한나라는 서쪽에 새로운 현도군(제3현도군)을 만든 것으로 보인다.

<표 9> 복잡한 유리명왕의 아들에 대한 기록(『삼국사기』「고구려본기」근거)

遼 5경	金초기5경	金중기5경
도절	태자로 임명된 후 부여 왕 대소가 인질을 교환하자고 하자 두려워하며 부여에 인질로 가지 않았음. 서기 1년(유리명왕 20년) 요절.	누가 낳은 아들인지 알 수 없음. 송비의 아들일 수 있으나 확인이 불가능함.
해명	도절이 죽은 뒤 태자로 임명돼 졸본에 머물다가 서기 9년(유리왕 28) 황룡국과 외교문제 일어나자 아버지의 명령으로 21살에 자살함.	누가 낳은 아들인지 알 수 없음. 나이로 보면 서기전 17년에 죽은 송비의 아들일 수는 없음. 골천 여인 화희의 아들일 수는 있으나 확인이 불가능함.
무휼	송비의 아들. 그런데 요절한 송씨의 아들로 보기에는 전혀 나이가 맞지않음. 무휼은 15세에 3대 대무신왕이 되었음.	송비는 서기전 17년에 죽었는데, 서기 14년 11살인 무휼을 태자로 임명하며 송비의 아들이라고 꾸며 놓았음.
-	서기 18년에 물에 빠져 죽었음(이름과 사망 시 나이를 알 수 없음). 무휼한테는 동생이 되나, 해색주와 재사에게는 형인지 동생인지 확인되지 않음	누가 낳은 아들인지 알 수 없음.
해색주	대무신왕의 아우로 대무신왕 사후 대무신왕의 아들 해우가 어리다는 이유로 신하들에 의해 4대 민중왕에 추대됨(서기 18년 물에 빠져 죽은 이는 물론이고 아래에 있는 재사와의 서열 관계를 알 수 없음).	누가 낳은 아들인지 알 수 없음.
재사	고추가(古鄒加) 벼슬을 받고 지냈음. 5대 모본왕(대무신왕의 아들인 해우)이 신하에 의해 피살되자 재사의 아들인 7살짜리 궁이 6대 태조대왕으로 추대됐음.	누가 낳은 아들인지 알 수 없음.

졸본부여가 제2현도군의 치소인 고구려현을 정복한 것은 고구려가 현도군에서 나왔다는 동북공정의 주장이 허구임을 증명한다. 고구려는 한나라에 예속된 독립국으로 있다가 고구려현을 점령함으로써 확실한 독립국가가 되었다.

이 사건으로 고구려는 한나라와 본격적인 갈등에 들어갔다. 그리고 유리명왕이

37년(18) 두곡 이궁에서 죽었다.

(4) 멸망과 부활을 거듭한 낙랑군

대무신왕은 태조대왕·광개토왕·장수왕에 못지않은 정복군주였다. 『삼국사기』는 그를 '나면서부터 총명했으며 장성해서는 뛰어나게 큰 지략이 있었다' 라고 평해 놓았다. 그는 바로 국내성에 거주했는데, 즉위 이듬해(19) 백제 백성 1천여 호가 고구려로 귀순해오는 사건을 맞았다.

백제는 유리명왕의 고구려를 거부하며 떠난 졸본 세력이다. 그러한 백제에서 1천여 호가 돌아왔다면 고구려는 백제의 우위에 섰고 졸본세력은 약해졌다고 보아야 한다. 초기백제는 국내성에서 멀지 않았다는 뜻이기도 하다.

이듬해인 3년(20) 대무신왕은 동명왕 사당을 건립했다. 『삼국사기』는 그 후의 왕들이 졸본에 있는 동명왕 사당을 참배했다고 밝히고 있으니, 대무신왕이 동명왕 사당을 세운 곳은 졸본이 분명하다. 백제 백성 1천여 호의 귀순과 동명왕 사당 건립은 유리명왕에 반발했던 졸본 세력을 달래고 국내성을 새 수도로 삼은 대무신왕 권력을 안정시킨 것으로 보인다.

낙랑군의 1차 멸망

대무신왕은 동부여와의 전쟁에 집중해 5년(22) 동부여왕 대소를 죽이는 큰 승리를 거뒀다. 그러자 (동)부여왕의 종제가 1만여 명을 이끌고 고구려로 투항했다. (동)부여왕의 동생은 갈사수로 도망가 갈사부여를 만들었으나 그의 사촌(종제)은 투항한 것이다. 갈사부여는 고구려에 협조적이었다. 이는 갈사부여의 왕이 손녀를 대무신왕의 둘째 왕비로 보내 호동 왕자를 낳게 한 데서 확인된다.

대무신왕이 동부여를 멸망시킨 이듬해(23), 왕망을 부정하는 한나라 부흥군이 유방의 후예인 유현(劉玄)을 경시제(更始帝)로 세웠다. 『후한서』 등은 경시 연간(23~25)에 낙랑군에서 현지인들이 반란을 일으켰음을 보여준다. 낙랑 사람인 왕조(王調)가 낙랑군수(=태수)인 유헌(劉憲)을 죽이고 스스로 '대장군 낙랑태수'라 칭한 것[315]인데, 이 사건을 '낙랑군 1차 멸망'으로 볼 수 있다.

서기 23년 경시제는 곤양(昆陽)에서 왕망 군과 전투를 벌여 승리하고 왕망은 부하에게 살해당했다. 그러나 경시제가 무능해 다시 혼란이 일어났다. 경시제 밑에 있던 유수(劉秀, 광무제)가 추대를 받아 경시제와 경쟁하다, 서기 25년 경시제가 살해됨으로써 다시 한나라(후한)를 열었다.

그러한 때 고구려는 급성장했다. 대무신왕 9년(26) 10월 개마국을 없애고, 12월에는 구다국을 항복시켰다. 왕조가 반란을 일으켜 낙랑군을 장악한 것과 고구려의 흥기가 광무제에게 부담이 된 것이 분명하다.

광무제는 고구려를 먼저 굴복시킨 뒤 왕조를 치는 각개격파를 선택했다. 그때의 고구려는 순수 내륙국가였으니 수군으로는 칠 수가 없었다. 후한은 요동군을 동원했다. 『삼국사기』는 대무신왕 11년(28) 7월 요동군이 고구려를 공격했음을[316] 보여준다. 이 기습이 성공해 고구려는 위나암성(=국내성)에서 농성하며 방어하게 됐는데, 이 위기를 좌보 벼슬을 가진 을두지의 지혜로 화친함으로써 벗어났다. 고구려가 굴복하자 요동군 군대가 철수했다.

2년 뒤 고구려를 '잡아 놓은' 광무제가 육군으로 낙랑을 공격하게 했다. 건무 6년(30) 광무제는 왕준(王遵)을 낙랑태수로 임명해 낙랑군에 웅거하며 복종하지 않는 왕조(王調)를 치게 한 것이다. 그때 낙랑군에 3로(三老) 중의 한 명인 왕굉(王閎)이 낙랑군의 벼슬아치인 결조사 양읍(楊邑) 등과 공모해 왕조를 죽이고 왕준을 맞았다.[317] 왕조의 낙랑군은 7년만에 무너진 것이다.

왕굉 등이 쿠데타를 성공시키고 후한에 투항하자[318] 광무제는 바로 참형 이하를 선고 받은 낙랑의 대역죄인들을 사면했다.[319] 이는 낙랑군에서 탄압받은 반(反) 왕조 세력을 풀어주기 위한 조치였을 것이다. 그리고 낙랑군의 동부도위관을 폐하며 영동(嶺東)7현을 버렸다.[320]

불내는 이미 고구려가 차지해 수도인 국내로 부르고 있었으니 현실을 인정해 독립을 인정해준 것이다. 그때 동명성왕의 고구려가 차지하지 못했던(북옥저만 정복) 옥저현도 동옥저로 완전 독립했다.

고구려는 다시 정복에 나섰다. 광무제가 낙랑을 회복한 대무신왕 13년(30) 7월 매구곡을 병합하고, 15년(32) 4월에는 친한(親漢) 노선을 걷는 소국 최리의 낙랑을 항복시켰다. 『삼국사기』는 최리의 낙랑이 (2년 전에) 독립한 (동)옥저에 있었음을 보여준다. 낙랑군은 이전부터 옥저(현)를 불내처럼 제대로 영유하지 못했지만, 옥저에 있는 최리의 낙랑과는 강한 유대를 유지했던 것으로 보인다.

이 사건은 대무신왕 15년(32) 4월 대무신왕의 아들인 호동이 옥저로 놀러가 낙랑왕 최리를 만남으로 시작되었다. 호동을 본 최리는 "그대의 용모를 보니 보통 사람이 아니다. 북국(北國, 북옥저를 차지한 고구려) 신왕(=대무신왕)의 아들이 아닌가." 하고는 자기의 딸을 아내로 삼게 했다. 낙랑에 충성해온 최리는 호동에게 딸을 보내 고구려의 공격을 피해 보기로 한 것이다.

호동은 말려들지 않았다. 고구려로 돌아온 그는 최리의 딸에게 사람을 보내 '적병이 오면 저절로 소리를 내는 북과 나팔을 깨뜨려야 아내로 맞이하겠다.'고 했다. 최리 딸의 속을 떠본 것이다. 『삼국사기』는 최리의 딸이 아버지에게 알리지 않고 북과 나팔을 깨뜨렸다고 해놓았다. 이를 안 호동은 대무신왕에게 최리의 낙랑을 습격하게 했다.

뒤늦게 북과 나팔이 깨진 것을 안 최리는 딸을 죽이고 고구려에 항복했다.[321]호동에 의한 최리의 낙랑 병합은, 낙랑군이 영동7현을 포기한 후 있었던 옥저 지역에 대한 고구려의 영향력 확대로 보아야 한다.

　호동은 고구려에 항복한 갈사부여에서　온 대무신왕의 둘째왕비가 낳은 아들이었다. 호동은 최리의 낙랑 정복에 큰 공을 세웠지만 큰 왕비(족)의 시기를 받아 자살했다. 그러한 고구려가 5년 뒤인 대무신왕 20년(37) 낙랑군을 습격해 멸망시켰다(낙랑군 2차 멸망).[322] 고구려는 반한(反漢) 노선을 분명히 한 것이다.

낙랑군 2차 멸망과 광무제의 수복

　7년 뒤 후한은 낙랑군을 회복했다. 『삼국사기』는 대무신왕 27년(서기 44), 광무제가 바다 건너로 군사를 보내 낙랑을 치고 군현을 다시 만드니 살수 이남이 다시 한나라(후한)에 속하게 되었다[323]고 해놓았다. 여기서 주목할 것이 수군을 보낸 대목이다. 왕조 세력을 칠 때는 고구려 지역 통과가 자유로왔으니 육군으로 하려 했는데, 이때는 수군으로 쳤다. 육군을 동원하면 고구려를 친 다음 낙랑으로 들어와야 하지만 수군은 바로 낙랑으로 진입할 수 있다.

　그러나 이 낙랑군은 살수 이남만 수복한 것이니, 7년 전 광무제가 수복한 낙랑군보다 작아졌다(318쪽 <그림 8>과 323쪽 <그림 9> 참조).[324]

　여기에서 주목할 것은 살수(薩水)다. 『삼국사기』 「지리지」에는 '청천현(淸川縣)은 원래 살매현(薩買縣)인데 (통일신라의) 경덕왕이 (청천현으로) 고쳐 지금도 그렇게 부른다(淸川縣本薩買縣 景德王改名 今因之).'란 기록이 있다. '며을 감는다'고 할 때 '며'의 고대어를 '매'로 본다. 때문에 살매 현의 매(買)자를 물(水)로 보자는 의견이 나와 살매를 살수로 보게 되었다. 그리고 청천현이란 표현 때문에 살수를 지금의 평안북도의 청천강으로 보는 시각이 만들어졌다.

　『삼국사기』 「고구려본기」에는 다섯 번 살수(薩水)가 나오는데, 이 강이 바다에 이르렀다고 해놓은 표현은 없다. 그렇다면 살수는 다른 강으로 들어가는 지류일 가능성이 높다(청천강은 바다로 들어간다). 지류이기 때문에 도강(渡江)이 쉬워 평양을 침공했던 수나라 군대는 살수를 건너갔고, 그러한 수나라 군이 속은 것을 알고 퇴각하자 을지문덕은 살수에서 수나라 군대를 격멸했다.

『삼국사기』는 살수 인근이 평야였음을 보여준다. 「고구려본기」문자명왕 3년 (494) 7월조에는 '고구려 군사가 신라군사와 더불어 살수 벌판에서 싸웠다. 신라 군사가 패해 견아성으로 가서 지키므로 고구려 병사가 이를 포위했다. 그러자 백제가 군사 3천을 보내 신라를 구원하므로 고구려 군사가 퇴각했다.'[325]는 기록이 있다.

모든 기록은 고구려 수도인 장수왕 평양은 살수 남쪽에 있음을 보여준다. 우리는 신라가 고구려의 남쪽에 있었던 것으로만 알고 있다. 문자명왕 때의 고구려는 제국이니 수도인 장수왕 평양 방어는 강력했을 것이다. 그런데 신라가 장수왕 평양 북쪽에 있는 살수벌판에서 고구려와 싸웠다니 앞뒤가 어긋나 버린다. 이 싸움을 하려면 신라는 장수왕 평양을 우회해서 북상해야 한다. 신라군이 과연 장수양 평양을 지나는 진격을 할 수 있었을까.

이러한 이해는 지금의 청천강이 살수라는 이해를 일거에 무너뜨린다. 그리고 그때의 신라가 지금의 경북 경주 지방에 있었을 것이라는 이해도 붕괴시킨다. 고구려 문자명왕 때의 백제는 지금 충남 공주인 웅진으로 천도한 백제인데 그러한 백제가 살수까지 올라와 신라를 구원할 수 있었을지도 의문이다. 살수는 지금 중국 요양시 북쪽에 있는 태자하나 그 지류일 가능성이 높다. 그때의 신라는 한반도 동북부 너머까지 진출해 있었을 수도 있다. 신라는 진흥왕 때 지금 함남 이원군에 마운령비를 세웠다.

정복군주 대무신왕은 광무제가 살수 이남의 낙랑군을 회복한 해 타계했다. 『삼국사기』에 따르면 대무신왕은 11세에 태자가 되고 15세에 왕위에 올라 재위 27년에 서거했으니 타계할 때의 나이는 42세이다. 때문에 그의 아들(태자)이 너무 어려, 동생인 해색주를 후임(4대 민중왕)으로 세웠다.

모본왕의 두얼굴, 정복자와 독재자

4대 민중왕은 낙랑을 빼앗기고 두 달이 지난 11월에 왕이 됐는데 제일 먼저 한 것이 큰 죄수의 사면이었다. 이듬해(48) 3월에는 여러 신하를 모아 잔치를 베풀었는데 이는 민중왕의 권력이 안정되지 않았다는 증거일 수 있다. 지배층의 지지가 부족했기에 그는 형(대무신왕)과 달리 대외 정복이나 투쟁에 나서지 못했다.

『삼국사기』는 광무제가 다시 낙랑을 병합하고 3년이 지난 민중왕 4년(서기 47), 고구려 잠우(蠶友)부락의 대가인 대승 등 1만 여 호가 낙랑으로 투항했다[326]고 밝히고 있다. 호당 가족을 5인으로 잡으면 1만 호는 5만여 명이 된다. 싸운 기록이 없는데 5만 여명이 낙랑으로 투항했다면 큰 사건이 아닐 수 없다. 이는 민중왕의 고구려가 후한에 열세에 있었다는 증거가 된다.

민중왕이 재임 5년 만에 죽고 대무신왕의 맏아들인 해우가 왕(5대 모본왕)이 되면서 고구려는 다시 정비를 했다. 모본왕은 2년(49) 봄 군대를 보내 유주에 속한 북평·어양·상곡군과 병주(幷州) 소속인 태원(太原) 군을 치는 장거리 공격을 했다. 이 공격은 거칠 것이 없는 초원길을 통한 것으로 보인다.

모본왕이 공격을 했을 때 북평·어양·상곡·태원군은 아예 대항하지 못했다. 대응은 요동군이 했다. 요동 태수인 채동(蔡彤)이 구원하기 위해 달려왔으나 고구려 군에 패해 은혜와 신의로써 대접하고 화친을 요청했다.[327] 모본왕은 21년 만에 아버지(대무신왕)의 패배를 앙갚음한 것이다.

전쟁과 평화는 '양립'만 하는 것이 아니다. 평화는 결전(決戰)의 결과로 이뤄지는 경우가 많다. 이는 전쟁이 평화를 이루는 수단이라는 것을 보여준다. 큰 전쟁에서 승부가 갈리고 전쟁 참여자들이 이 승부를 수용하면, '체제'가 형성돼 안정기가 오는 것이다. 이 화친으로 고구려는 태조대왕(52~146) 말까지 이어지는 100여 년 간의 1차 전성기를 맞게 되었다.

그러나 모본왕은 잔인했기에 고구려 역사에서 최초로 피살된 임금이 되었다. 그렇다면 그의 아들은 왕이 될 수가 없다. 조정 사람들은 모본왕의 태자는 너무 어리다며 2대 유리명왕의 아들인 고추가 재사(再思)의 아들인 궁을 6대 왕으로 세웠다.

태조대왕 때 동옥저 정벌해 한반도 서해 진출

후한은 쇠락기에 들어갔다. 태조대왕 3년(55) 2월, 모본왕의 정벌로 확보한 요서에 10개 성을 쌓아 요서 지배를 확실히 한 고구려는 이듬해인 4년(56) 7월 동옥저를 정벌하고 그 땅을 빼앗아 성읍으로 만들었다(영토화했다). 고구려는 모든 옥저를 영토화해 동쪽으로 푸른 바다[滄海, 전한이 예맥 지역에 설치했던 蒼海郡과는 '창'자가 다르다]에 이르게 된 것이다. 이 바다는 지금 요동반도 남쪽, 지금의 신의주를 끼고 있는 서한만일 가능성이 높다. 그러나 이 바다에는 좋은 항구가 없다.

고구려는 옥저 지역을 3단계로 차지했다. 동명성왕 10년(서기전 28)는 북옥저를 쳐 고을로 만든 것이 시작이었다. 이 북옥저는 낙랑군 동부도위 소속의 옥저현에 속하지 않은 독립된 옥저였을 가능성이 높다. 북옥저가 옥저현의 일부였다면 동명성왕의 고구려는 후한과 싸웠어야 하는데, 그러한 일 없이 북옥저를 차지했기 때문이다.

대무신왕 13년(30) 후한 광무제가 왕준을 보내 토인 왕조가 반란으로 차지한 낙랑군을 수복하고, 동부도위 산하의 일곱개 현(영동7현)을 독립시켰다. (동)옥저현은 독립국가가 된 것이다. 2년 뒤 고구려는 그러한 옥저 지역에 있는 최리의 낙랑국을 대무신왕의 아들인 호동이 개입해 병합시켰는데(32), 이것이 2단계이다. 낙랑군이 존재하던 시절 낙랑국이 있었다는 것은 '낙랑'이 지명이라는 뜻이다. 『삼국유사』도 낙랑이 지명임을 밝혀 놓았다. 그리고 24년이 지난 태조대왕 4년(56) 동옥저를 정복해 성읍으로 만들었다. 고구려는 옥저 전체를 완전히 영토화한 것이다.

낙랑군의 북쪽에 있는 고구려가 낙랑군 동남쪽에 있는 불내와 옥저를 차지한 것은 낙랑군을 둘러싸게 되었다는 뜻이다. 낙랑의 숨통은 요동군 서안평현으로 통하는 해안길과 지금 산동반도로 이어지는 뱃길이 되었을 것이다.

이러한 태조대왕이 부여 갈사왕 손자의 항복을 받고(68),[328] 조나(72)와[329] 주나(74)를[330] 공격했다. 태조대왕 53년(105) 1월에는 한나라 요동으로 장수를 보내 6개 현을 약탈했으나, 요동태수 경기가 군사를 보내 항전함으로써 크게 패하기도 했다. 그해 9월에는 요동태수 경기가 고구려를 뜻하는 맥(貊) 사람을 쳐부수었다.[331]

고구려는 힘이 달린다고 판단했는지 유화로 돌아섰다. 태조대왕 57년(109) 1월 처음으로 후한 조정으로 사신을 보내 안제(安帝)의 관례를 축하한 것.[332] 『삼국사기』에 따르면 그때까지 고구려는 동부여나 황룡국 그리고 고구려 내부로만 사신을 보냈었는데, 처음으로 대륙국가(후한)에 사신을 보냈다.

2년 뒤 고구려는 여전히 힘이 달렸다고 판단했는지 제3현도군에도 굴복했다. 태조대왕 59년(111) 토산물을 바치고 현도군에 붙기를 청한 것이다. 그런데 『삼국사기』는 바로 '통감에는 고구려 왕 궁(宮, 태조대왕의 이름)이 예맥과 함께 현도를 침범하였다고 해놓았는데, 어느 쪽이 잘못된 기록인가'란[333] 의문도 제기해놓았다.

고구려는 맥족 중의 일부인 소수맥의 지역에 부여에서 온 지배자가 연합해 만든 나라다. 때문에 주변에 광범위하게 있는 맥족 혹은 예맥족과 자주 협력했다. 그들이 거주하는 넓은 지역을 활동 무대로 한 것이다. 그리고 말갈을 핵심 파트너로 삼았다. 때문에 말갈은 맥족에서 나왔을 것이란 추측도 가능해진다.

고구려는 현지세력 통합으로 돌아섰다. 서기 30년 광무제가 낙랑군 동부도위를 없앨 때 사실상 독립해 있던 화려현도 독립했다. 그러한 화려가 고구려의 위협을 받자 생존을 위해 후한에 협조했다. 『삼국사기』는 태조대왕 66년(118) 6월 고구려가 예맥과 함께 현도군(제3현도군)과 현도군에 협조하는 후국 화려성(華麗城)을 공격했음을[334] 보여준다. 이 공격으로 고구려는 화려도 영토화한 것으로 보인다.

고구려는 낙랑군이 영유를 포기한 동부도위 지역(세칭 영동7현)을 거의 다 장악한 것이다. 이 지역에 이 영동 7현 지역에 국내와 환도는 물론이고 관구검이 이끄는 조위 군의 공격을 받았던 동천왕이 21년(247) 천도한 왕검(왕검 평양)이 포함돼 있을 수 있다.

화려성 공격 3년(121) 뒤 고구려는 요동군과 현도군의 협공을 받았으나, 요동태수를 죽이는 큰 승리를 거뒀다. 고구려는 요동군과 제3현도군을 상대로 한 싸움에서 계속 이기기 시작했다.

유리명왕 14년(서기전 9) 고구려는 선비를 쳐 속국으로 만들었는데, 태조대왕이 69년(121) 4월 그러한 선비족 군사 8천여 명을 데리고 (요동군의) 요대현을 공격했다. 요동태수 채풍은 신창현으로 나와 싸우다 전사했다. 공조연 용단과 병마연 공손포 등 채풍과 함께 죽은 자가 1백여 명이었다. 선비는 요서에 있는 종족인데 선비를 동원해 요동군을 친 것은 고구려가 요서지역을 지배하고 있었기 때문이다. 모본왕 2년(49)의 공격으로 요서를 차지한 고구려는 태조대왕 3년(55) 요서에 10개 성을 쌓아 요서 지배를 공고히 했었으니 선비를 지배할 수 있었을 것이다.

고구려에 반기 든 부여

대무신왕은 5년(22) 동부여왕 대소를 죽이며 동부여를 멸망시켰다. 그러나 거리 때문인지 아니면 부여가 유목민족이기 때문인지, 동부여 지역을 영토화하지 못했다. '신속(臣屬)'시키는 조치를 취했다. 대소의 동생으로 하여금 갈사수에서 고구려에 굴복한 작은 부여(갈사부여)를 이끌게 한 것이다. 갈사부여 왕은 신속의 표시로 손녀를 대무신왕의 비로 보내 왕자 호동을 낳게 했다.

이러한 갈사부여가 고구려가 영유하지 못한 동부여 땅을 거의 회복해 들어 갔다. 서기 68년(태조대왕 16) 갈사왕의 손자가 항복해 왔었음에도 조금씩 적대감을 드러 낸 것이다. 부여는 고구려의 모태인 졸본부여는 물론이고 주몽과 유리, 백제를 세운 온조도 내보낸 곳이니 종주의식을 갖고 있었을 수 있다.

고구려는 세를 키우고 있는 부여족을 무마해야 했다. 이를 구체화한 것이 태조대 왕이 69년(118) 10월 부여에 가서 주몽의 어머니인 태후를 모신 사당에 제사를 지 내고, 사람을 보내 백성들의 곤궁한 처지를 위문하고 차등 있게 물품을 주었다[335] 는 「고구려본기」의 기록이다.

주몽의 어머니가 죽었을 때 동부여 왕 금와는 주몽의 힘을 의식해 사당을 세워 주었으니 태후의 사당은 동부여 땅에 있어야 한다. 『삼국사기』 「고구려본기」는 '동 명성왕 14년(24) 가을 8월 왕의 어머니 유화가 동부여에서 죽었다. 그 나라 왕(동부 여 왕) 금와가 그를 태후의 의례로써 장사하고 그의 신묘(神廟=사당)를 세웠다. (동명 성왕은) 그해 겨울 10월에 사신을 부여에 보내 토산물을 줌으로써 그 은덕에 보답했 다'[336]고 해놓았다.

동부여 왕 금와가 주몽의 어머니 사당을 세웠다는 것은 『삼국사기』 「잡지(雜志) 1」 「제사(祭祀)」편으로도 확인된다. 이 편은 고기(古記)를 인용해 '동명왕 14년 가을 8월에 왕의 어머니 유화가 동부여에서 죽으매 그 나라의 왕 금와가 태후의 예절을 갖추어 그를 장사하고 드디어 신묘(=사당)를 세웠다. 태조대왕 69년(118) 겨울 10월 에 왕이 부여에 가서 태후 사당에 제사를 지냈다.'[337]고 밝혀 놓았다.

역대 왕들이 찾지 않던 유화부인의 사당을 갑자기 태조대왕이 찾은 것은 부여가 배신할 조짐을 보였기 때문일 수 있다. 이를 차단하기 위해 태조대왕은 태후 제사 를 핑계로 방문해 부여 사람들을 위로하고 선물까지 주었으나 배신을 막지 못했다.

『후한서』「동이전」부여조에는 '후한 광무제 건무 25년(서기 49) 부여 왕이 사신을 보내 조공을 바치자 광무제가 후하게 답을 보냈다. 그랬더니 부여가 해마다 사신을 보내며 통(通)하였다. 안제(安帝) 때인 영초(永初) 5년(111)에 부여 왕인 시(始)가 보병과 기병 7~8천 명을 거느리고 낙랑을 노략질하여 관리와 백성들을 살상하였으나 후에 다시 귀부(歸附)하였다.'[338]는 기록이 있다. 부여는 후한에 붙었다가 배신하고 다시 붙는 모습을 보인 것이다.

태조대왕 69년(121) 12월 고구려는 그해 봄과 4월에 거둔 승리를 이어가기 위해 마한과 예맥의 기병 1만여 명을 거느리고 현도성을 에워쌓다. 태조대왕이 마한의 기병을 동원한 것은 마한도 예맥처럼 멀지 않은 곳에 있었기 때문일 것이다. 그러자 부여 왕이 자신의 아들인 위구태(尉仇台)를 시켜 군사 2만을 거느리고 한나라와 군사와 힘을 합해 항거해, 고구려 군사가 크게 패배하였다.[339]

이듬해(태조대왕 70년, 서기 122년) 태조대왕이 마한·예맥과 함께 다시 요동을 침공하자, 부여 왕이 또 군사를 보내 한나라(요동군)를 구원하고 고구려 군사를 격파해 버렸다.[340] 후한과 부여의 동맹은 깊어갔다. 후한 안제 때인 영녕(永寧) 원년(120) (부여 왕이) 아들인 위구태를 보내 조공을 바치자, 안제는 위구태에게 인수(印綬)[341]와 금채(金綵)[342]를 주었다. 순제(順帝) 영화(永和) 원년(136년) 부여 왕이 후한의 서울에 와서 조알했기에, 순제가 황문고취(黃門鼓吹)[343]와 각저희(角抵戲)로 (부여 왕을) 대접해 보냈다.[344]

고구려에 복속됐던 부여는 후한에 붙음으로써 고구려로부터 독립한 것과 진배없게 되었다. 부여는 후한과 서진이 무너진 다음에는 전연 등 고구려와 싸우는 세력에 굴종·협조하며 존속했다. 고구려는 공손씨의 요동국·조위·전연 등과의 전쟁이 시급했기에 부여와의 싸움에는 큰 비중을 두지 않았다. 그리고 부여는 북위의 지배를 받는데 고구려는 북위와 맞서는 충분한 강대국이 된 다음인 문자명왕 3

년(494) 2월 부여 왕실의 투항을 받았다³⁴⁵⁾.

부여의 배신으로 연속으로 한나라에 패하고 2년이 지난 태조대왕 72년(124) 10월, 고구려는 다시 대화로 돌아섰다. 한나라에 사신을 보내 조공을 한 것.[346] 이것은 고구려가 대륙의 왕조에 사신을 보낸 세 번째 경우에 해당한다. 이 사신은 정전(停戰)을 논의하러 갔을 가능성이 높다. 그리고 22년간 고구려와 요동(후한)은 싸우지 않았다.

모본왕에서 태조대왕 말까지 이어진 1차 전성기 때 고구려는 요서의 일부는 지배했으나 요동과 제3현도는 장악하지 못했다. 낙랑도 차지하지 못했다. 그런 점에서 고구려의 1차 전성기는 규모가 작았다. 하지만 고구려는 낙랑군을 동남에서부터 서북까지 완전히 둘러쌌다. 그때 낙랑군과 고구려의 경계는 살수였으니 낙랑군은 감히 고구려에 대항하지 못했다.

험독을 빼앗은 고구려

고구려가 먼저 평화를 깼다. 태조대왕은 94년(146) 8월 장수를 보내 요동의 서안평현을 습격해 요동의 보호를 받고 있는 대방의 수령을 죽이고 낙랑태수의 처자까지 잡아온 것이다. 그러한 고구려는 신대왕 8년(172) 다시 한나라의 침입을 받았으나 좌원에서 승리해 막아냈다[1차 좌원대첩].

고국천왕이 들어서자 후한은 공손탁을 요동태수에 임명했는데, 공손탁은 '공손씨 요동국'을 만들었다. 공손씨 요동국 시절이 요동군은 257쪽의 <표 6>과 259쪽의 <그림 6>에서 보듯이 예전보다 축소된 요동군이다. 공손씨 요동국 이후의 요동군을 설명하는 것은 『진서』「지리지」이다(『진서』에는 요동국으로 돼 있다).

『진서』「지리지」는 요동군 동부도위 관할에서는 서안평과 문현만 남고 무차·평곽과 변한·답씨현이 소멸됐음을 보여준다. 그리고 낙취와 역성현이 추가됐다고 해놓았는데, 추가된 것은 소멸된 현이 이름을 바꾼 것이거나 존속하게 된 현을 나눠 만든 것일 가능성이 높아 보인다.

패수 동쪽에 있었던 험독현이 사라진 것은 주목할 대목이 아닐 수 없다. 후한 시절 험독현은 요동속국으로 있었다. 그리고 고구려의 영토가 되었을 가능성이 매우 높다. 서기 30년 후한 광무제는 왕조가 반란을 일으켜 차지했던 낙랑군을 수복하며 동부도위를 버렸다. 그러한 낙랑군이 37년(대무신왕 20년) 고구려의 공격을 받아 다시 멸망했다(낙랑군 2차 멸망). 7년 뒤인 44년(대무신왕 27년) 광무제가 수군을 보내 수복하는데, 이 낙랑군은 패수 남쪽에 있는 것이 확실한 살수 이남으로 축소된 낙랑군이었다.

험독현은 패수의 동쪽에 있었는데, 낙랑군은 패수에 접해 있는 패수현과 증지현을 영유했었다(323쪽의 <그림 9>와 386쪽의 <그림 11> 참조). 이는 낙랑군과 요동속국(험독)이 패수를 동서로 교차하며 영유했다는 뜻이 된다. 대무신왕의 고구려가 낙랑군을 점령했다가 광무제의 반격으로 철수한 다음 험독현이 요동군에서 사라졌다. 이는 『진서』 「지리지」가 험독현이 사라졌다고 해놓은 것(257쪽의 <표 6>과 251쪽의 <그림 5> 참조)으로 확인된다.

그런데 『후한서』 「군국지」는 낙랑군이 패수현(『후한서』에는 기수·淇水현으로 표기돼 있다)과 증지현을 영유했다고 해놓았으니(362쪽 <표 12> 참조), 낙랑군은 패수 지역에서 물러나지 않은 것이 된다. 이는 후한이 험독현을 포기하며 패수에서 물러났다는 뜻이 된다.

패수의 남쪽에 살수가 있다. 그런데 『삼국사기』는 대무신왕 27년(37) 낙랑군이 살수 이남에서 부활했다고 해 놓았으니 이는 모순이 된다. 살수 이남의 낙랑군은 패수와 패수 인근의 현을 영유하기 어렵기 때문이다.

그런데 『후한서』는 낙랑군이 패수와 한자가 비슷한 기수(淇水)현을 거느렸다고 해놓았으니, 어느 것이 옳은지 알 수가 없다. 기수현이 패수현이라면 낙랑군은 패수현(=기수현)을 영유한 것이기 때문이다.

요동속국인 험독현 지역은 고구려의 영역이 되었을 가능성이 높다. 험독은 단군이 도읍했었고, 한나라를 탈출한 위만이 처음 머물렀던 곳이며 훗날 고려가 서경(왕검 평양)으로 삼게 되는 곳이다. 고구려가 서기 37년(대무신왕 20년)에 험독을 차지해 영유했다는 것은 기억해야 할 대목이다.

그리고 고구려는 낙랑과는 싸우지 않고 요동·현도군과 전쟁했는데, 이 전쟁에서 조금씩 승리해 두 군을 축소시켜갔다. 제3현도군은 제4·제5현도군이 되면서 옛 요동군으로 지역으로 들어간 것이다. 요동군의 현도 자꾸 줄어들어갔는데 이를 일목요연하게 정리한 것이 257쪽의 <표 6>과 259쪽의 <그림 6>이다. 현도군 변화를 정리한 것은 384쪽의 <그림 10>과 385쪽의 <표 17>이다.

요동군과 현도군이 후퇴한만큼 고구려는 서진을 했다. 그러한 때 등장한 것이 공손씨 요동국이다. 『진서』「지리지」는 공손씨 요동국 시절의 요동국·낙랑군·현도군(제4현도군)·대방군의 형세를 보여준다. 그때의 낙랑군은 옛 남부도위 지역을 대방군으로 떼어냈으니 더 작아져 있었다. 그때의 낙랑군은 323쪽 <그림 9>와 362쪽의 <표 12>에서 보듯이 패수에 접해 있는 패수현과 증지현도 잃어버렸다.

서기 44년 광무제가 두 번째로 낙랑군을 수복할 때(살수 이남으로 수복할 때)는 패수현과 증지현은 낙랑군 소속으로 있었다(『후한서』에는 패수·浿水와 한자가 매우 비슷한 기수·淇水가 적혀 있다). 그러나 패수의 남쪽에 살수가 있으니 패수현(기수현)과 증지현이 낙랑군 소속으로 있는 것은 모순이 된다. 그런데 공손씨 요동국 시절 두 현이 사라졌으니 서기 44년과 189년쯤(공손탁이 요동군 태수로 임명된 것으로 추정하는 시점) 사이 고구려는 패수 일대를 정복한 것이 된다.

패수는 지금 요동만에서 배가 들어올 수 있는 강이다. 그러한 강의 하구인 증지현을 차지했으니 고구려는 내륙국가를 벗어날 수 있었다. 바다로 나갈 수 있는 터전을 만든 것이다. 증지현 차지는 고구려가 요동군과 낙랑군 사이를 가르고 들어왔다는 의미도 된다. 그러나 요동군은 미천왕 12년(311)까지는 낙랑군을 잇는 요충인 서안평현을 고구려로부터 여러 차례 공격을 받았음에도 유지했다.

그렇다면 그때의 서안평현과 낙랑군은 배편으로 연락했을 가능성이 높다. 서안평과 낙랑군 사이에는 홍해탄 등 도로를 내기 어려운 습지가 많으니 조운으로 연결됐을 것이다.

공손씨 요동국은 요동군과 낙랑군 등을 평주로 묶어 영유했다. 그리고 잠시 고구려와 대립했다가 냉전으로 들어갔다. 서기 197년 5월 고구려의 고국천왕이 아들 없이 사망하자 왕후인 우씨(于氏)가 고국천왕의 동생인 연우(延優)를 왕(산상왕)으로 만들고 혼인을 했다. 그러자 연우의 형인 발기(發岐)가 반란을 일으켰다가 실패하자 요동으로 달아나 공손탁(公孫度)에게 귀순했다. 발기가 공손탁으로부터 군사 3만을 받아 고구려를 쳐들어오자 산상왕은 동생 계수(罽須)를 보내 막게 하니. 요동국 군대가 크게 패하고 발기는 자살했다.

공손씨 요동국과의 긴장이 높아지자 산상왕은 이듬해(198) 2월 국내성 인근에 환도성을 쌓게 하고, 13년(209) 10월 환도성으로 도읍을 옮겼다. 8년이 지난 산상왕 21년(217) 공손씨 요동국(『삼국사기』에는 한나라로 표현돼 있으나 공손씨 요동국이 정확하다) 평주 사람인 하요가 백성 1천여 호를 이끌고 귀순해왔기에 고구려는 그들을 책성(柵城)에 배치했다.[347] 고구려와 요동국 사이의 긴장은 이어져간 것이다.

공손씨 요동국은 대륙으로부터의 독립을 추구했기에 긴장은 공손씨 요동국과 대륙 사이에도 형성됐다. 때문에 238년(고구려 동천왕 12년) 조예(曹叡)가 이끄는 조위(曹魏)가 사마의로 하여금 공손씨 요동국을 치게 했다. 동천왕은 주부 대가를 시켜 군사 1천 명을 거느리고 가서 조위 군에 협조하게 하였다. 고구려는 조위를 도와 공손씨 요동국을 없애고 그곳이 다시 대륙세력의 땅이 되게 도와준 것이다.

그리고 바로 조위와 고구려 사이에 긴장이 조성됐다. 고구려는 위만조선이 그랬던 것처럼 선공으로 나갔다. 4년 뒤인 동천왕 16년(242) 장수를 보내 요동의 서안평을 공격해 깨뜨린 것. 그러자 조위는 동천왕 20년(246) 유주자사인 관구검으로 하여금 1만 병력을 이끌고 현도를 통해 고구려를 침공했다.

압록은 어느 강인가

이 싸움에서 패해 옥저의 남쪽까지 도주하기 전 동천왕은 1천여 기병을 이끌고 압록원(鴨淥原)으로 달아났었다. 압록원은 압록벌판이라는 뜻이다. 관구검 군에 패한 동천왕이 달아난 압록원은 어디일까.

이 鴨淥은 지금 신의주를 흐르는 압록강의 압록(鴨綠)과는 '록'자가 다르다. 『삼국사기』에 나온 압록의 淥은 '밭을 록' 또는 '물이 맑을 록' '강 이름 록'자이다. 지금 압록강의 綠은 '초록빛 록'이다. 『삼국사기』「고구려본기」에는 鴨淥이란 단어가 13번 나온다.

『삼국사기』「고구려본기」 미천왕 원년조에는 임금이 되기 전의 미천왕이 고생하며 주유한 이야기가 실려 있다. 그중 하나가 '동촌 사람 재모와 소금장사를 하게 된 미천왕이 배를 타고 압록에 이르렀다. 소금을 가지고 내려 강 동쪽 사수촌 사람의 집에 들렀다.'[348]는 대목과 압록의 책임자가 분명한 '압록재(鴨淥宰)'란 벼슬 이름이 나온다.

보장왕 7년 9월조에는 '당 태종이 장군 설만철 등을 시켜 우리(고구려)를 치게 하였다. 그들이 바다를 건너 압록으로 들어와 박작성 남쪽 40리 지점에 진을 쳤다.'[349]란 대목도 있다. 이는 압록이 강의 이름이면서 지명이고, 배를 타고 바다에서부터 거슬러 올라갈 수 있는 곳에 있다는 의미다.

압록이란 지명을 가진 곳 인근에는 벌판이 있고, 압록이라는 곳에서 상류로 40리 떨어진 곳에는 박작성이 있음도 유추할 수 있다. 때문에 당나라의 침공을 받은 보장왕 때 압록은 평양을 지키는 격전지가 된다. 『삼국사기』는 그때의 압록을 압록진(鴨淥津), 압록책(鴨淥柵)으로 묘사해 놓았다. 이는 당나라 군의 도강을 막기 위해 고구려가 압록을 요새화했다는 의미다.

보장왕 때의 평양이 지금 북한의 평양이라면 鴨淥은 지금의 압록강이 될 수도 있다. 그러나 보장왕 때의 평양이 지금 북한의 평양이 아니라면 압록은 전혀 다른 곳이 된다. 지금의 북한 압록강에는 신의주와 중국 단둥 일대를 제외하면 벌판이 없다. 또 우기가 끝나면 수심이 얕아져 중하류까지 조운하는 것이 불가능하다.

서해에서 지류까지 무동력선이 올라갈 수 있는 기울기가 매우 적은 큰 강을 찾으면 지금의 요하와 혼하·태자하 등이 발견된다. 압록이 이러한 강 중의 하나라면 고대의 압록은 전혀 다른 강이 된다.[350] 박작성을 지금의 압록강 하류에 있는 것으로 비정한 것도 옳지 않게 된다.

국내성 곁에 압록이 있었다는 기록은 어디에도 찾을 수 없다. 앞에서 살펴봤듯이 중국 집안은 고구려의 황성이다. 그렇다면 지금의 압록강은 고구려 시절의 압록이 될 수가 없다. 사서의 기록대로라면 압록은 323쪽의 <그림 9>에서처럼 장수왕 평양의 북쪽이나 서북에 있어야 한다. 장수왕 평양(그림에서는 '조선현'으로 표기된 곳)의 북쪽이나 서북에 살수가 있고, 살수의 서북이나 북쪽에 압록이 있어야 한다. 그렇다면 압록은 지금 혼하나 혼하로 흘러드는 지류일 가능성이 매우 높다.

사서의 기록들은 바다에서 압록으로 들어오는 조운도 가능했음을 보여준다. 지금 혼하와 이 혼하로 합류하는 지류들은 무동력선을 이용한 조운이 가능했다. 그렇다면 압록은 지금 혼하의 서북이나 북쪽을 흐르다 혼하로 합류하는 지류가 분명해지는 것이다. 그러한 압록이 길을 만나 도강을 해야 하는 곳은 요충이니, 그곳에 박

이병도, 『한국고사대 연구』(서울: 박영사, 2001) 98쪽에 그려저 있는 한4군 위치도
우리가 알고 있는 이 한4군 위치도는 옳지 않을 가능성이 높다. 한4군은 한반도 북부가 아니라 지금의 요동반도에 있었기 때문이다.

작성이 있었다. 이러한 이해를 하면 박작성은 절대로 중국 단동으로 비정할 수가 없다(323쪽 지도 참조).

이러한 이해를 토대로 다시 살펴볼 것이 한4군에 대한 일반적 이해다. 354쪽의 그림은 이병도, 『한국고대사연구』(서울: 박영사 2001) 98쪽에 있는 한4군 위치도이다. 지금 우리와 중국의 역사학계는 이 그림처럼 광개토왕릉비가 있는 중국 길림성 집안(集安)시를 국내성, 그 곁에 있는 산성을 환도성으로 보고 있다. 그리고 집안시 주변에 거대한 현도군이 있었던 것으로 비정해놓고 있다.

이러한 이해로는 우리의 고대사를 밝힐 수 없다. 고구려는 유리명왕 33년(14) 제2현도군을 정복해 영유했고 후한은 따로 제3·4·5현도군을 만들었으니, 고구려는 현도군 안에 존재할 수가 없다.

북한 평양이 장수왕 평양이 아니라는 사실은 쉽게 증명된다. 우리는 지금 대동강

북한이 '국보유적 제4호'로 지정해 놓은 평양 대동강변의 대동문(大同門).
북한은 서기 6세기 중엽 고구려가 평양성을 쌓으면서 평양성 내성의 동문으로 대동문을 만들었다는 설명을 붙여놓았다(아래).
그러나 고구려 때의 건물이 지금까지 남아 있다고 보는 것은 정말 난센스다. 이 건물 양식은 조선시대의 것이기 때문이다. 기록
에 따르면 이 문은 임란 후의 조선시대인 1635년에 다시 세운 것으로 돼 있다. 6·25전쟁 때도 피해를 입었기에 북한은 1954년
과 1959년에 보수·정비한 바 있다. 북한의 역사 조작도 만만치 않다. ⓒ 이정훈

을 패수로 보고 있는데, 평양은 대동강의 북쪽에 있다. 그런데 『삼국사기』 등 모든 역사서들은 장수왕 평양이 패수의 남쪽이나 남동쪽에 있었던 것으로 기술해 놓았다(323쪽 <그림 9> 참조). 이는 역사를 공부한 이들은 다 아는 진실인데도 우리는 북한 평양이 장수왕 평양이라는 주장을 포기하지 않고 있다.

이에 편승한 것이 북한이다. 북한은 고조선과 고구려의 도읍을 수도로 삼았다는 것을 매우 자랑한다. 한민족의 정통성이 김씨 왕조에게 있다는 것인데 이러한 주장이 주체사상으로 이어진다. 그래서 조선 후기에 건축된 대동문을 고구려 건축물이라는 설명을 붙여 국보로 지정해놓았다(355쪽 사진).

북한 평양에서 발견된 낙랑 관련 유물은 낙랑군 동부도위 옥저현(부조현)이나 초기백제의 것은 아닌지 의심해 보아야 한다. 고구려는 고려로도 불렸기에, 유물 세계로 들어가면 둘(고구려와 고려)은 구분하기 어려워진다. 북한 평양에서 나온 고구려 유물은 고려의 유물이 아닌지도 생각해보아야 한다.

장수왕 평양=북한 평양이라는 등식을 고집하면 우리 고대사는 꼬이면서 축소되고, 중국과 북한이 미소 짓는다는 것을 잊지 말아야 한다. 사실은 물론이고 합리적인 추적을 해봐도 북한 평양은 장수왕 평양이 될 수가 없다. 지금의 압록강도 고구려의 압록이 아니다.

(5) 고구려, 낙랑과 대방을 병합하다

공손씨 요동국을 정복한데 이어 고구려까지 굴복시킨 조위는 공손씨 요동국 지역을 유주(幽州)로 묶었다. 그러한 조위가 동오·촉한과 경쟁하다 쿠데타가 일어나 진(晉, 265~316. 일명 西晉)나라로 바뀌었다.

280년 진나라의 사마염이 동오를 멸망시켜 삼국시대를 통일했는데 그 직전인 276년(서진 무제 함녕 2년) 사마염은 유주를 나눠 평주(平州)를 다시 만들고 '동이교위

(東夷校尉)'를 두었다. 창려와 요동·현도·낙랑·대방은 평주 소속이 된 것이다.

대륙의 혼란이 초래한 기회

동이교위는 평주자사나 요동군태수와는 별도로 동이족을 군사적으로 관리하는 자리다. 대개는 평주자사가 동이교위를 겸직했다. 동이교위 전에는 오환과 선비족을 관리하는 '호(護)오환교위'와 '호(護)선비교위'가 있었다. 두 교위는 종족 이름 앞에 '지킬 호(護)'자를 붙인 것이 특징이다. 동이교위는 '호' 자를 붙이지 않았다.

진나라는 사마염이 죽으면서(290) 혼란에 빠져들었다. 291~306년간에 있었던 '팔왕의 난'은 진나라의 몰락을 재촉한 대표적인 사건이다. 지방의 호족들이 일어나고 유목민들이 공격해왔다. 311년 흉노가 진나라의 수도인 낙양을 약탈하고 황제를 죽였다. 진나라는 새 황제를 세워 부흥을 꾀했지만 316년 사마염의 손자인 민제(愍帝)가 흉노에 항복하고 살해되었다. 5호16국시대가 본격화한 것이다.

그러한 때인 300년쯤 요서군 지역에서 모용외가 이끄는 모용선비가 일어나 세력을 넓혀갔다. 그 직후인 313년과 314년 미천왕의 고구려가 고립돼 있는 낙랑군과 대방군을 무너뜨렸다. 그때 낙랑과 대방을 아우르고 있었던 장통(張統, ?~?)이 부하인 왕준(王遵)의 건의를 받아들여 1,000여 가(家)를 이끌고 요서의 모용외에게 투항했다. 모용외는 장통이 낙랑군과 대방군을 통치하는 것으로 꾸며준 것은 이미 살펴보았다. 모용선비 지역에 낙랑과 대방을 만들어준 것이다. 때문에 난하가 흐르는 하북성 진황도시 노룡(盧龍)현 하채향(下寨鄕) 일대에 낙랑과 조선이라는 지명이 생겼다(213쪽 지도 참조). 두 군은 북위가 재정리할 때 소멸되었다.

358쪽의 <표 10>은 『삼국사기』 「고구려본기」에 나오는 고구려와 낙랑 간의 전투기록을 정리한 것이다. 대륙국가가 고구려 왕을 낙랑공으로 봉작한 것을 제외하고 「고구려본기」에 낙랑이라는 글자가 들어간 것은 모두 추려낸 것이다. 이 표를

<표 10> 『삼국사기』 「고구려본기」에 나오는 고구려-낙랑 전투 기록

	시기		사건	비고
3대 대무 신왕	6~9년 (23~25)	후한 경시 연간	낙랑 사람인 왕조(王調)가 낙랑군수 유헌(劉憲)을 죽이고 스스로 '대장군 낙랑태수'라 칭함(고구려와는 무관한 것임).	낙랑 1차 멸망
	13년 (30)	후한 건무 6년	후한 광무제가 왕준(王遵)을 낙랑태수로 임명해 왕조(王調)를 치게 함. 그러자 낙랑군의 3로(三老) 중 한 명인 왕굉이 왕조를 죽이고 왕준을 맞음. 후한은 낙랑군을 회복함. 그러나 영동 7현이라고 하는 동부도위 산하의 일곱 개 현은 '후국'으로 독립시켰음.	후한, 낙랑 수복
	15년(32) 4월		대무신왕의 아들 호동이 (남쪽에 있는) 옥저에 놀러갔다가 낙랑왕 최리를 만나 최리의 딸과 혼인함. 최리의 딸이 '적병이 오면 저절로 소리를 내는 북과 나팔을 깨뜨림으로써 고구려는 최리의 낙랑을 합병함.	최리 낙랑 정복
	20년(37)		왕이 낙랑군을 습격하여 멸망시킴.	낙랑 2차 멸망
	27년(44) 9월		한나라(=후한) 광무제가 군사를 보내 바다를 건너와 낙랑을 치고 그 지역을 군·현(郡縣)으로 만드니, 살수 이남이 한나라에 속하게 됨.	후한, 낙랑 수복
4대 민중왕	4년(47) 10월		고구려 잠우(蠶友)부락의 대가인 대승 등 1만여 호가 낙랑으로 가서 한나라에 투항함.	낙랑 우세
6대 태조 대왕	94년(146) 8월		태조대왕이 장수를 보내 한나라 요동의 서안평현을 습격하여 대방의 수령을 죽이고 낙랑태수의 처자를 빼앗아 옴.	고구려 우세
11대 동천왕	20년(246) 10월		10월 조위의 관구검이 환도성을 함락시켜 주민을 도륙하고, 장군 왕기를 보내 동천왕을 추격함. 동천왕은 남옥저(과거의 동옥저의 남쪽인 듯)로 달아나다 밀우의 용기로 살아나고 유유의 계책으로 역습해 조위 군사들이 낙랑으로 물러남. 환도산에 이른 조위의 장수가 불내성(不耐城)이라고 새기고 낙랑으로 돌아감.	조위에 대패
15대 미천왕	14년(313) 10월		낙랑군을 침공해 남녀 2천여 명을 사로잡음(낙랑군 멸망).	낙랑 정복
	15년(314) 9월		남쪽으로 대방군을 침공함(대방군 멸망).	대방 정복

보면 한4군의 대표인 낙랑군은 고구려와 많이 싸우지 않았음을 알 수 있다. 이는 요동군과 고구려의 싸움을 정리한 191쪽의 <표 4>와 비교해보면 명확해진다.

미천왕 때 낙랑군과 대방군을 합병한 고구려는 장수왕 15년(427) 옛 낙랑군의 치소인 조선현을 평양(장수왕 평양)으로 부르며 천도했다. 고구려는 북위-남조와 3각 구도를 이루는 동북아의 제국이 된 것이다. 북위와는 국경을 접하게 됐으니 고구려와 북위는 육로로 사신을 주고 받았다. 북위는 고구려가 요동을 차지한 것을 인정해 고구려왕을 거듭해서 요동공에 봉했다.

남조는 배를 통해 고구려와 연락했다. 남조의 사신은 배를 타고 옛 패수현으로 들어와 정박한 다음 장수왕 평양을 방문한 것이다. 때문에 남조 왕조들은 고구려가 낙랑군 지역을 영유한 것에 주목해 고구려왕을 낙랑공으로 봉했다. 그러나 육로로 접촉하는 북위만큼 활발한 교류는 할 수 없었기에 북위보다는 봉작 횟수는 적었다.

360쪽의 <표 11>은 『삼국사기』 「고구려본기」를 토대로 고구려왕이 낙랑공으로 봉작된 것을 정리한 것이다.

고구려에 병합되기 전까지 낙랑군은 많은 변천을 겪었다. 362쪽의 <표 12> 중국 정사의 지리지를 근거로 살펴본 낙랑군의 변화표이다. 많은 전란 탓으로 낙랑군이 거느렸던 현의 변화가 뚜렷하다. 전성기 때는 25개 현을 거느렸지만 동부도위와 남부도위를 없앰으로써 11개→6개 현으로 줄어들었다가 미천왕의 고구려에 병합(313)되었다.

모용선비가 새로 만든 낙랑군이 초래한 혼란

모용외는 낙랑과 대방의 리더였던 장통이 1,000여 가(家)를 이끌고 투항하자 지금 난하 지역에 새로운 낙랑군과 대방군을 만들어주었다. 이 낙랑과 대방은 고구려가 통합한 낙랑·대방과는 별개이다. 이 낙랑군도 치소를 조선현으로 삼았는데 이

<表 11> 『삼국사기』「고구려본기」에 나오는 고구려왕의 낙랑공 봉작 사실

	시기	사건
16대 고국 원왕	25년 (355) 12월	전연의 공격을 막지 못해 패한 고국원왕이 전연에 사신을 보내 볼모와 공물을 바치며 잡아간 어머니를 돌려보내줄 것을 요청하니 전연 왕인 모용준이 이를 승낙하며 왕의 어머니 주씨를 돌려보내줌. 그리고 고국원왕을 '정동대장군 영주자사(營州刺史)'로 삼고, '낙랑공(樂浪公)'으로 봉함.
21대 문자 명왕	3년 (494) 2월	남제 황제가 문자명왕을 책명하여 '사지절(使持節) 산기상시(散騎常侍) 도독, 영·평(營平) 2주 정동대장군 낙랑공(樂浪公)'으로 삼음.
	*17년 (508)	양(梁) 나라 고조가 '고구려왕 낙랑군공 아무개[某]는 정성이 지극하며 조공이 끊어지지 않으니 마땅히 지위를 높임으로써 국가의 법규를 넓혀야 하겠으므로 그를 "무군(撫軍)대장군 개부의동삼사(開府儀同三司)"로 삼노라'는 조서를 보내옴.

(주: 문자명왕 17년 기사는 봉작이 아니지만 낙랑공이 거론돼 있어 이 표에 정리했다).

조선현은 본래 낙랑군의 치소인 조선현과 다른 곳에 있었다.

이는 『사기색은』「하본기」가 '태강지리지는 낙랑군 수성현에 갈석산이 있는데 만리장성이 시작되는 곳이라 하였다(太康地理志 樂浪君 遂城縣 有碣石山, 長城所起)'라고 해놓은 기록을 근거로 한다. 지금 난하 동쪽에 있으면서 갈석산을 품고 있는 중국 하북성 진황도(秦皇島)시 창려(昌黎)현은 낙랑군의 수성현이 있었던 곳으로 알려져 있다(213쪽 지도 참조).

이러한 모용선비의 낙랑군 수성현을 지금 북한 황해도의 수안(遂安)으로 비정해 낙랑군에 대한 큰 오해를 만든 이가 대일항쟁기 조선사편수회에서 조선사를 연구한 일본 역사학자 이나바 이와기치(稲葉岩吉)였다.

이나바 이와기치는 일본 동경제국대학 사학회가 1889년부터 월간으로 발행한 『사학잡지(史學雜志)』 21편(編, 1910년) 2호(號, 2월호)에 게재한 "진장성 동단 및 왕험성고(秦長城東端及王險城考, 진장성의 동쪽 끝과 왕험성 고찰)"라는 논문에서 황해도 수안군이 낙랑군의 수성현이라 고 주장했다. 이를 이병도 박사가 받아들여『한국고대사연구』(서울: 박영사, 1976) 2장에서 (이 글은 세칭 '낙랑군고'라고 한다)에서 낙랑군 수성현이 황해도 수안군이라고 함으로써 낙랑군은 북한 평안도 일대에 있었던 것으로 굳어졌다. 원래의 낙랑군도 아닌 모용선비의 낙랑군이 평안남도와 황해도에 위치하게 됐으니 우리의 고대사는 혼란스러울 수밖에 없다.

수나라 역사를 기록한『수서』「지리지」는 요서군 유성현을 설명하며 '유성은 후위(=북위) 때는 영주의 화룡성이었다. 화룡성에 있는 영주는 건덕·기양·창려·요동·낙랑·영구 등 여러 군과 용성·대흥·영락·대방·정황·석성·광도·양무·양평·신창·평강·유성·부평 등 여러 현을 거느렸다(柳城後魏置營州於和龍城 , 領建德、冀陽、昌黎、遼東、樂浪、營丘等郡 , 龍城、大興、永樂、帶方、定荒、石城、廣都、陽武、襄平、新昌、平剛、柳城、富平等縣)'란 내용을 싣고 있다.

『수서』「지리지」는 북위의 영주(營州)가 요동군과 낙랑군 그리고 대방현 등을 거느렸다고 해놓은 것이다. 북위는 장수왕 이후의 고구려와 병존했는데 그 시절 고구려는 옛 낙랑군은 물론이고 옛 요동군의 치소인 양평성을 요동성으로 부르며 영유했다. 옛 요서군의 일부도 장악했다.

그렇다면『수서』「지리지」에서 영주가 관할했다고 한 낙랑군·대방현은 전연 때 설치한 새로운 낙랑군·대방현으로 보아야 한다. 수나라는 2차 고수전쟁(612) 때 고구려의 무려라를 빼앗아 그곳을 (신)요동군 통정진이라고 했으니『수서』의 요동군은 (신)요동군을 가리키는 것으로 보인다.

이러한 이해를 하고 나면 지금 중국 하북성 창려현을 과거의 낙랑군 수성현이라고 한 기록은 본래의 낙랑군이 아니라 장통 등에 의해 모용외 지역에 새로 만든 낙랑군을 가리키는것이 분명해진다.『태강지리지』의 편찬 시기(280~290으로 추정)와

〈표 12〉 중국 사료에 나오는 낙랑군의 변화

구분		전한말	후한	동·서진	비고
출처	최초(?) 낙랑군	『한서』 「지리지」	『후한서』 「군국지」	『진서』 「지리지」	
소속	-	유주	유주	평주	
호수	-	62,812호	61,492호	3,700호	-1,320호(전한→후한)
인구	-	406,748명	257,050명	-	-149,698명(전한→후한)
속현	조선	조선-치소	조선	조선	소속 현 11→25→18→6 『후한서』에는 영동7현으로 불린 동부도위 산하 7개 현만 사라졌다(독립한 것이다).
	염감	염감	염감	-	
	패수	패수(浿水)	기수(淇水)	-	
	점선	점선	점선	-	
	수성	수성	수성	수성	
	증지	증지	증지	-	
	사망	사망	사망	사망	
	둔유	둔유	둔유	둔유	
	누방	누방	누방	누방	
	혼미	혼미	혼미	혼미	
	탄열	탄열	낙도(樂都)[351]	-	
	-	소명(남부도위)	소명	-	
	-	대방	대방	대방군 대방	
	-	함자(含資)	탐자(貪資)	대방군 함자	
	-	열구	열구	대방군 열구	
	-	장잠	장잠	대방군 장잠	
	-	제해	제해	대방군 제해	
	-	해명	해명	대방군 해명	(대방군은 7개 현을 거느렸는데 6개 현은 왼쪽에서 보듯이 낙랑군 남부도위에서 넘어왔다. 『진서』 「지리지」 는 대방군의 호수는 4,900 이고 나머지 한 개 현이 남신(南信)현임을 보여준다. 남신은 옛 소명일 수도 있다).
	-	동이(동부도위)	-	-	
	-	불이	-	-	
	-	잠태	-	-	
	-	화려	-	-	
	-	사두매	-	-	
	-	전막	-	-	
	-	부조	-	-	
縣數	11개	25개	18개(동부도위 폐지)	6개(남부도위 폐지) (대방군 신설)	

주: 최초 낙랑군은 임둔군과 제1현도군으로부터 현을 넘겨받아 남부도위와 동부도위를 만들기 전의 낙랑군이다.

미천왕이 낙랑군을 병합한 시기(313)에 약간의 차이가 있는 것은 수성현부터 교치하고 이어 낙랑군을 교치했기 때문으로 풀어가야 할 것이다.

362쪽의 <표 12>는 중국 정사를 근거로 낙랑군 변화를 정리한 것이다. 이 표에서 주목할 것은『한서』「지리지」에서는 패수(浿水)와 함자(含資)로 돼 있는 현이『후한서』「지리지」에는 기수(淇水)와 탐자(貪資)현으로 돼 있는 것이다. 패수의 浿자와 기수의 淇자, 함자의 含자와 탐자의 貪자는 모양이 흡사하다. 한자로 된 고대 기록에는 유사한 한자를 잘못 적어 혼란을 일으키는 경우가 있다.

<표 12>와 함께 보아야 할 것이 수계(水系)에 따라 그려본 낙랑군이 지형도인 323쪽의 <그림 9>이다. <그림 9>는 패수현과 증지현 곁을 흐르는 패수(浿水)가 가장 북쪽에 있고 함자현과 대방현 옆을 흐르는 대수, 이어 탄열현과 점선현을 흐르는 열수가 남쪽에 있음을 보여준다. 그런데 서진과 동진의 역사를 기록한『진서』에서는 패수현과 증지현이 보이지 않는다. 이는 패수(浿水) 지역에 대한 영유권이 고구려에 넘어 갔다는 의미이다. 남쪽에 있는 탄열현과 점선현도 없는데 이는 두 현과 열수지역의 영유권도 고구려가 차지했다는 뜻이다.『진서』는 모용외 지역으로 이전하기 전의 낙랑과 대방을 설명하고 있다.

(6) 백제와 낙랑관계

이러한 낙랑·대방과 가까이 지낸 나라가 백제였다.『삼국사기』「백제본기」온조왕조에는 '일설에 따르면 비류가 아우(=온조)와 더불어 도당을 데리고 패수(浿水)와 대수(帶水)를 건너 미추홀에 와서 살았다'는 주가 달려 있다. 이는 비류가 낙랑군 지역을 통과해 미추홀에 터를 잡았다는 의미다. 「백제본기」는 온조가 한산(漢山) 부아악(負兒嶽) 인근의 하남 위례성에 도읍해 십제(十濟)를 열었다가 백제로 개칭했다며 미추홀과 위례가 가까운 곳임도 보여준다.

낙랑과 가까웠던 백제

「백제본기」는 온조왕이 4년(서기전 15) 낙랑에 사신을 보냈다고 해놓았으니, 백제는 낙랑 근처에 있었고 낙랑과 가까이 지냈음도 알 수 있다. 그러나 항상 좋기만 하지는 않았다. 온조왕 8년(서기전 11년) 2월 말갈 군사 3천 명이 위례성을 에워쌌는데 온조왕이 정예 군사를 뽑아 보내 이들을 물리쳤다. 그리고 7월 마수성을 구축하고 병산에 목책을 세우자 낙랑태수가 사람을 보내 불만을 토로했다.

낙랑태수가 "지난 날 서로 예방하고 우호관계를 맺어 한집안 같이 생각했는데, 이제 우리 영역에 접근해 성을 만들고 목책을 세우는 것은 우리 땅을 차츰 먹어들어올 심사가 아닌가."라고 한 것. 이에 온조왕이 "요새를 설치해 나라를 지키는 것은 고금에 떳떳한 일이다. … 만일 당신이 강한 것을 믿고 군사를 발동한다면 우리도 대응을 할 뿐이다"라고 해, 낙랑과의 화친이 끊어졌다.

이러한 사실은 초기백제가 지금 요양시 인근을 치소로 한 낙랑군과 경계를 맞대고 있었다는 증거가 된다. 고려 시절 말갈의 후예인 여진은 천산산맥 일대에 있었으니, 말갈의 거주지도 그곳이었을 것이다(487쪽 <그림 13> 참조). 초기백제는 고구려에 협조한 말갈과 잦은 싸움을 하는데, 이는 둘이 근처에 있었기 때문이다. 초기신라도 말갈과 많은 전쟁을 했으니, 초기신라 역시 지금 압록강 북쪽에 있었을 가능성을 배제할 수 없다.

「백제본기」는 온조왕 13년조에서 온조왕이 "나라의 동쪽에 낙랑이 있다"고 말한 대목이 있다. 이는 하남 위례성을 수도로 한 초기 백제는 낙랑군의 서쪽인 지금 요동만을 바라보는 해안에 있었다는 뜻이다(487쪽 <그림 13> 참조).

백제는 대방과는 좋은 관계를 가졌다. 『삼국사기』 「백제본기」는 백제의 9대 책계왕(재위: 286~298)이 대방왕의 사위였음을 보여준다. 때문에 286년 서천왕이 이끄는 고구려가 대방을 공격하자 대방왕은 책계왕에게 지원을 요청했고, 책계왕은 군

<표 13> 중국 왕조 별 낙랑군·대방군과 그 현(縣)의 변화

전한 서기전	전한 서기전 82년	신(8~24년) 낙랑군을 낙선군으로 개칭	후한 (지명 환원)	후한 서기 30년	후한 30년 헌제 연간(196~220) 요동국 지배자	서진	
舊임둔군	동부도위 동이(치소)	동부도위 "(左同)	동부도위 "	(동부도위 해체-縣은 侯國으로 전환. 고구려가 지배해 들어감)	(고구려가 지배해 들어감)	(고구려가 지배해 들어감)	고구려가 지배
	불이	"	"				
	잠태	"	"				
	화려	"	"				
	사두매	"	"				
	전막	"	"				
	부조	"	"				
조선(치소)	조선(치소)	"(左同)	"	"	"	조선	
염감	염감	"	"	"	"		
패수	패수	낙선정	패수	기수	"	-	
점선	점선	"	"	"	"		
수성	수성	"	"	"	"	수성	
증지	증지	증토	증지	"	"	-	
사망	사망	"	"	"	"	사망	
둔유	둔유	"	"	"	"	둔유	
누방	누방	"	"	"	"	누방	
혼미	혼미	"	"	"	"	혼미	
탄열	탄열	"	"	낙토(?)	"	-	
舊진번군	남부도위 소명(치소)	남부도위 "(左同)	남부도위 "	남부도위 "	대방군 남신(舊소명인 듯)	대방군 남신	
	대방	"	"	"	대방(치소)	대방(치소)	
	함자	"	"	탐자	함자	함자	
	열구	"	"	"	열구	열구	
	장잠	"	"	"	장잠	장잠	
	제해	"	"	"	제해	제해	
	해명	해환	"	"	해명	해명	

사를 출동시켜 대방을 구원하였다(책계왕 원년, 고구려 서천왕 17년).

전연에 패한 뒤 고구려는 전연에 굴복했다. 이때의 고구려는 낙랑·대방지역을 영유하고 있었다. 370년 전연이 전진에 패해 무너지자 전진·전연과 대립한 동진에 가까웠던 근초고왕의 백제가 고구려를 공격해 옛 낙랑의 중심인 평양(남평양)에서 고국원왕을 전사시켰다. 그렇다면 그때의 백제는 지금 요동만이 있는 요동반도를 장악한 것이 된다. 요동반도 끝은 산동반도와 뱃길이 이어지는 곳이니 백제는 해상 강국이 될 수 있었을 것이다.

이러한 백제를 고국원왕의 손자인 광개토왕이 꺾어버렸다. 광개토왕 1년(391) 10월 사면이 바다로 둘러싸인 백제 관미성을 일곱 길로 나누어 공격해 20일 만에 함락시킨 것이다. 그때의 고구려는 낙랑군과 대방군 전역을 차지하고 있었고 선비까지 복속시킨 강국이 없으니 관미성 공격이 수월했을 것이다. 관미성 상실 후 백제는 급격히 힘을 잃었고 고구려는 수륙물류를 장악해 제국으로 발전했다.

박작성 등 다른 성은 강을 끼고 있는데 관미성은 바다에 면해 있는 것이 특징이다. 관미성은 패수로 이어지는 항로를 통제할 수 있었으니 백제는 대방은 물론이고 남중국과도 좋은 관계를 유지하며 번성할 수 있었다. 관미성을 빼앗긴 백제는 두 번째 도읍지인 한성에서 버티다가 84년이 지난 개로왕 21년(475, 고구려 장수왕 63) 고구려의 침공을 받아 수도인 한성(漢城)에서 개로왕이 전사하는 대패를 당한 뒤 웅진으로 천도했다.

중국 사서들은 장수왕 평양으로 천도한 이후 고구려가 한성과 장수왕 평양성, 국내성을 3경으로 삼았다고 밝히고 있다. 백제의 수도였던 한성이 고구려에서도 중요한 역할을 하려면 장수왕 평양이나 국내성처럼 '제국 고구려'의 중앙에 있어야 한다. 지금 서울이 백제의 한성이었다면 제국 고구려는 그곳을 3경으로 삼기 어렵다.

「백제본기」 온조왕 24년 7월조에는 마한 왕이 온조왕에게 사신을 보내 동북방

백리 되는 땅을 분양해 살게 해주었다는 대목이 있으니, 한성백제 시절의 마한은 백제 서남쪽에 있었을 것이다. 이는 마한 등 3한도 요동반도에 있었다는 뜻이 된다 (487쪽 <그림 13> 참조).

우리 고대사 추적에서 가장 어려운 부분이 낙랑군이 있던 시절의 고구려·백제·신라 관계이다. 장수왕 이후의 삼국은 그래도 정리되는데, 그 이전은 불분명한 것이 적지 않다. 중국이 낙랑과 대방에 대해 상세한 기록을 남기지 않았기 때문일 것이다.

2) 현도군과 고구려

현도군이 구려의 서북으로 이동해 제2현도군이 되었음은 앞에서도 살펴보았다. 제2현도군부터는 연5군의 중심인 요동군에 의지했기에 '요동현도군'으로도 불렸다. 이 요동·현도군이 고구려와 치열하게 다퉜는데, 이 싸움은 고구려가 요동군과 함께 현도군을 정복함으로써 마무리되었다.

제1현도군의 치소는 옥저현이었으나 제2현도군은 고구려현으로 했다. 제2현도군 설치 후 고구려가 건국했기에, 동북공정을 추진하는 중국 학자들은 '고구려는 중국 영토인 현도군 고구려현에서 생겨났으니 중국의 변방국가다.'라는 논리를 펼친다. 고구려는 제2현도군의 치소인 고구려현에서 일어났는가? 이 문제는 고구려의 발생과 발전을 물으면서 동북공정의 본질을 묻는 질문이 된다. 고구려는 고구려현에서 나온 게 아니라 고구려현을 정복했다.

(1) 고구려의 발생과 제2현도군
중국 사서들은 高句麗와 高句驪를 혼용해 놓았는데 둘은 같은 것이다. '려' 자를

'고울 麗'가 아닌 '가라말(털빛인 검은 말, 몽골 지역에 많다) 驪'로 쓴 것은 고구려에는 말(馬)이 많기 때문일 수도 있다. 그리고 살펴 볼 것이 '句麗(혹은 句驪)'와 '高句麗(혹은 高句驪)'의 관계 그리고 고구려현과의 관계이다. 셋은 같은 것인가 다른 것인가.

구려와 고구려에 대해 궁금증을 갖는 것은 현도군이 서기전 75년 '구려'의 서북으로 옮겨가 제2현도군이 되면서 치소를 '고구려현'으로 삼았다는 중국의 기록들 때문이다. 제2현도군이 구려의 서북으로 옮겨가 고구려현을 치소로 삼았다면, 구려와 고구려현은 다른 곳이 된다. 그런데 많은 이들은 구려와 고구려현을 같은 것으로 보기에[352] 혼란이 생긴다. 고구려와 구려의 차이부터 살펴보자.

구려와 고구려, 고구려현

『후한서』「동이전」「고구려전」은 고구려와 구려를 구분했다. 『후한서』는 앞부분에서 '고구려(高句驪)는 요동 동쪽 1,000리에 있는데, 남으로는 조선·예맥에 접하고, 북쪽으로는 부여에 접한다. 땅의 둘레는 2,000리이다. 큰 산과 깊은 계곡이 많아 사람들이 이에 따라 거주한다. … 동이(東夷)가 서로 전하기를 (고구려는) 부여의 별종(別種)이라 하였다. 그래서인지 (둘은) 언어와 법이 많이 같았다.'[353]라고 해놓았다.

그리고 뒷부분에서 따로 구려를 거론해, '구려(句驪)는 일명 맥(貊)족이다. 맥족 가운데 소수(小水)에 의지해 산 별종이 있었기에 그들을 소수맥(小水貊)이라 이름하였다. (소수맥에서는) 좋은 활이 나오니 이른바 맥궁(貊弓)이 바로 그것이다.'[354]라고 적어놓았다. 『후한서』는 고구려는 부여의 별종, 구려는 맥족이라고 해놓고, 그러한 맥족 가운데 소수에 의지해 사는 별종인 소수맥도 구려라고 설명해놓았다. 노태돈 교수는 원(原)고구려인을 맥족으로 보았다.[355]

소수(小水)는 어떤 하천인가. 소수가 하류에 있는 큰 강이라면, 소수맥은 맥족의 터전인 예맥에서 남쪽으로 옮겨가 살았어야 한다. 동북아의 강은 대개 남쪽으로 흐르기 때문이다. 그러나 소수가 큰 강으로 들어가는 지류라면, 소수맥은 맥족보다 북쪽(혹은 서북이나 동북쪽)에 가서 살 수도 있다. 하류에 있는 강이라면 강이 커져 '대수'라고 했을 것인 데, '소수'라고 한 것을 보면 소수는 상류에 있는 강일 가능성이 높다.

예맥의 남쪽에는 위만조선에 이어 낙랑군이 있었으니 맥족의 일부는 남쪽으로 내려가 살기 어렵다. 그렇다면 소수맥은 예맥의 북쪽(서북과 동북 포함)에 있는 것으로 보아야 한다. 구려의 소수맥은 맥족 가운데 북쪽으로 올라간 내륙에서 다른 강으로 들어가는 지류인 소수에 의지해 산 종족이다. 그래서 더 북쪽에 있는 부여 족과 결합해 졸본부여를 만들 수 있었다.

서기전 108년 전한은 위만조선을 멸망시켜 낙랑과 진번·임둔군을 설치하고 서기전 107년에는 낙랑군 북부에 있는 예맥지역을 떼어내 새로 확보한 옥저와 함께 제1현도군을 만들었다. 제1현도군의 영역이 된 예맥에 살았던 맥인 가운데 일부가 그 전에 북쪽에 있는 소수로 옮겨가 살았기에 '소수맥'으로 불렸다면, 소수맥이 사는 구려는 제1현도군을 비롯한 한나라의 지배를 받지 않았던 것이 분명하다.

노태돈 교수는 '구려를 성(城)이나 고을[谷, 邑, 洞]을 뜻하는 "홀(忽)"이나 "구루(溝婁)" 등의 음을 한자로 표기한 것'[356]으로 풀어놓은 바 있다. 제1현도군이 예맥에 사는 맥족은 통제했어도, 구려에 사는 소수맥인을 통제하지 못했다면, 구려는 현지세력의 활동공간이 된다.

『삼국지』「동이전」「동옥저전」은 '옥저성을 현도군(=제1현도군)으로 삼았다(제1현도군의 치소를 옥저로 했다는 뜻). 후에 오랑캐인 맥족이 침범해와 군(=제1현도군)을 구려의 서북으로 옮겼다' 라고 해 놓았다. 맥족은 예맥에 살아온 현지세력이다. 제1현도군은 현지세력인 맥족의 공세에 밀려 구려 서북으로 도주한 것은 현지세력의 저항이 만만찮았다는 뜻이다.

제1현도군은 남쪽으로 갈 수가 없었다. 낙랑군이 있기 때문이다. 동쪽은 바다이니 동쪽으로도 이동할 수 없었다. 그러나 구려의 서북이나 서쪽이 무주(無主)공간이라면 이전할 수도 있다. 구려에서 요동군의 중심까지는 1,000여 리라고 했으니 그곳에는 공지(空地)가 있을 수 있다.

일부 중국 사서들은 구려가 고구려였음을 보여준다. 『삼국지』「동이전」「동옥저전」은 '그 후 이맥의 침범이 있어 현도군을 구려의 서북쪽으로 옮겼다(後爲夷貊所侵 徙郡句麗西北)'라고 해놓았는데, 같은 사건을 『후한서』「동이전」「동옥저전」은 '그 후 이맥의 침입이 있어 현도군을 고구려의 서북으로 옮겼다(后爲夷貊所侵 徙郡于高句麗西北)'라고 해놓았으니, 구려는 곧 고구려가 된다.

『후한서』「동이전」「동옥저전」은 방향을 가리키는 조사 '우(于)'까지 넣어 '徙郡于高句麗西北'이라고 해놓았으니, 현도군이 고구려의 서북으로 옮겨간 것은 더욱 분명해진다. 그렇다면 『후한서』에 나오는 고구려는 논리상 제2현도군의 치소가 되는 고구려현이 될 수가 없다. 고구려가 고구려현이라면 '고구려현을 치소로 한 제2현도군이 고구려현 서북으로 옮겨갔다'는 희한한 주장이 되기 때문이다.

주인 없는 구려 지역의 서북으로 들어온 제2현도군은 자신을 높이기 위해 그 지역에서 가장 유명한 '구려' 혹은 '고구려'를 그들 치소의 이름으로 삼았을 수 있다. 이는 제2현도군에서 고구려가 생겨난 것이 아니라, (고)구려의 서북 지역으로 옮겨간 현도군이 고구려란 이름을 차용해 고구려현을 만들었다는 의미가 된다.[357] 이러하니 동북공정의 핵심 논리는 바로 무너지게 된다.

이러한 이해를 그림으로 그려보면, 중국 사서들의 기록을 토대로 그려본 300쪽의 <그림 7>과 대략 일치하게 된다. 제1현도군이 된 예맥의 북쪽에 (동)옥저가 있고 (동)옥저의 서쪽에 개마대산과 단단대령을 지나 고구려가 있으니. 고구려는 예맥의 북쪽 혹은 서북쪽에 있는 것이 된다. (고)구려 사람들은 예맥 (서)북쪽의 소수라는 작은 강에 의지해 살았다. 그리고 구려의 서북으로 제2현도군이 옮겨왔다.

그렇다면 (고)구려인들은 맥족이어야 하는데, '부여에서 나왔다' '부여의 별종이다'라고 하니 혼란이 생긴다. 고구려와 부여의 관계는 어떠한 것인가.

왜 고구려는 부여계인가

국가나 지역은 주몽 같은 특정인에 의해 갑자기 생겨나지 않는다. 현도군처럼 행정조직이 설치되거나 옮겨갔다고 해서 생겨나는 것도 아니다. 자연발생적으로 생겨난다.

사람은 혼자 힘으로는 생필품을 갖출 수 없으니 반드시 교역을 한다. 따라서 물류를 하는 시장을 만드는데, 그 시장이 커지면 그 곳은 정치와 경제·군사 등을 이끌며 Center of Gravity(CoG)인 '중심(重心)'이 된다. CoG를 유력자 집안이 연속으로 지배한다면 그곳은 군장(君長)국가(Chiefdom)가 되고, 정복전쟁을 해 다른 군장국가나 부족국가를 확실히 통합한다면 왕국(Kingdom)이 된다. 이것이 고대 국가의 일반적인 형성 과정이다. (고)구려 지역은 왕국으로 넘어가기 직전인 군장국가 단계로 보아야 한다.

고구려 당대에 제작된 광개토대왕릉비문에는 '고구려의 시조인 추모는 북부여에서 나왔다.'고 새겨져 있다. 『삼국유사』는 '고구려는 졸본부여라고 한 후 주몽이 동부여에서 왔다'고 해놓았다. 『삼국사기』는 「백제본기」에서 '주몽이 북부여에서 난을 피해 졸본부여에 이르렀다.' 「고구려본기」에서는 '북부여 해모수의 아들인 주몽이 동부여에서 자라다 졸본천 비류수 가에 와서 살았다.'라고 적어 놓았다.

고구려의 뿌리에 대해서는 북부여와 동부여가 혼재돼 있는데, 주몽 때의 부여는 동쪽으로 간 부여이므로 동부여로 보는 것이 옳다. 부여에서는 정통에 따른 해모

<표 14> 역대 고구려왕이 졸본에 있는 주몽사당을 방문한 사례(『삼국사기』 근거)

시기	『삼국사기』 기록 내용
3대 대무신왕 3년(20) 3월	동명왕 사당을 세움(졸본인지 국내인지 위치는 밝히지 않음. 이어지는 기사를 보면 졸본에 세운 것이 확실함).
8대 신대왕 3년(167) 9월	왕이 졸본에 가서 시조(주몽) 사당에 제사를 지냄.
9대 고국천왕 2년(180) 9월	왕이 졸본에 가서 시조(주몽) 사당에 제사를 지냄.
11대 동천왕 2년(228) 2월	왕이 졸본에 가서 시조(주몽) 사당에 제사를 지냄.
12대 중천왕 13년(260) -월	왕이 졸본에 가서 시조의 사당에 제사를 지냄.
16대 고국원왕 2년(332) 2월	왕이 졸본에 가서 시조 사당에 제사 지내고 돌아다니면서 백성 중에서 늙고 병든 자를 탐문하여 구제함.
22대 안장왕 3년(521) 4월	왕이 졸본에 가서 시조 사당에 제사를 지냄.
25대 평원왕 2년(560) 2월	왕이 졸본의 시조 사당에 가서 제사를 지냄.
27대 영류왕 2년(619) 4월	왕이 졸본에 가서 시조 사당에 제사 지내고 5월에 돌아옴

수-해부루계(북부여)와 핏줄이 다른 금와계(동부여)가 대립하다, 금와계가가 승리했다. 때문에 해모수계인 주몽은 동부여 진영을 떠나 따로 떨어져 있던 졸본부여로 온 것으로 보인다. 졸본부여도 해모수계였다.

(고)구려는 예맥에서 갈려나온 맥인들이 소수에 의지해 살았던 곳이지만, 예맥과 하나가 되는 정치체(政治體)를 이루지 못했다. 그곳에는 졸본부여처럼 북부여에서 떨어져 나온 세력도 터를 잡고 있었기 때문일 것이다. 졸본은 각자의 진영에서 떨어져 나온 부여계와 예맥계가 섞여 산 제3지대인데 권력은 부여계가 갖고 있었던

곳으로 보인다.

그러한 사회로 동부여에서 떨어져 나온 주몽 세력[358]이 들어와 친연성이 있는 졸본부여에 의지해 뿌리를 내리려 했다. 졸본부여가 주몽 세력을 받아들인 데는 이유가 있었다. 『삼국사기』「백제본기」 온조왕조에는 '주몽이 북부여에서 난을 피해 졸본부여에 이르렀다. 졸본부여 왕은 아들이 없고 딸만 삼형제가 있었다. 졸본부여 왕은 주몽이 보통 사람이 아님을 알고 둘째 딸을 그의 아내가 되게 하였다. 그리고 얼마 뒤 왕이 죽자 주몽이 뒤를 이었다. 주몽은 비류라는 큰아들과 온조라는 작은아들을 얻었다.'[359]란 기록이 있다.

이는 졸본부여의 왕이 아들이 없어 주몽을 데릴사위로 삼아 자기 외손으로 후사를 이어가려고 했다는 뜻이다. 자식이 딸린 미망인과 혼인한 데릴사위는 능력을 보여주었다. 동명성왕 2년(서기전 36) 비류국을 이끄는 송양의 항복을 받아내고, 6년(서기전 32)에는 행인국, 10년(서기전 28)에는 북옥저를 쳐 고을로 만들었다.

유리명왕의 고구려가 신나라의 명령으로 오랑캐를 치려고 출동했다가 요서군과 싸웠다는 것도 다시 살펴볼 필요가 있다. 고구려의 반발에 분노한 왕망은 고구려 왕을 하구려후로 고쳐부르게 했기 때문이다. 후(侯)는 제후인데, 제후는 신속한 나라의 리더를 가리킨다.

유리명왕을 하구려후로 불렀다는 것은 고구려의 독립을 인정했다는 뜻이다. 고구려가 제2현도군이 일부였다면 고구려의 리더를 제후로 할 이유가 없다. 그렇다면 '제2현도군의 치소인 고구려현에서 고구려가 나왔으니 고구려는 중국의 일부'라는 동북공정 논리는 처음부터 무너져 버린다. 고구려는 대무신왕 때부터, 낙랑군 동부도위 소속이나 사실은 낙랑군으로부터 독립해 있는 불내현의 국내를 도읍으로 사용할 수 있었다.

정통성과 관련해 대무신왕이 남긴 공로는 3년(26) 3월 고구려의 발상지인 졸본에

<표 15> 역대 백제 왕이 하남의 동명왕 사당을 배알한 사례(『삼국사기』 근거)

시기	『삼국사기』『백제본기』 내용	비고
1대 온조왕 원년 (서기전 18) 5월	동명왕의 사당을 세움.	백제 건국.
2대 다루왕 2년(29) 1월	시조 동명왕 사당을 배알함.	
6대 구수왕 14년(227) 4월	큰 가뭄이 들었기에 왕이 동명왕 사당에서 기도하니 비가 내림.	
9대 책계왕 2년(287) 1월	동명왕 사당을 배알함	(전 해 책계왕은 대방왕의 딸인 보과에게 장가들었음). 그해 고구려가 대방을 치자, 대방이 구원을 청해, 책계왕은 고구려를 침. 그러자 고구려가 원망을 해, 책계왕은 아차성과 사성을 수축하여 방비하게 했었음.
10대 분서왕 2년(299) 1월	동명왕 사당을 배알함	전 해 후한이 맥인을 이끌고 백제를 침공했기에 나가 싸웠던 책계왕이 전사한 바 있었음.
11대 비류왕 9년(312) 4월	동명왕 사당을 배알함.	전 해 고구려가 서안평을 점령했고, 이듬해엔 낙랑군을 정복하게 됨.
17대 아신왕 2년(393) 1월	동명왕 사당을 배알함.	그리고 진무에게 고구려에 빼앗긴 관미성 탈환을 지시함(탈환 실패).
18대 전지왕 2년(406) 1월	동명왕 사당을 배알함	이어 남쪽 제단에서 천지신명 제사를 올리고, 죄인을 크게 사면했음. 전 해 아버지 아신왕이 죽자 아신왕의 막내동생인 첩례가 권력을 잡음. 왜국에 볼모로 가있던 태자 전지왕은 나라 사람들이 첩례를 죽인 뒤 왕위에 오를 수 있었음.

동명성왕의 사당을 세운 것이다.[360] 이는 백제와의 정통성 경쟁을 의식한 것으로도 보인다. 백제 시조인 온조왕은 처음부터 '부여'를 성으로 삼고 왕이 된 첫해 동명왕 사당을 세웠다. 그러나 유리명왕은 국내 천도를 추진하다 돈좌됐으니, 고구려가 일어난 졸본에 동명왕 사당을 세울 수 없었다. 이 일을 아들인 대무신왕이 해낸 것이다.

제2현도군에 인접해 있어 방어에 어려움이 있었던 졸본은 시조 사당이 있는 발상지로 존중받게 됐으니, 국내성 정착은 원활해질 수 있었을 것이다. 그 후 고구려의 역대 왕들은 졸본의 시조 사당에 가서 제사를 지내는 것을 반복함으로써 졸본을 예우했다. 372쪽의 <표 14>는 졸본의 시조 사당에 가서 제사를 지낸 고구려왕의 행차를 정리한 것이다.

고구려 왕들이 동명왕 사당을 참배한 것과 비교해야 할 것이 온조왕이 첫 수도인 하남에 세운 동명왕 사당을 백제의 역대 왕들이 배알한 것이다. 374쪽의 <표 15>는 『삼국사기』「백제본기」에 나오는 역대 백제 왕의 동명왕 사당 배알을 정리한 것이다. 그러나 21대 개로왕이 피살되고(475) 수도를 한성에서 웅진(지금 충남 공주)으로 천도한 후로는 동명왕 사당 배알이 끊어졌다.

고구려 왕들이 모신 주몽과 백제 왕들이 배알한 동명왕은 같은 인물일까. 『삼국사기』「고구려본기」는 주몽이 고구려의 동명성왕이 되었다고 해놓았으니 우리는 주몽과 동명(왕)을 동일인으로 본다. 그러나 동명은 부여의 시조였다. 고구려는 부여의 시조를 고구려의 시조로 차용한 것이다.

「고구려본기」가 동명왕사당이 아닌 주몽사당을 지어 왕들이 참배했다고 해놓은 것은, 고구려도 주몽과 동명이 다른 사람이라는 것을 알고 있었다는 의미가 된다. 백제는 주몽의 직계가 아닌데다 고구려에서 쫓겨난 세력이니 주몽을 높일 이유가 없다. 백제는 주몽이 아니라 (북)부여를 이었다는 것을 강조했으니, (북)부여의 창시자 동명왕을 모셨다. 졸본을 빠져나온 온조가 백제를 세우며 성을 '부여'로 하고 부여의 창시자인 동명왕을 모신 사당을 지은 것은 유리에 대한 야유이면서 북부여 정통성을 주제로 한 도전일 수 있다.

(2) 현도군은 고구려의 상대가 되지 못했다

제2현도군을 설명하는 『한서』「지리지」는 '현도군의 가구는 4만 5,006호, 인구는 22만 1845명이고 치소인 고구려현과 상은태·서개마 3개 현을 거느리고 있다.'[361]라고 밝혀 놓았다.[362]

제2현도군은 싸움 없이 새로운 지역으로 옮겨갔는데, 이는 주인이 없는 공지(空地)로 들어갔다는 뜻이다. 그렇다고 해도 방어를 위해서는 성을 쌓아야 하는데, 자력으로 하지 못했다. 제2현도군은 요동군 등의 지원을 받아 성을 쌓았다.

『한서』가 '원봉 6년(서기전 75) 군(郡)과 국(國)의 무리를 모집하여 요동현도성을 쌓았다.'[363]고 기록해 놓은 것이 그 증거이다. 한나라(전한)의 유주(幽州)는 10개 군과 1개 국(광양국)으로 구성됐는데, 그러한 군과 국에서 사람을 모아 현도성을 쌓아준 것이다. 가장 많은 지원을 한 것은 요동군일 터이니, 『한서』는 제2현도군을 아예 요동현도성으로 적어놓았다.

연고도 없는 곳으로 이주해 자기 힘으로 성도 쌓지 못한 제2현도군이 고구려를 비롯한 현지세력을 통치했다고 보는 것은 어불성설이다. 제2현도군은 현지세력의 주류가 모인 곳이 (고)구려였기에 고구려 현을 치소명으로 정했다고 보아야 한다. 그러한 제2현도군을 졸본부여 혹은 구려로 불리는 나라를 이끈 유리명왕이 정복하자(14) 후한은 제3현도군을 만들었다.

『삼국유사』에만 나오는 평주도독부

『삼국지』「동이전」「동옥저전」에는 '한 무제 원봉 2년(서기전 109)에 조선 토벌을 시작해 위만의 손자인 우거를 죽이고 그 땅을 4개의 군(郡)으로 나누며 옥저성을 현도군으로 삼았다. 후에 오랑캐인 맥[夷貊]이 침범해오자 군을 다시 구려의 서북쪽으로 옮겼는데, 지금 현도의 옛 부(府)라고 하는 곳이 바로 그곳이다.'[364]라는 기록이 있다.

이 기록에서 주목할 것은 '현도의 옛 부(府)'이다. 왜『삼국지』「동이전」「동옥저전」은 제2현도군의 치소인 고구려현을 '현도의 옛 부'라고 해놓은 것일까.『삼국유사』에서 그 답을 찾아볼 수 있다.

『삼국유사』「기이(紀異)」의「2부(二府)」에는 '전한서(前漢書)에 "소제 시원 5년(서기전 85년) 기해(己亥)에 두 개의 외부(外府)를 두었다."라고 하였는데, 이는 조선의 옛 땅인 평나(平那)와 현도군 등이 평주도독부(平州都督府)가 되고, 임둔·낙랑 등 두 군 지역에 동부도위부(東部都尉府)를 둔 것을 말함이다[개인적으로 말한다면 (『사기』「조선전」에는 진번 현도 임둔 낙랑 등 네 군이 있는데 지금 여기에는 평나가 있고 진번이 없으니, 이는 한 곳의 명칭이 두 가지인 것 같다].'[365]란 기록이 있다.

『삼국유사』는 현도군이 평주도독부였다고 밝히고 있다. 그러나『삼국유사』가 인용한『전한서』에는 같은 내용이 없다. 앞에서 거론했듯이『한서(=전한서)』소제 시원 5년조에는 "담이군과 진번군을 파했다(罷儋耳眞番郡)."만 나올 뿐이다.『후한서』「동이열전」「예전(濊傳)」에는 '시원 5년 임둔과 진번을 파해 낙랑과 현도에 합하였다(始元五年 罷臨屯眞番 以幷樂浪玄菟).'고 되어 있다.

평주(平州)는 후한 말(189년 이후) 요동군태수로 임명되었다가 공손씨 요동국을 세우는 공손탁이 창려(昌黎)·요동·현도·대방·낙랑으로 된 평주(平州)를 설치하고 스스로 평주목에 오름으로써 중국 사서에 처음 등장했다.『한서』에는 기록이 없지만 현도군이 평주도독부였다는『삼국유사』의 기록이 사실이라면, 평주도독부는 공손탁의 평주에서 따왔을지도 모른다.

공손탁이 평주를 만든 것은 서기 189년 이후다. 고구려는 그보다 80여 년 앞선 태조대왕 53년(105)부터 66년(118) 사이 요동·현도군과 수차례 싸웠는데 그 과정에서 제3현도군이 무너졌다. 때문에 후한은 요동군 중부도위에 속해 있던 고현·후성·요양의 세 개 현을 넘겨주게 해, 제4현도군을 만들었다(257쪽 <표 6>과 259쪽 <그림 6>과 385쪽 <표 17> 참조). 제4현도군은 고구려현과 상은태현, 서개조현(서개마현)을 빼앗겼으나 서류상으로는 갖고 있는 것으로 해놓고, 요동군에서 세 개 현을 받아 여섯 개 현을 거느린 것으로 꾸민 것이다.

제4현도군은 치소를 고구려현으로 했는데, 이 고구려현은 제3현도군의 (신)고구려현이 아니었다. 제3현도군은 (신)고구려현을 고구려에게 또 빼앗기고 다른 곳으로 가 제4현도군이 되면서 새로 고구려현을 만들었다. 이를 또 다른 '(신)고구려현'으로 부른다. 공손탁은 제4현도군을 요동군 등 다섯 개 군과 묶어 평주로 만들었다.

그렇다면 제2·4·3현도군의 치소였던 고구려현 터는 '현도의 옛 부'로 불릴 수도 있다. 제4현도군이 운영된 시점에서 제2·3현도군의 치소를 '현도의 옛 부'라고 한 것은 이해되지만, 현도가 과연 '부'로 불렸는지는 더 많은 연구를 해야 할 것이다. 부는 수나라의 총관부(摠管府), 당나라의 도독부(都督府)에서 유래했기 때문이다. 현도군이 중국에 있을 때는 '부'라는 행정조직은 없었다.

공손탁은 독립을 추진했기에 조위(曹魏)로부터 상당한 압력을 받았다. 조위를 견제하기 위해 요동국은 동오(東吳)의 손권과도 교섭했다. 손권 일대기를 기록한 『삼국지』 「오주전(吳主傳)」에는 '현도군(=제4현도군)은 요동 북쪽에 있고 (요동군과) 서로 200리 떨어져 있었다.'[366] 라는 대목이 있다.

요동군의 중심인 양평현에서 200리밖에 되지 않은 북쪽에 제4현도군의 치소인

<표 16> 『삼국사기』「고구려본기」에 등장하는 고구려-현도 싸움 정리

시 기	년 도		사 건
2대 유리명왕 (제2현도군)	33년(14) 8월		서쪽으로 군사를 더 진출시켜 한나라의 (현도군) 고구려현을 습격해 탈취함 (제2현도 영유).
6대 태조대왕 (제3현도군)	59년(111) 1월		태조대왕이 한나라에 사신을 보내 토산물을 바치고 현도군에 붙기를 요구함 (1차 현도에 굴복).
6대 태조대왕 (제3·4현도군)	66년(118) 6월		왕이 예맥과 함께 한나라의 현도를 습격하고 화려성을 침.
	69년 (121) 69년 (121)	봄	한나라의 유주자사 풍환과 현도태수 요광, 요동태수 채풍 등이 군사를 거느리고 침입해 예맥의 우두머리를 죽이고 병기와 마필·재물 등을 모조리 약탈해감. 태조대왕이 아우 수성에게 군사 2천여 명을 딸려 보내 풍환·요광을 맞받아 싸우게 함. 수성은 거짓 항복을 하겠다고 한 후 현도·요동 두 군을 쳐서 성곽을 불 지르고, 2천여 명을 죽이고 사로잡음(2차 현도 탈취, 이 패배로 제3현도군은 서쪽으로 옮겨가 제4현도군이 된 것으로 보임).
		12월	왕이 마한과 예맥의 기병 1만여 명을 거느리고 현도성을 에워 쌌더니, 부여왕이 자기 아들 위구태를 시켜 군사 2만을 거느리고 한나라 군사와 힘을 합해 항거하므로 태조대왕의 군사가 크게 패함(부여가 고구려를 배신하고 후한에 붙음).
	94년(146) 10~12월		10월 우보 고복장(高福章)이 태조대왕에게 왕의 아우 수성의 쿠데타 가능성을 이야기함. 왕은 "내가 이미 늙었고 수성은 나라에 공로가 있으니 그에게 왕위를 내어주려 한다."고 대답함. <이에 대해 『후한서』 등은 현도태수 요광이 후한의 안제에게 고구려를 치자고(수성이 태조대왕을 밀어냈다고 보는 듯) 했으나, 한나라 조정의 의견이 갈리고 이듬해 수성이 한나라 포로를 돌려보내 그만두었다는 주(注)를 『삼국사기』는 달아놓음>
8대 신대왕	4년(168) -월		한나라의 현도군 태수 경림(耿臨)이 침입해 고구려 군사 수백명을 죽임. 신대왕이 자진해서 항복하고 현도에 붙기를 청함(3차 현도에 굴복).
	5년(169) -월		신대왕이 대가 우거와 주부 연인 등을 시켜 군사를 거느리고 가서 현도태수 공손도(公孫度)를 도와 부산(富山)의 도적을 치게 함(현도에 굴복한 상태).
11대 동천왕	20년(246) 8월		위나라(조위)가 유주자사 관구검(毌丘儉)으로 하여금 1만여 명을 거느리고 현도를 거쳐 침입하게 함. 동천왕이 보병·기병 2만 명을 거느리고 비류수 강가에서 맞받아 싸워 쳐부수고 3천여 명의 머리를 벰. 이어 양맥(梁貊) 골짜기에서 또 싸워 3천여 명을 죽이고 붙잡음. 동천왕은 "관구검의 목숨이 내 손 안에 있다"며 기병 5천을 거느리고 쫓아가서 쳤다가 관구검 군에 크게 패함. 죽은 자가 1만 8천여 명이었음. 동천왕은 기병 1천여를 이끌고 압록원(鴨淥原)으로 달아남.

15대 미천왕 (제4·5현도군)	3년 (302) 9월		미천왕이 군사 3만 거느리고 현도군을 침공해 8천 명을 사로잡아 평양으로 데려옴.
	16년 (315) 2월		현도성을 쳐서 깨뜨림. 죽이고 사로잡은 것이 매우 많음(제4현도군은 서쪽으로 더 도주해 제5현도군이 됨).
18대 고국양왕 (제5현도군)	2년 (385)	6월	고국양왕이 군사 4만을 출동시켜 요동을 습격함. 후연(後燕, 384~407) 왕 모용수(慕容垂, 재위 384~396)가 대방왕 모용좌를 시켜 용성(龍城)을 진무하게 했음. 묘용좌는 우리 군사가 요동을 습격하였다는 소문을 듣고 사마 학경으로 하여금 군사를 거느리고 구원케 했으나 우리 군사가 쳐부수고 드디어 요동과 현도를 함락시킴. 남녀 1만 명을 사로잡아 돌아옴(제5현도 탈취).
		11월	후연의 모용농이 군사를 거느리고 침입하여 요동과 현도 두군을 회복함. 그 전에는 유주와 기주 등의 유랑민 다수가 우리 편에 귀순했었는데, 모용농이 범양방연을 요동태수로 삼아 그들을 무마하게 함(현도 빼앗김. 그리고 광개토왕 때 다시 빼앗아 240년간 현도성으로 영유하게 됨).
26대 영양왕	23년(612) 1월		수 양제가 왼쪽 12군은 누방 장잠… 현도 … 등의 방면길로 진군하게 함(2차 고수대전).
28대 보장왕	4년 (645)	4월	이세적이 요수를 건너 현도에 이르니 고구려 성읍들이 크게 놀라 성문을 닫고 방위함(1차 고당대전).
		10월	당 태종 군이 발착수(渤錯水)를 건너니 폭풍이 불고 눈이 내려 얼어 죽는 자가 많았음. 당나라는 현도·횡산·개모·마미·요동·백암·비사·협곡·은산·후황 등 열 개 성을 철폐하고 요·개·암 3개 주 주민 7만 명을 중국으로 옮김(현도 빼앗김).

신고구려현이 있었다면, 요동군과 제4현도군은 아주 가까운 것이 된다. 제2현도군 때는 1,000리 떨어져 있었으니 제4현도군은 서쪽으로 800리, 즉 320km를 이동해 온 셈이 된다. 요동과 제4현도군 사이인 200리는 80km 정도밖에 되지 않는데, 고개 길이 있으면 두 곳 사이의 직선거리는 더 줄어든다. 제4현도군은 그렇게 요동에 근접했다.

제4현도군은 미천왕 시절 요동군과 함께 전연-후연의 지배를 받았다. 고국양왕이 2년(385) 2월 두 군을 쳐 함락시키자, 11월 후연이 반격을 해 회복했다. 이때 제4현도군은 요동군에서 받았던 후성과 요양현을 잃고 요동군에서 추가로 망평현을 받았다. 따라서 (신)고구려현·고현현·망평현으로 구성되는데, 이를 제5현도군이라고 한다.

　망평현은 요동군 서부도위 소속이었다. 요동군에서도 서쪽에 있는 서부도위 소속인 망평현이 제5현도군 소속이 된 것은, 제5현도군이 요동군의 서북쪽까지 옮겨왔다는 뜻이다. 광개토왕의 고구려는 요동군과 함께 제5현도군을 정복했으니, 제5현도군의 (신)고구려현은 고구려의 현도성이 되고, 요동군의 양평현은 고구려의 요동성이 되었다. 현도성은 요동성의 북쪽 200리 떨어진 곳에 있었으니 251쪽의 <그림 5>에서처럼 1차 고당대전(645) 때의 당나라 이세적 군은 통정진에서 요수의 상류를 건너 바로 현도성을 공격할 수 있다.

고구려와 현도군

　379쪽의 <표 16>은 『삼국사기』 「고구려본기」에 나오는 고구려와 현도간 싸움 기록만 발췌한 것이다. 한 눈에도 현도는 요동보다 전투한 기록이 적으나 낙랑보다는 많은 것을 알 수 있다.

　<표 16>을 보면 고구려는 다섯 차례 이상 현도를 함락시켰다가 다시 빼앗겼음을 알 수 있다. 광개토왕 때 빼앗은 다음에는 가장 오래 영유했다(240년 이상 영유). 고구려는 광개토왕 시절인 영락 5년(395, 광개토대왕릉비문 근거)이나 광개토왕 13년(404) 이전에 요동군과 함께 제5현도군을 점령해 영토화하며 (신)고구려현을 현도성으로 고쳐 불렀다. 제5현도군은 요동군의 서북까지 파고들어가 있었으니 현도성은 요수에 가까이 있었을 것이다.

현도군의 변화

제1현도군을 설명해주는 중국 사료는 없다. 『삼국지』에 옥저를 치소로 한 현도군을 만들었다는 기록만 있을 뿐이다. 제2 혹은 제3현도군은 『한서』 「지리지」에 설명돼 있는데 옮기면 이렇다.

'무제 원봉 4년(서기전 107) 현도군을 열었다. 치소는 고구려현인데, 왕망은 하구려현으로 고쳐 불렀었다. 유주에 속한다. 호수는 4만 5,006호이고, 인구는 22만 1845명이다. 현은 세 개 있다.

고구려현에는 요산(遼山)있고 요산에서는 요수가 흘러나온다. 요수는 서남쪽으로 흘러 (요동군의) 요대현에서 대요수로 들어간다. (고구려현에는) 남소수(南蘇水)도 있는데, 남소수는 서북을 지나 요새 밖을 지난다.

상은태현이 있는데 왕망은 하은현으로 고쳐 불렀다. 서개마현이 있는데 이 현의 마자수(馬訾水)는 서북쪽의 염난수(鹽難水)로 들어가고 서남쪽의 (요동군) 서안평현(西安平縣)에 이르러 바다로 들어간다. (이 강은) 2개의 군(郡)을 지나고 1,100리를 흐른다. 왕망은 서개마현을 현도정(玄菟亭)현으로 고쳐 불렀었다.'[367]

이 기록을 토대로 그려본 제2·3현도군의 개략도가 384쪽의 <그림 10>이다. 제2현도군은 요동군의 북쪽이나 동북쪽에 있는 순수 내륙군(郡)임이 분명하다. 고구려현에서 흘러온 요수는 대요수로 합류하고, 서개마현을 흐르는 마자수는 염난수로 들어가고, 염난수는 요동군의 서안평현에서 바다로 들어간다. 그런데 『한서』 「지리지」 요동군조는 서안평현을 설명할 때 염난수가 흐른다는 것을 밝히지 않았다.

제3현도군은 위치가 바뀐 상태에서 제2현도군과 구성이 같았던 것으로 보인다. 제4현도군은 서기 37년부터 220년까지의 일을 기록한 『후한서』 「군국지」에 실려 있다. 『후한서』는 고구려로부터 치소인 고구려현 등 모든 지역을 빼앗기고 요동군으로부터 세 개 현을 받아 명목상 여섯 개 현을 거느린 것으로 돼 있는 제4현도군을 이렇게 설명하고 있다.

'현도군은 무제가 설치했다. 낙양(雒陽)에서 동북쪽으로 4,000리 떨어져 있다. 성은 6개이고 가구 수는 1594이며 인구수는 4만 3,163명이다. 요산(遼山)에서 요수(遼水)가 나오는 고구려현, 서개조(西蓋鳥)현, 상은태(上殷台)현, 옛날에 요동군에 속했던 고현(高顯)현, 옛날에 요동군에 속했던 후성(候城)현, 옛날에 요동군에 속했던 요양(遼陽)현이 있다.'[368]

『한서』「지리지」가 서개마현으로 해놓은 것을 『후한서』「군국지」는 서개조현으로 해놓았는데, 이는 오자 같다. '말 마(馬)'자와 '새 조(鳥)'자는 모양이 비슷하니 서개마현을 서개조현으로 잘못 적은 것으로 보인다.

『후한서』는 『한서』와 똑같이 요산에서 요수가 나오는 고구려현을 치소로 해놓았는데 이는 명목상일 가능성이 높다. 이는 『삼국지』「오주전」이 현도는 요동 북쪽 200리라고 한 것을 근거로 한 판단이다. 고구려현은 요동로 양평현에서 200리 떨어진 곳으로 이주해 왔으니, 제4현도군의 고구려현은 이전의 고구려현과 다른 곳이 된다.

고구려가 정복한 낙랑군과 대방군을 자기 영내에 만들어 주었던 모용선비가 차지한 제5현도군을 기록한 것은 『진서』「지리지」이다. 이 사료는 간단하게 '현도군이 고구려·망평·고현의 3개 현을 거느렸다.'[369]고만 밝혀놓았다. 상은태·서개조(서개마)·후성·요양현은 사라지고 요동군 서부도위에있던 망평현이 추가됐음을 보여주는 것이다.

망평현을 거느렸다는 것은 제5현도군이 요동군 서부지역으로 깊게 이동했다는 뜻이다. 망평현은 요수 서쪽에 있는데 그곳이 제5현도군에 속하게 되었다면 제5현도군은 작아진 요동군의 북쪽으로 온 것이 된다. 이는 상은태와 서개조(서개마)·후성·요양은 고구려의 영역이 되었다는 암시일 수도 있다. 각각의 사료에 나오는 현

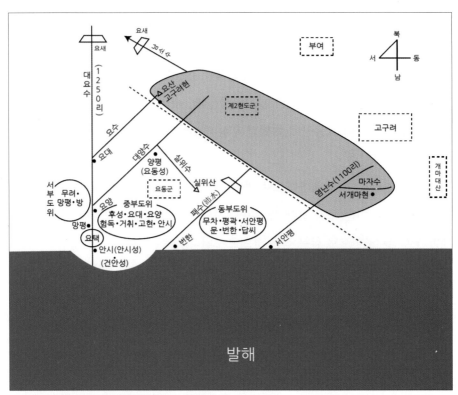

<그림 10> 제2·3현도군 개략도 (『한서』「지리지」 등 설명 근거)

도군을 정리해 현도군의 변화를 보여주는 것이 385쪽의 <표 17>이다. 현도군은 고구려로부터 침입을 많이 받았기에 큰 변화를 겪었음을 알 수 있다.

요동군과 낙랑군에 이어 현도군까지 살펴보았다. 앞에서 『한서』「지리지」의 설명을 근거로 요동군과 낙랑군 제2·3·4·5 현도군의 개략도를 그렸는데, 이를 합쳐본 것이 386쪽의 <그림 11>이다. 사료 설명을 근거로 그려본 것이지만 요동과 현도·낙랑군이 이룬 모양새를 대략 짐작할 수 있을 것이다.

이 그림에서 알 수 있는 사실은 발해 해안은 ㄱ자처럼 남쪽으로 꺾어진다는 점이

<표 17> 중국 사료에 나오는 현도군의 변화

구분	제1현도군	제2·3현도군	제4현도군	제 5현도군	비 고
출처	『삼국지』	한서 지리지	후한서 군국지	진서 지리지	
호수	-	4만5,006호	1,594호	3,200호	-4만3,412호(2→3현도군)
인구	-	22만1,845명	4만3,163명	-	-17만8,682명(2→3현도군)
옥저 등	-	-	-		
임둔군에서 7개 현 추가	-	-	-	
	高句驪				· 고구려현과 (신)고구려현은 동일 한 곳이 아니다. · 제2현도군의 속현 가운데 제4현도군에서도 계속 존재한 것은 없다. 이는 현도군이 많은 변화를 겪었다는 뜻이다.
	상은태	상은태	-	
	서개마(西蓋馬)	서개조(西蓋鳥)	-	
		(新)高句麗	(新)高句麗	
		고현(구 요동)	고현	
		후성(구 요동)	-	
		요양(구 요동)	-	
			망평(구 요동)	

다. 이는 낙랑군을 흐르는 패수(浿水)와 대수·열수가 서쪽으로 흐른다고 돼 있는 것을 반영한 것이다. 요동군에서 낙랑군으로 이어지는 해안선이 수평이면 이 강들은 서쪽 바다로 흐를 수 없다. 발해 일대에서 해안선이 ㄱ자로 꺾어진 곳을 찾으면 동북으로 바다가 쑥 들어가 있는 지금 요동만이 발견된다(154쪽 등의 지도 참조).

현도군의 서개마현은 개마대산의 서쪽에 있어 붙여진 이름일 가능성이 높다. 개마대산은 구려와 (동)옥저 지역을 나누는 경계인데, 제2현도군(사실은 고구려현을 지칭)은 구려의 서북에 있었으니 서개마현은 개마대산의 서쪽에 있어야 한다. 그러한 서개마현을 흐르는 마자수가 염난수로 들어가는데, 염난수는 서남으로 흘러 서안평에서 바다를 만나니, 염난수는 요동의 경계인 패수(浿水)보다 북쪽에 있어야 한다. 패수의 하류에는 낙랑군에 속한 증지현이 있기 때문이다.

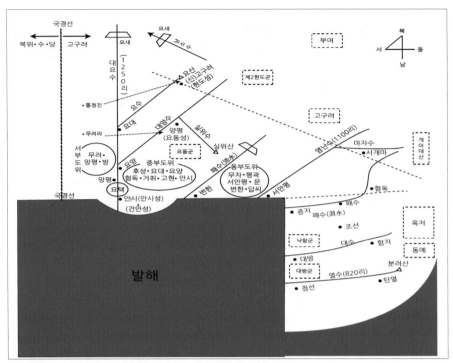

<그림 11> 중국 사료가 설명하는 요동군, 제2현도군, 낙랑군 개략도

(3) 현도군의 위치 비정 문제

현도군이 계속 서진을 하며 네 번 모양을 바꾼 것은 고구려의 공격에 매우 취약했다는 뜻이다. 현도군 가운데 핵심인 제2현도군의 위치에 대한 역사학계의 인식에는 어떤 문제점이 있는가를 살펴보기로 한다.

제2현도군의 위치를 비정한 이로는 일본의 와다 세이(和田淸, 1890~1963)[370]가 유명하다. 와다 세이는 제2현도군이 '소자하(蘇子河) 유역에서 동남으로 압록강 중류를 거쳐 옥저가 자리한 한반도 동해안[371]의 함흥평야에 이르는 긴 공도상(孔道上)에 있다.'고 판단한 바 있다.

蘇子河에서 함흥 사이에 큰 도로가 있을 수 있겠는가

이 주장은 대세로 받아들여져, 많은 학자들은 제2현도군을 소자하 유역에서 함흥 사이에 있었던 것으로 묘사하게 되었다(388쪽과 390쪽 지도 참조). 소자하와 함흥 사이에는 개마대산 및 제2현도군의 속현인 서개마현과 이름이 비슷한 지금의 '개마(蓋馬)고원'이 있으니 이러한 비정을 의심하지 않았던 것이다. 그러나 이 비정이 옳으려면 지금의 개마고원은 개마대산이 되고 그곳에 서쪽에서 개마현이 있었어야 한다.

또 옥저는 바다에 면해 있고 단단대령의 동쪽에 있다고 했으니 단단대령은 낭림산맥쯤에 있는 고개여야 한다. 그러나 서개마현·개마대산과 개마고원의 관계를 추적한 연구는 없었다. 단단대령의 위치를 비정하는 연구도 없었다. 그런데도 개마대산은 개마고원이라는 인식이 생겼는데, 이는 지금 요하를 고대의 요수(遼水)로 보는 것과 흡사한 현상이다.

중국어인 '공도(孔道)'는 우리말로 옮기면 대로(大路)나 요로(要路)가 된다. 소자하는 지금 중국 요녕성 신빈만족자치현(新賓滿族自治縣, 신빈)에서 서북서 방향으로 흐르다가 지금의 대화방저수지[大伙房水庫]에서 지금 요동만으로 빠져나가는 지금의 혼하(渾河)로 합류하는 강이다. 소자하는 신빈을 흐르니, 와다 세이는 지금부터 2,000여 년 전 신빈에서 함흥 사이에 매우 길고 큰 도로가 있었다고 본 것이다.

그러나 이 판단은 소자하와 함흥 사이의 지리 상황을 고려하면 지극히 비상식적이 된다. 신빈에서 함흥을 향해 동남진(東南進)하려면, 요동반도의 뼈대인 천산산맥과 이어진 장백(長白)산맥을 넘어야 한다. 그러한 장백산맥에서 서쪽으로 흘러나오는 강이 소자하이다. 이러한 소자하를 거슬러 올라가 '분수령(分水嶺)'인 장백산맥을 넘으면 남쪽으로 흘러가는 지금의 부이강(富尒江)을 만날 수 있다.

소자하에서 부이강을 통해 개마고원을 지나는 것이 가능했을까

이 지도의 중앙 윗부분에 소자하가 있고 그 오른쪽 요녕성과 길림성의 경계에 부이강이 있다. 소자하를 거슬러 올라간 다음 분수령을 너머 부이강을 타고 내려가는 것이 고대에 가능했을까(遼寧省 地圖冊 촬영).

부이강을 따라 남하하면 지금의 환인저수지[桓仁水庫]에서 혼강(渾江)을 만나고, 혼강을 타고 남쪽으로 내려가 압록강을 거슬러오르면 북한의 자강도 초산시로 갈수 있다(혼강과 혼하는 다른 강이다). 그런데 소자하와 부이강의 상류는 물살이 빠른 계곡이라 배를 타지 못한다. 분수령을 넘는 것도 쉽지 않다(고대에는 더욱 그러했을 것이다). 그런데 와다 세이는 물길이 있다고 보았다(388쪽 지도 참조).

북한의 초산시 주변은 첩첩산중이다. 그러한 초산시에서 함흥으로 가려면 정백산맥보다 더 높고 넓은 적유령산맥-묘향산맥-낭림산맥을 통과해야 한다. 산맥들은 하나 같이 분수령인데, 이를 통과해 함흥을 잇는 대로(=공도)를 내는 것이 2,000여 년 전에 가능했을까. 지금도 이곳에는 큰 도로가 없다.

제1현도군을 설치하기 20여 년 전, 한나라는 요동에서 창해군을 설치한 예맥까지 길을 내려다 너무 어려워 포기한 바 있다. 와다 세이는 그보다 훨씬 길고 험한 지형을 뚫어야 하는 도로공사를 한나라가 해냈다고 본 것이다. 이러한 판단을 한다면, 와다 세이의 주장을 의심 없이 받아들인 것은 잘못임을 알게 된다.

와다 세이의 주장을 받아들인 데는, 중국 사서들이 옥저와 예맥이 동쪽으로 큰 바다를 면하고 있었다고 했기 때문일 것이다. 지금 요동반도 동쪽의 바다를 '서한만'으로 부르는데, 요동반도에서 보면 서한만도 동쪽의 바다가 될 수 있다는 것을 역사학계는 간과했다.

서한만이 (동)옥저가 면한 동쪽 바다였다. 지금의 요서에서 보면 지금의 요동만도 동쪽바다가 된다는 것도 놓쳤다. 지금 요동반도는 한반도처럼 동서남쪽으로 바다를 끼고 있다(154쪽 지도 참조). 고대에는 요동반도가 한반도였다는 것을 간과한 것이 엄청난 역사 혼란을 가져왔다.

도리이 류조의 비정은 옳았는가

현도군의 위치를 잘못 비정하게 된 두 번째 이유로는 초기 고구려의 중심지를 지금의 중국 집안(集安)시로 본 것을 꼽을 수 있다. 근대에 들어 집안을 고구려 국내성 자리로 비정한 이는 와다 세이의 선배인 도리이 류조(鳥居龍藏, 1870~1953)[372]다. 1921년 도리이 류조는 중국 길림성 집안현성(集安縣城) 북쪽의 마선구(麻線溝)라는 하천의 상류에서 산성 유지를 발견해 이를 환도산성(61쪽 사진 참조)으로 비정하고, 이어 집안현에서 옛 성터를 찾아내 국내성(=위나암성)으로 보았다.

때문에 집안은 국내성이라는 고정된 인식이 만들어졌다.[373] 졸본에서 도읍한 고구려는 유리명왕 22년(서기 3년) 국내성으로 천도했었다. 그러한 국내성을 지금의 집안으로 보았으니, 고구려의 최초 수도인 졸본도 집안 인근으로 이해됐다. 졸본은 요녕성 환인만족(桓仁滿族)자치현 환인(桓仁)진의 오녀산성에 있는 것으로 보게 된 것이다. 그러나 오녀산성이 졸본이라는 합리적인 증거를 제시한 논문은 없다.

오녀산성은 해발 820m의 오녀산 정상에 있다(112쪽 사진 참조). 이 산 주등산로 뒤쪽에는 하늘이 선(線)으로 보일 만큼 좁은 암벽 사이로 정상으로 가는 또 다른 길이 나있다(이 길을 일선천·一線天이라고 한다). 궁벽하기 그지 없는 곳이다. 그곳은 제사터는 될 수 있어도 도읍지는 될 수 없다. 그런데 그러한 고구려(구려)의 서북으로 현도군이 옮겨갔다고 했으니, 와다 세이는 제2현도군이 소자하 부근에 위치했다고 비정할 수 밖에 없다.

그리고 옥저를 치소로 삼은 제1현도군이 지금의 소자하(=신빈) 지역도 통치한 것으로 보게 되었다. 제1현도군이 그렇게 넓은 지역을 통치했기에, 맥인들의 반란으로 옥저를 버리게 되자 지배하고 있던 소자하 지역으로 치소를 옮겼다(제2현도군)고

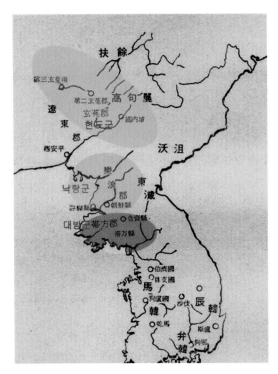

소자하와 함흥 사이에 현도 군이 있었던 것으로 보고 그린 우리 역사학계의 일반적인 한4군 지도.[374] 옥저와 동예를 지금 동해에 면해 있는 것으로 그려 놓았다. 이러한 역사 인식이 단군 이래 최대의 역사 분실사건을 일으켰다. 354쪽의 한4군 지도와 비슷하다.

본 것이다. 따라서 제1·2현도군은 옥저(함흥)와 제2현도군의 치소(소자하) 사이에 있는 고구려도 지배했다고 판단했다.

이러한 주장을 정당화하려니 과학적인 검증도 없이 소자하에서 함흥까지 공도가 있었다는 황당한 주장을 내놓았다. 이는 중국 사서의 기록은 물론이고 지리환경과도 어긋난 이해인데, 후대의 한국 학자들은 의심 없이 받아들여, 390쪽에 있는 것과 같은 지도가 만들어졌다. 현도군의 위치를 잘못 그려놓았으니 요동군·낙랑군 등의 비정도 잘못될 수밖에 없다.

현도군의 올바른 위치를 추적하기 위해서는 와다 세이나 도리이 류조의 판단은 잊어야 한다. 중국 사서에 나온 것을 토대로 그린 386쪽의 <그림 11>를 염두에 두는 것이 제2현도군의 위치를 추정하는 바른길이 된다.

교통과 통신 수단이 발달하지 못했던 고대의 통치는 중심이나 거점을 지배하는 것이지, 지역을 지배하는 것이 아니었다. 제2·3·4·5현도군은 '특히' 지역을 지배하지 못했다. 듬성듬성 거점만 영유했으니 고구려 등은 자유자재로 현도군 지역을 통과하고, 현도군과 요동군을 공격할 수 있었다.

고대에는 소득이 없는 지역은 황무지나 다를 바 없었다. 소득이나 소출이 없는 곳에서는 세금을 거둘 수 없기 때문이다. 거점이나 중심을 지배해야 국가나 지방행정기관은 세금을 거둘 수 있다. 세금을 거둘 수 없는 산골은 비용만 들어가니 통치하지 않는다. 이러한 이해를 하지 못하면 고대사를 바로 보는 것이 어려워진다.

238) 『사기』 「조선전」 眞番臨屯皆來服屬, 方數千里(위만 시절 위만조선이 진번과 임둔을 복속시키고 영토가 수 천리에 이르렀다).

239) 『사기』 「조선전」 遼東太守 即約滿爲外臣, 保塞外蠻夷 無使盜邊, 諸蠻夷君長欲 入見天子, 勿得禁止.

240) 『사기』 「조선전」 又未嘗入見, 眞番旁衆國欲上書見天子, 又擁閼不通.

241) 『사기』 「조선전」 以故滿得兵威財物.

242) 浿水는 지역을 지키는 해자와 같은 역할도 했다. 진나라 때 빈 땅인 상하장에 들어온 위만이 처음 터잡은 곳(조선의 舊都)을 험독이라고 했는데, 험독은 패수의 험한 물길을 방어막으로 삼아 만든 도시이기 때문이다.

243) 『사기』 「조선전」 傳子至孫右渠 所誘漢亡人滋多 又未嘗入見. 眞番旁衆國欲上書 見天子, 又擁閼不通.

244) 何去至界上臨浿水에서 '界上'은 그 뜻을 알 수가 없다. 계상을 지명으로 본다면 이 문장은 '섭하가 돌아가는 계상에 이르러 패수에 임하자'가 될 수 있겠다.

245) 『사기』 「조선전」 元封 二年 漢使涉何誘諭右渠, 終不肯奉詔. 何去至界上臨浿水, 使御刺殺 送何者朝鮮裨王長, 即渡, 馳入塞, 遂歸報天子曰殺朝鮮將. 上爲其名美, 即不詰, 拜何爲遼東 東部都尉. 朝鮮怨何, 發兵襲攻殺何.

246) 『사기』 「조선전」 遣樓船將軍 楊僕 從齊浮渤海. …樓船將軍將齊兵 七千人 先至王險. 右渠城守.

247) 『사기』 「조선전」 左將軍已幷兩軍, 即急擊朝鮮. 朝鮮相路人, 相韓陰, 尼谿相参, 將軍王唊 相與謀曰, 始欲降樓船, 樓船今執, 獨左將軍幷將, 戰益急, 恐不能與戰王又不肯降. 陰,唊, 路人皆亡降漢. 路人道死. 元封 三年 夏, 尼谿相参 乃使人殺朝鮮王右渠来降. 王險城未下, 故右渠之大 臣成已又反, 復攻吏. 左將 軍使右渠子長降, 相路人之子最告諭其民, 誅成已, 以故遂定朝鮮, 爲四郡.

248) 중상주의가 식민을 초래했다는 연구는 상당히 많다. 산업혁명 이전 포르투갈과 스페인의 중

상주의가 식민 지배를 만든 것에 대한 연구로는 최영수, "포르투갈과 스페인의 식민정책에 관한 비교연구: 중상주의 정책을 중심으로," 『이베로 아메리카연구 1』(서울대학교 라틴아메리카연구소, 1990. 12.), 199-264쪽이 있다.

249) 중국 역사에서 한 무제는 처음으로 연호를 사용했다. 원삭(元朔)은 한 무제가 사용한 세 번째 연호다. 원삭 원년은 한 무제가 황제가 된지 12년이 되는 해였다.

250) 『한서』「무제기」元朔 元年秋… 東夷薉君南閭等 口二十八萬人降 爲蒼海郡.

251) 『후한서』도 「예전(濊傳)」에서 '한나라 무제 원삭 원년에 예의 남려왕 등이 우거에 반란을 일으켜 28만 명을 이끌고 요동으로 투항했기에 무제는 그 곳을 창해군으로 삼았다(漢武帝 元朔元年 濊君 南閭等畔右渠 率二十八萬口 詣遼東內屬武帝 漢以其地爲蒼海郡).'라고 밝혀놓았다.

252) 『삼국지』「위서」「동옥저전」東沃沮在高句麗蓋馬大山之東, 濱大海而居. 其地形東北狹, 西南長, 可 千里. 北與挹婁夫餘, 南與濊貊接.

253) 『삼국사기』「고구려본기」동명왕 十年 … 冬十一月 王命扶尉猒伐北沃沮 滅之以其地爲城邑.

254) 『삼국지』「위서」「읍루전」挹婁在夫餘東千餘里, 濱大海, 南與北沃沮接, 未知其北所極. 其土地多山 險,

255) 『사기』「평준서(平準書)」와 『한서(漢書)』「식화지(食貨志)」 등을 종합하면 팽오는 고인(賈人=상인) 이었다. 거대 상단이 다니면서 길이 생기고 물류가 일어나 정보와 이윤이 발생하면, 그곳을 차지해 영토화 함으로써 세금을 받고자 전쟁이 일어난다.

256) 『한서』「식화지(殖貨志)」武帝卽位數年 彭吳 穿濊貊朝鮮 置滄海郡. 則燕齊之間 騷然騷動.

257) http://100.daum.net/encyclopedia/view/b20j1245a(검색 2017년 7월11일).

258) 『史記』卷三十「平準書」第八- 彭吳賈滅朝鮮, 置滄海之郡 則燕齊之 間靡然發動.

259) 賈 자는 '상인 고'와 '값 가' 양쪽으로 읽을 수 있다, 고인으로 읽으면 상인이라는 뜻이 된다.

260) 『史記索隱』彭吳 賈人姓名 始開其道而滅之 朝鮮番名.

261) 왕회는 제후국 연(燕)나라 출신으로 여러 차례 변방의 관리를 지냈기에 흉노 사정에 밝았다.

서기전 140년인 건원(建元) 원년 흉노가 화친을 청하였을 때, 대행(大行)의 직(職)에 있으면서 화친을 하는 데 반대하였고 서기전 134년인 광원(元光) 원년 마읍(馬邑) 사건으로 무제(武帝)의 질책을 받자 자살하였다. 이 기록 원문에서 왕회의 관직으로 나오는 '대행(大行)'은 귀순해온 오랑캐를 담당하는 일을 하는 자리다. 『한서(漢書)』 「백관공경표(百官公卿表)」에는 귀순해온 오랑캐[蠻夷]를 담당하던 전객(典客)을 한나라 경제 6년인 서기전 144년경 대행령(大行令)으로 불렀다는 기록이 있다(『漢書』 卷5 「景帝紀」 第5도 참조).

262) 越은 중국 남방에 있던 이민족의 총칭이다. 동쪽에 있으면 동월, 남쪽에 있으면 남월이다. 越로 표기된 민족 간에 정치적 유대성은 존재하지 않았던 것으로 보인다. 『사기』 卷114 「東越列傳」 第54에 따르면 동월은 민월(閩越)이다. 왕회가 민월을 공격한 것은 민월이 '한나라 황제인 천자와 맺은 약속[職約]을 어기고 함부로 남월을 공격했기 때문이다. 동월의 왕인 영(郢)을 죽이고 왕회에게 항복한 이들은 왕의 동생인 여선(餘善)과 재상[相] 그리고 그 종족들이었다(『史記』 卷114 「東越列傳」 第54).

263) 남월국은 서기전 203~서기전 111년 사이 지금 중국의 광동성 광주(廣州)시인 번우(番禺)를 도읍으로 삼아 존속한 국가다. 강역은 광동·광서성의 대부분과 복건·호남·귀주·운남성의 일부, 그리고 지금 베트남의 북부를 포괄한 것으로 보인다.

264) 지금 중국의 사천성 지역. 사천성 남쪽과 남서쪽에 광서성과 광동성이 있다.

265) 번우성은 조타(趙佗)가 이끈 남월(南越)의 수도로 지금의 광동성 광주시로 비정된다. 진시황은 서기전 214년 남월 지역을 점령하고 번우현을 치소로 한 남해군(南海郡)을 만든 바 있었다.

266) 야랑은 지금 중국 귀주성에 있었던 국가이다. 당몽이 야랑에 가보니 작은 나라인데도 큰 나라 행세를 하고 있어 '허풍을 떤다'는 의미로 '야랑자대(夜郎自大)'라는 사자성어가 생겼다고 한다.

267) 황옥(黃屋)은 노란 비단으로 만든 수레의 덮개이고, '독(纛)'은 야크의 꼬리로 만든 깃발로 수레 곁말의 머리나 수레 횡목의 좌변에 꽂았다[左纛]. 따라서 황옥좌독은 황제가 타는 수레를

가리킨다(『漢書』卷1 上「高帝紀」第1上에는 李斐日이「天子車以黃繒為蓋裏. 纛, 毛羽幢也, 在乘輿 車衡左方上注 之. 蔡邕曰以犛牛尾為之, 如斗, 或在騑頭, 或在衡.」應劭曰: 「雉尾為之, 在左驂, 當鑣上.」師古日: 「纛音毒, 又徒 到反. 應說非也.」라는 내용이 있어 이를 짐작케 한다).

268) 여기의 주(州)는 한나라가 설치한 13개 주가 아니다. 우임금이 정비하기 이전의 독립적이고 격절된 구역으로 거론되는 '주'에 가깝다. '구주(九州)'라고 할 때의 주가 바로 독립된 세계인 데, 그러한 곳을 가리킨다.

269) 유방이 임명한 이성(異姓) 제후국인 장사국이다. 오예(吳芮)가 처음 왕으로 봉작됐다. 장사국 은 유방이 사망한 뒤에도 제후왕을 이어갈 수 있었던 유일한 제후국이었다. 지금의 호남성 임 상현(臨湘縣)을 도읍으로 삼고 있었다.

270) 예장은 유방이 설치한 예장군(豫章郡)이다. 지금의 강서성(江西省) 지역과 대체로 겹쳐진다.

271) 한나라는 내속(內屬)한 오랑캐의 군장에게는 왕·후·군·장(王·侯·君·長)의 작위를 수여하였다. 다동(多同)을 야랑후라고 한 것은 야랑이 내속했기 때문이다. 당랑이 가서 야랑을 촉군에 속한 현으로 만들고 나서는 다동의 아들을 현령으로 삼았다.

272) 지금의 사천성 의성(宜省)시이다.

273) 공(邛)족이 살았던 공(邛)지역은 지금의 사천성 서창(西昌) 지구로 보인다. 그곳을 접수한 한 나라는 월수군(越嶲郡)을 설치했다.

274) 작(筰)족이 살았던 작(筰)지역도 지금의 사천성에 있었던 것으로 보인다.

275) http://contents.nahf.or.kr/item/item.do?levelId=jo.d_0001_0116_0030 (검색 2016년 11월 4일).

276) 자연조건상 우마차나 차가 다니는 도로를 낼 수 없는 곳에서는 지금도 이러한 도로가 운영된 다. 중국의 운남성과 사천성에서 티베트·인도·네팔 등지를 잇는 '차마고도(茶馬古道, Ancient Tea Route/Southern Silk Road)'가 대표적이다. 차마고도는 비단길보다 오래된 무역로로 알 려져 있다. 이 길은 '마방(馬幇)'으로 불리는 상인단체에 속한 상인들이 말과 야크를 이용해 중

국의 차와 티베트의 말을 사고팔기 위해 다녔다. 해발고도 4,000m가 넘는 험준하고 가파른 곳으로 나 있기에 고산병에 걸릴 수도 있어, 우마차나 일반인이 모는 자동차가 다니는 길은 지금도 없다.

277) 북(僰)족은 지금의 사천성 의빈시(宜賓市) 일대에 살던 서남이의 일족으로 보인다.

278) 『사기』 「평준서」 東至滄海之郡, 人徒之費擬於南夷.

279) 공손홍은 많은 무리가 따른다며 한 무제의 정복활동과 정복지를 영토화하는 작업에 반대했다. 그런데도 한 무제는 그를 중용해 승상까지 진급시켰다. 서기전 121년 그가 79세로 타계하자 한 무제는 '헌(獻)'이라는 시호를 내렸다.

280) 『史記』 卷116 「西南夷列傳」 第56 當是時, 巴蜀四郡通西南夷道, 戍轉相饋. 數歲, 道不通, 士罷餓離 溼死者甚衆;西南夷又數反, 發兵興擊, 耗費無功. 上患之, 使公孫弘往視問焉. 還對, 言其不便. 及弘爲御史大夫, 是時方築朔方以據河逐胡, 弘因數言西南夷害, 可且罷, 專力事匈奴. 上罷西夷, 獨 置南夷夜郎兩縣一都尉, 稍令犍爲自葆就.

281) 『사기』 「공손홍전」 弘數諫…願罷…滄海 而專奉朔方…上乃許之.

282) 한 무제의 정복전쟁은 황실의 부를 극대화하고 상당한 영향력을 가진 대상인(大商人)을 내 편으로 만드는 1석2조의 효과가 있었다. 그러면서도 한 무제는 고통받는 민중의 원성을 대변한 공손홍을 우대해, 가렴주구로 인한 반란 발생을 최소화했다. 훗날 고구려와 대전을 벌이는 수 양제는 가렴주구로 인한 불만을 대변할 인물을 우대하지 않았기에 무너졌다. 이는 한 무제의 통치술이 수 양제보다 뛰어났다는 평가가 될 수 있겠다.

283) 중국에서는 황하를 '하(河)', 양자강을 '강(江)'으로 자주 약칭해왔다. 하서는 지금의 감숙성 일대의 황하 서쪽지역을 가리킨다. 감숙성에는 산이 많아 인마(人馬)는 좁은 회랑(回廊)지대로 다녀야 했다. 주나라와 한나라를 자주 공격했던 흉노는 이 회랑 지역에 많이 살았다. 감숙성 지역에 있는 회랑지대를 '하서주랑'이라고 했다. 한 무제 때의 곽거병은 이곳을 급습해 하서4군을 설치함으로써 영토화했다.

284) 3개 군은 지금의 북 베트남에 설치하고, 6개 군은 운남성 등 지금 중국 지역에 설치한 것으로 알려져 있다. 한나라는 그곳을 '남중(南中)'으로 불렀는데, 현지세력의 흥기로 9군은 곧 7군으로 줄어드는 등 많은 변화를 겪었다. 남중7군은 주제(朱提), 장가(牂柯), 흥고(興古), 건령(建寧), 운남(雲南), 영창(永昌), 월휴(越巂)군이다.

285) 서기전 111년 남월(南越) 혹은 서남이(西南夷)로 부르던 지역을 평정한 한 무제는 장가(牂牁), 월도(越都), 침려(沈黎), 문산(文山), 무도(武都), 익주(益州)의 여섯 개 군을 설치했다. 그러나 현지 세력의 저항이 강력해 이 6개 군도 폐지와 설치를 반복했다. 남중7군과 뒤섞이기도 했다.

286) 로마가 만든 도로는 상당히 견고했다. 제대로 만든 로마의 도로는 땅을 2m쯤 파내려간 다음 모래를 넣어 굳히고, 그 위에 30cm 가량으로 자갈을 깔고 석회 몰타르를 접합한 후 주먹만한 돌을 부어 층을 만들고, 맨 윗부분은 크고 편평한 돌로 포장하였다.

287) 한 무제가 서기전 110년 지금 중국 해남도(海南島) 담주(儋州)시 일대에 설치했던 군. 반란이 끊이지 않아 서기전 82년 담이군을 주애(珠崖)군에 편입시켰는데 주애군도 곧 파했다.

288) 『한서』「소제본기(昭帝本紀)」7 시원 5년조 罷儋耳眞番郡.

289) 『후한서(後漢書)』권85 「동이열전」「예전(濊傳)」 始元五年 罷臨屯眞番以幷樂浪玄菟.

290) 『한서』권6 臣瓚曰 茂陵書 … 眞番郡 治霅縣 去長安七千六百四十里 十五縣.

291) 진번군을 낙랑군에 통합하면서 낙랑군 남부도위가 관할하게 된 구(舊) 진번군 소속의 7개 현은 소명(昭明)·대방(帶方)·함자(含資)·열구(列口)·장잠(長岑)·제해(提奚)·해명(海冥)현이다. 진번군에 속했던 15개 현 가운데 이름이 전해지는 것은 이 7개 현과 『한서』에서 신찬이 진번군의 치소로 거론한 잡현뿐이다.

292) 『한서』권6 臣瓚曰 茂陵書 臨屯郡 治東暆縣 去長安六千一百三十八里十五縣.

293) 『삼국지』「동옥저전」 漢 光武六年 省邊郡 都尉由此罷. 其後皆以其縣中渠帥爲縣 侯. 不耐華麗 沃沮諸縣皆爲侯國.

294) 화이사상에 대한 일반적인 이해는 李春植, 『華夷思想』(서울: 교보문고, 1998) 참조.

295) 구리하라 도모노부(栗原朋信)는 백제에서 건너간 칠지도의 명문(銘文)을 해석한 일본 학자 중의 한 명으로 유명하다. 메이지 시절 일본은 중국이 세계의 중심이라는 화이사상을 무력화하기 위해 메이지 시절의 일본은 동서양 개념을 만들어냈다. 중국이 말하는 세계는 전세계가 아니라 동양에 한정된다고 한 것이다. 그리고 중국을 '지나(支那)'로 부르면서 동양과 중국을 구분하였다. 세계나 동양 전체를 의미하는 것일 수도 있는 중국대신 지나를 사용하면서, 중국을 중국 영토 안의 국가로 타자화(他者化)시켜 버린 것이다. 일본은 이렇게 중국의 세계관을 허물어 놓고 청일전쟁과 러일전쟁을 일으켜 대륙으로 진출했다. 만주국을 세우고(1932), 중국을 침공하는 중일전쟁(1937)을 감행했다. 메이지시절 일본이 어떻게 중국의 화이사상을 무너뜨렸는지는 工藤元男, "東アジア世界論の創始者: 栗原朋信(第二回)(早稲田大学史学会·連続講演会)," 『史觀』(Vol. 0 No. 145) 105- 106쪽 참고.

296) 栗原朋信, 『秦漢史の研究』(東京: 吉川弘文館, 1960), 254쪽.

297) 栗原朋信, 위의 책(1960), 249쪽.

298) 栗原朋信, 위의 책(1960), 260-261쪽.

299) 栗原朋信, 위의 책(1960), 276쪽.

300) 자연조건 때문에 완전히 분리돼 있는 지역을 도모노부 구리하라는 '절역(絕域)으로 표현했다.

301) 栗原朋信, 위의 책(1960). 261쪽.

302) 사마천은 한 무제 때 사람이다. 한 무제로부터 궁형(宮刑)을 당했지만 한 무제가 내린 벼슬을 하며 『사기』도 편찬했다. 그렇다면 그의 객관성은 한 무제를 위한 객관성이 된다.

303) http://dic.daum.net/word/view.do?wordid=kkw000259292&supid=kku000331825#kku000331825(검색 2016년 11월 13일)

304) 梁啓超, 『中國歷史研究法』(上海: 華東師範大學出版社, 1995).

305) 『한서』「지리지」樂浪郡, 武帝元封三年開. 莽曰樂鮮. 屬幽州. 戶六萬二千八百一 十二, 口四十

萬六千七百四十八. 有雲鄣. 縣二十五. 朝鮮, 訑邯, 浿水, 水西至增地, 入海. 莽曰樂鮮亭. 含資, 帶水西 至帶方, 入海. 黏蟬, 遂成, 增地, 莽曰增土. 帶方, 駟望, 海冥, 莽曰海桓. 列口, 長岑, 屯有, 昭明, 南部都尉治. 鏤方, 提奚, 渾彌, 呑列, 分黎山, 列水所出, 西至黏蟬, 入海, 行八百二十里. 東暆, 不而東部都尉治. 蠶台, 華麗, 邪頭昧, 前莫, 夫租.

306) 응소는 조조 등이 활약한 후한 말인 헌제 때 태산(泰山) 태수를 지낸 학자다. 박학다식하였고 저서에는 『한관의(漢官儀)』10권과 『풍속통의(風俗通義)』30권이 있다.

307) 『삼국사기』「고구려본기」 동명성왕 十九年 夏四月 王子類利自扶餘與其母逃歸王喜之 立爲太子 秋九月 王升遐 時年四十歲 葬龍山 號東明聖王.

308) 『삼국사기』「고구려본기」 유리명왕 二年 秋七月 納多勿侯松讓之女爲妃.

309) 『삼국사기』「고구려본기」 유리명왕 二十一年 春三月 郊豕逸王命掌牲薛支逐之 至國內 尉那巖 得之 抱於國內人家 養之 返見王曰臣逐豕至國內尉那巖 見其山水深險 地宜五穀又多麋 鹿魚 鼈之産 王若移都則不唯民利之無窮 又 可免兵革之患也 夏四月 王田于尉中林 秋八月 地震九月 王如國內觀地勢 還至沙勿澤 見一丈夫坐澤上石 謂王曰 願爲王臣王喜許之 因賜名沙勿 姓位氏. … 二十二年 冬十月 王遷都於國內築尉那巖城.

310) 협보가 간 남한과 위만의 배신을 당한 기자조선의 준왕이 간 韓은 비슷한 곳으로 보인다. 마한·변한·진한 등 삼한 지역으로 보이는데 삼한의 위치를 정확히 비정할 수 없다. 삼한은 지금의 요동반도 끝에 있었던 것으로 보인다.

311) 『삼국사기』「고구려본기」 유리명왕 二十七年 春正月 王太子解明在古都.

312) 『삼국사기』「고구려본기」 유리명왕 二十八年 春三月 … 大王長子已卒太子正當 爲後.

313) 『삼국사기』「고구려본기」 대무신왕 大武神王立(或云大解朱留王) 諱無恤琉璃王第三子 … 母松氏 多勿國王松讓女也.

314) 『삼국사기』「고구려본기」 유리명왕 三十三年 … 秋八月王命烏伊摩離領兵二萬 西伐梁貊 滅其國 進兵襲取漢高句麗縣(縣屬玄菟郡).

315) 『후한서』 권76 「순리(盾吏)열전」 제66 土人王調殺郡守劉憲, 自稱大將軍樂浪太守.

316) 『삼국사기』 「고구려본기」 대무신왕 十一年 秋七月 漢遼東太守將兵來伐王會羣臣 問戰守之計…

317) 『후한서』 권 1. 建武六年(서기 30)初, 樂浪人王調據郡不服. 遣樂浪太守王遵擊之. 郡吏殺調降.

318) 이 일을 『후한서(後漢書)』는 왕굉의 아들인 왕경(王景) 일을 기록한 권76 「순리(盾吏)열전」 제66에 보다 상세히 밝혀놓았다. 王景… 父閎. 爲郡三老. 土人王調殺郡守劉憲, 自稱大將軍 樂浪太守. 建武六年光武遣太守王遵將兵擊之. 至遼東閎與郡決曹吏 楊邑等共殺調 迎遵.

319) 『후한서』 권 1. 建武六年(30)初, … 秋九月更子 赦樂浪謀反大逆殊死已下.

320) 이때 낙랑군 남부도위는 폐지하지 않았다.

321) 『삼국사기』 「고구려본기」 대무신왕 十五年 … 夏四月 王子好童遊於沃沮樂浪王崔理出行 因見之 問曰 觀君顏色 非常人 豈非北國神王之子乎遂同歸 以女妻之. 後 好童還國 潛遣人 告崔氏女曰 若能入而國武庫割破鼓角 則我以禮迎 不然則否 先是 樂浪有鼓角 若有敵兵則自鳴 故令破之 於是 崔女將利刀 潛入庫中 割鼓面角口 以報好童 好童勸王 襲樂浪崔理以鼓角不鳴不備 我兵掩至城下 然後知鼓角皆破 遂殺女子 出降.

322) 『삼국사기』 「고구려본기」 대무신왕 二十年 王襲樂浪 滅之.

323) 『삼국사기』 「고구려본기」 대무신왕 二十七年 秋九月 漢光武帝遣兵渡海伐樂浪 取其地 爲郡縣 薩水已南屬漢.

324) 『후한서』를 비롯한 중국 사서에는 서기 44년(후한 건무 20년)에 광무제가 군사를 보내 (고구려가 차지한) 낙랑을 쳐서 다시 빼앗았다는 기사가 없다. 이것이 역사의 미스터리인데, 고구려에 대해서는 가장 상세한 기록인 『삼국사기』 「고구려본기」에는 대무신왕의 고구려가 낙랑을 함락시켜 차지했다가 7년 뒤 빼앗겼다고 해놓았으니, 44년 광무제가 고구려의 낙랑을 쳐 다시 수복한 것은 사실로 보아야 한다.

325) 『삼국사기』 「고구려본기」 문자명왕 三年 … 秋七月 我軍與新羅人戰於薩水之原 羅人敗保犬牙

城 我兵圍之 百濟遣兵三千援新羅 我兵引退.

326) 『삼국사기』「고구려본기」 민중왕 四年 冬十月 蠶友落部大家戴升等一萬餘家詣樂浪投漢(後漢書云大加戴升等萬餘口).

327) 『삼국사기』「고구려본기」 모본왕 二年春 遣將襲漢北平漁陽上谷太原而遼東太守蔡彤以恩信待之 乃復和親.

328) 서기 68년인 태조대왕 16년 8월 갈사왕의 손자가 나라를 바치며 항복해 왔기에 그를 도두로써 우태로 삼음.

329) 서기 72년인 태조대왕 20년 2월 관나부 패자인 달가를 보내 조나를 치고 그 왕을 사로잡았음.

330) 서기 74년인 태조대왕 22년 10월에 환나부 패자인 설유를 보내 주나를 치고 그 나라 왕자인 을음을 사로잡아 고추가로 삼음.

331) 『삼국사기』「고구려본기」 태조대왕 五十三年 春正月 … 王遣將入漢遼東奪掠六縣太守耿 夔出兵拒之 王軍大敗 秋九月 耿夔擊破貊人.

332) 『삼국사기』「고구려본기」 태조대왕 五十七年 春正月 遣使如漢賀安帝加元服.

333) 『삼국사기』「고구려본기」 태조대왕 五十九年 遣使如漢貢獻方物求屬玄菟(通鑑言 是年三月麗王宮 與穢貊寇玄菟 不知或求屬或寇耶抑一誤耶).

334) 『삼국사기』「고구려본기」 태조대왕 六十六年 … 夏六月 王與穢貊襲漢玄菟攻華麗城.

335) 『삼국사기』「고구려본기」 태조대왕 六十九年 … 冬十月 王幸扶餘 祀太后廟存問百姓窮困者賜物 有差.

336) 『삼국사기』「고구려본기」 동명성왕 十四年 秋八月 王母柳花薨於東扶餘其王金蛙以太后禮葬之 遂立神廟 冬十月 遣使扶餘饋方物 以報其德. 태조대왕 이전의 고구려 왕은 부여에 있는 태후의 사당을 방문한 적이 없었다.

337) 『삼국사기』「잡지(雜志) 1」「제사(祭祀)」 古記云 東明王十四年秋八月 王母柳花薨於東扶餘其王金蛙以太后禮葬之遂立神廟太祖王六十九年冬十月 幸扶餘祀太后廟.

338) 『후한서』「동이전」 부여조 建武中, 東夷諸國皆來獻見. 二十五年, 夫餘王遣使奉貢, 光武厚荅報之, 於是使命歲通. 至安帝 永初五年, 夫餘王始將步騎七八千人寇鈔樂浪, 殺傷吏民, 後復歸附.

339) 『삼국사기』「고구려본기」 태조대왕 六十九年 … 十一月 王至自扶餘 王以遂成統軍國事 十二月 王率馬韓穢貊一萬餘騎 進圍玄菟城 扶餘王遣 子尉仇台領兵二萬 與漢兵幷力拒戰 我軍大敗.

340) 『삼국사기』「고구려본기」 태조대왕 七十年 王與馬韓穢貊侵遼東 扶餘王遣兵救破之.

341) 관인(官印)을 몸에 붙이고 다닐 수 있게 해주는 끈.

342) 금빛을 띄는 비단으로 보인다. 인수와 금채를 주었다는 것은 벼슬을 주었다는 뜻이다.

342) 의장을 갖추고 전정(殿庭)에서 연주하는 한(漢)나라 계통의 주악으로 판단된다. 한나라의 왕 무덤에는 씨름 유희를 하는 그림과 주악을 연주하는 벽화가 그려진 경우가 많은데, 주악이 황문고취, 씨름 유희가 각저희로 추정된다. 황문고취와 각저희를 펼친 것은 최고 대접을 했다는 의미다.

344) 『후한서』「동이전」 부여조 永寧元年, 乃遣嗣子尉仇台詣闕貢獻, 天子賜尉仇台印綬金綵. 順帝 永和元年, 其王來朝京師, 帝作黃門鼓 吹·角抵戲以遣之.

345) 『삼국사기』는 그때 부여 왕이 처자를 데리고 와 나라를 바치고 항복했다고 기록하고 있다. 그 이후부터 부여는 고구려의 성(城, 부여성) 이름으로만 등장한다. 국가나 자치조직의 이름으로 는 더 이상 등장하지 않으니 백제로 이어진 세력이 아닌 한 이후의 부여는 소멸된 것이 분명하다. 중국 사서들은 왕이 떠난 부여족은 물길에 흡수되었다고 해놓았다.

346) 『삼국사기』「고구려본기」 태조대왕 七十二年 … 冬十月 遣使入漢朝貢.

347) 『삼국사기』「고구려본기」 동천왕 二十一年 秋八月 漢平州人夏瑤 以百姓一千餘家來投王納之 安置柵城.

348) 『삼국사기』「고구려본기」 미천왕 원년 與東村人再牟販鹽 乘舟抵鴨淥 將鹽下寄江東思收村人家.

349) 『삼국사기』「고구려본기」 보장왕 7년 … 9월 … 太宗遣將軍薛萬徹等來伐渡海入鴨淥至泊灼

城南四十里止營.

350) 윤한택, "고려 서북 국경에 대하여: 요금 시기의 압록(鴨淥)과 압록(鴨綠)을 중심으로," 『압록과 고려의 북계』(서울: 주류성, 2017) 참조.

351) 『한서』 「지리지」의 탄열현이 『후한서』 「군국지」를 만들 때는 낙도현으로 개칭된 것으로 추정하는 경우가 많다.

352) 朴眞奭, "高句麗國號考 : 高句麗와 句麗 관계를 중심으로," 『高句麗研究』 21집(고구려발해학회, 2005년 12월 30일), 455-474쪽. 박진석은 구려를 고구려의 약칭이라고 했다.

353) 『후한서』 「동이전」 「고구려전」 高句驪 在遼東之東千里. 南與朝鮮·濊貊, 東與沃沮, 北與夫餘接. 地方二千里. 多大山深谷, 人隨而爲居. 少田業, 力作不足以自資, 故其俗節於飮食. 而好修宮室. 東夷相傳以爲夫餘別種, 故言語法則多同.

354) 『후한서』 「동이전」 「고구려전」 句驪 一名貊. 有別種, 依小水爲居, 因名曰小水貊. 出好弓, 所謂貊弓是也.

355) 노태돈, "고구려의 성립과 변천," 이기동 편, 『한길역사강좌 12: 한국고대사론』(서울: 한길사, 1988), 31-32쪽.

356) 노태돈, 위 논문(1988).

357) 『후한서』 「동이전」 「예전」은 '현도는 다시 구려로 옮겨가 자리잡았기에 단단대령 동쪽에 있는 옥저와 예맥(옥저·예맥족 가운데 단단대령 동쪽에 있는 옥저와 예맥)은 다 낙랑군에 속하게 하였다(昭帝始元五年 … 玄菟復徙居句驪. 自單單大領已東 沃沮·濊貊 悉屬樂浪)'라고 풀어놓았다. 옥저와 예맥이 낙랑군 동부도위 관할이 되었다는 것과 함께 제2현도군은 단단대령 서쪽의 구려로 옮겨 갔다고 해놓았으니 제2현도군이 옮겨간 곳은 넓은 의미에서는 구려가 된다. 그러한 구려의 서북으로 제2현도군이 들어와 치소 이름을 고구려현으로 한 것이다.

358) 주몽을 개인이 아닌 세력으로 보는 것은 『삼국사기』 「고구려본기」 동명왕조에 '주몽이 오이·마리·협보 등 세 사람과 벗을 삼아 (동부여를) 나와 엄호수에 이르렀다(朱蒙乃與烏伊摩離陜父等

三人爲友 行至淹㴲水).'와 엄호수를 건너 모둔곡에 이른 주몽이 재사(再思)와 무골(武骨) 묵거(默居)를 만나 각각 극(克)과 중실(仲室)·소실(少室)을 성(姓)으로 준 후 "내가 하늘 명을 받아 나라를 창건하려 하는데 어진 인물 세 분을 만났으니 어찌 하늘이 내려준 것이 아니겠느냐."며 함께 졸본부여로 가는(朱蒙行至毛屯谷[魏書云至普述水] 遇三人 其一人着麻衣 一人着衲衣 一人着水藻衣 朱蒙問曰 子等何許人也 何姓何名乎 麻衣者曰 名再思 衲衣者曰 名武骨 水藻衣者曰 名默居 而不言姓 朱蒙賜再思姓克氏 武骨仲室氏 默居少室氏 乃告於衆曰 我方承景命 欲啓元基 而適遇此三賢 豈非天賜乎 遂揆其能 各任以事 與之俱至卒本川) 대목이 있기 때문이다.

359)『삼국사기』「백제본기」온조왕 其父鄒牟 或云朱蒙 自北扶餘逃難 至卒本扶餘. 扶餘王無子 只有三女子 見朱蒙 知非常人 以第二女妻之 未幾 扶餘王薨 朱蒙嗣位, 生二子 長曰沸流 次曰溫祚.

360)『삼국사기』「고구려본기」대무신왕 三年 春三月 立東明王廟.

361)『한서』「지리지」玄菟郡, 武帝 元封四年開. 高句驪, 莽曰下句驪. 属幽州. 戶四萬五千六, 口二十二萬一千八百四十五, 縣三. 高句驪, 遼山, 遼水所出, 西南至遼隊, 入大遼水. 又有南蘇水, 西北經塞外. 上殷台, 莽曰下殷. 西蓋馬, 馬訾水西北入鹽難水, 西南至西安平, 入海, 過郡二, 行一千一百里. 莽曰玄菟亭.

362) 제2현도군은 속현이 3개일 정도로 세력이 약했는데 호구와 인구는 다른 군만큼 많아『한서』「지리지」요동군조 기록에 의문을 제기한 학자들이 많았다. 때문에 '속현은 제2현도군의 것이나 인구와 호구 수는 제1 현도군의 것'이라는 주장이 다수설로 제기되었다. 李丙燾, "玄菟郡考,"『韓國古代史硏究』(서울: 博英社, 1976). 178쪽; 노태돈, "고구려의 기원과 국내성 천도,"『한반도와 중국 동북 3성의 역사 문화』(서울: 서울대학교 출판부, 1999), 328쪽 등.

363)『漢書』昭帝 元封六年… 募郡國徒 遼東玄菟城.

364)『삼국지』「동이전」「동옥저전」漢武帝 元封二年, 伐朝鮮, 殺滿孫右渠, 分其地爲四郡, 以沃沮城爲玄菟郡. 後爲夷貊所侵, 徙郡句麗西北, 今所謂玄菟故府是也.

365)『삼국유사』「기이(紀異)」「이부(二府)」前漢書 昭帝 始元午年己亥 置二外府. 謂朝鮮舊地 平那

及玄菟郡等 爲平州都督府. 臨屯樂浪等 兩郡之地 置東部都尉府[私曰 朝鮮傳則 眞番玄菟臨屯 樂浪等四 今有平那 無眞番 盖一地二名也.

366) 『삼국지』「오주전(吳主傳)」玄菟郡在遼東北 , 相去二百里.

367) 361번 주와 동일함.

368) 『후한서』「군국지」玄菟郡, 武帝置. 雒陽東北四千里. 六城. 戶一千五百九十四. 口四萬三千 一百六十三. 高句驪 遼山遼水出. 西蓋鳥. 上殷台. 高顯 故屬遼東. 候城 故屬遼東. 遼陽, 故屬遼 東.

369) 『진서』「지리지」玄菟郡 漢置. 統縣三, 戶三千二百. 高句麗 望平 高顯.

370) 와다 세이(和田淸)는 일본 가나가와(神奈川)현 출생으로 동경의 제1고등학교를 거쳐 1915년 동경제국대(東京帝國大) 사학과를 졸업하고(동양사 전공) 만주 지역에 대한 연구를 거듭했다. 1927년 동경제국대 조교수, 1933년부터 1951년까지(정년) 동경제국대 사학과 교수, 이어 1961년까지는 일본(日本)대학 교수를 지냈다. 문학박사 학위는 1939년 취득했다. 이케우치 히로시(池內宏)와 가토 시게루(加藤繁)보다 한 세대 젊었던 와다 세이는 두 사람이 퇴임한 전쟁(중일전쟁과 제2차 세계대전) 시기 일본의 동양사학을 이끈 인물로 일본에서 평가받는다. 동양문고(東洋文庫)라는 출판사 운영에도 참가해 전무까지 오르면서 만주어와 몽골어에 대한 자료를 많이 축적했다. 명·청 시대 중국 주변 지역 연구와 원나라 멸망 후의 몽골도 많이 연구했다. https://ja.wikipedia.org/wiki/%E5%92%8C%E7%94%B0%E6%B8%85참조(검색 2016년 11월30일).

371) 和田淸, "玄菟郡考,"『東方學』1 (1951); 和田淸, 『東亞史硏究』(東京: 東洋文庫, 1955) 滿洲篇.

372) 1870년 도쿠시마(德島) 출신으로 정식 학력은 중학교 중퇴가 전부다. 그리고 독학으로 인류학을 공부해 동경제국대 인류학교실과 관계를 가졌다. 1895년부터 차례로 요동반도, 대만, 중국 서남부, 시베리아, 치시마(千島)열도, 오키나와, 만주, 몽골, 조선 등을 답사했다. 그는 최신 기술을 적극적으로 도입한 연구자였다. 1896년 대만 조사에서 처음으로 사진기를 사용했고,

1904년 오키나와 조사에서는 축음기로 민요를 녹음했다. 정규 학력이 부족함에도 동경제국대 조교수가 되었다. 하지만 민간 입장을 관철하려고 했기에 '관학(官學)'인 동경제국대와 대립해 1924년 동경제국대 조교수직을 사임하고 자기 집에 '도리이 인류학연구소'를 열었다.

그는 일본과 조선은 같은 조상을 가졌다는 '일선동조론(日鮮同祖論)'을 주장했다. 일선동조론은 언어학자인 시라토리 구라키치(白鳥庫吉)와 가나자와 쇼사부로(金澤庄三郞)가 일본어와 조선어는 서로 통하는 우랄 알타이어라고 하면서 일기 시작했다. 이어 생물학자 요시다 도고(吉田東伍)가 조선 인종을 한반도 북부에 정착한 대륙계[陸種]와 남부에 정착한 해안계[島種]로 나누고, 해안계는 일본인과 동일한 인종이라고 주장했었다. 1910년대 도리이 류조는 야기 쇼사부로(八木奬三郞)와 일선동조론을 외쳤다. 도리이는 한국인들의 신체를 조사해 북부 아시아형과 남부인종으로 나누고, 남부인종의 근거지가 일본이라고 주장하였다. 도리이는 일선동조론을 근거로 일본과 조선은 합병하는 것이 옳다고까지 주장했다. 도리이류조는 '일본인의 뿌리'를 찾기 위해 동아시아를 샅샅이 뒤지고 다녔다. 고고학·민속학·민족학으로 연구를 확대했기에 '종합 인류학자(総合人類学者)'로 불리게 되었다. 그가 모은 자료는 지금 도쿠시마현립 도리이 기념관에 진열돼 있다. https://ja.wikipedia.org/wiki/%E9%B3%A5%E5%B1%85%E9%BE%8D%E8%94%B5(검색 2016년 12월 6일).

373) 이를 비판하는 논문에는 복기대, "고구려 도읍지 천도에 관한 재검토," 『고조선단군학』 제22호 (고조선단군학회, 2010년 5월) 199-243쪽이 있다.

374) 소자하는 이 그림 윗부분에서 제3현도군(第三玄菟郡, 이 지도에서는 第三玄菟南으로 잘못 표기돼 있다)으로 써놓은 부근, 함흥은 沃沮라고 써놓은 부근에 있다. 옥저는 서기 30년 낙랑군 동부도위를 없앨 때 독립했다. 이 지도는 옥저와 동예가 독립한 다음을 상정해 그린 듯하다.

5장

고구려의 외교[375)]

우즈베키스탄의 제2 도시인 사마르칸트의 아프라시아브(사마르칸트의 옛 지명) 박물관
에는 7세기 중반 이 지역에서 있었던 소그디아 왕국의 공주 결혼식에 참여한 외국사절
단을 그린 벽화가 전시돼 있다. 일곱 명의 인물 중 오른쪽에 검은 칼을 차고 있는 두 사람
은 고구려 사신으로 추정된다. 고리자루 큰 칼(환두대도·環頭大刀)을 차고 있는데다 새
깃털을 붙인 조우관(鳥羽冠)을 쓰고 있기 때문이다. 연개소문이 당나라를 견제하기 위해
그 후방에 있는 소그디아 왕국에 파견한 것으로 해석되고 있는데, 『삼국사기』「고구려본
기」에는 소그디아로 추정되는 나라에 고구려가 사신을 보낸 것은 기록돼 있지 않다. 그
러나 고구려의 외교 범위는 생각 밖으로 넓었다.

1) 고구려 외교의 규모

고구려는 한나라가 영유하지 못한 (고)구려 지역에서 일어났기에 빠르게 성장할 수 있었다. 고구려는 유리명왕 시절 제2현도군을 쳐 치소인 고구려현을 함락시킬 정도로 강성해졌고 반한(反漢)적이 되었다. 고구려가 일어난 곳은 초원길이 있는 내륙이었다. 중국(요동군)은 발해를 따라 난 해안길 지역은 장악했지만, 초원길 지역까지는 힘을 투사하지 못했다.

초원길을 관리하기 위해 제2현도군을 옮겨 설치했지만, 제2현도군은 자기 방어도 힘들어할 정도로 약했다. 고구려에 고구려현을 빼앗겼기에 제3현도군을 만들어야 했다. 고구려는 반복해서 제3현도군을 쳐, 제4·제5의 현도군으로 밀어냈다. 요동군도 축소시켰다. 낙랑군도 야금야금 파고 들어갔다.

그 결과 미천왕 때 낙랑군·대방군, 광개토왕 때 제5현도군과 요동군을 정복하고 백제의 관미성을 빼앗았다. 장수왕 때는 북위와 함께 숙적인 북연(北燕)을 무너뜨리고 백제를 쳐 개로왕을 전사시켰다. 이 패배로 백제는 지금 요동반도 지역을 포기하고 한반도의 공주인 웅진(熊津)을 새 도읍으로 삼아 크게 후퇴했다. 고구려는 해륙물류를 할 수 있는 제국이 된 것이다.

고구려는 240년 이상 북위-남조 등과 함께 동북아의 세력균형을 이루는 3각 체제를 형성했다. 그 시기 고구려는 장수왕 평양과 국내성, 그리고 백제가 두 번째로 수도로 삼았던 한성을 3경으로 운영했다. '제국 고구려'를 염두에 둘 경우 유의할 것이 '고을화했다'와 '속국으로 삼았다'는 『삼국사기』의 표현이다.

「고구려본기」 동명성왕 10년 11월조에는 '부위염을 시켜 북옥저를 쳐 없애고 그 지역을 고을로 만들었다(王命扶尉猒伐北沃沮 滅之 以其地爲城邑)'란 대목이 있다. 유리명왕 11년 4월조에는 '부분노의 계책을 받아들여 앞뒤로 치자 선비는 계책이 아득

<표 18> 고구려의 왕별, 국가별로 살펴본 고구려의 외교 규모

임금	재위기간	회수		내부	부여		황룡국		숙신		신라		후한		조위		동오		후조		동진		전연	
		遺	來	遺	遺	來	遺	來	遺	來	遺	來	遺	來	遺	來	遺	來	遺	來	遺	來	遺	來
1 동명성왕	18	1			1																				
2 유리명왕	37	5				2	1	2																	
3 대무신왕	27	1				1																			
4 민중왕	5	0																							
5 모본왕	6	1		1																					
6 태조대왕	94	8		2		2				1				3											
7 차대왕	20	0																							
8 신대왕	15	0																							
9 고국천왕	19	0																							
10 산상왕	31	0																							
11 동천왕	22	5											1			3			1						
12 중천왕	23	0																							
13 서천왕	23	0																							
14 봉상왕	9	0																							
15 미천왕	32	1																		1					
16 고국원왕	41	6																				2		3	
17 소수림왕	14	3																							
18 고국양왕	9	2										1	1												
19 광개토왕	22	3																							
20 장수왕	79	61		1									2												
21 문자명왕	28	40					1																		
22 안장왕	13	7																							
23 안원왕	15	17																							
24 양원왕	15	9																							
25 평원왕	32	23																							
26 영양왕	29	9																							
27 영류왕	25	18																							
28 보장왕	27	19											1												
합	705	239		4	7		3		1		6		3		3		1		1		2		3		
소합		187	52	4	1	6	1	2	0	1	1	5	3	0	3	0	0	1	1	0	2	0	3	0	

후연		북연		전진		북위		동위		북제		북주		유송		남제		양		陳		돌궐		수		당	
遺	來	遺	來	遺	來	遺	來	遺	來	遺	來	遺	來	遺	來	遺	來	遺	來	遺	來	遺	來	遺	來	遺	來
				1																							
				2	1																						
1		1	1																								
			3			45	4							4		2											
						31	2									1	1	2	2								
						1	1											4	1								
						2	1	8	1									4	1								
								5		3	1																
										3	2	1	1							5	1			8	2		
																				1				6	2		
																								12	6		
																								15	3		
1		5		4		87		14		9		2		4		4		14		6		1		18		36	
1	0	1	4	3	1	79	8	13	1	6	3	1	1	4	0	3	1	10	4	5	1	1	0	14	4	27	9

하고 힘이 모자라 항복하고 속국이 됐다(鮮卑首尾受敵 計窮力屈 降爲屬國)'란 대목도 있다.

고을화됐다는 것은 고구려의 영토로 만들었다는 뜻이고, 속국으로 삼았다는 영토로 삼지는 못하고 고구려의 지배나 영향력을 받아들이게 했다는 뜻이다. 속국화는 지금의 국제정치학 이론으로 말하면 전쟁 등을 해서 굴복시킨 후 편승동맹국으로 만들었다는 뜻이 될 것이다. 속국 이론을 복잡하게 발전시키면 구리하라 도모노부(栗原朋信)가 분석한 한나라의 천조체제가 된다.

고대에는 교통수단의 한계가 심했으니 군사를 보내 멀리 있는 곳을 영유하는 것이 쉽지 않았다. 따라서 예나 덕으로 위장한 이념으로 굴복시키려 했다. 한 번의 전쟁으로 굴복시킨 후 입법권과 사법권·군사권 등 거의 모든 국가권을 가진 독립국으로 두지만, 자국에 협조하는 속국으로 만드는 것이다. 속국을 많이 거느린 나라가 제국이 된다.

중국 대륙에 명멸했던 숱한 강국들이 제국이었고, 우리나라에서는 고구려와 고려가 그러한 나라였다. 고구려는 선비와 거란·부여·말갈 등을 속국으로 거느렸다. 장수왕의 고구려는 백제와 신라도 속국으로 삼았던 것이 확실하다. 고구려식 천조체제를 만든 것이다. 그러나 영토화한 것은 아니었으니 고구려가 약해지면 바로 배신이 일어났다. 수나라가 고구려를 칠 때 백제와 거란은 수나라에 붙었다.

고구려가 거느렸던 속국 가운데 가장 특이한 것은 말갈이다. 말갈은 고구려가 고수·고당전쟁이란 큰 위기에 처했을 때도 배신하지 않았다. 고구려에 대한 충성이 매우 강해, 안시성 전투에서 실패한 당 태종은 생포한 말갈 병사 3,300여 명을 생매장까지 했다. 그러나 그렇게 협조를 했음에도 불구하고 고구려는 말갈을 동화시키지 못했다.

말갈은 고구려를 제외한 나라에 대해서는 전쟁을 마다하지 않았는데, 이는 고구려에 신속했을지언정 독립국가라는 충분한 암시가 된다. 말갈은 백제·신라와 수도 없이 싸웠다.[376] 때문에 우리 고대사는 삼국 시대가 아니라 4국시대라는 주장도 나오게 된다.

고구려는 다른 종족을 정복해 영토로 만든 곳과 다른 종족을 정복해 신속시킨 곳을 공유(共有)한 국가체였다. 고구려라는 제국 안에 말갈· 선비·거란·백제·신라 같은 나라가 있는 다종족 국가였다. 고구려를 이었다고 한 고려도 여진족을 거느린 다종족의 제국이었다.

조선은 다종족 국가를 포기한 나라다. 여진에 대한 지배를 명나라에 넘겼는데, 이는 제국을 포기했다는 뜻이다. 대한민국도 단일민족을 강조하니 제국의 길을 거부하고 있는 셈이다. 그러나 미국·중국·러시아·영국 등은 여전히 다종족 국가로 있다. 식민지를 거느리는 제국주의는 하지 않지만 영향력을 발휘할 수 있는 나라를 블록으로 묶어내고 있으니 제국으로 보아야 한다.

제국을 유지하려면 복잡한 통치기구를 갖추고 외교에 전력해야 한다. 제국이 된 장수왕 이후의 고구려가 '안정적으로 장수'한 것은 외교를 잘했기 때문이다. 장수왕 이후의 고구려는 북위를 상대로 세력균형을 잡는 데 성공했다. 그러나 수·당과는 세력균형을 잡는 외교에 실패해 패망했다.

외교의 실패는 전쟁으로 이어졌다. 제국 고구려는 이전의 고구려와 어떻게 다른지 살펴보자. 고대의 외교는 봉작과 사신 견래로 대별된다. 고구려 왕에 대한 봉작은 앞에서 살펴보았으니 『삼국사기』「고구려본기」를 토대로 사신 견래를 분석한다.

고구려는 중국 대륙에서 일어난 세력과 수없이 싸워왔고, 외교도 했다. 외교는 전쟁보다 횟수가 많고 공식적으로 이뤄진 탓에 「고구려본기」 등에 정확히 기록돼 있으니 정리하는 것이 어렵지 않다.

봉작은 중심을 자처하는 나라의 지도자가 주변으로 판단한 나라의 지도자에게 명예직을 주는 것이다. 고구려의 왕은 중국 대륙에서 일어난 왕조로부터 여러 번 봉작을 받았다.[377] 그런데 고구려의 왕은 중국 대륙 국가의 임금을 봉작한 적이 없다. 그런 점에서 봉작은 일방적인 외교다.

사신 교환은 주고받았으니 양자적이다. 따라서 고구려의 외교 폭을 짐작하게 해주는 것은 사신의 교환이 된다. 사신을 주고받은 횟수가 많다면 그 나라와는 더 많은 외교를 한 것이기 때문이다.

410쪽의 <표 18>은 「고구려본기」를 토대로 고구려의 각 왕이 주변국에 사신을 보내고[遣] 맞이한[來] '견래(遣來)'를 정리한 것이다. 고구려는 고구려 내부로 보낸 경우를 포함해 25개 국과 239번 사신을 주고받았다. 이 견래에는 왕의 형제(대개는 동생)나 왕자(태자, 세자 포함), 그리고 왕이 오간 것도 들어 있다.

왕의 형제나 왕자가 오간 것은 대개 위기에 처했을 때이다. 항복은 하지만 나라를 유지해야 할 필요가 있는 경우이다. 왕이 직접 가는 것은 진짜로 항복하여 나라가 흡수되는 경우이다. 이는 사신 견래보다 더 중요한 외교인지라 <표 18>에 포함시켰다. 그러나 왕(왕자와 왕의 형제 포함)이 붙잡혀 피살되거나 사로잡힌 것은 전쟁의 연속으로 보고 제외하였다.

415쪽의 <표 19>는 다른 나라가 고구려에 굴복해 그 나라의 왕이나 왕의 형제, 왕자가 고구려에 온 사례를 정리한 것이다. <표 19>는 고구려가 비류국과 북연(北燕), 부여 왕의 귀순을 받아냈음을 보여준다. 고구려가 여러 나라의 왕과 왕자, 왕의 형제 귀순을 받은 것은 강력한 정복국가였다는 뜻이다.

동명성왕 때 귀순한 비류국은 북부여의 일파로 보인다. 따라서 송양이 비류국을 이끌고 투항한 것은 <표 18>에서 부여와의 관계로 정리했다. 비류국 송양의 귀순, 갈사(부여)왕 손자의 귀순, 부여왕의 귀순도 모두 부여와의 관계로 정리했다. 하지

〈표 19〉 다른 나라의 왕이나 왕의 형제, 왕의 아들이 고구려에 온 사례

임금	시기	사례
1대 동명성왕	2년(서기전 36) 6월	송양이 비류국을 바치며 항복함.
3대 대무신왕	5년(22) 2월	(동)부여국 남쪽으로 쳐들어가 괴유가 동부여 왕의 목을 벰.
	5년(22) 7월	(동)부여 왕(대소)의 종제가 "선왕(대소)은 죽고 나라는 멸망해 의지할 데가 없다. 왕의 아우는 몰래 도망해 갈사에 도읍하였지만(갈사부여 세움), 나는 어질지 못하여 나라를 부흥시킬 수 없다"며 1만 여명을 이끌고 (고구려로) 귀순하여 옴.
	9년(26) 10월	개마국을 쳐서 그 왕을 죽이고 그곳을 郡과 縣으로 만듦.
	13년(30) 7월	매구곡 사람 상수가 아우와 사촌 등을 데리고 귀순함.
	15년(32) 4월	왕자 호동의 활약으로 낙랑왕 최이가 딸을 죽이고 항복해 옴.
6대 태조대왕	4년(56) 7월	동옥저를 쳐서 성읍으로 만듦.
	16년(68) 8월	갈사(부여)왕의 손자가 나라를 바치고 항복해옴.
	20년(72) 2월	조나를 치고 그 왕을 사로잡음.
	22년(74) 10월	주나를 치고 그 나라 왕자 을음을 사로잡아 고추가로 삼음.
20대 장수왕	26년(438) 3월	북연 왕 풍홍의 태자 왕인을 볼모로 잡고 풍홍 일행을 받아들였는데(망명 허용), 풍홍이 劉宋과 통하려고 하기에 풍홍과 왕인 등 10여 명을 죽임.
21대 문자명왕	3년(494) 2월	부여 왕이 처자를 데리고 와 나라를 바치고 항복해옴.

만 동부여 왕의 종제가 무리를 이끌고 투항한 것은 고구려의 동부여 정벌 직후에 일어난 것이라 전쟁의 연속으로 보고 〈표 19〉에만 포함시켰다. 장수왕 63년(475) 백제 개로왕을 죽인 것도 전쟁의 연속이라 〈표 18〉에 넣지 않았다.

416쪽의 〈표 20〉은 반대로 고구려가 굴복해 고구려의 왕이나 왕자, 왕의 형제

<표 20> 고구려의 왕이나 왕자, 왕의 형제 등 외국에 간 사례

임금	시기	사례	비고
2대 유리명왕	27년(8) 3월	황룡국이 태자 해명을 초청해 태자 해명이 황룡국을 방문함. 황룡국 왕은 해명을 죽이려했으나 하지못하고 예절을 갖춰 돌려보냄.	태자
16대 고국원왕	10년(340) 1월	前해 전연(前燕)에 맹약을 한 고국원왕이 전연의 임금 모용황에게 세자를 보내 예방케 함.	세자
	13년(343) 2월	전연에 대패한 고국원왕이 아우를 전연에 보내 신하로 칭하며 조회하고 아버지(미천왕)의 시신을 돌려받음.	왕의 동생
27대 영류왕	23년(640) 12월	세자 환권(桓權)을 당나라에 보내 조공함.	세자
28대 보장왕	6년(647) 12월	보장왕이 막리지를 하고 있는 둘째아들 임무를 당나라에 보내 사죄케 함.	왕자
	25년(666) 1월	태자 복남을 당에 보내 황제가 지내는 태산(泰山) 제사에 참가하게 함.	태자
	27년(668) 10월	당 고종이 고구려 왕(=보장왕) 등을 데려다 당 태종의 무덤인 소릉에 바치고 이어 당나라 서울의 태묘(=종묘)에 바치게 함(항복).	왕

를 타국에 보낸 경우다. 고구려가 굴복의 표시로 타국에 왕자(태자·세자 포함)를 보낸 것은 다섯 번이고, 왕의 동생을 보낸 것은 한 번, 왕이 귀순한 것은 한 번이었다. <표 20>은 고구려에 큰 위협을 준 나라는 황룡국과 전연(前燕), 당나라였음을 보여준다. 황룡국에 태자, 전연에는 세자와 왕의 아우, 당 나라에는 영류왕의 세자와 보장왕의 차남·태자 그리고 보장왕 자신이 갔기 때문이다.

고구려 외교를 종합해 놓은 <표 18>로 돌아가 보자. 『삼국사기』「고구려본기」는 고구려가 239번 사신을 주고받았는데, 보낸 것은 187번, 맞은 것은 52번이었다. 사신을 보낸 것이 맞은 것보다 3.5배 이상 많은 것이다. 사신의 견래는 장수왕 때부터 폭증하는 모습을 보인다.

고구려 역사의 3분의 2 정도가 흘러간 장수왕 이전의 사신 견래는 36번인데, 장수왕부터는 203번이다. 이는 장수왕 때부터 고구려가 본격적인 외교를 했다는 의미이다. 장수왕부터 고구려 외교가 폭증한 것은 고구려의 독립이 확실히 보장된 것을 첫째 이유로 꼽아야 한다.[378]

장수왕 때 고구려는 북위와 합세해 숙적 북연을 무너뜨리며 북연을 흡수했다. 그리고 새로운 적이 될 수 있는 북위와의 외교에 전력을 기울여, 북위와 공존한 148년 내내 한 번도 싸우지 않는 평화시기를 만들었다.

2) 장수왕 이후 고구려 외교가 급증한 이유는?

장수왕은 고구려의 역대 왕 가운데 가장 많은 61번의 사신 견래를 시켰는데, 이는 전체 사신 견래 횟수의 26%에 해당한다. 고구려 각 왕의 재임기간은 저마다 다르다. 장수왕은 태조대왕(93년간) 다음으로 오래 재위(79년간)했으니 더 많이 사신을 주고받을 수 있다.

그렇다면 각 왕의 외교 정도는 사신 견래 횟수를 그 왕의 재위기간으로 나눠봐야 보다 정확해진다. 이러한 식으로 계산해 봐도 장수왕은 사신을 많이 주고받았다. 매년 0.78명을 견래시켰다는 계산이 나오기 때문이다.

그러나 재위기간에 따른 평균을 내보면 그의 아들인 문자명왕이 더 자주 교환했다. 문자명왕은 28년간 재위하며 39번 사신을 주고받았으니, 연평균 1.39번 사신을 교환한 셈이 된다. 고구려 전체 왕의 연평균 사신 왕래 횟수가 0.33명이니, 그는 평균보다 4배 이상 많은 사신을 주고받았다(419쪽 <표 21> 참조).

<표 21>은 재위 기간 중 사신을 가장 많이 견래시킨 고구려왕을 순위별로 정리해본 것이다. 1위는 문자명왕이고, 2위는 안원왕, 3위는 장수왕이다. 9위까지 정리된 이 표에서 찾아낼 수 있는 사실은 모두가 20대 장수왕에서 마지막 왕인 28대 보장왕 사이라는 점이다. 전성기를 맞은 후 패망할 때까지 고구려는 가장 활발히 외교를 펼친 것이다. 이는 고구려가 외교를 성공시켜 전성기를 구축하고, 외교에 실패해 패망을 맞았다는 의미가 될 수도 있다.

<표 18>에는 고구려가 각각의 나라와 사신을 견래시킨 횟수도 나온다. 이를 국가별로 순위를 내본 것이 423쪽의 <표 22>이다. 북위가 87회로 압도적으로 많고, 이어 당나라(36회)-수나라(18회)-동위·양(14회)-북제(9회) 순이다. 북위는 동위·서위로 쪼개졌다가 북제와 북주로 변모하는데, 이 가운데 고구려와 국경을 접한 것은 동위와 북제다. 동위(14회)와 북제(9회)를 북위로 본다면, 고구려는 북위와 무려 110번 사신을 견래한 것이 된다.

고구려는 북위와 단 한 번도 싸우지 않았다. 동위·북제와도 싸우지 않았다. 고구려는 북위와 148년, 동위와 16년, 북제와 27년 공존했으니 더하면 191년간 공존한 것이 된다. 이렇게 긴 기간 양국 사이에 위기가 없었다고 본다면 이는 오산이다. 위기가 있었지만 극복해냈기에 북위와 공존하던 시절 고구려는 전성기를 맞았다.

고구려는 장수왕 시절 북위로부터 강한 도전을 받았다. 장수왕 54년(466) 3월 사신을 보냈는데, 북위의 실력자인 문명태후(성이 馮씨라 풍태후라고도 했다. 5대 문성제의 비이다)가 그의 아들인 6대 현조(顯祖, 헌문제, 생몰 454-476, 재위 465-471)가 6궁을 갖추지 못했다며 고구려 왕의 딸을 바치라고 요구했다. 이른바 '납비(納妃)사건'을 일으킨 것이다.

이에 장수왕은 "딸은 이미 출가했다."고 한 후 "동생의 딸을 보내겠다."고 했다.

<표 21> 연평균 사신을 가장 많이 견래시킨 고구려의 왕 정리

순위	왕	재위 기간	사신 견래		연평균	비고
1	21대 문자명왕	28년	40	遣 34	1,39회	남제에 1 번씩 사신 보내고 받음. 양나라에 2 번씩 사신 보내고 받음. 나머지 33 번은 북위에 보내고 받음. 부여 왕이 처자 이끌고 투항함.
				來 6		
2	23대 안원왕	15년	17	遣 14	1.21회	북위에 2 번 보내고 1 번 받음. 동위에 8 번 보내고 1 번 받음. 양나라에 4 번 보내고 1 번 받음.
				來 3		
3	20대 장수왕	79년	61	遣 52	0.78회	고구려 내부로 사신 파견 1 번 신라로부터 2 번 사신 받음. 북연으로부터 3 번 사신 받음. 유송에 4 번 사신 보냄. 남제에 2 번 사신 보냄. 나머지 53 번은 북위와 내왕한 것임.
				來 9		
4	27대 영류왕	25년	18	遣 12	0.75회	18 번 모두 당나라와 교류한 것임. 고구려 세자 환권을 당에 보냄. 당, 장손사 보내 경관 허물게 함. 당, 진대덕 보내 고구려 지리 파악.
				來 6		
5	25대 평원왕	32년	23	遣 17	0.74회	북주에 3 번 보내고 2 번 받음. 북제에 1번 보내고 1 번 받음. 진나라에 5 번 보내고 1 번 받음. 수나라에 8 번 보내고 2 번 받음
				來 6		
6	24대 양원왕	15년	9	遣 8	0.64회	동위에 5 번 보냄. 북제에 3 번 보내고 1 번 받음.
				來 1		
7	22대 안장왕	13년	7	遣 5	0.59회	양나라에 4 번 보내고 1 번 받음. 양나라가 보낸 1 번의 사신을 북위가 잡아감. 북위에 1 번 보내고 1 번 받음.
				來 2		
8	28대 보장왕	27년	19	遣 15	0.57회	18 번은 당나라, 1 번은 신라와 교류한 것임(당나라가 리현장을 보냈는데 연개소문이 돌림. 신라는 김춘추 보냄). 보장왕, 둘째아들 임무를 당에 보냄. 보장왕, 태자 복남을 당에 보냄. 보장왕 당나라로 끌려감(항복).
				來 4		
9	26대 영양왕	29년	9	遣 7	0.32회	수나라에 6 번 보내고 2 번 받음. 돌궐에 1 번 보냄.
				來 2		

그리고 북위의 요구는 혼인을 핑계로 사신을 보내 고구려의 지리를 정찰하려는 것일 수 있다고 판단하고, 동생 딸을 보내는 것도 차일피일 미루다[379] 현조가 죽는 바람에 보내지 않고 넘어갔다.[380] 이 때의 고구려는 천조체제의 나라였다.

북위의 현조가 어머니 문명태후의 압박으로 다섯 살짜리 아들에게 황제를 넘기고 권한이 없는 태상(太上)황제로 물러난 것은 17세이던 471년이었다(죽은 것은 22세인 476년이다). 고대에는 대개 임금이 18세가 되기 전까진 소년 왕의 어머니인 태후 등이 수렴청정을 할 수 있었다. 문명태후는 현조가 17세가 되자 태상황제로 물러나게 하고 5살짜리 손자(高祖, 생몰 467-499, 재위 471-499)를 앉혀 계속 수렴청정했다.

현조가 황제에서 물러난 것으로 따지면 장수왕은 문명태후의 요구를 5년간, 현조가 숨진 것을 기준으로 하면 무려 11년간 들어주지 않고 버틴 것이다. 장수왕은 고의로 시간을 끌었으니, 북위는 고구려를 칠 수도 있었다. 그러나 침공은 하지 못했는데, 이는 고구려의 국력을 의식한 행동이 아닐 수 없다. 그때 북위는 고구려를 동방에 있는 여러 나라[諸國]의 맹주로 인정했다. 고구려를 중심으로 한 '소(小)세계'를 인정한 것이다.[381]

문명태후는 아들인 현조보다 16년을 더 살다 490년에 죽고, 장수왕은 그 이듬해(491) 승하했다. 장수왕의 치세는 문명태후 시절과 거의 겹쳐지는 것이다. 문명태후의 북위를 장수왕의 고구려가 대등하게 상대한 것은 넓어진 영토로 인한 국력 증가와 더불어 고구려의 적극적인 대(對)북위 외교를 꼽을 수 있다. 이러한 북위의 옆구리를 찔러 고구려를 치라고 한 나라는 백제였다.

관미성을 빼앗긴 후 백제는 고구려에 적의를 드러냈었다. 472년 백제 개로왕(蓋鹵王)은 북위에 고구려를 공격하자는 장문의 국서를 보냈으나 북위는 거부했다. 이를 안 고구려가 남벌(南伐)을 단행했다. 장수왕 63년(475) 9월, 3만 병력으로 백제의 도읍지인 한성을 침공해 함락시키고 백제 왕인 부여경(개로왕)을 죽임으로써,[382]

백제의 침공으로 전사한 할아버지 고국원왕의 원수도 갚아버렸다. 이 패배로 백제는 웅진으로 천도해 한반도 남쪽에 위치하게 되었다.

장수왕의 담대함은 그것만이 아니다. 문명태후가 힘을 쓰던 시절 북위에 맞서고 있던 남제와도 교류했다. 장수왕은 43년과 62년 7월, 66년에는 유송에, 68년 4월과 69년 남제에 사신을 보냈다. 이중 흥미로운 것이 장수왕 68년(478) 4월의 사신 사건이다. 장수왕의 딸을 후궁으로 삼고자 했던 북위의 현조가 죽고 2년 뒤의 일이었다. 이 사건은 남제의 태조인 소도성이 장수왕을 표기대장군으로 봉작했기에 장수왕이 답례를 위해 여노를 사신으로 보냄으로써 일어났다.

배를 타고 남제로 가던 여노가 북위에 체포됐다. 고구려가 남제와 통한다는 것을 안 북위의 문명태후는 손자인 7대 고조(현조의 아들, 효문제)를 통해 장수왕에게 '몰래 남제와 통했다.'고 책망하는 조서를 보내왔으나 모든 사업을 수시로 보고하라는 당부와 함께 여노를 돌려보내 주었다.[383] 12년 전 고구려왕의 딸을 바치라고 압박했던 문명태후는 적대 국가인 남제로 가는 고구려의 사신을 나포했음에도 어찌지 못하고 돌려보낸 것인데, 이는 고구려의 힘을 인정한 행위가 아닐 수 없다.

491년 장수왕이 98세로 서거하자 북위의 고조는 소를 하고 위모를 쓰고 베로 만든 심의를 입고 북위 수도의 동쪽 교외로 나와 애도하는 의식을 치렀다. 그리고 알자복야 이안상을 고구려로 보내 장수왕을 거기대장군 태부 요동군개국공 고구려왕으로 추증하고 시호를 '강'으로 하였다.[384] 519년 문자명왕이 죽었을 때도 북위의 실력자인 영태후(북위 8대 황제인 세종 선무제의 비였다)가 동당에서 애도 의식을 거행했다.[385] [386]

고구려는 세력균형을 잡는 균형외교도 구사했다. 남제를 비롯해 북위와 대립하는 남조의 왕조들과 교류해 함께 북위를 견제한 것이다. 균형외교는 힘이 있는 나라만 할 수 있다. 그 시기 동북아 정세는 북위와 남조의 여러 왕조, 고구려가 견제하며 교류하는 동아시아판 삼국시대로 볼 수 있다.

상대적으로 생산력이 적은 동북방에 위치해 있음에도 천하3분지계를 구사했다는 점에서 고구려의 대(對)북위 외교는 성공으로 평가할 수 있다. 그러나 수·당과의 외교는 실패했다. 수나라와의 외교 실패는 수나라의 전신인 서위·북주보다 동위·북제와의 외교에 주력했기 때문에 초래됐다. 수나라에 저항했던 돌궐과 통하려고 했던 것도 수나라와의 관계를 껄끄럽게 만들었다.

당나라는 수나라가 고구려에 당한 수모를 갚고자 했으니 고구려의 대(對)당 외교는 처음부터 삐걱거릴 수밖에 없었다. 당나라는 먼저 돌궐을 쳐 굴복시킴으로써 고구려가 삼각구도를 만들기 위해 손잡을 수 있는 세력을 없애버렸다. 수나라의 실패를 참고해 고구려 침공 작전도 변경했다. 장기전으로 바꾼 것이다. 당나라는 고구려 세력을 분열시키고 고구려의 국부를 고갈시켜 승리했다.

423쪽의 <표 22>는 고구려와 공존한 시기 고구려와 사신을 견래한 나라를 견래 횟수에 따라 순위를 내본 것이다. 고구려와 공존한 시기 북위가 고구려와 가장 많이 사신을 견래했고 이어 당나라-수나라 순이다. 북위에서 갈려나와 고구려와 국경을 맞대게 된 동위(4위, 16회), 북제(6위, 27회)도 상당히 많은 사신 견래를 했다. 그러나 북주(24위, 2회)와는 거의 하지 않았고 서위와는 한 번도 견래하지 않았다. 그런데 약체로 평가받던 북주가 577년 북제를 무너뜨리고 북중국을 통일했다.

고구려의 평원왕은 북주가 북중국을 통일한 해 처음으로 북주에 사신을 보냈다. 이에 북주의 무제(武帝, 534~578, 재위 560~578)가 평원왕을 '개부의동삼사 대장군 요동군개국공 고구려왕'에 봉했다. 그러나 이것으로 두 나라 사이의 사신 교환이 끊어졌다.

이는 북주의 혼란과 관련이 있는 듯하다. 북중국을 통일한 무제가 이듬해(578) 병사하고 그의 장남이 뒤를 이어 선제(宣帝, 559~580, 재위 578~579)가 됐다. 선제는 정

\<표 22\> 공존 시기 고구려와 사신을 가장 많이 견래한 나라 순위

	나라	고구려와 공존기간	사신 회수	사신 견래		연평균 회수	연평균 순위	비고
1	북위	148	87	遣 79	來 8	0.59	3	
2	당	50	36	遣 27	來 9	0.72	2	
3	수	37	18	遣 14	來 4	0.49	4	
4	동위	16	14	遣 13	來 1	0.88	1	
5	양	55	14	遣 10	來 4	0.25	6	
6	북제	27	9	遣 6	來 3	0.33	5	
7	陳	31	6	遣 5	來 1	0,19	7	
8	부여	531	7	遣 1	來 6	0.01	19	부여 왕의 투항 포함
9	신라	705	6	遣 1	來 5	0.01	22	
10	북연	30	5	遣 1	來 4	0.17	9	
11	유송	59	4	遣 4	來 0	0.07	13	
12	前秦	44	4	遣 3	來 1	0.09	10	
13	內部	705	4	遣 4	來 0	0.01	23	
14	황룡국	-	3	遣 1	來 2			
15	후한	257	3	遣 3	來 0	0.01	20	
16	조위	45	3	遣 3	來 0	0.07	14	
17	전연	34	3	遣 3	來 0	0.09	11	

	나라	고구려와 공존기간	사신 회수	사신 견래		연평균 회수	연평균 순위	비고
18	南齊	23	4	遣	3	0.17	8	
				來	0			
19	東晋	103	2	遣	2	0.02	18	
				來	0			
20	북주	24	2	遣	1	0.08	12	
				來	1			
21	숙신	-	1	遣	0	-		6대 태조대왕 69년 10월 숙신 사신이 자줏빛 여우가죽과 흰 매, 흰 말 바침.
				來	1			
22	동오	51	1	遣	0	0.02	17	11대 동천왕 10년 2월 東吳의 손권이 사신 호위를 보냄. 고구려는 호위를 억류했다가 조위로 보냄
				來	1			
23	後趙	33	1	遣	1	0.03	16	15대 미천왕 31년 전연을 견제 하기 위해 후조의 석록에게 사신을 보내 싸리나무 화살을 선물함
				來	0			
24	후연	24	1	遣	1	0.04	15	
				來	0			
25	돌궐	106 (추정)	1	遣	1	0.01	2	
				來	0			
26	백제	678	0			0		
27	西晋	52	0					
28	서위	16	0					

주: 황룡국과 숙신은 존속 기간을 알 수 없어 고구려와 공존한 기간을 계산하지 못했다. 황룡국이 고구려와 공존한 기간은 짧았을 것으로 보이는데도 고구려와 3번이나 사신을 견래했으니, 두 나라 사이의 연평균 사신 견래 회수는 부여 등 우리 민족을 구성한 다른 나라보다는 많았을 것으로 추정한다.

신적으로 문제가 있어 악행을 거듭하다 이듬해(579) 죽고, 일곱 살인 그의 아들이 정제(靜帝, 573~581, 재위 579~581)가 임금이 되었다. 그러자 정제의 외조부인 양견(楊堅, 수 문제, 541~604)이 섭정을 하다, 581년 정제로부터 선양 받아 수나라를 열었다. 북중국을 통일한 북주의 황실에서 급변이 일어나고 있었는데, 고구려는 이를 알아보기 위한 외교를 하지 않았다. 이러한 태도는 북위 왕실의 급변을 알아보기 위해 한 해에 세 번씩 사신을 보냈던 장수왕 시절의 고구려와는 전혀 다른 모습이었다. 외교의 실패는 종종 전쟁을 초래하는데, 고구려는 이를 간과한 것이다.

북주에서 수나라가 일어나자 평원왕은 비로소 사신을 보냈다. 수 문제는 평원왕에게 대장군 요동군공이란 관작을 주는 것으로 대응했다(581). 수 문제가 남조의 진(陳)나라를 압박하자, 평원왕은 수나라에 집중적으로 사신을 보내기 시작했다. 582년 2번, 583년 3번, 584년 2번 보내 수나라의 정세를 살핀 것이다.

585년 그러한 평원왕이 돌연 남조의 진(陳)나라에 사신을 보냈다. 이는 진나라와 손잡고 급성장하는 수나라를 상대로 세력균형을 잡아보려는 시도로 보인다. 그러나 평원왕은 무모했다는 것을 깨달은 듯, 이듬해(586) 장안성으로 천도했다. 수나라의 침공에 대비한 것이다.

우려가 현실로 나타났다. 2년 뒤 수나라는 50만 대군으로 진나라를 치기 시작했고 589년에는 드디어 대륙을 통일했다. 이에 두려움을 느낀 평원왕이 군사를 훈련시키자 수 문제가 책망하는 조서를 보내왔다. 평원왕은 답서를 보내지 못하고 타계했는데(589), 평원왕의 죽음은 고구려가 받은 스트레스를 의미한다.

고구려는 실책을 이어갔다. 영양왕이 뒤를 잇자 수 문제는 의례적인 봉작을 했다. 고구려도 사신을 보냄으로써 두 나라 관계는 평온을 유지하는 듯했으나 오래가지 못했다. 영양왕 9년(598) 요서에서 고구려와 수나라 군대가 충돌한 것이다.

이 싸움은 수 문제가 요서군에 군사조직인 총관을 둠으로써 일어났다. 『통전』은 '수나라 문제 때 병·익·형·양(幷·益·荊·揚)의 4개 주(州)에는 대총관(大摠管, 총사령관)을 두고, 나머지 주에는 총관(사령관)을 두어 군사를 총괄하게 하였다'라고 해놓았다. 총관을 설치한 곳 중의 하나가 요서군이었다. 『수서』「지리지」는 '요서군은 옛날에 영주의 치소였다. 개황(수 문제의 연호, 581~600) 초년에 총관부를 두었다가, 대업(수 양제의 연호) 초에 이르러 총관부를 폐지했다'라고 하였다.

말(馬)은 넓은 초지가 있는 내몽골 고원에서 많이 키우는데, 고구려는 요서 지역을 통해 그 말을 도입한 것으로 보인다. 말을 제공하는 유목민은 수나라에 대항하는 돌궐의 통제를 받았기에 수 문제는 돌궐을 꺾기 위해 대총관과 총관을 설치한 것으로 보인다.

내몽골 고원을 장악한 돌궐(동돌궐)은 더욱 동진하려다 고구려와 충돌하기도 했었다.[387] 서기 551년인 양원왕 7년 9월 돌궐이 신성을 포위 공격했다 실패하자 백암성을 공격하려고 몰려갔다. 이에 양원왕은 장군 고흘로 하여금 1만 병력을 이끌고 가서 돌궐의 공격을 막아내고 돌궐 병사 1천여 명의 머리를 벤 것이 그 사건이다.[388]

돌궐은 동쪽으로 나가려다 고구려에 막혔는데, 이는 고구려가 내몽골 초원과의 교역권을 유지했다는 의미로 해석할 수 있다. 이러한 고구려의 우세를 수나라가 차단했다. 요서군에 총관을 두어 돌궐을 억제한 것인데, 그로 인해 요서군을 통한 말 도입이 제한되자 영양왕은 9년(598) 말갈 병사 1만여 명을 이끌고 요서군을 공격했으나, 수나라의 요서총관인 위충이 막아냈다.

이것이 수 문제를 자극해 그해 수 문제가 30만 병력을 동원해 고구려를 쳤다(1차 고수전쟁). 이는 고구려가 수나라와 갈등을 푸는 외교 통로가 없거나 부족했다는 뜻이다. 이렇게 시작된 고수전쟁은 614년의 4차전까지 이어졌다. 그 시기 고구려는 돌궐이 이미 수나라에 항복했다는 것을 몰랐는지 돌궐과 동맹을 맺어 수나라를 견제하는 3각 구도를 부활시키려 했다가 실패해, 오히려 악화되는 상황을 맞았다.

돌궐은 고구려보다 먼저 수나라와 전쟁을 해, 계민(啓民) 가한이 이끌던 시절 수나라에 투항했다(603). 609년 고립된 고구려의 영양왕이 그러한 계민 가한에게 사신을 보냈는데, 때마침 계민 가한의 장막에 가 있던 수 양제에게 들켰다. 고구려 사신은 수 양제로부터 위협을 받고 돌아왔다.[389]

수 양제는 고구려의 속뜻을 알아차렸음에도 바로 고구려를 치지 않았다. 609년 5월부터 6월 사이 토욕혼을 정복해 서해·하원·선선·차말의 4군을 설치했다.[390] 고구려가 손잡을 수 있는 세력을 또 하나 제거해 버린 것이다. 그리고 힘을 비축했다가 612년부터 고구려를 침공했다(2차 고수전쟁).

수나라는 613년(3차 고수 전쟁)과 614년(4차 고수전쟁)에도 고구려를 침공했는데, 614년 침입 때는 국력이 바닥나 고구려로부터 형식적인 항복을 받고 철수한 후 무너졌다. 614년의 4차 고수대전에서 수군을 이끌고 출항한 수나라 장수 내호아(來護兒)는 고구려 군사를 이기고 평양으로 진격하려 하였다. 그러자 영양왕이 두려움에 빠져 사신을 보내 항복을 청했다[遣使乞]. 고구려는 613년의 3차 고수 전쟁 때 수나라에서 반란을 일으킨 양현감에 협조했다가 양현감의 반란이 실패하자 고구려로 도주해온 병부시랑 곡사정[391]을 수나라로 보냈다.

그러자 수 양제는 군사를 철수시키고 10월 수나라의 서경(西京)에서 고구려의 사신과 곡사정에 관한 일을 태묘에 고했다. 고구려로부터 항복을 받은 것과 같은 의식을 치른 것이다. 그러나 영양왕은 수나라 조정에 들어오라는 수 양제의 요구에는 응하지 않았다. 수 양제는 장수에 명해서 다시 고구려를 칠 것을 기도했으나 이루지 못하고 죽었다.[392]

수 양제 사후 수나라가 무너지고 당나라가 들어섰다. 고구려는 당나라와의 관계 개선에 노력했으나 당나라는 굴복을 요구했다. 굴욕적인 편승동맹을 요구한 것인데, 고구려가 응하지 않음으로써 고당전쟁이 시작되었다. 당나라는 수나라의 실패를 참고해 고구려의 내부를 분리시키고 고구려의 국부를 소진시키는 장기전을 펼쳤다. 고구려의 내분을 유도하는 심리전도 성공시켰다.

고당전쟁 시기 고구려는 대당 외교를 펼쳤으나 대세가 기운 뒤였기에 반전시킬 수 없었다. 고구려-당나라 관계는 전쟁 외에는 다른 길이 없는 방향으로 나간 것이다. 서위-북주에서부터 시작된 외교적 판단 실수가 수나라-당나라까지 영향을 끼쳐 고구려는 무너졌다. 외교의 실패는 전쟁을 부른 것이다.

3) 고구려가 중국에서 일어난 나라와 더 많이 교류한 이유

고구려는 우리 고대사를 구성한 나라와는 어떤 외교를 했을까. 423쪽의 <표 22>는 고구려가 백제와는 단 한 번도 사신을 교환하지 않았음을 보여준다. 고구려와 백제는 정통성 다툼을 했기 때문에 그 관계가 매우 소원했다.

『삼국사기』「고구려본기」에는 3대 대무신왕 2년(19) 백제 백성 1천여 호가 투항했다[393]며 처음으로 백제와 접촉한 것을 밝히고 있다. 그리고 책계왕이 대방왕의 부탁으로 고구려를 친 것(286)이 고구려와 백제가 두 번째로 접촉한 기록이다. 세 번째는 전연(前燕)에 굴복한 고국원왕이 39년(369) 9월 2만 병력으로 남쪽에 있는 백제를 공격해 치양에서 싸웠으나 진 것[394]이다.

이 침공이 백제를 자극해 고국원왕 41년(371) 10월 백제 근초고왕이 3만 병력으로 평양성을 공격해 고국원왕을 전사시켰다.[395] 그후 고구려와 백제는 원수가 돼 치열하게 싸우기 시작했다. 그 시기 백제에 대한 고구려의 적개심은 백제를 '백잔(百殘)'으로 표현한 광개토왕릉 비문과 '백제지구(百濟之寇)'[396]로 표현한 『삼국사기』「고구려본기」광개토왕 조에서 여실히 드러난다.

고구려는 광개토왕 원년(391) 10월 백제 관미성을 빼앗음으로써 백제가 갖고 있던 해상 통제권을 탈취했다. 덕분에 고구려는 서해 해상 통제권을 장악해 장수왕 이후 중국 남조의 왕조와 교류하며 북위를 견제하는 균형외교를 펼칠 수 있었다. 이에 백제 개로왕은 북위를 쑤석여 고구려를 치라고 했다(472).

때문에 장수왕 63년(475) 9월 고구려는 3만 병력을 이끌고 침공해 백제의 도읍지인 한성을 함락시키고 백제 왕 부여경(개로왕)을 죽였다. 백제에게 강한 경고를 하고 고국원왕의 원수도 갚은 것이다. 이렇게 원한이 쌓였으니 두 나라는 사신을 교환할 수 없었을 것이다. 개로왕 피살 후 백제는 고구려의 속국 같은 처지가 되었을 것이다.

상대적으로 약했던 백제는 북위와 수·당에 사신을 보내 고구려를 칠 것을 요구했다. 이러한 사실은 삼국통일 직전 나당(羅唐)연합에 맞서 고구려와 백제가 여제(麗濟)동맹을 맺었다는 분석이 허구였음을 보여준다.

여제동맹은 『구당서』 「백제전」이 '(642년) 백제 의자왕이 군사를 일으켜 신라의 40여 성을 쳐서 군대로 지키면서 고구려와 "화친통호(和親通好)"하고 신라의 당성(黨城-성당항성城으로 추정됨)을 빼앗아 신라가 당나라와 교섭하는 길을 막으려고 하자, 신라가 사신을 당에 보내어 급히 구원을 청하였다.'[397]는 것을 근거로 한다.

『삼국사기』 「백제본기」가 '의자왕이 3년(643) 11월 고구려와 더불어 "화친(和親)"을 맺고 신라가 당나라에 조공하는 길인 당성을 뺏으려고 병사를 보내 공격했으나, 신라왕 덕만(선덕여왕)이 당나라에 도움을 요청해, 이를 안 의자왕이 군사를 철수시켰다.[398]라고 해놓은 것과 「신라본기」가 '선덕왕이 12년(643) 9월 당나라에 보낸 사신이 당 태종에게 고구려와 백제가 수십 개 성을 공격했다. 두 나라는 "연병(連兵)"해 성들을 반드시 빼앗으려 한다고 아뢴 것'[399]도 같은 증거로 거론된다. 그러나 이 정도의 합의로 동맹은 형성될 수 없다.

원수지간이었지만 백제는 희한한 방법으로 고구려에 협조한 적이 있었다. 598년 영양왕이 말갈 군사 1만을 이끌고 요서를 침공했는데 이를 물리친 수나라 문제가 바로 30만 병력을 이끌고 고구려를 쳤다(1차 高隋전쟁). 이 전쟁이 끝나고 9년이 지나 고구려와 수나라 간의 긴장이 다시 높아가던 607년 3월(무왕 8년, 고구려 영양왕 18

년) 백제 무왕은 좌평 왕효린을 수나라로 보내 고구려를 쳐달라고 청했다. 611년(무왕 12년, 영양왕 22년)에는 국지모를 보내 고구려를 치려는 수나라의 행군기일까지 물어보았다.

612년 수 양제가 113만 3,800명의 대군을 이끌고 역사상 가장 큰 침공(2차 고수전쟁)을 감행하자 백제 무왕은 고구려와도 밀통하는 양단책[400] [401] [402]을 구사했다. 수 양제는 고구려를 치기 전 백제로 하여금 고구려의 동정을 엿보게 했는데 무왕은 그 일을 하면서 몰래 고구려와 내통한 것이다.

이 양단책이 '화친통호' '화친' '연병'과 더불어 여제동맹의 근거로 거론될 수 있다. 그러나 양단책은 수나라가 있던 시절에 한 것이니 나당연합에 대항한 여제동맹으로 볼 수가 없다. 양단책은 고구려가 수나라에 승리할 것에 대비한 백제의 생존전략으로 보아야 한다.

고대의 국가 관계에서는 엄격히 지켜지는 지금의 조약 같은 것은 없었다. 협정에 준할 수 있는 약속 정도가 있었다. 고대에는 정전(停戰)을 하거나 부전(不戰)약속을 하는 경우 이를 화친으로 표현하는 경우가 많다. 백제가 의자왕 3년(643) 11월 고구려와 화친한 것과 642년 고구려와 백제가 화친통호한 것은 부전(不戰)약속으로 보아야 한다. 이 부전약속을 신라는 연병으로 표현했다.

고구려와 백제 사이에는 사신이 오간 적이 없을 뿐만 아니라 연합작전을 한 사례도 없다(화친을 하려면 사신이 오가야 하는데 『삼국사기』에는 기록이 없다). 여제동맹이 있었다면 백제가 당나라의 공격으로 멸망 위기로 몰렸을 때 고구려는 백제를 도왔어야 하는데, 고구려는 그러한 노력도 하지 않았다.

고구려와 신라 관계는 조금 달랐다. 고구려는 동천왕 19년(245) 10월 신라의 북쪽 지역을 공격[403]하는 것으로 신라와 처음 접촉했다가, 이듬해 조위 관구검의 공격을 받아 수도인 환도성을 빼앗기는 패배를 당했다. 동천왕이 죽기 직전인 22년

(248) 2월, 신라가 사신을 보내 고구려와 화친을 맺었다.[404] 이는 조위에 패하긴 했지만 신라는 고구려를 여전히 강국으로 봤다는 의미다.

고구려는 고국원왕 때 전연에 대패해 황성으로 천도했다. 황성에서 힘을 키우던 고구려는 광개토왕 2년(392) 봄 자신이 생겼는지 신라에 사신을 보내 우호를 약속해줬다. 신라 왕은 조카 실성을 고구려에 볼모로 보내는 것으로 화답했다.[405] 이 일을 「신라본기」는 '(내물니사금) 37년 1월 고구려가 시신을 보내왔기에 내물니사금은 고구려가 강성하다 하여 이찬 대서지의 아들인 실성을 볼모로 보냈다.'[406]고 적어놓았다.

이러한 교류는 신라가 왜의 침략을 받자 광개토왕이 파병을 해주는 것으로 확대되었다. 광개토왕릉비문은 '10년(400년) 경자(更子)년에 왕이 보병과 기병 5만을 보내 신라를 구원하게 하였다. 남거성(男居城)으로부터 신라성(新羅城)에 이르기까지 왜인이 가득하였다. 관군(官軍)이 도착하자 왜적(倭賊)은 퇴각하였다. 왜의 배후를 급히 추격하여 임나가라(任那加羅)의 종발성(從拔城)까지 이르니 성이 즉각 항복해, 신라인(新羅人)으로 하여금 지키게 하였다. 신라성과 염성(鹽城)을 장악하니 왜구(倭寇)는 크게 무너졌다. 성 안의 10분의 9가 왜를 따라가기를 거절하여 신라인으로 하여금 지키게 하였다.'[407]라고 밝혀놓은 것이 그것이다.

여기서의 왜는 일본에서 온 왜가 아니라 한반도와 요동반도에 있던 왜일 수 있다. (이에 대해서는 467쪽의 토리고에 교수 주장 참조)광개토왕릉 비문에는 백잔과 신라는 옛적부터 신민이고 조공을 바쳤다는 문구가 있다. 이는 고구려라 제국이라는 뜻이다. 고구려는 광개토왕 원년에 백제의 관미성을 빼앗았으니 신라와 백제에 대해 우월한 위치에 있었던 것은 분명하다.

백제는 중국 대륙에 있는 나라와 손잡고 고구려에 대항하려 했으나 백제보다 국력이 약했던 신라는 고구려를 활용해 백제에 대항하려고 했다.[408] 장수왕 시절 신라는 백제를 견제하기 위해 고구려에 의지하는 모습을 보였다. 그런데 장수왕 후기 고구려가 백제를 치는 '남벌'을 본격화하자, 백제가 신라와 손잡고 대응하기 시작함으로써 고구려-신라 관계는 적대적으로 돌아섰다.

그러다 백제와의 관계가 나빠지면, 신라는 다시 고구려에 손을 내밀었다. 보장왕 원년(642) 김춘추를 고구려로 보내 도움을 청한 것이 대표적인 경우다. 이 요청이 거절되자 신라는 당나라와의 외교에 전력해 나당동맹을 만들었다.

하지만 신라는 당나라에 비하면 큰 위협이 아니었기에, 고구려는 신라에 대해서는 적극적인 방비도 적극적인 싸움도 하지 않았다. 신라는 대(對)고구려 전선을 대(對)백제 전선만큼 중요시 했으나, 고구려는 대(對)신라 전선은 대(對)백제 전선만큼도 중요시하지 않은 것이다.

고당전쟁이 벌어지자 당나라는 백제를 먼저 치는 것이 고구려를 고립시키는 방법으로 보고, 소정방과 신라의 김유신 군을 내세워 백제를 함락했다. 그때 왜는 백제에 협력해 같이 저항했으나, 고구려는 백제를 지원하지 않았다. 고구려가 백제를 지원하지 않은 것도 여제동맹의 부재(不在)를 증명한다.

고구려는 신라·백제가 이민족이어서 외교를 등한히 한 것이 아니라, 두 나라가 위협이 되지 않았기에 가벼이 한 것이다. 중국 대륙에서 일어난 나라일지라도 서진이나 서위처럼 위협이 되지 않으면 고구려는 그들과의 외교를 등한히 했다. 신라·백제와 교류가 적고 중국 대륙에서 일어난 나라들과의 외교와 전쟁이 잦았다는 이유로 고구려사를 중국사로 넣으려는 중국의 동북공정 시각은 안보 요소를 무시한 비과학적 주장이다.

375) 이글은 이정훈, "고구려 외교의 성격과 규모에 대한 분석: 외교가 무역과 전쟁에 끼친 영향," 『선도문화』 제21권(천안: 국제뇌교육종합대학원 국학연구원, 2016년 8월), 167-225쪽을 요약한 것이다.

376) 송옥진, "삼국사기 말갈(靺鞨)에 대한 기록 검토," 『선도문화』 제21권(천안: 국제뇌교육종합대학원 국학연구원, 2016년 8월), 127-166쪽 참조.

377) 중원 왕조로부터 고구려 왕이 봉작 받은 사실은 박원길, 『코리국의 실체와 남방 이동로에 대하여』에 있는 "중원왕조의 고구려왕 봉작(爵)에 대한 분석"에도 잘 정리돼 있다.

378) 국제정치학적 시각에서 장수왕 시대의 고구려 외교를 분석한 논문으로는 구대열, "장수왕의 외교정책: '고구려 '자주외교'의 두 얼굴," 『國際政治論叢』(한국국제정치학회, 제50집 2호, 2010) 115-139쪽 참조.

379) 『삼국사기』「고구려본기」 장수왕 五十四年 春三月 遣使入魏朝貢 魏文明太后以顯祖六宮未備 敎王令薦其女 王奉表云 女已出嫁 求以弟女應之 許焉 乃遣安樂王眞尙書李敷等 至境幣 或勸王曰 魏昔燕婚姻 旣而伐之 由行人具知其夷險故也 殷鑑不遠 宜以方便辭之 王遂上書稱女死 魏疑其矯詐 又遣假散騎常侍程駿切責之 若女審死 聽更選宗淑 王云 若天子恕其前 謹當奉詔顯 祖崩 乃止.

380) 현조는 문명태후가 독살시켰다는 설이 돌았으나 사실 여부는 확인되지 않았다.

381) 강문호, "北魏 文明太后 執政期의 韓·中關係," 『新羅文化』 제24집, 275쪽.

382) 『삼국사기』「고구려본기」 장수왕 六十三年 … 九月 王帥兵三萬 侵百濟陷王所都漢城 殺其王扶餘慶 虜男女八千而歸.

383) 『삼국사기』「고구려본기」 장수왕 六十八年 夏四月 南齊太祖蕭道成策王爲驃騎大軍 王遣使 餘奴 等朝聘南齊 魏光州人於海中得餘奴等闕 魏高祖詔責王曰 道成親弑其君 竊位江左 朕方欲滅 國於邦 繼絶世於劉氏 而卿越境外交遠通簒賊 豈是藩臣守節之義 今不以一過 掩卿款 卽還藩 其感恕思 祗 承明憲輯寧所部 動靜以聞.

384)『삼국사기』「고구려본기」 장수왕 七十九年 … 冬十二月 王薨 年九十八歲號長壽王 魏孝文聞之 制素委貌深衣 擧哀於東郊 遣僕李安上 策贈車騎大軍太傅遼東郡開國公高句麗王 諡曰康.

385)『삼국사기』「고구려본기」 문자명왕 二十八年 王薨 號爲文咨明王 魏靈太后擧哀於東 遣使策贈 車騎大軍.

386) 풍태후 시절의 북위-고구려 관계는 徐榮敎, "북위(北魏) 풍(馮)태후의 집권과 고구려 정책," 『中國 古代史硏究』第11輯, 207-232쪽 참조.

387) 고구려와 돌궐 관계의 이해는 이재성, "6세기 후반 突厥의 南進과 高句麗와의 충돌,"『북방사 논총』5호, 79-136쪽 참조.

388)『삼국사기』「고구려본기」 양원왕 七年 … 秋九月 突厥來圍新城 不克, 移攻白巖城. 王遣軍高紇 領 兵一萬 拒克之 殺獲一千餘級.

389) 일부 학자들은 고구려가 동돌궐과 대수(對隋)동맹을 맺기 위해 사신을 보냈다고 판단하나, 수 나라에 이미 항복한 계민을 상대로 대수동맹을 맺자고 보는 것은 비논리적이다. 고구려는 수 나라와의 다음 전쟁에 대비해 부족한 말을 구하려고 사신을 보냈을 가능성이 더 높다.

390)『수서』「본기」 大業 五年 六月 壬子. 高昌王麴伯雅來朝, 伊吾吐屯設等獻西域數 千里之地. 上大 悅. 癸丑, 置西海河源鄯善且末等 四郡.

391)『삼국사기』「고구려본기」 영영왕 二十四年 … 楊玄感叛書至 帝大懼, 又聞達官子弟皆在玄感所 益憂之. 兵部侍郞斛斯政 素玄感善 內不自安 來奔.

392)『삼국사기』「고구려본기」 영양왕 二十五年 春二月 帝詔百寮 議伐高句麗, 數日無敢. 詔復徵天 下兵 百道俱進. 秋七月 車駕次懷遠鎭. 時 天下已亂 所徵兵多失期不至, 吾國亦困弊. 來護兒至 卑奢城我兵戰 護兒擊克之 趣平壤. 王懼 遣使乞 因斛斯政. 帝大悅 遣使持節召護兒還. 八月帝 自懷遠鎭班 師. 冬十月 帝還西京 以我使及斛斯政 告太廟 仍徵王入朝 王竟不從. 勅帥嚴裝更圖 後擧竟不果行.

393)『삼국사기』「고구려본기」 대무신왕 二年 春正月 … 百濟民一千餘戶來投.

394) 『삼국사기』 「고구려본기」 고국원왕 三十九年 秋九月 王以兵二萬南伐百濟戰於雉壤 敗績.

395) 『삼국사기』 「고구려본기」 고국원왕 四十一年 冬十月 百濟王率兵三萬 來攻平壤城 王出師拒之
　　　爲流矢所中 是月二十三日薨 葬于故國之原(百濟蓋鹵王表魏曰 梟斬釗首 過辭也).

396) 『삼국사기』 「고구려본기」 광개토왕 三年 ⋯ 八月 築國南七城 以備百濟之寇.

397) 『구당서』 「백제전」 武德 十六年 ⋯ 義慈兵伐新羅四十餘城 又發兵以守之高麗和親通好 欲取黨
　　　城 以絶新羅入朝之路 新羅遣使告急請救.

398) 『삼국사기』 「백제본기」 의자왕 三年 ⋯ 冬十一月 王高句麗和親 欲取新羅黨城以塞入朝之路 遂
　　　發兵攻之 羅王德曼遣使 請救於唐 王聞之罷兵.

399) 『삼국사기』 「신라본기」 선덕왕 十二年 ⋯ 秋九月 遣使大唐上 高句麗百濟侵凌臣國 累遭攻襲數
　　　十城 兩國連兵 期之必取.

400) 『삼국사기』 「백제본기」 무왕 十三年 隋六軍度遼 王嚴兵於境 聲助隋 實持兩端.

401) 『수서』는 백제의 내심을 '실지양단(實持兩端)'으로 적어 놓았다.

402) 『삼국사기』 「고구려본기」 영양왕 二十三年 初 百濟王璋遣使 請討高句麗帝使之覘我動靜璋內
　　　我潛通.

403) 『삼국사기』 「고구려본기」 동천왕 十九年 ⋯ 冬十月 出師侵新羅北邊.

404) 『삼국사기』 「고구려본기」 동천왕 二十二年 春二月 新羅遣使結和.

405) 『삼국사기』 「고구려본기」 고국양왕 九年春 遣使新羅修好新羅王遣姪實聖爲質.

406) 『삼국사기』 「신라본기」 내물니사금 三十七年 春正月 高句麗遣使 王以高句麗强盛 伊飡大西知
　　　子 實聖爲質.

407) 광개토왕릉비문 十年 庚子, 敎遣步騎五萬, 往救新羅. 從男居城, 至新羅城, 倭滿 其中. 官軍方
　　　至, 倭賊. 自倭背急追至任那加羅從拔城, 城卽歸服, 安羅人戌兵. 拔新羅城, 鹽城, 倭寇大潰. 城
　　　內十 九, 盡拒隨倭, 安羅人戌兵.

408) 균형동맹을 맺어 세력균형을 잡아야 강국으로 존재할 수 있다는 관점에서 쓴 논문에 판보싱

"동북아에서 강대국의 부상과 주변국의 동맹전략 선택 : 백제와 신라의 사례연구,"(인하대 대학원 정치학과 박사학위 논문, 2013)가 있다. 판보싱은 백제가 고구려에 맞서기 위해 다른 나라를 끌어 들여 고구려와 세력균형을 추구했다는 것을 밝혀내, 백제는 고구려에 비해 결코 작은 나라가 아니었다고 판단했다.

6장

정치가 역사이고 역사가 정치이다

광복회와 고려학술문화재단이 두만강 하구 건너 러시아의 크라스키노에 세운 단지(斷指)동맹 기념비. 동의회 소속인 안중근 등 11명은 1909년 왼손 넷째 손가락 첫 관절을 잘라 혈서로 '大韓獨立(대한독립)'이라 쓰며 별도의 비밀조직인 단지회를 만들었다. 그리고 첫 행동으로 안중근이 러시아의 조차지인 하얼빈역에서 이토 히로부미를 사살했다. 요동(만주)은 역사와 정치가 요동쳤던 공간이다.

고조선과 고구려 사이에는 긴 간극이 있는 것으로 보는 이들이 적지 않다. 대한제국이 멸망(1910)하고, 일본의 패망으로 우리가 독립(1945)한 것 사이에는 35년이 있다(36년이라고 하는 경우가 더 많다). 대한민국 정부를 세운 것(1948)으로 따지면 그 간극은 38년, 39년이 된다. 그러나 우리는 35~36, 38~39년을 긴 세월로 보지 않는다. 지금(2019)은 광복 74년, 정부수립 71년인데도 우리는 일제(日帝)의 지배를 받은 것을 어제일로 여기며 반일(反日)을 부르짖는다.

위만조선이 붕괴한 것은 서기전 108년이고 고구려가 건국한 것은 서기전 37년이다. 71년의 시차가 있는 것인데, 역사에서 71년은 그리 긴 시간이 아니다. 대한민국의 독립과 고구려의 건국은 다르다는 지적이 나올 수 있다. 대한민국의 광복과 독립은 전면적이었지만 고구려의 건국은 미세한 것일 수도 있으니, 둘은 같은 것으로 볼 수 없다는 지적인 것이다.

그러나 고구려가 건국하기 전에도 현지세력의 저항이 만만치 않았다는 것을 알아야 한다. 이는 낙랑·진번·임둔군을 설치하고 26년이 지난 서기전 82년 진번·임둔군이 사라진 데서 충분히 유추된다. 다시 7년이 지난 서기전 75년에는 제1현도군이 현지세력인 이맥의 공격으로 구려 서북으로 옮겨가 제2현도군이 되었다. 그리고 38년이 지난 서기전 37년 고구려가 일어났으니 한4군을 밀어내려는 현지세력들의 노력은 고구려 건국 이전부터 계속 있어왔다고 보아야 한다.

1) 기자조선, 위만조선은 중국사인가 한국사인가?

이러한 이해를 할 때 불편하게 다가오는 것이 기자조선과 위만조선의 존재다. 기자조선과 위만조선은 대륙에서 온 이가 수장(首長)을 했으니 우리 역사로 넣기 곤란하다는 인식이 있는 것이다.

기자와 위만이 동쪽으로 와서 우리 역사를 구성하는 나라를 만들었다는 것에 대해 심각하게 고민할 필요는 없다. 정치는 정치이고, 역사는 역사이기 때문이다. 이는 백제와 일본의 건국을 보면 명확해진다. 백제를 비롯한 한반도 세력이 일본으로 건너가 일본을 세우는 데 큰 역할을 했다는 것은 주지의 사실이다. 그러나 우리는 일본을 우리로 여기지 않는다.

중국 대륙에서 건너온 이들은 기자와 위만만이 아니었다. 우리의 성(姓)씨 중에는 중국 지역을 본관으로 하거나 우리 지역을 본으로 했더라도 중국에서 건너왔다고 밝히는 것이 적지 않다. 우리는 귀화 성씨(姓氏)의 후손을 중국인으로 보고 있는가. 이들을 중국인으로 보자는 것은 기자조선과 위만조선을 중국사로 보자는 중국 동북공정의 논리와 흡사하다.

역사는 지배자의 핏줄로만 볼 것이 아니라 행동으로도 보아야 한다. 중국에서 건너온 이가 수장을 한 나라가 중국과 투쟁했다면, 그리고 그 싸움에서 지지 않았다면, 그 나라의 역사는 중국사의 일부가 되지 않는다. 졌더라도 그 뒤를 잇는 나라가 중국과 다시 쟁투했다면, 그 나라의 역사는 중국사와 별개로 이어졌다고 보아야 한다. 핏줄보다는 인식이 더 중요하기 때문이다.

단군조선이 무너지면서 강자로 등장한 기자조선은 전국시대 연(燕)나라와 전쟁을 했다. 위만조선도 한나라와 싸웠다. 그렇다면 기자조선과 위만조선은 단군조선을 잇는 우리 역사에 넣어야 한다. 위만조선이 무너진 다음에는 부여에서 나온 고구려가 강력해져 대륙세력과 싸웠으니 고구려의 정통성은 더욱 뚜렷해진다. 순수 민족주의에 집착해 핏줄로만 역사를 찾아가는 것은 우리의 역사를 빈곤하게 만든다.

지금 중국 내몽고자치구 적봉(赤峯)시 홍산(紅山)구에 있는 홍산의 뒤에서는 초기 청동기 유물이 다수 발견되었다(홍산문명). 중국문명은 황하의 만곡(彎曲)부라고 하는, 황하가 중류에서 크게 휘어들어가 있는 오르도스 지방에서 있었던 신석기-초기 청동기문명에서 일어난 것으로 본다. 홍산문명과 오르도스문명은 독립적으로 존재했다.

홍산문명은 기후변화를 겪었는지 청동기문명 시대부터는 남쪽에서 더 발달하는 모습을 보였다. 홍산구보다 남쪽에 있는 내몽고자치구 적봉시 하가점(下家店)시 하층에서 발견된 청동기문명이 대표적이다. 하가점하층문화를 이은 것이 지금 중국의 대릉하와 소릉하 사이에서도 발견됐는데, 이를 능하문화라고 한다.

앞에서 단군조선은 지금의 천산산맥 서쪽의 본계(本溪)시 부근에서 일어나 지금 요양시 인근에서 꽃 피었을 것으로 추정했다. 단군조선의 전성기는 하가점하층문화·능하문화 시기와 겹쳐진다. 단군조선이 요양 인근에 있었다면 요양에서는 능하문화보다 더 큰 청동기문명이 발견되어야 한다.

요양박물관에 가면 우리가비파형 동검으로 부르는 동검이 제법 전시돼 있다. 그중 하나가 1975년 요양시 이도하자(二道河子)의 석관에서 출토된 '곡인청동단검(曲刃靑銅短劍)'이다. 중국은 비파형동검의 칼날이 (비파처럼) 휘어져 있다고 하여 곡인청동단검으로 부른다. 그리고 이 단검에 대해 '춘추시대의 것'이라는 설명을 붙여 놓았다. 은연 중에 비파형동검도 중국 것이란 느낌을 넣어 놓은 것이다.

오르도스에서 기원한 중국 문명은 비파형동검과는 모양이 다른 중국식동검을 만들어냈다. 그러한 동검을 갖고 춘추시대 나라들은 전쟁을 했다. 춘추시대 중국인들은 조선으로 불린 지금 요양은 물론이고 요동으로 불린 지금의 연산(燕山)산맥까지도 진출하지 못했다. 연산산맥에는 홍산문명에서 나온 것으로 보이는 동호족들이 흉노와 연결돼 강성했기 때문이다.

중국은 초기 철기시대인 전국시대 연나라의 진개(秦開) 덕분에 처음으로 동호를

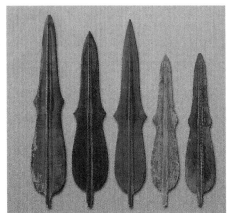

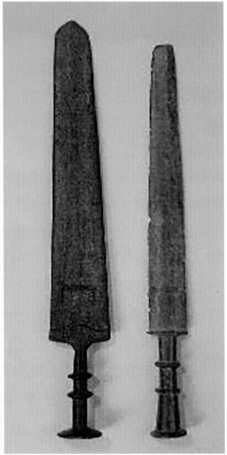

손잡이의 유무로 확연히 구분되는 비파형동검(좌)과 중국식 동검(우)

중국 요녕성과 길림성, 한반도 그리고 일본에서도 발굴되는 '비파형동검'. 중국은 '요녕식동검' 혹은 칼날 부분이 비파처럼 휘어져 있다고 하여 '곡인(曲刃) 청동단검' 등으로 부른다(요양박물관 소장. 왼쪽 위). 비파형동검은 칼날 중앙부에 칼을 사용했을 때 힘을 붙여주는 등뼈 같은 기둥이 있다. 그러나 슴베(칼자루)는 없다. 비파형동검은 이 기둥의 아랫부분을 나무에 찔러 묶은 다음 사용했을 것이다. 비파형동검은 나무로 만든 별도의 칼자루가 있었으니 손에 쥐고 사용하기 좋았을 것으로 보인다. 비파형동검은 왼쪽 아래에 있는 세형동검으로 발전했다. 그러나 비파형동검과 세형동검은 칼등이 없으니 검보다는 창으로 더 기능했을 것으로 보인다. 칼은 칼등이 있어야 상대나 물체를 베는데 유리하다. 가운데 등뼈처럼 기둥이 있으니 비파형동검과 세형동검은 나무자루에 꽂아서 찌르는 창으로 기능했을 가능성이 더 높다.

중국식동검(오른쪽, 출처 : resized_20160527_131913_-1443719253)은 칼날 중앙에 등뼈역을 해주는 기둥 부분이 없다. 칼날[劍]과 슴베인 칼자루[柄]를 한꺼번에 주조했기에 검병일주(劍柄一鑄) 구조이다. 『주례(周禮)』 「고공기(考工記)」에 도씨(桃氏)라는 인물이 만든 칼에 대한 기록이 있어 '도씨검(桃氏劍)'으로 부르기도 한다. 손가락에 걸리기 좋게 칼자루에 마디를 넣은 것과 담배 파이프처럼 마디가 없는 것 등이 있었다.

제압해 연5군을 만들고 만번한까지 진격했다. 한나라는 만번한 등 연5군에서 먼 지역에 대한 영유는 포기했다가 한나라 무제 때 그곳을 쳐 한4군을 만들었다.

이러한 과정을 겪으면서 중국식 도검류가 유입돼 비파형동검에 뿌리를 둔 우리의 도검이 중국식으로 바뀌어갔다. 중국적인 것과 우리의 문화가 융합돼 간 것이다. 이는 중국문화의 동진으로 볼 수도 있다. 고리자루 큰 칼(환두대도)보다는 보다 정교한 중국식 도검류가 많이 쓰이게 된 것이다.

중국의 동북공정을 겁내는 사람들은 고조선과 고구려를 잃지 않기 위해 두 나라가 우리 영토 안에 있기를 원하는 것 같다. 지금의 압록-두만강 이북에 고조선과 고구려의 중심부가 있었다고 하면 고조선과 고구려사는 중국사가 된다고 보는 것이다. '내 사랑 한반도'를 고집하는 것인데, 이를 반도사관(半島史觀)이라고 할 수 있겠다.

반도사관이라고 해서 무조건 나쁜 것은 아니다. 우리의 주 역사가 한반도에서 펼쳐졌다면 우리는 반도사관을 갖는 것이 옳다. 그러나 우리의 주 무대가 한반도의 북쪽이었다면 대륙사관(大陸史觀)도 가져야 한다.

단군조선이 서기전 2333년 시작됐다고 본다면 2019년 현재 우리의 역사는 4,352년이다. 조선은 서기 1392년 건국했으니 2019년을 기준으로 한 조선 이후의 시간은 627년이다. 627년은 4,352년 역사에서 14.4%에 불과하다. 반도의 역사는 그것밖에 되지 않는 것이다.

우리 역사 시간의 85% 이상이 압록-두만강 이북에서도 펼쳐졌다면 우리는 대륙사관을 가져야 한다. 고조선과 고구려의 중심지가 그곳이었다면 더욱 그리해야 한다. 대륙사관의 회복은 우리의 역사 무대를 되찾자는 주장이 될 수 있겠다. 동북공정은 요동 또는 만주벌판이 우리의 역사무대였다는 대륙사관을 가짐으로써 붕괴시켜 나갈 수 있다.

2) 북한의 우리 고대사 인식

앞에서 북한 평양을 장수왕 평양으로 보는 북한의 역사인식에 대해 반복해서 지적했다. 북한의 이러한 역사 인식은 주체사상을 본격화하면서 일어났다. 그 전의 북한 역사학계는 북한 평양을 장수왕 평양으로 보지 않았다. 놀랍게도 북한 역사학계는 낙랑군이 지금 중국 요양시 인근에 있었다는 시각을 형성했다.

바로 이것 때문에 낙랑군이 요양시에 있었다고 주장한 우리의 역사학자들은 친북이나 용공(容共)으로 의심받기도 했었다. 북한은 『요사』와 『원사』 등을 인정했기에 아주 빨리 낙랑군이 요양 인근에 있었다는 판단을 하였다. 그러나 김일성 왕조를 만들기 위한 주체사상을 강조하면서, 북한 평양을 고조선과 고구려의 발상지로 굳히는 역사 공작을 했다. 낙랑군은 지금 요동에 있었지만 고조선과 고구려의 중심은 북한 평양이라는 억지를 내놓게 된 것이다.

북한은 우리의 고대사를 어떻게 보고 있는지 간단하게 살펴보기로 한다.

『조선단대사』가 보여주는 북한의 고구려사 인식

필자는 한 번 북한을 방문한 적이 있다. 그때 평양의 한 서점에서 우리 고대사에 관한 책을 몇 권 샀는데, 그중 한 권이 손영종, 『조선단대사(고구려사)』 (평양: 과학백과사전출판사, 주체 95[2006])였다. 이 책은 곳곳에서 주체사상을 강조한 『김일성 선집』의 내용을 끌고 들어온 데다 편집도 매우 조악했지만, 몇몇 군데에서는 흥미로운 내용을 담고 있었다.

『삼국사기』는 고구려가 서기전 37년에 건국했다고 해놓았는데, 이 책은 고구려가 서기전 3세기 말에 건국했다고 주장했다. 『삼국사기』가 서기전 36년의 일이라고 해놓은 비류국 송양의 항복은 서기전 276년에 있었다고 해놓았고, 『삼국사기』

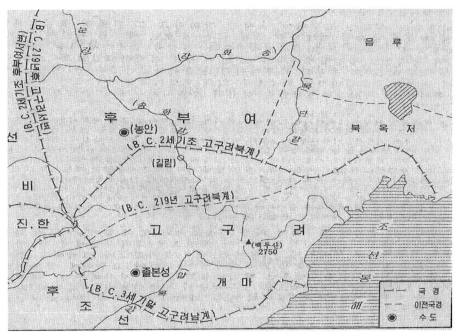

<사진 6> 북한 『조선단대사』 105쪽에 있는 BC 3세기 말~BC 2세기 초의 고구려 영역도.
북한은 주몽이 서기전 37년이 아닌 서기전 277년 건국했다고 본다. 기자조선이 있을 때인데 북한은 기자조선을 후조선으로 본다. 따라서 고구려와 후조선이 남북으로 존재했고, 중국의 진나라와 한나라는 지금 요양까지 와 있었다고 본다. 요하 동쪽인 지금의 요동반도는 후조선이 영유했다고 본 것이다

가 서기전 32년에 있었다고 해놓은 고구려의 행인국 병합은 서기전 272년의 일이었다며, 고구려의 건국을 『삼국사기』보다 240여 년 앞당겨 놓았다.

「고구려본기」를 토대로 왕계를 따져보면 광개토왕은 주몽의 12대 손이 된다. 그런데 당대의 유물인 광개토왕릉 비문에는 광개토왕이 추모(주몽)의 17대 손으로 표현돼 있다. 때문에 북한 사학계는 「고구려본기」에 다섯 왕이 빠졌다고 보고 유리명왕 앞에 5명의 왕을 추가시켰다.

북한은 주몽(동명왕, 재위 서기전 277~서기전 259) 다음에 2대 유류왕(서기전 259~서기전 236), 3대 여률왕(서기전 236~서기전 223), 4대 대주류왕(서기전 223~서기전 138), 5대

애루왕(서기전 138~서기전 93), 6대 중해왕(서기전 93~서기전 19)이 더 있었는데, 『삼국사기』가 누락했다고 본다. 그리고 유리명왕(서기전 19~서기전 18)이 7대 왕이 돼 그 이후를 이어가니 고구려의 왕은 28대가 아니라 33대라고 주장한다. 어머니 예씨와 함께 주몽을 찾아온 이들은 유리가 아니라 유류라는 주장도 하고 있다.

그러나 북한 역사학계는 고구려가 일어난 졸본을 지금 중국의 오녀산성으로 보기에, 지금 환인(桓仁)만족자치현 위치에 졸본성을 비정해 445쪽의 <사진 6>과 같은 지도를 그렸다. 서기전 3세기 말~2세기 초는 중국에서 진(秦)나라가 전국시대를 통일했다가(서기전 221) 무너지고(서기전 206), 한(漢)나라가 다시 통일해(서기전 202) 나라를 만들어가던 시점이다. 북한은 고구려가 서기전 277년 건국했으니 그때 고구려는 존재했다고 주장하는 것이다.

그런데 서기전 277년이면 기자조선이 있을 때였다. 기자조선은 서기전 195년쯤 위만의 쿠데타로 위만조선으로 바뀐다. 북한은 후기 기자조선과 초기 위만조선을 후(後)조선으로 본다. 단군조선은 전(前)조선이다. 북한은 고구려와 후조선은 <사진 6>에서 'BC 3세기 말 고구려의 남계(南界)'로 표현된 선을 따라 양립했다고 본다.

북한은 후조선이 지금 북한 평안도와 지금 중국 요동반도를 자치하고 있었다고 본다. 그때 중국 세력은 지금의 요양까지 와 있었다. 요양에서 지금 중국 철령(鐵嶺)으로 보이는 곳까지 후조선과 고구려·중국이 만나는 접점이 있다고 해놓았다. 요동반도 동쪽에 있던 고구려는 주몽 시절 비류국과 행인국 등을 합병해 영토를 확장했는데 이를 <사진 6>에서는 'BC 3세기 말 고구려의 남계'로 표시했다. 그리고 BC 219년의 고구려 북계는 고구려가 후부여를 쳐 북상시킴으로써 BC 2세기 초에는 지금의 중국 길림시 북쪽으로 확장됐음을 보여준다.

서기전 108년 한나라가 후조선을 쳐 한4군을 만들었다. 그 전쟁에서 한나라가 확보한 것이 지금의 요동반도였다. 북한은 후조선을 고조선으로 보고, 패한 고조선

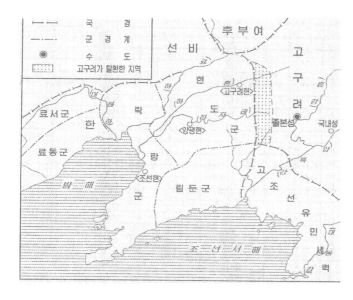

<사진 7> 북한의 『조선단대사』
119쪽에 있는 서기전 107~108
년의 형세도.
한 무제의 공격으로 무너진 고
조선(후조선, 위만조선)의 유민
세력이 지금 북한 평안도지역
으로 들어왔다고 해놓았다

의 유민들이 지금 북한 평안도 지역으로 들어왔다고 해놓았다. 고조선이 무너질 때
고구려가 있었다고 해놓은 것은 우리 민족이 중국에게 모두 진 것은 아니라는 뜻
으로 보인다. 그리고 한나라는 고조선으로부터 빼앗은 요동반도의 서쪽 해안에 락
랑군, 그 동쪽의 내륙에는 현도군, 요동반도 남쪽 해안에는 림둔군을 두었다고 했
는데. 이를 표시한 것이 447쪽 <사진 7>이다(이 사진에서는 진번군이 빠져 있다). 북한
역사학계는 우리 사학계와 달리 낙랑군이 요동반도에 있었다는 주장을 해놓은 것
이다.

북한 역사학계는 료동군과 료서군이 지금 대릉하 서쪽까지 와 있는 것으로 판단
했다. 대릉하를 경계로 연5군과 한4군이 나뉘는 것으로 본 것이다. 북한 역사학계
도 요수를 지금의 난하로 보았다. 북한 역사학계는 요동군이 난하를 품고 있어야
하니 요동군의 동단(東端)을 대릉하로 맞춘 것으로 보인다. 북한 역사학계는 그때의
한나라는 고조선을 쳐 요동반도 지역을 빼앗았지만 고구려는 침략하지 못했다고

보았다.

이때의 현도군은 제1현도군이다. 중국 사료들은 제1현도군의 치소는 옥저현이라고 해놓았는데, 북한 역사학계는 <사진 7>에서처럼 고구려현이라고 해놓았다. 그리고 제1현도군에 요동군의 치소인 양평현도 있었던 것으로도 그려놓았다. 심각한 모순을 발생시킨 것이다.

제1현도군은 서기전 75년 구려의 서북으로 옮겨가 고구려현을 치소로 하는 제2현도군이 된다. 북한도 구려를 고구려로 봤다. 때문에 제2현도군이 만들어진 다음인 서기전 70년 상황을 449쪽 위의 <사진 8>처럼 그려놓았다. 현도군이 고구려 서쪽 경계로 밀려 들어가 고구려현을 치소로 한 제2현도군이 되고, 서쪽 영역은 료동군에게 내줘 료동군은 양평현을 치소로 삼아 지금 요하 좌우를 차지한 것으로 그려 놓았다. 대릉하 서쪽에서 해안을 따라 있던 료동군이 대릉하를 건너 제1현도군 지역으로 옮겨왔다는, 어느 사서에도 없는 주장을 해놓은 것이다. 료동군이 떠나간 대릉하 서쪽의 해안지대는 그 북쪽에 있던 료서군이 차지해 영역을 넓히며 임해군이 된 것으로 묘사해놓았다.

449쪽 아래의 <사진 9>는 왕망이 신나라를 일으킨 시기인 서기 12~14년경의 고구려 지도이다. 확실하게 표시하지 않았지만 고구려가 제2현도군의 치소인 고구려현을 거의 점령한 것처럼 그려놓았다. 낙랑군 영역으로 보다 깊이 들어간 모습도 보여준다. 낙랑군 동부도위 산하의 영동7현은 사실상 독립해 있었다는 뜻으로 '예 소국들'이라고 한 후, 이들이 지금 천산산맥 남쪽에서 북한의 서한만을 바라보는 형태로 있었음을 보여준다. 영동7현의 위치는 필자와 비슷한 견해를 보인 것이다.

그리고 지금 북한 평안도에는 별도의 낙랑국(대무신왕의 아들인 호동왕자가 멸망시킨 최리의 낙랑국)이 있다고 해놓았다. 북한 역사학계도 낙랑군과 낙랑국을 별개로 본 것이다. 이는 지금 북한 평양에 낙랑이 있었다는 자료 때문인 것 같다. 그러나 북한

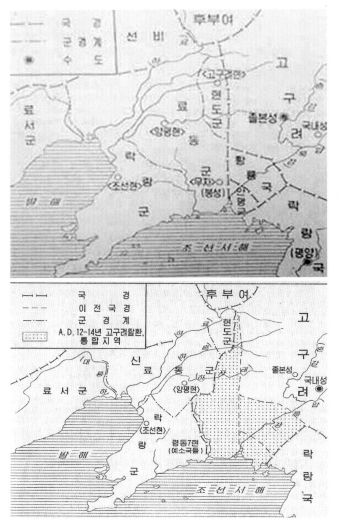

<사진 8> 북한의 『조선단대사』 128쪽에 있는 서기전 70년의 형세도.

대릉하 서쪽에 있던 요동군이 동쪽으로 옮겨와 양평현을 치소로 삼게 되고, 현도군은 오른쪽으로 밀려나 고구려현을 치소로 삼게 되었다고 어느 사료에도 없는 것을 풀어놓았다.

<사진 9> 북한의 『조선단대사』 133쪽에 있는 서기전 12~14년의 고구려 서변.

왕망이 신나라를 만들었을 때 고구려는 서쪽으로 영토를 넓혔음을 표시해 놓았다. 북한 평양지역에는 고조선의 유민들이 만든 최리의 낙랑국이 있다고 해놓았다.

은 주체의 수도인 지금 평양이 중국의 식민지였다는 것을 인정하지 않으려 한다. 때문에 한 무제가 한4군을 만들 때 고조선 유민들이 북한 평양지역으로 들어와 낙랑군과 별개인 최리의 낙랑국을 세웠는데, 이를 대무신왕의 아들인 호동이 정복했

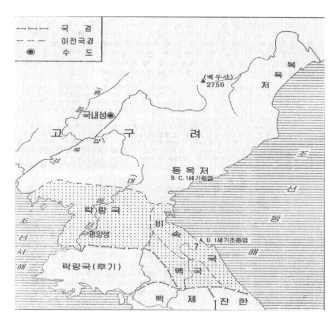

<사진 10> 북한의 『조선단대사』 139쪽에 있는 1세기 초중엽의 고구려,
낙랑군이 지금 평양에 있었다는 표시를 하기 싫으니 북한은 최리의 낙랑국이 지금 평양에 있는 것으로 그려 놓았다. 『삼국사기』는 최리의 낙랑국이 (동)옥저에 있었다고 해놓았는데, 북한은 최리의 낙랑국과 (동)옥저를 별개 지역으로 그렸다. 맥국과 비속7국의 비정도 엉성하기 그지없다.

다고 본다.

450쪽의 <사진 10>는 1세기 초·중엽의 고구려 남부 변경 지도다. 북옥저와 동옥저를 이미 정복한 고구려가 최리의 낙랑국은 물론이고 맥국 등도 정복하였음을 보여준다. 이 지도에서의 모순은 최리의 낙랑국이 동옥저와 떨어져 있다는 점이다. 동옥저는 449쪽 아래의 <사진 9>의 령동7현 중의 하나라야 한다. 『삼국사기』는 동옥저에 최리의 낙랑이 있다고 해놓았는데 북한 역사학계는 최리의 낙랑국이 령동7현 지역이 아닌 북한 평양에 있다고 해놓았다. 여기에서 북한 역사학계의 줄타기가 발견된다.

중국 사료를 분석하면 낙랑군은 지금 요동반도에 있었을 가능성이 매우 높다. 그런데 『세종실록』「지리지」를 필두로 한 조선시대의 기록들이 하나같이 북한 평양에 낙랑이 있었다고 해놓았으니, 북한은 평양에 최리의 낙랑국이 있었다고 비정했을 것이다. 그리고 일본 역사학자들과 마찬가지로 옥저가 동쪽으로 바다에 면해 있다는 것을 지금 동해에 면해 있었다는 것으로 그려 버렸다. 반일을 강조하는 것이 북한인데 옥저 등에 대해서는 반일을 적용하지 않은 것이다. 그 바람에 령동7현 중의 하나인 옥저가 령동7현에서 떨어져 나와 지금 동해안에 있는 것으로 그려졌다. 큰 모순을 드러낸 것이다.

450쪽의 <사진 10>에서 맥국 오른쪽 동해안에 있는 비속7국은 『삼국유사』에 나오는 '비속(卑屬)7국'을 가리키는 것으로 보인다. 비속7국은 고구려에 내속했던 일곱 나라라는 의미다. 고구려에 신속했던 이 나라들은 그 후 신라로 투항했다.

신라의 2대 왕인 남해거서간(생몰: ?~24, 재위: 4~24) 일을 기록한 『삼국유사』 「제2남해왕」조에는 '남해왕 시대에 낙랑국(최리의 낙랑국인 듯) 사람들이 (신라의 수도인) 금성을 침범했으나 이기지 못하고 돌아갔다. 또 천봉 5년 무인년(18) 고구려에 속한 일곱 나라가 (신라로) 투항해왔다(此王代 樂浪國人來侵金城 不克而還. 又天鳳五年戊寅 高麗之裨屬七國來投)'란 기록이 있다. 비속7국을 거론한 것이다.

북한 역사학계도 신라는 초기부터 지금 경북 지방에 있었던 것으로 본다. 그러한 신라가 고구려에 신속해 있던 비속7국의 투항을 받으려면, 비속7국은 강원도쯤에 있어야 한다. <사진 10>에 있는 맥국은 예맥인데, 예맥은 내륙에 있지 않았다. 중국 사서들은 예맥이 동쪽으로 바다에 접해 있었다고 해놓았는데 우리와 북한 역사학계는 지금 춘천쯤인 내륙에 있었던 것을 표시하고 있다.

그러하니 비속7국은 강원도 내륙으로 표시할 수 없어, 강원도 동해 안에 있는 것으로 그려놓은 듯하다. 그러나 비속7국이 동해에 면해 있었다는 것은 누구도 단정할 수 없다. 초기의 고구려는 내륙국이었으니 비속7국도 내륙국이었을 가능성이 높다.

<사진 10>은 고구려를 동해와 서해에 접한 임해국으로 그려놓았다. 동옥저를 정

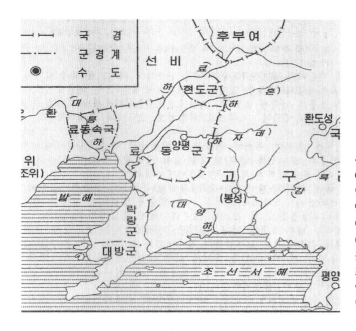

<사진 11> 『조선단대사』 169쪽에 있는 246년 고구려의 서변 및 조위의 료동, 현동, 락랑, 대방군 위치도.

여전히 료동군이 지금의 요양(사진에서는 양평으로 표시된 곳)에 있는 것으로 그려 놓았다. 조위의 관구검 군에 패한 다음인데 고구려의 영토는 오히려 넓어져 있다.

복함으로써 고구려는 지금 동해에 면하게 됐다고 해놓은 것이다. 이처럼 북한의 고대사 지리비정은 엉망이다. 북한 역시 초기신라가 한반도가 아닌 지금 요동반도 인근에 있었다는 추측은 하지 못한 것이다. 서기 1세기 초중엽이면 진한이 신라로 바뀐 다음인데도 『조선단대사』는 신라를 진한으로 표현해놓았다.

233년 조위가 공손씨가 세웠던 요동국을 멸망시키고 요동과 낙랑·대방을 다시 중국의 영역으로 만들었다. 그러한 조위는 246년 관구검을 시켜 고구려를 침공해 고구려의 수도인 환도성을 함락하는 대승을 거뒀다. 그때의 형세도가 452쪽의 <사진 11>이다.

북한은 평양을 지키고 있어야 하니, 지금 북한 평양은 물론이고 국내성과 환도성도 계속 고구려의 영역으로 있었다고 그려놓았다. 뿐만 아니라 고구려의 서쪽 영토가 더 넓어진 것으로 그려놓았다(사진 9와 비교). 북한 역사학계는 합리적인 추측도

<사진 12> 북한의 『조선단대사』 173쪽에는 고구려가 낙랑(313)과 대방(314)을 정복하고 현도도 정복(315)했다는 그림이 그려져 있다. 『삼국사기』는 이때의 현도 군(제4현도군)은 서쪽으로 옮겨가 제5현도군이 된 것으로 설명하고 있는데, 북한 역사학계는 현도군이 소멸됐다고 해놓았다. 전연의 수도인 룡성(=용성)을 대릉하 중류인 지금 조양시에 있다고 해놓은 것도 발견된다. 용성은 지금 난하의 희봉구촌 근처에 있었던 요서군 유성현에 있었는데 조양에 있다고 잘못 비정해 놓은 것이다. 용성을 대릉하 인근에 있는 것으로 비정했으니 북한이 만든 고대사도 믿을 수 없다.

하지 못하고 있다.

고구려는 미천왕 때 크게 성장해 낙랑군(313)과 대방군(314)을 합병하고 제4현도군(315)을 서쪽으로 밀어냈다. 그 시기 모용선비도 강성해져 고구려와 모용선비는 대치했는데 그때의 상황을 그려놓은 것이 453쪽의 <사진 12>이다.

모용선비는 요서군 유성현의 용성을 도읍으로 삼았는데, 이 지도는 지금 대릉하에 용성이 있었다고 해놓았다. 이러한 이해는 지금 대릉하 중류에 있는 요녕성의 조양(朝陽)시를 유성으로 보려는 중국 역사학계의 시각과 일맥상통한다. 중국은 조양시에서 골동품을 파는 시장거리를 모용선비에서 이름을 따 '모용가(慕容街)'라고

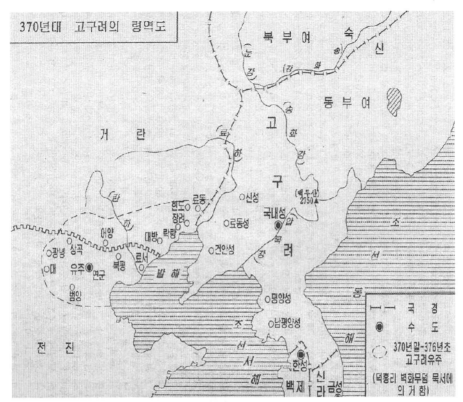

<사진 13> 북한의 『조선단대사』 187쪽에 있는 370년대 고구려 영역.

1977년 북한은 남포직할시 강서구역 덕흥리 고분에서 무덤 주인이 요동태수와 유주자사를 지내고 광개토왕 시절인 408년 죽은 이로 돼 있는 묘지석을 발굴했다. 요동군에 대해서는 난하에 있었다와 지금 요하에 있었다는 양론이 존재하지만, 유주는 지금 북경에 있었다는데 대해 이론이 없다. 때문에 북한은 370년의 고구려는 지금 중국 북경까지 영유했다는 지도를 그려놓았다. 지금의 조양에는 료동이 있고 그 서쪽에 현도와 모용선비가 새로 만든 대방과 락랑을 그려놓았다.

명명해놓았는데(457쪽 사진 참조), 이는 조양을 유성으로 본다는 의미이다.

그러나 조양시는 요서군의 유성현이 될 수가 없다. 앞에서 살펴보았 듯 요서군은 지금의 하북성 당산시 천서현 희봉구촌 인근에 있었기 때문이다(213쪽 지도 참조). 요동군의 중심부와 요서군은 지금 만리장성 서쪽에 있었다. 지금 조양시 일대는 고구려가 우세를 점한 상태에서 고구려를 비롯한 여러 나라의 군대와 대상(隊商)들이

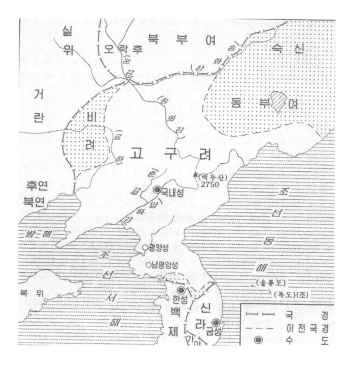

<사진 14> 북한의 『조선단대사』 199쪽에 있는 광개토왕 시기 고구려 영역.

<사진 13>에서는 비슷한 시기에 고구려의 서쪽 강역이 지금 북경까지 갔다고 해놓았는데 여기에서는 지금 요하를 겨우 넘어간 것으로 그려놓았다. 백제의 수도인 한성도 지금 서울에 있는 것으로 해 놓았다. 북한 역사학계도 요동 비정을 제대로 하지 못하고 있다.

자유롭게 다닐 수 있는 초원길 지역이었을 가능성이 높다. 북한은 낙랑군이 북한 평양에 있지 않다고 할 정도로 중국에 자주적이었지만, 유성이 조양이라는 중국 학계의 주장은 그대로 받아들였다.

북한 남포직할시 강서구역 덕흥동에는 1977년 발굴한, 옛 지명을 딴 덕흥리 고분이 있다. 이 고분에는 풍속도가 그려져 있었고 묘지(墓誌)가 나왔는데 묘지에 의하면 묻힌 이의 이름은 진(鎭)이었다. 그는 요동태수와 사지절 동이교위 유주자사 등을 지내고 77세에 죽어, 광개토왕 때인 영락(永樂) 18년(408) 12월 25일 안장된 것으로 되어 있었다. 때문에 광개토왕의 고구려가 유주를 차지했다는 주장이 제기됐다.

454쪽의 <사진 13>은 덕흥리 고분 덕분에 고구려가 유주를 점령했다고 본 형세도이다. 이 지도에서 북한 역사학계는 요서(료서)군이 난하 인근에 있는 것으로 그려놓았다. <사진 12>에서는 지금 조양시까지 요서군이 와 있었던 것으로 해놓았는데, <사진 13>에서는 조양시에 료동군, 지금 난하 하류에 료서군이 있었던 것으로 그려놓았다. <사진 13>에서 주목할 것은 고구려의 미천왕이 병합한 낙랑과 대방이 부활해 있는 점이다. 모용선비는 두 군을 자기 영역에 새로 만들었는데 북한은 이를 지도에 표시했다.

북한 역사학계의 고구려 지리 비정도 오락가락하고 있다. 낙랑군이 지금 요동반도에 있었다는 것을 제외하면 북한 역사학계의 판단은 별로 가치가 없다.

455쪽의 <사진 14>는 광대토왕 때의 고구려 지도인데, 고구려 서쪽 변경이 같은 시대를 그려 놓은 454쪽의 <사진 13>과 너무 다르다. <사진 13>에서는 고구려의 서변이 난하를 지나 훨씬 서쪽으로 진출했다고 해놓고, <사진 14>에서는 지금 요하 상류를 넘어가는 식으로만 그려놓았다. 그리고 지금 평양 밑에 남평양이 있었고, 백제는 지금 서울을 한성으로 부르며 도읍해 있었던 것으로 그려놓았다. 북부여와 동부여가 공존한 것으로 그려놓은 것도 모순이다.

북한은 한중일 역사학계와 마찬가지로 중국 집안이 황성이라는 『삼국사기』 기록을 간과하고 있다. 중국 집안이 국내성이라는 『세종실록』과 일본 역사학자들의 주장을 답습한 모순을 보이고 있다. 반일을 한다면서, 주체를 내세우면서, 일본 학자들의 주장을 상세히 검토하지 않고 받아들인 것이다. 또 이동한 적이 없는 요동군의 치소(양평)가 옮겨왔다는 황당한 주장도 해놓았다. 현도군이 구려 서북으로 옮겨갔다는 것도 제대로 표현하지 못했다.

그러나 북한 역사학계가 낙랑군이 요동반도에 있었다는, 우리 역사 학계는 감히 하지 못한 주장을 해놓았다. 요동군이 동쪽으로 옮겨오면서 '지금 요하가 요수가 됐다'는 황당한 주장을 하지만, 낙랑군과 대방군이 요동반도에 있었다는 상당히 중

중국이 지금 조양시 중심가의 시장통에 '모용가(慕容街)'로 명명해놓은 조형물
앞에서 살펴보았듯 요서군은 지금 난하와 만리장성이 있는 희봉구촌 인근이 확실하니 조양시는 모용선비의 도읍지인 유성이
될 수 없다. 조양시는 모용선비가 한때 지배했던 요동군 관할 지역이었지, 요서군의 유성현은 아니다. 그러나 중국은 조양시가
모용선비의 도읍했던 유성이었다며 조양시 중심가의 시장에 '모용가'란 조형물을 세워 놓았다.   ©이정훈

요한 발견은 해놓았다. 그러나 옥저와 예맥, 영동7현, 마한·변한·진한, 초기 백제와

신라가 요동반도 인근에 있었을 가능성까지는 전혀 상상하지 못했다.

3) 마한·변한·진한은 요동반도에 있었는가

이제부터는 삼한이 요동반도에 있었을 가능성을 살펴본다. 『삼국사기』「고구려

본기」에는 마한이 두 번 나온다. 태조대왕 69년(121) 12월 '태조대왕이 마한과 예맥의 1만여 기병을 이끌고 현도성을 포위했는데, 부여 왕이 자신의 아들 위구태로 하여금 2만 명을 이끌고 한나라 군사와 함께 싸우게 했기에 우리(=고구려) 군사가 크게 패했다'[409]와 '태조대왕 이 70년(122) 마한·예맥과 더불어 요동을 쳤더니, 부여 왕이 군사를 보내 고구려·마한·예맥 연합군을 격파했다. 마한은 백제 온조왕이 27년(서기 9)에 멸망시켰는데, 지금 고구려 태조대왕과 함께 병력을 일으킨 것은 마한이 부활했다는 것인가'[410]란 대목이다.

마한이 한반도 남쪽, 지금의 호남 지역에 있었다면 태조대왕의 고구려는 마한의 군사를 동원할 수가 없다. 그러나 마한이 요동반도 인근에 있었다면 가능하다. 『삼국사기』「백제본기」는 온조왕조에서만 여덟 번 마한을 등장시키고 있는데, 주목할 대목이 있다. 「고구려본기」 태조대왕 70년조에 있는 것처럼 온조왕이 26년(8)과 27년(9)에 걸쳐 마한을 병합했음을 보여주는 대목이 그것이다.

「백제본기」 온조왕 26년조는 '7월에 온조왕이 "마한이 점차 약해지고 있어 오래 유지될 수 없다. 다른 나라가 마한을 병합하면 우리에게는 순망치한이 될 것이니 후회해도 소용이 없다. 차라리 남보다 먼저 빼앗아 후환을 면하는 것이 낫다"고 한 후, 10월 거짓말로 사냥을 하러간다 하고는 군사를 출동시켜 마한을 병합했는데, 원산과 금현 두 성만 굳게 지켜 항복을 받지 못했다'[411]라고 해놓았다.

그리고 27년 4월조에서 '두 성(원산과 금현)도 항복해 그곳 주민을 한산 북쪽으로 옮기니 마한이 마침내 멸망했다(二城降 移其民於漢山之北馬韓遂滅)'라고 해놓았다. 그러나 온조왕은 '마한의 반란'에 직면했다. 온조왕 34년(16) 10월조는 이를 '마한의 옛 장수인 우근이 우곡성에서 반란을 일으켜 웅거했기에 온조왕이 5천 병사를 이끌고 가서 쳤다. 이에 우근이 목을 매 자살했기에 (온조왕은) 그의 허리를 자르고 그의 처자들도 죽여 버렸다(馬韓舊將周勤據牛谷城叛 王躬帥兵五千 討之 周勤自經 腰斬其尸

幷誅其妻子)'라고 해놓았다.

이로써 마한 지역은 백제의 확실한 영토가 되었는데, 어느 틈엔지 고구려가 강한 영향을 끼쳐, 마한은 백제에서 독립했다. 서기 122년인 태조대왕 70년의 고구려는 마한 지역의 병사를 동원해 요동을 친 것이다. 『삼국사기』는 백제가 영유한 마한 지역을 언제 고구려가 지배하게 됐는지는 밝혀놓지 않았다.

그리고 백제가 무너진 직후(660)를 설명한 「백제본기」 의자왕조에서 마지막(아홉 번째)으로 마한을 거론한다. '백제는 원래 5부 37군 200성 76만호로 돼 있었는데 이때(=660)에 와서 지역을 나눠 웅진·마한·동명·금련·덕안의 다섯 개 도독부를 둬 주와 현을 통할하게 했다'412)고 해놓은 것이다. 이 기록은 당나라가 신라와 함께 백제를 멸망시킨 직후의 일을 기록한 것이다. 당나라는 점령한 백제 땅에 다섯 개 도독부를 두었다고 해놓는데, 그중 하나가 마한도독부라는 것이다.

백제가 무너진 660년은 고구려가 존재했던 시기다. 그때의 고구려는 당나라의 장기전에 걸려 많은 지역을 잃고 있었다. 초기백제와 마한은 지금 요동반도에 있었던 것이 확실하다. 초기백제는 마한을 합병했었다. 그리고 마한은 부활해 고구려의 지배를 받다가 다시 독자노선을 걸었다. 그리고 고이왕 때 백제는 마한을 다시 병합한 것으로 보인다.

그러한 백제는 475년(고구려 장수왕 63년) 고구려의 공격을 받아 수도인 한성이 함락되고 개로왕이 피살되는 비극을 맞았다. 그리고 백제는 개로왕의 아들이 문주왕이 돼, 지금 충남 공주시인 웅진으로 도망가듯 천도를 했다. 한성은 고구려의 3경이 되었다. 백제의 옛 영토는 고구려의 땅이 된 것이다. 그 때 고구려는 백제의 마한지역도 차지했을 수 있다.

고구려를 침공한 당나라 군은 평양성을 향해 야금야금 점령해 들어 왔으니 요동반도 일대를 점령했을 수 있다. 그때 당나라는 개로왕 이전의 백제가 영유했던 구

(舊) 마한 지역을 차지했는데, 그러한 상태에서 백제를 멸망시키자 승리를 자축하는 차원에서 마한 지역을 백제 영토라고 우기며 마한도독부를 설치했을 수 있다. 당나라는 심리전 차원에서 이러한 조작을 하는 것이다. 마한도독부 설치는 백제가 무너졌다는 것을 알리는 것이니, 고구려는 동요할 수 있다.

이 추측을 받아들일 수 있다면, 동명도독부의 설치도 해석할 수가 있다. 백제를 세운 온조왕은 최초 도읍지인 하남에 동명왕 사당을 세웠다. 개로왕 피살과 한성 함락으로 백제를 밀어낸 고구려는, 동명왕 사당이 있던 곳을 동명으로 불렀을 수도 있다. 그리고 약 200년이 흘러 당나라 군이 그곳을 차지했는데, 남쪽에 있는 백제가 항복하자 당나라는 고구려에 대해 심리전을 하는 차원에서 그곳에 동명도독부를 설치하는 것이다.

마한 등 네 개 도독부는 심리전 차원에서 당나라가 고구려지역에 만든 유령 도독부일 가능성이 있다. 이러한 추측은 이 네 개 도독부가 그 후의 『삼국사기』에서는 전혀 나오지 않는다는 것을 근거로 한다. 그 후의 『삼국사기』에는 남쪽으로 밀려난 백제 땅에 설치된 웅진도독부만 나온다. 당나라는 당나라로 데려갔던 의자왕의 태자 부여융을 웅진도독으로 삼아 다시 백제 땅으로 보내 백제 유민들의 저항을 무마하려고 했었다.

마한 문제는 말갈과도 연계해 살펴보아야 한다. 이는 마한의 옛 장수인 주근(周勤)이 반란을 일으켰던 우곡(牛谷)성에 주목해보자는 주장이다. 주근의 반란이 진압된 후 「백제본기」는 말갈과 관련된 사건에서 세 번 우곡성을 거론하고 있다.

백제 2대 다루왕이 '29년(56) 2월 동부에 우곡성을 쌓아 말갈의 침입을 방비하게 명령한 것(二十九年 春二月 王命東部 築牛谷城 以備靺鞨)'과 3대 기루왕 '32년(108) 7월 말갈이 우곡을 침입해 주민을 약탈해 돌아간 것(三十二年 … 秋七月 靺鞨入牛谷 奪掠民口而歸)', 그리고 6대 구수왕 '16년(229) 11월 말갈이 우곡 지경에 들어와 사람과 재물을 약탈하므로 구수왕이 정예 군사 3백을 보내 방어하게 했으나 적이 복병을 양쪽으로 심어놓았다가 쳐 우리(=백제) 군사가 크게 패한 것(十六年 … 十一月 … 靺鞨入牛谷界 奪掠人物 王遣精兵三百 拒之 賊伏兵夾擊 我軍大敗)'이 그것이다.

이는 마한의 영역이던 우곡성이 말갈과의 주 싸움터가 됐다는 것과 우곡성이 백제의 동쪽에 있었다는 것을 보여준다. 다루왕과 기루왕·구수왕 때의 백제는 한성백제인데, 우리는 한성을 지금 서울로 보고 있다. 마한은 남쪽인 지금 호남지방에 있었던 것으로 본다. 그런데 『백제본기』는 우곡성이 백제의 동쪽에 있다고 해놓았으니 방위가 맞지 않는다.

말갈은 고구려에 가까웠던 종족으로 지금 압록강 이북에 있었던 것이 분명하다. 말갈이 우곡성으로 쳐들어왔다면 우곡성은 지금 압록강 북쪽 인근이나 지금 요동반도 근처에 있어야 한다. 그렇다면 백제와 마한도 그 지경에 있었던 것이 된다. 『삼국사기』는 그 시절의 신라도 말갈과 자주 싸웠다고 해놓았으니, 초기의 신라도 지금 압록강 이북에 있었을 가능성을 배제할 수가 없다. 말갈이 고구려에 협조한 것은 그들의 뿌리가 예맥족이었기 때문일 수 있다. 예맥족 가운데 고구려에 빨리 협조한 동예나 옥저가 말갈의 선조일 가능성이 있다.

삼한은 기자조선의 후예다

소수에 따로 떨어져나가 산 맥족을 소수맥이라고 했듯이 동쪽에 따로 옮겨가 살고 있는 예맥족을 동예라고 했을 것이다. 『삼국지(三國志)』「위서(魏書)」「동이전」은 3세기 전반의 동예는 북으로는 고구려·옥저와 접하고, 남으로는 진한, 서로는 낙랑군과 접했다고 해놓았다. 낙랑군이 지금의 요양시, 옥저가 지금 북한의 서한만에 있었다면 동예도 요동반도에 있어야 한다. 그렇다면 진한은 그 남쪽인 지금의 중국 단동쯤에 있어야 한다.

이러한 추정은 진한이 위만조선 지역일 수 있다고 한 앞에서의 추정과 일치한다. 『삼국사기』「신라본기」 혁거세 거서간조는 '그에 앞서(혁거세가 13세에 서나벌·徐那伐의 왕위에 오르기 전) 조선의 유민들이 산골 속에 나뉘어 살며 여섯 마을을 만들었다. 첫째는 알천 양산촌이고, 둘째는 돌 산의 고허촌 … 여섯째는 금산의 고야촌이라 하였는데 이것이 바로 진한의 6부이다'라고 해 놓았다. [413]라고 처음으로 진한을 거론하고 있다.

「신라본기」가 거론한 조선은 기자조선일까 위만조선일까? 시간상으로 보면 위만조선이 무너진 후 신라가 생겨났으니 위만조선일 가능성이 높다. 그러나 사료를 더 살펴보면 기자조선일 가능성이 높아진다. 『삼국사기』「신라본기」 혁거세 거서간조는 바로 다음에 이러한 설명을 이어놓았기 때문이다.

'두 번째 마을인 고허촌 촌장 소벌공이 양산 기슭을 바라보다 나정(蘿井) 우물 옆 숲에서 말이 꿇어앉아 울기에 달려가서 보니, 말은 보이지 않고 큰 알이 있었다. 이 알을 쪼개니 어린 아이가 나오므로 거두어 길러 왕으로 세웠다. 큰 알이 박과 같았기에 그의 성을 박(朴)으로 하였다. … 거서간은 진한 말로 임금이다(혹은 귀인을 부르는 칭호다).'[414]

이는 신라가 진한에서 나왔다는 확실한 설명이다. 거서간은 '칸'과 발음이 비슷하다. 이와 관련해 다시 볼 것이 『삼국지』「오환선비동이전」의 「한(韓)조」가 '(서기전 194년 위만에게 전복당한 준왕은) 그의 좌우 근신과 궁인들을 거느리고 도망하여 바다를 경유하여 한의 지역[韓地]으로 들어가 스스로를 한왕(韓王)이라 하였다. 『위략(魏略)』은 그렇게 했기에 그 나라(위만조선인 듯)에 남게 된 준왕의 자손들은 '한'을 성으로 삼게 되었고, 준왕은 바다 가운에 있으면서 조선(위만조선인 듯)과는 서로 왕래하지 않았다고 해놓았다. 그 뒤 그의 후손은 절멸했으나, 지금 한인(韓人) 중에는 그의 제사를 받드는 사람이 있다'[415] 라고 해놓은 대목이다.

위만에게 나라를 빼앗긴 준왕 세력은 한의 땅에 들어가 있었다. 그런데도 준왕 자손이 절멸했다면, 이들은 위만조선의 공격을 받아 전멸했다는 뜻일 수 있다. 그러나 위만조선에서는 준왕의 자손들이 살아남아 '한'을 성으로 삼고 준왕 제사를 지냈다.

준왕 세력이 들어간 한의 땅이 그 후 위만조선의 지배를 받게 된 진한일 수 있다. 위만조선이 지금 요동반도에 있었다면 진한과 초기신라도 요동반도 인근에 있어야 한다.

삼한도 지금 요동반도 인근에 있었다

『삼국사기』「신라본기」에는 신라의 천도를 밝힌 설명이 나오지 않는다. 그런데 지금 경주에서는 초기신라의 유물·유적이 전혀 나오고 있지 않다. 5세기 이후의 유적·유물만 발굴되고 있는데, 이는 초기신라가 지금 경주에 도읍하지 않았다는 간접 증거가 될 수 있다.

「신라본기」 박혁거세조는 19년(서기전 39) 1월 '변한이 나라를 바치며 항복해왔다(卞韓以國來降)'고 해놓았다. 그리고 30년(서기전 28) 4월조에서 낙랑 사람들이 군사를 이끌고 쳐들어왔음(樂浪人將兵來侵)을 밝혀놓았는데, 이는 변한과 낙랑군이 초기신라와 가까이 있었다는 뜻이다.

「신라본기」는 신라가 백제에 통합되기 전의 마한과도 가까이 있었음을 보여준다. 박혁거세 38년(서기전 20) 2월조에 '(혁거세가) 본래 왜인인 포공을 보내 마한 왕을 예방하게 했더니 마한 왕이 포공을 향해 "진·변 두 한(韓)은 우리나라의 속국인데, 올해에는 왜 공물을 바치지 않는가. 대국을 섬기는 예절이 왜 이러하냐"라고 꾸짖었다. 이에 포공은 "우리나라는 두 성인이 임금이 되면서 사회가 안정되고 시절이 좋아져 창고가 가득차고 인민은 서로 공경하고 양보하게 되었다. 때문에 진한의 유민에서부터 변한과 낙랑의 왜인들까지 두려워하지 않는 자가 없게 되었다. 그런데도 우리 임금이 겸허하게 저를 귀국에 보낸 것은 지나친 예절이라고 할 수 있겠다. 그런데 대왕이 몹시 성을 내 무력으로 위협하니 이것은 무슨 까닭인가"라고 대꾸했다. 이에 마한 왕이 분노해 그를 죽이려 하였으나, 측근들이 말려 그가 돌아가도록 놓아주었다'[416]란 대목이 그것이다.

이는 신라가 진한과 변한은 물론이고 낙랑의 왜인까지 지배하면서 마한에 당당히 맞섰다는 것을 보여준다. 진한과 변한이 초기신라로 통합되었다는 것은 「고구려본기」와 「백제본기」에는 진한과 변한이 한 번도 나오지 않는 것으로도 짐작할 수 있다. 지금 우리는 마한이 신라의 서쪽에 있는 것으로 알고 있는데, 『삼국사기』역시 마한이 신라의 서쪽에 있었음을 보여준다.

이는 혁거세 거서간 39년(서기전 19)조가 '마한 왕이 죽었다. 누가 왕(혁거세)에게 말하기를 "서한 왕이 우리 사신을 모욕한 적이 있었으나 그들의 국상을 기회로 잡아 들이치면 힘들이지 않고 평정할 수 있다"고 하니, 왕이 "남의 불행을 다행으로 여기는 것은 어질지 못한 일이다"라고 한 후 사신을 보내 조문했다'[417]라고 해놓은 데서 나온 유추다. 마한 왕을 서한 왕이라고 했으니 마한은 초기신라의 서쪽에 있다고 보는 것이다.

「백제본기」 온조왕 24년(6)조에는 마한의 왕이 온조왕에게 사신을 보내 (마한의) 동북방 1백리 되는 땅을 분양해 (온조왕이) 살 수 있도록 했다는 대목이 있다. 초기백제와 마한이 요동반도 서쪽에 있었으면 신라는 지금 압록강에 가까운 요동반도 동쪽에 있는 것이 된다. 초기신라는 진한의 영역에서 일어났으니 진한도 압록강에 가까운 요동반도의 뿌리에 있고, 박혁거세의 신라는 변한을 통합했으니 변한도 압록강에 가까운 요동반도에 있었던 것이 된다(487쪽 <그림 13> 참조).

『삼국유사』「72국」조에는 '통전에 이르기를 조선 유민들이 칠십여 국가로 나눠졌는데 그들의 영토는 모두 사방 백리였다. 후한서는 "서한이 조선의 옛 땅에 처음 4군을 세우고 뒤에 두 개의 외부를 두었다. 법령이 점점 번잡해져 이를 78개국으로 나눴는데 각각 1만 호였다. 마한은 서쪽에 있었고 54개의 작은 읍이 있어 모두 나라로 불렸다. 진한은 동쪽에 있었는데 12개의 작은 읍이 있어 나라라고 불렸다. 변한은 남쪽에 있었고 12개의 작은 읍이 있었는데 각기 읍이라고 불렀다"라고 해놓았다.'[418]란 내용이 있다(필자주 : 72국은 78국의 오기로 보인다).

이는 위만의 전복으로 기자조선이 무너진 후 기자조선의 유민들이 모두 합쳐도 사방 백리밖에 되지 않는 지역에 1만호로 구성된 78개의 마을[邑]을 만들어 이를 각기 국가라 칭했음을 보여준다. 이중 서쪽에 있는 54개 마을을 마한, 동쪽에 있는 12개 마을을 진한, 남쪽에 있는 12개 마을은 변한으로 불렀다는 뜻이다.

『삼국유사』「변한과 백제」조는 '변한의 후예는 낙랑 땅에 있다'며 다시 한번 삼한의 위치를 밝히고, 변한이 신라에 투항했다고 해놓았다. '신라 시조 혁거세 19년 임오년에 변한 사람들이 (신라에) 나라를 바치며 투항했다. 『신당서』와 『구당서』는 "변한의 후예는 낙랑 땅에 있다"고 했고, 『후한서』는 "변한은 남쪽에 있고, 마한의 서쪽에 있으며 진한은 동쪽에 있다"라고 했다'[419] 란 것이 그것이다.

위만조선이 들어선 후 만들어진 삼한이 한반도 남쪽에 있었다고 보는 것이 지금까지의 역사학계 시각이었다. 때문에 삼한과 인접해서 일어난 초기백제와 초기신라도 지금 한반도 남부에 있었던 것으로 비정하였다. 그러나 삼한이 요동반도 남단에 있었다면 백제와 신라사는 완전히 바뀌어진다. 장수왕 평양을 지금 요양시로 볼 경우 고구려사를 다시 써야 하듯이, 삼한과 초기백제와 초기신라가 요동반도에 있었다면 우리는 삼국사 전체를 완전히 다시 써야 한다.

왜인의 정체는 무엇인가

『삼국사기』「신라본기」혁거세 38년 2월조에서 마한 왕을 예방한 신라 사신 포공이 "우리나라는 두 성인이 임금이 되면서 사회가 안정되고 시절이 좋아져 창고가 가득차고 인민은 서로 공경하고 양보하게 되었다. 때문에 진한의 유민에서부터 변한과 낙랑의 왜인들까지 두려워하지 않는 자가 없게 되었다."라고 마한 왕에게 대꾸하는 대목이 있다.

여기에서 주목할 것이 낙랑 왜인이다. 이는 낙랑과 왜인을 띄어 읽을 것인가 합쳐 읽을 것인가란 문제가 된다. 띄어 읽으면 낙랑과 왜인은 별개가 된다. 그러나 합쳐 읽으면 낙랑의 영향을 받는 왜인이 된다. 「고구려본기」에서는 왜인(倭人)이라는 단어가 전혀 나오지 않는다. 6대 태조대왕 조에서 태조대왕의 동생인 수성(7대 차대왕)을 언급한 대목에서 '왜산(倭山)'만 두 번 나올 뿐이다. 「고구려본기」에는 왜인이나 왜국이라는 단어가 없지만 광개토왕릉 비문에는 왜가 나온다.

'영락 9년(399) 기해에 백잔이 맹세를 어기고 [다시] 왜와 화통하였다. [이에] 왕이 평양으로 행차하여 내려갔다. 그때 신라 왕이 사신을 보내 아뢰기를 "왜인이 그 국경에 가득 차 성지를 부수고 노객으로 하여금 왜의 민으로 삼으려 하니 이에 왕께 귀의하여 구원을 요청합니다"라고 하였다. … 10년(400) 경자에 왕이 기병·보병 도합 5만 명을 보내 신라를 구원하게 하였다. [고구려 군이] 남거성을 거쳐 신라성에 이르렀더니 그곳에 왜군이 가득하였다. 관군이 막 도착하니 왜적이 퇴각하였다. [고구려 군이] 그 뒤를 급히 추격하여 임나가라의 종발성에 이르니 성이 곧 항복하였다.'[420]

「백제본기」에서는 왜인이 세 번 나온다. 그러나 왜라는 단어는 상당히 많이 나온다. 「신라본기」에서는 왜인이라는 단어가 무려 32번 나온다. '왜국'과 '왜'는 셀 수도 없을 만큼 자주 나온다. 이러한 「신라본기」에서 눈길을 끄는 부분은 백제 패망

5년이고 고구려는 아직 버티고 있던 문무왕 5년(665) 8월조에 나오는 왜인이다. 그때 백제 지역에서는 백제 유민들의 항거가 거셌기에 문무왕은 당나라의 유인원·유인궤와 함께 평정작전을 펼치고 있었다.

당나라 고종은 당나라로 붙잡아왔던 의자왕의 아들 부여융을 웅진도독에 임명하고 고국으로 돌려보내 옛 백제 지역을 안정시키게 했다. 때문에 문무왕은 유인원·부여융과 함께 웅진의 취리산에서 흰 말을 잡아 하늘과 땅과 산과 물의 신에게 제사를 올리고 백제유민과 신라가 화친한다는 맹약문을 올렸다.

문무왕 5년 8월조는 '이 맹약문은 유인궤가 썼다. 입에 피를 머금는 절차를 마친 후 제물은 제단 북쪽 땅에 묻고, 문서는 우리(신라) 종묘에 간직하였다. 그리고 유인궤는 우리(신라) 사신과 백제·탐라·왜인 사신을 거느리고 배를 타고 서쪽(당나라)로 가서 태산에 모여 제사를 지냈다.'라고 해놓았다. 왜 유인궤는 왜인까지 이끌고 본국으로 가서 태산에서 제사를 올린 것일까?

지금 우리는 신라와 잦은 충돌을 한 왜인을 일본에 살아온 왜인으로 보고 있다. 왜는 백제와 통했기에 왜인들이 배를 타고 신라를 공격했으며 가야 땅에 임나일본부까지 세웠다고도 의심하며 보게 되었다. 왜는 일본에서만 살아온 종족일까.

일본 오사카교육대 사학과의 토리고에 켄사부로(鳥越憲三郎) 교수는 『古代朝鮮と倭族: 神話解説と現地踏査(고대고선과 왜족: 신화해설과 현지답사)』(東京: 中央公論社, 1992)라는 책에서 중국대륙에는 왜족이라는 종족이 별도로 존재했는데, 이들이 산동반도를 거쳐 한반도로 왔고, 서기전 400~450년쯤엔 일본으로도 건너와 신석기 문명인 조몬[繩文]문화를 끝내고 청동기-철기 문화인 야오이[彌生]시대를 열었다고 주장했다. 그는 지금 중국의 운남성 일대의 호수에서 벼농사를 시작한 이들이 강을 따라 동아시아와 동남아시아로 퍼져나갔는데 이들이 바로 왜족이라는 것이다.

토리고에 교수는 전한의 당몽이 정복한 야랑국 등을 키가 작은 사람들로 이뤄진

왜국 중의 하나로 보았다. 그의 주장은 상당한 신빙성 있는 것으로 받아들여지고 있다. 왜인들이 산동반도를 거쳐 한반도로 건너왔다면 이들은 산동반도에서 뱃길이 이어지는 요동반도로 먼저 들어왔을 가능성이 높다. 이 왜족들이 요동반도와 한반도에 터 잡고 살다가 일부는 도래인(渡來人)으로 일본으로 건너갔을 수 있다.

그렇다면 이들은 낙랑군이 강성했을 때는 낙랑군의 통제를 받고, 낙랑군이 고구려에 통합된 다음에는 백제와 좋은 관계를 유지했을 수 있다. 그리고 오랜 시간이 지나면서 주력은 일본으로 건너갔고 한반도에 남은 세력은 동화돼 사라져 갔을 수 있다.

이러한 가설을 받아들인다면 왜인이나 왜국을 일본인으로 단정할 필요는 없어진다. 임나가라를 일본에 있는 왜인들이 만든 것으로 단정할 이유도 없는 것이다. 왜인들은 백제·신라와 함께 살았던 우리지역에 현지인일 수 있기 때문이다. 이러한 왜인들이 도래인으로 일본에 건너가면서 오히려 일본을 경영했다.

백제는 왜인과 좋은 관계를 유지했으니 백제가 패망했을 때 일본 열도에 터잡은 왜인들은 백제를 도우러 올 수가 있다. 백제를 돕는 현지(한반도)와 지금 일본지역 왜인의 항전이 만만치 않았기에 당나라의 유인궤는 신라 사신과 함께 백제와 왜국 사신을 데리고 중국으로 건너가 태산에서 다시는 싸우지 않는다는 제사를 올렸을 수도 있다.

우리는 너무 쉽게 변한을 가야로 연결시켜버렸다. 사료 중에 변한에서 가야가 나왔다고 해놓은 것이 없는데도 그렇게 해버렸다. 가야는 지금 경남·북지방에 있었다. 그런데 그곳에 변한이 있다고 보았으니, 변한이 가야가 된 것으로 '그냥' 단정해 버린 것은 아닐까.

『삼국유사』「변한과 백제」조에는 최치원이 '변한은 백제다'라고 말하고 있다. 변한 사람들이 박혁거세의 신라에 나라를 바쳐 투항했다는 내용도 있다. 그러나 가야

만주(1901년경)

러시아

만저우리
하이랄
블라고베셴스크
하바로프스크
동청철도
남쪽 루트안
치치하루
동청철도
송화강
청
하얼빈
창춘
쑤이펀허
우수리스크
블라디보스톡
펑톈
안동
대한제국
뤼순 다롄
즈푸
평양
한성
동해
北
0 100km
칭다오

동청철도와 남만주철도.
3국간섭을 성공시킨 러시아가 부설해 운영했던 동청(東淸)철도는 모스크바와 블라디보스토크를 잇는 최단노선이다. 3국간섭
으로 요동반도를 조차하게 된 러시아는 동청철도를 건설하고 동청철도의 중앙에 있는 하얼빈에서 장춘(창춘)과 지금의 심양인
봉천(펑톈, 奉天)을 거쳐 대련(다롄)을 잇는 남만주철도를 부설하려고 했다. 그러나 1905년 러일전쟁에서 패해 이 철도 부설권
을 일본이 획득했다. 일본은 청나라에 간도 영유권을 넘겨주고 이 철도 부설권을 따냈다. 그리고 이 철도에 있는 유조구역에서
폭발사건을 일으켜 만주 전역을 석권한 다음 만주국을 세웠다(1932), 그러한 만주국이 동청철도 운영권을 러시아를 이은 소련
으로부터 빼앗았기에 일본과 소련은 다시 긴장해 블라디보스토크 근처에서 장고봉전투를 치르게 되었다.
출처: ディビッド·ウルフ著, 半谷史郎譯, 『ハルビン驛へ』(東京:, 講談社, 2014), 6쪽의 지도를 수정
http://cafe.daum.net/sinm1129/OM0W/322?q=%EB%82%A8%EB%A7%8C%EC%A3%BC%EC%B2%A
0%EB%8F%84%20%EB%8F%99%EC%B2%AD%EC%B2%A0%EB%8F%84%20%EC%9A%B0%EC
%88%98%EB%A6%AC%20%EC%A7%80%E B%8F%84%20%EC%8B%9C%EB%B2%A0%EB%A6%AC%
EC%95%84%20%EC%B2%A0%EB%8F%84에서 재인용(검색일 2018년 1월 4일).

가 변한과 관련 있다고 해놓은 대목은 없다.

가야야말로 한반도 남부에 있었던 왕국이다. 어쩌면 고구려·초기백제·초기신라·삼한과 다투던 왜인들이 한반도로 내려가 가락국을 만들고 이어 일본으로 건너갔는지도 모른다. 그래야 광개토왕의 고구려는 왜와 싸울 수 있다. 임라가라는 요동반도에 있던 왜인들의 성(成)이다. 광개토왕의 토벌이 있을 때 왜인들은 한반도 남쪽에서 가야를 경영했을 수 있다.

4) 역사는 정치이다

이 글은 만주(요동)에서 시작했으니 만주(요동)로 마무리를 짓자. 역사는 한 순간에 바뀌지 않는다. 그러나 변화는 한다. 역사를 만드는 것은 의지를 가진 민족이다. 청나라의 몰락을 전후한 시기 동아시아에서 가장 큰 사건을 만든 나라는 일본이었다. 계기는 1895년 한반도와 지금의 요동반도에서 일어났던 청일전쟁이었다.

이 전쟁에서 승리한 일본은 시모노세키(下關) 조약을 맺어 청나라부터 조선이 확실히 독립했다는 확약을 받아냈다.[421] 그리고 대만과 지금의 요동반도 지역을 할양(cease)받고[422] 막대한 전쟁 배상금도 받기로 했다. 그러자 러시아를 중심으로 한 3국이 개입해 일본의 요동반도 지배를 막아버렸다(3국간섭). 왜 러시아는 일본의 꿈을 꺾어버린 것일까.

1860년 러시아가 청나라와 북경조약을 맺어 지금의 블라디보스토크가 포함된 연해주지역을 할양받은 것은 잘 알려진 사실이다. 연해주 지배를 확실히 하려면 그곳을 러시아의 심장부인 모스크바 지역과 이어주어야 한다. 이를 위해 러시아는 1891년 훗날 시베리아 횡단철도로 명명되는 철도 부설에 들어갔다.

청일전쟁과 3국간섭

그런데 469쪽의 지도에서 보듯이, 러시아 영토로만 철도를 놓으면 우회를 해야 한다(지도에서 우수리 철도로 표현된 부분). 블라디보스토크에서 모스크바 지역을 잇는 최단 노선은 러시아의 우수리스크에서 중국의 수분하(綏芬河, 쑤이펀허)-합이빈(哈爾濱, 하얼빈)-만주리(滿洲里, 만저우리)를 거쳐 러시아의 치타로 가는 것이다.

이 철도를 닦으려면 만주지역에 영향력을 행사할 수 있어야 하는데, 일본이 만주의 요충인 요동반도를 지배하면 러시아는 청나라에 영향력을 끼치지 어려워진다. 때문에 러시아는 프랑스와 독일의 협조를 받는 3국간섭을 벌여, 일본의 요동반도 영유를 막아버린 것으로 보인다.

패전한 청나라는 일본에 막대한 전쟁배상금을 지불해야 했는데, 러시아는 청나라에 차관을 제공해 이 문제도 해결해주었다. 때문에 이듬해(1896) 청나라로부터 만주를 관통해 블라디보스토크를 잇는 철도를 건설해도 좋다는 약속을 받아냈다. 청나라는 이 철도를 동청(東淸)철도로 명명했다. 러시아는 청국과 '동청(東淸)철도의 건설과 경영에 관한 조약'을 체결하고 이를 담당할 러시아 국영회사인 '동청철도 주식회사'를 설립해 이듬해(1897)부터 공사에 들어갔다.

당시 청나라는 요동반도 지역을 '산해관의 동쪽'이라 하여 관동(關東)으로 불렀다. 청나라의 환심을 산 러시아는 1898년 청나라와 '청-러시아 간 조차에 관한 조약'을 맺어, 일본이 할양받으려 했었던 관동지역을 7년간 조차(lease)하게 되었다. 7년으로 한정된 영유를 하게 된 것인데, 기한은 조약으로 얼마든지 연장할 수가 있다.

러시아는 요동반도의 여순(旅順)에 육군 부대와 해군 함대를 배치했다. 러시아는 일본이 영향력을 행사하는 한반도의 동쪽(블라디보스토크)과 서쪽(여순)에 군대를 배치하게 된 것인데, 이것이 러시아의 방해로 요동반도를 토해놓게 된 일본을 자극했다.

1901년 동청철도를 완공한 러시아는 굳히기에 들어갔다. 동청철도의 중앙에 있는 하얼빈에서 요동반도의 끝인 대련(大連)을 잇는 '남만주철도' 건설을 추진한 것이다. 남만주철도를 건설하고 요동반도의 조차 기간을 연장하면 러시아는 더 강하게 일본을 압박할 수 있다. 만주는 러시아의 영향에 들어가게 되는 것이다.

철도 운영권을 장악하면 철도역 일대를 조차지처럼 사용할 수 있다. 러시아는 동청철도가 이어지는 역을 조차지로 활용하고 있었는데, 남만주철도의 역도 조차지로 가질 수 있게 되는 것이다. 일본은 복수를 노렸다.

러일전쟁과 간도협약

원한이 깊어진 양국이 1905년 충돌했다(러일전쟁). 이 전쟁에서 예상을 깨고 일본이 승리했다. 미국의 중재로 열린 포츠머스조약에서 일본은 러시아로부터 사할린 섬의 남부를 할양받게 되었다. 그리고 청나라로부터는 러시아가 조차했던 요동반도 지역을 조차받게 되었다.

일본은 요동반도 지역을 '관동주'로 명명했기에 관동도독부를 설치하고 '관동군'으로 명명한 부대를 주둔시켰다. 그리고 대한제국을 상대로 별도로 협상을 벌여 보호국으로 전락시키는 을사늑약을 맺게 하였다(1905). 일본은 한반도를 토대로 만주 진출을 노골화한 것인데, 이미 패배했던 청나라는 이를 막아낼 수가 없었다.

이듬해(1906) 청나라는 러시아가 건설하려던 남만주철도 부설권을 일본에 넘겨주었다. 일본은 남만주철도주식회사(세칭 만철·滿鐵)를 세웠다. 그러나 동청철도 운영권은 계속 러시아가 가졌다. 동청철도의 중앙에 있고 러시아가 조차권을 갖고 있는 하얼빈역에서 장춘(창춘)과 심양(평톈, 奉天)을 거쳐 대련(다롄)까지 가는 남만주철도 공사를 일본에게 준 것은 특혜였다. 때문에 일본은 대가를 지불하기로 했다. 청

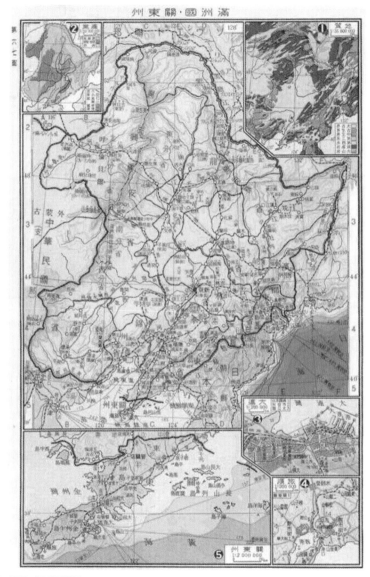

일제가 만든 만주국 지도와 관동주

관동주는 지금의 요동반도 끝이다. 여순과 대련이 있는 이곳은 산동반도로 이어지는 뱃길이 닿는 곳이기에 고대에도 매우 중요한 해상거점이었다. 고대의 거점이 현대에도 거점이 되는 경우가 많다. 관동주를 조차했던 일본은 남만주철도의 유조구역에서 만주사변을 일으켜 1932년 만주국을 세워주었다(출처 http://cafe.naver.com/kjijon/13998).

장춘에 있는 만주국 황궁
만주국은 지금 중국 길림성의 성도인 장춘(長春)을 '신경(新京)'으로 부르며 수도로 삼았다. 장춘시는 그곳에 있는 만주국 황궁을 '위만(僞滿)황궁박물관'과 청나라의 마지막 황 제와 만주국 황제를 했던 부의(溥儀)를 연구하는 '부의연구회'로 운영하고 있다. '위만(衛滿)'은 일본이 만든 '괴뢰 만주'라는 뜻이다.
© 이정훈

나라와 간도협약을 맺은 것이다(1909).

간도(間島)는 백두산에서 발원해 동쪽으로 흐르는 두만강과 북쪽으로 흐르는 송화강 사이의 땅을 가리킨다. 백두산의 동북지역인 그곳은 청나라가 그들의 발원지라 하여 오랫동안 봉금(封禁)했기에 무인지경으로 있었다. 18~19세기 생활고에 직면한 많은 조선인들이 그곳으로 들어가 개척을 하며 정착했다. 때문에 조선은 관아를 설치해 그곳의 조선인들이 통치했다. 간도는 조선이 영유권을 행사하는 지역이 된 것이다.

을사늑약(1905)으로 대한제국의 외교권을 빼앗고 통감부를 설치하게 된 일본은, 1907년 그곳에 살고 있는 조선인을 관할하기 위해 지금 중국 길림성 연변조선족자치주의 주도인 연길(延吉)에 조선통감부 간도출장소(그후 파출소로 개칭)를 설치했다. 그곳에 살고 있는 조선인들을 관리·감시한 것이다.[423]

통감부는 내정(內政) 기관으로 보아야 한다. 통감부가 간도(=연길)에 출장소를 설치한 것은 일본이 간도를 대한제국의 영역으로 보았다는 증거가 될 수 있다. 이것이 청나라의 반발을 사자 일본은 득실을 따졌다.

그리고 남만주철도 부설권을 따내 요동반도 조차를 보다 분명히 하는 것이 간도 영유를 주장하는 것보다 낫다고 판단한 듯, 간도 영유를 2년 만에 포기하는 조치를 취했다. 1909년 청나라와 간도협약을 체결한 것인데, 이 협약의 핵심은 연길에 설치한 통감부 간도파출소를 없애고 대신 일본영사관 분관을 둔다는 것이었다.[424]

영사관은 누가 봐도 외교기관이다. 간도에 영사관 분관을 두겠다는 것은 간도를 청나라 땅으로 보겠다는 의미가 된다. 그 바람에 간도를 자국처럼 활용하고 있던 조선인들은 순식간에 외국인 처지가 되었다.

1905년 일본의 강압으로 을사늑약이 체결되자 도처에서 조선인들이 창의(倡義 = 의병) 운동을 일으켰다. 그중 하나가 1907년 러시아 연해주의 연추리[크라스키노]에서 만들어진 무장독립단체인 '동의회(同義會)'였다. 이 동의회에서 '우영장(右營將)'을 맡은 이가 바로 안중근 의사였다.[425] 안중근을 중심으로 한 11명의 청년들은 나라를 되찾자며 손가락을 자르는 '단지(斷指)동맹'까지 맺었다.

일본이 주도한 남만주철도 부설과 간도협약 체결 등으로 만주지역을 무대로 한 일본과 러시아의 각축이 다시 치열해지자, 1909년 일본 추밀원 의장인 이토 히로부미(伊藤博文)가 러시아의 재무장관을 만나 양국 문제를 논의하려고 러시아의 조차지인 하얼빈역에 갔다. 그때 안중근 의사가 하얼빈역으로 가 권총으로 쏴 그를 사살했다.

안 의사를 체포한 러시아는 바로 안 의사를 일본에 인도했다. 일본인(이토 히로부미)이 죽었으니 일본이 사법권을 행사하라고 한 것이다. 일본은 안 의사를 그들의 사법권이 행사되는 관동주의 여순으로 연행해 조사하고, 사형을 집행했다(1910). 그리고 그해 대한제국을 병합했다.

그러한 일본이 노골적으로 만주 지배를 노렸다. 블라디보스토크는 러시아가 일본을 겨누고 있는 비수였으니, 블라디보스토크를 약화시키려면 동청철도가 있는 만주를 빼앗아야 했다.

이듬해(1911) 청나라가 신해혁명으로 무너지자, 중국은 군벌들이 각축하는 대혼란에 들어갔다. 1917년에는 러시아가 공산혁명을 당해 약해졌다. 새로 탄생한 공산국가 러시아는 1922년 역시 공산당이 집권하게 된 우크라이나·벨라루시와 함께 사회주의국가 연합인 '소련'을 만들었다.

그렇게 정치바람이 불고 있을 때, 만주의 군벌인 장학량(張學良)이 동청철도 경영권을 회수하려 했다가 소련의 반대로 실패했다(1929). 동청철도에 대한 소련의 영유 의지가 강한 것이 확인되자 일본이 긴장했다. 블라디보스토크의 젖줄이자 만주에 있는 러시아의 조차지역인 동청철도를 무력화해야 한다고 판단한 일본은 행동에 들어갔다.

만주사변과 중일전쟁, 태평양전쟁

1931년 일단의 관동군 장교들이 남만주철도의 유조구(柳條溝)역에서 폭파사건을 일으키고, 이를 중국인들의 소행을 몰아 만주 전역을 장악해 들어갔다. 만주사변을 일으킨 것이다. 관동군은 청나라의 마지막 황제인 부의(傅儀)를 데려와 1932년 만주국을 세우게 했다. 위협을 느낀 소련은 1935년 동청철도를 경영권을 만주국에 팔고 만주에서 철수했다.

소련의 철도는 광궤(廣軌)다. 지금도 시베리아 철도는 광궤로 놓여 있다. 동청철도가 만주국으로 넘어오자 일본은 즉각 표준궤로 바꾸는 작업을 했다. 일본과 한반도에 놓여 있는 것과 같은 철도로 통일한 것인데, 이는 중국으로 진출하겠다는 의지의 표명이었다.

만주국 수립과 동청철도의 포기로 일·소간에 다시 긴장이 높아졌다. 그러한 때인 1938년 7~8월에 일어난 사건이 그 유명한 장고봉(張鼓峰) 전투다(러시아는 하산전투라고 함). 장고봉은 두만강 하구의 소련 하산 지역에 있는 야트막한 산이다. 일본은 소련이 연해주에 살고 있는 조선인 등을 밀정으로 고용해 만주로 침투시킨다고 보고 그곳을 공격했는데, 소련군의 반격을 받아 퇴각한 것이 이 전투다.

장고봉전투는 만주국을 차지한 일본이 블라디보스토크를 포함한 연해주 지방을 노리다 실패한 경우였다. 연해주에 대한 꿈이 좌절되자 일본은 내몽골을 노렸다. 당시 몽골은 소련의 지원으로 독립한 몽골과 중국의 일부로 있는 내몽골로 나눠져 있었다. 일본의 내몽골 지배를 살펴보기에 앞서 잠시 몽골사를 요약해 본다.

정치적으로 주어진 몽골의 독립

완전한 내륙국가인 몽골은 인구가 306만 명(2018년)에 불과하지만 면적은 156만 ㎢로 대한민국의 15.6배, 한반도의 7.1배다. 고대에는 해상무역의 비중이 그렇게 크지 않았기에 내륙국가도 발전할 수 있었다. 그러나 해상무역이 보편화된 근세 이후로는 어려워졌다. 내륙국가로서 잘사는 나라는 유럽의 스위스와 오스트리아뿐일 정도로 내륙국가는 발전에 애로가 있다. 내륙강국(强國)은 없다.

몽골은 평균고도가 1300m가 넘은 고원 지대에 있다. 내륙 고원에 있으니 강수량은 적고 겨울이 길어 농사를 짓기 어렵다. 인구 증가가 어려운 구조인 것이다. 그런데 남으로는 중국, 북으로는 러시아라는 초강대국으로 정확히 둘러싸여 있다. 이러한 지정학적(地政學的)·지경학적(地經學的) 조건도 나라의 성장을 막는다. 칭기즈

칸 같은 영웅이 나타나지 않는 한 몽골은 강국이 되지 못한다.

그런데도 몽골 지역은 수천년 간 독립을 유지해왔다. 흉노가 포진한 시절에는 한 나라를 압박한 강국이었고 흉노가 쇠락한 다음에는 중국이 유연(柔然) 등으로 기록해놓은 종족이 강성해져 있었다. 유연은 중국이 사륜(社崙)으로 기록해 놓은 리더 시절 가장 활동적이었는데, 사륜은 중국이 '가한(可汗)'으로 기록한 '칸'이라는 칭호를 처음 사용한 인물로 알려져 있다(흉노의 리더는 '선우'라고 했다). 이러한 유연을 꺾고 몽골 고원의 강자가 된 종족이 돌궐이었다.

돌궐이 쇠락한 다음에는 선비족의 일파로 보이는 여러 실위족이 동몽궐 지역에서 일어나고, 칭기즈칸이 이들을 통일해 유라시아를 잇는 사상 초유의 대제국을 만들었다. 몽골은 중국에 원(元)나라를 세웠다. 그러한 원이 명나라에 밀려 북원(北元)이 되었다가 명나라에 의해 무너질 무렵 서몽골 지역에서 오이라트(숲은 사람들이라는 뜻)족이 일어났다. 오이라트는 1449년(명나라 정통제 14년) 지금 산서성 대동(大同) 지역으로 침입해 명나라의 정통제를 생포했다(토목보의 변).

이 승리를 끝으로 오이라트는 내분이 일어나 붕괴하고 중가르족이 등장했다. 그때 누르하치가 이끄는 만주족이 동(東)몽골에 있는 내몽골족과 연합해 청나라를 세우고 중국을 지배했다. 18세기 청나라는 중가르를 굴복시켜 몽골을 내부 식민지로 만들었다. 몽골인들은 처음으로 나라를 잃게 된 것이다. 나라를 잃기는 한족도 마찬가지였다. 청나라 시절은 한족이 만주족의 식민지배를 받은 시절이었다.

청나라가 힘을 잃자 1911년 손문을 중심으로 한 한족이 신해혁명을 일으켜 청나라로부터 독립했다. 그러자 그해 12월 몽골인들도 중국으로부터 독립한다는 혁명을 일으켜 자치를 인정받았다(몽골의 1차 혁명).

1917년 러시아가 공산혁명을 성공시키고 3년이 지난 1920년, 장개석이 이끄는 국민당 정부는 몽골의 자치를 철폐하려고 했다. 그러자 수흐바타르를 중심으로 한 몽골인들이 러시아의 지원을 받아 반(反)중국·민족해방운동을 일으켜 독립을 쟁취했다(1921년 몽골의 2차 혁명).

몽골의 독립을 러시아가 승인했다. 몽골은 러시아에 이어 두 번째로 공산국가가 된 것이다(우크라이나·벨라루시 보다 1년 빠르다). 이 몽골이 지금 중국이 외몽골로 부르고 있는 몽골공화국이다.

제2차 세계대전 때 국민당이 이끄는 중국은 소련과 같은 연합국이 되었다. 중국은 일본과 전쟁을 했으니, 소련이 지원하는 몽골을 일시적으로 인정했다. 그러나 대만으로 간 다음에는 몽골의 독립을 부인했다. 지금도 대만에서 나오는 중국 지도에는 몽골을 중국의 일부로 그려놓는다.

하지만 중국대륙을 차지하게 된 공산당 정부는 초기에는 소련과의 관계가 좋았기에 몽골의 독립을 인정했다. 외몽골지역은 중국이 독립을 인정한 몽골공화국이 된 것이다. 그러나 청나라에 협력했던 내몽골(지금 내몽고자치구) 지역의 독립은 허용하지 않았다.

영원한 독립국가, 영원한 약소국가 몽골

만주를 확보한 일본은 중국이 독립을 허용하지 않으려고 한 내몽골에 주목했다. 내몽골의 독립 운동가인 데므치그돈로브를 내세워 1936년 내몽골 지역에 몽강국(蒙疆國)을 세우게 한 것이다. 그리고 이듬해(1937년) 7월 7일 북경 인근의 노구교(蘆溝橋)에서 일어난 총격 사건을 이유로 중국을 침략하는 중일전쟁을 일으켰다.

이 전쟁에서 일본은 압도적으로 우위를 점했다. 그러했으니 몽강국은 중국으로부터 사실상 독립을 했다. 하지만 몽강국의 독립을 인정한 나라는 일본과 만주국뿐이었다.

파죽지세로 중국을 밀어붙이는 일본을 미국을 위시한 구미세력이 견제했다. 그러자 일본은 구미에 맞서는 동아시아인의 단결을 요구하며 대동아공영권을 주장했다. 대한제국을 병합한 대일본제국은 만주국과 몽강국, 그리고 중일전쟁으로 확보한 중국 지역을 대동아공영권으로 묶어 서구에 대항하려고 한 것이다.

일본은 한국만큼이나 천연자원이 부족하다. 이를 간파한 유럽은 그들이 확보한 동남아의 식민지에서 생산된 석유 등 핵심 자원의 일본 수출을 통제했다. 이에 불만을 품은 일본이 1941년 12월 7일 태평양전쟁을 일으켰다. 미국의 하와이와 영국이 지배한 싱가포르 등을 공격한 것이다. 중국과 전쟁하고 있는데 구미국가와도 전쟁을 하는 양면(兩面)전쟁을 일본은 만든 것이다.

중일전쟁에서 승승장구한 일본은 미국과의 전쟁에서 밀리기 시작했다. 중일전쟁도 돈좌되었다. 일본은 수세에 몰린 것이다. 그리고 미국으로부터 원폭 두 발을 맞고 1945년 8월 15일 무조건 항복했다.

제2차 세계대전에서 승리한 연합국은 일본이 점령한 영토를 독립시키거나(한국), 원래 국가로 넘겨주기로 했다. 대만과 만주국·몽강국은 다시 중국의 영토로 들어갔다. 그러나 중국인들이 말하는 외몽골 지역은 주요한 연합국인 소련이 일찌감치 독립을 인정했고, 국민당 정부도 1946년 중소우호조약을 맺으며 독립을 인정해준 바 있었으니, 국공내전을 겪어 중국을 통일하게 된 공산중국 정부도 독립을 인정했다.

그러나 내몽골은 청나라 때부터 중국의 영토였기에 그대로 중국의 영토가 되었다. 몽골은 분단된 것이다. 독립한 몽골(몽골공화국, 외몽골)과 독립하지 못한 몽골(중국 내몽고자치구, 내몽골)로 양분된 것이다. 독립한 몽골은 독립하지 못한 몽골과의 통일을 원한다. 그러나 중국의 힘을 고려하면 꿈도 꿀 수 없는 일이기에 깊게 논의하지 않는다.

몽골공화국은 정확히 중국과 러시아에 둘러싸여 있으니 발전할 수가 없다. 중국과 러시아는 몽골을 완충국으로 활용하고 있다. 몽골인들은 중국을 아주 싫어한다. 몽골인들을 접해보면 한국사람이 일본을 싫어하는 것 이상으로 중국을 폄하하는 것을 발견할 수가 있다.

그렇다면 몽골은 내몽골과 합치는 통일을 추진해야 하는데 그러할 능력도 의지도 없다. 의지가 없는 것은 내몽골과의 오랜 원한 때문이다. 둘의 원한은 청나라 초기까지 거슬러 올라간다. 만주족이 일어날 무렵 북원은 만주족에 협조해 명나라를 공격하자는 세력과 거꾸로 명나라와 연합해 신흥 위협인 만주족을 치자는 세력으로 나뉘어졌다.

만주족은 협조하는 몽골인과 손잡고 청나라를 세워 명나라를 무너뜨렸다. 만주족에 협조한 몽골인이 내몽골인이다. 만몽동맹으로 청나라를 만들었으니 황제는 만주족, 황후는 내몽골인에서 나왔다. 청나라의 마지막 황제인 부의의 부인인 완용(婉容)이 바로 내몽골 여인이다.

청나라는 외몽골에 사는 몽골족을 철저히 탄압했다. 몽골인을 몽골인이 탄압했으니 내·외 몽골인들은 서로를 싫어하게 되었다. 때문에 청나라가 신해혁명으로 흔들리자 외몽골인들은 소련의 도움을 받아가며 독립을 시도했 다. 반면 내몽골인들은 일본이 도와주었음에도 적극적으로 독립하려고 하지 않았다.

중국은 몽골인의 힘을 알기에 내몽골을 약화시키고자 한다. 동화를 해내는 것이다. 내몽골의 한족화는 현실이 되고 있다. 지금 내몽고자치구에는 몽골공화국(약 306만)과 비슷한 인구의 몽골인(약 400만, 내몽고자치구 전체 인구 대비 약 17%)이 살고 있다. 그런데 이 자치구에 살고 있는 한족은 무려 1,850만 명(자치구 전체 대비 약 80%)이다. 내몽고자치구는 말만 내몽고이지 실제로는 중국인 영역이 된 것이다.

이러한 지경이니 중국은 원나라를 비롯한 몽골인의 역사는 중국의 역사도 된다는 일사양용(一史兩用)을 주장하며 북부공정을 펼친다. 몽골인들이 다시 일어나 중국을 지배할 수 없도록 몽골인들을 동화시키는 강력한 역사공작을 펼치는 것이다.

몽골과 지정학적으로 비슷한 조건을 갖추고 있는 곳이 한반도이다. 지리적인 측면과 청일전쟁 관점에서 본다면 한반도는 중국과 일본 사이에 있다. 요동반도 점유권을 놓고 벌어진 러일전쟁 측면에서 본다면 일본과 러시아 사이, 6·25전쟁을 기준으로 본다면 미국과 중국, 미국과 러시아 사이에 있는 것으로 보아야 한다(전형적인 완충국인 것이다).

패수는 요하, 압록은 혼하…

이제 길고 긴 탐험을 해온 고구려의 국제정치사를 마무리 짓기로 하자. 이는 고구려의 역사지리 확정을 전제로 한다. 필자의 추적대로라면 장수왕 평양이기도 한 낙랑군의 치소인 조선현은 지금 태자하가 흐르는 요양시 인근에 있어야 한다.

고대에는 강의 북쪽에 있는 도시에 '양(陽)'자를 붙여주었다. 한강의 북쪽에 있는 도시니 한양(漢陽)이라고 하고, 혼하의 북쪽에 있으니 심양(瀋陽)이라고 한 것이다. 요양은 태자하의 북쪽에 있었다(그러나 지금 이 도시들은 확장돼, 강은 그 도시의 중심을 흐르는 모습으로 변해버렸다).

장수왕 평양도 강의 북쪽에 있었을 것이다. 그렇다면 장수왕 평양의 북쪽에 있는 살수는 지금의 태자하나 혼하로 흘러가는 지류가 된다. 그러한 살수 북쪽에 박작성과 압록책이 있는 압록이 있었다. 압록은 혼하나, 혼하 또는 태자하의 지류가 될 것이다. 그렇다면 패수는 지금의 요하나 혼하가 되어야 한다. 패수는 요하일 가능성이 좀 더 높은데. 이는 조운(漕運)과 방어를 고려한 판단이다.

그렇다면 낙랑군의 조선현 남쪽에 있는 대수는 태자하이고, 820리(328km)였다는 열수는 요동반도에 있는 강이 된다(323쪽 <그림 9>참조).

장수왕 평양은 단군조선 때부터 2,000여 년 이상 그 지역의 중심인 CoG 역할을 했다. 이는 그곳이 방어와 물류를 하는데 유리한 지정학적 조건을 갖췄기 때문일 것이다. 방어를 위한다면 적이 침입할 수 있는 곳으로부터 멀리 떨어져 있어야 한다. 종심(縱深) 깊은 곳에 있어야 하는 것이다. 그런데도 물류를 하기 좋았다면, 물류를 할 수 있는 조건도 갖추고 있어야 한다.

큰 물류는 물의 부력(浮力)을 이용하는 조운(漕運)으로 한다. 이성계는 지금 계룡을 도읍지로 삼으려 했는데, 하륜과 정도전은 "계룡에는 배를 띄울 수 있는 강이 없다"고 반대했다. 이성계는 그 뜻을 바로 알아 듣고 계룡을 버리고 한강 조운이 가능한 한양을 도성으로 삼았다. 동력이 달리는 고대에는 조운이 매우 중요했다.

그러나 모든 강이 조운이 되는 것은 아니다. 무동력선이 거슬러 올라갈 수 있도록 기울기가 작고, 갈수기인 겨울에도 배가 다닐 수 있도록 일정한 수심이 유지되는 강이라야 한다. 이러한 강은 물류로와 함께 도시를 지탱해주는 젖줄과 때로는 적의 침입을 막아주는 해자 역할도 한다. 고대일수록 이러한 강의 가치는 높아진다.

적의 공격을 피할 수 있는 종심을 가지려면 내륙에 있어야 하는데, 배가 다닐 수 있을 정도로 큰 강이 적은 기울기로 흐르고 있으려면 그곳은 평지에 있는 도시여야 한다. 평지를 완만하게 흐르는 강이 있는 '종심 깊은 곳'을 찾아보면 지금의 중국 요녕성 요양시 일대가 발견된다. 이곳은 적이 상륙해올 수 있는 해안으로부터 제법 떨어진 내륙이다. 따라서 대로를 만들기 좋고, 적을 방어하는 데도 유리하다.

그런데 물류를 중시한다는 이유로 장수왕 평양으로 바로 들어오는 태자하나 태자하 지류(살수 등)에 나루를 만들면, 유사시 적국의 함대는 그곳으로 상륙할 수도 있다. 이를 방지하려면 해상물류의 거점은 떨어 진 곳에 두는 것이 낫다. 태자하보다는 요하가 큰 강이고 기울기도 적으니, 요하의 중류에 나루를 만들고, 그곳에서부터 장수왕 평양까지 공도(孔道)를 닦는 것이다.

이 공도에 관문을 설치해 유사시 적군의 침입을 막는다. 관방(關防)을 하는 것이다. 장수왕 평양으로 이어지는 이 공도에는 압록(혼하, ?) 과 살수가 가로 흐르니, 이들은 유사시 장수왕 평양을 방어해주는 해자 역할을 한다. 수탄(守灘)을 하는 거점이 되는 것이다(323쪽 <그림 9> 참조).

이러한 이유로 패수는 지금의 요하일 가능성이 높다고 보는 것이다. 요하는 가장 긴 강이고 기울기도 적으니 바다로 이어지는 가장 좋은 조운(漕運) 항로가 된다. 그러한 패수 중하류에 만든 큰 나루가 있는 곳이 패수현이다. 기자조선과 위만조선, 낙랑군, 고구려는 모두 패수현에서 수상물류나 수군이 들고나게 했다.

그러한 패수만큼 『삼국사기』에 자주 나오는 강이 압록이다. 압록도 박작성까지는 수군을 태운 배가 거슬러 올라올 수 있는 기울기가 작은 강이었다. 압록에 있는 나루나 여울은 수탄을 해야 하는 중요한 도하지 점이었기에, 고구려는 압록책과 압록진을 등을 만들고 압록재라는 벼슬아치를 둬 관리하고 방어하게 했다. 압록은 패수를 대신할 수 있는 조운 항로이면서 패수현에서 장수왕 평양으로 이어지는 공로를 지키는 방어선(해자) 역할도 한 것이다.

살수는 2차 고수전쟁에서 장수왕 평양에서 30리 떨어졌다는 것으로 설명돼 있다. 그렇다면 이 강은 큰 강이 아니라 지류였을 가능성이 높다. 살수는 태자하로 합류하는 강이었을 것이다. 살수의 나루나 여울은 마지막으로 수탄을 하는 해자가 된다.

살수를 지나면 장수왕 평양(낙랑군의 조선현)이 나오는데, 장수왕 평양 남쪽에 큰 강이 있어야 한다. 사서에 따르면 이 강은 대수인데, 대수가 바로 지금의 태자하일 수 있다. 남쪽에 있는 대수(태자하)는 남쪽에서 오는 위협을 막는 해자 역할을 한다. 장수왕 평양의 남쪽에는 거대한 천산산맥이 있으니 고구려는 장수왕 남쪽 방어선은 북쪽보다 가볍게 만든 것이다.

장수왕 평양은 낙랑군의 치소인 조선현이 있었는데, 초기의 고구려는 이러한 낙랑군의 북서쪽에 있었다. 고구려의 최초 도읍지인 졸본은 지금의 요하 서쪽의 내륙 지대에 있었을 가능성이 높다. 지금 요하 서쪽에는 의무려산(醫巫閭山)이라는 큰 산맥이 있다. 고구려는 산이 크고 계곡이 깊은 곳에 터 잡았다고 했으니 의무려산 근처에 있는 지금 요녕성 금주시 북진(北鎭)시 일대가 고구려의 최초 도읍지인 졸본 인근일 수 있다(183쪽 지도 참조).

북진시의 의무려산은 서울의 삼각산처럼 화강암이 많이 들어난 악산(嶽山)이다. 그래서인지 북진시에는 의무려산의 산신을 모시는 사당인 북진묘(北鎭廟)가 있는데, 청나라 황제는 종종 이곳을 찾아 산신제를 올렸다. 북진묘에는 거대한 비석들이 있는데, 이 비석 중에는 이곳에 있는 산이 태백산임을 보여주는 내용이 있다. 삼한(三韓)이 라는 글자도 들어가 있다.

이는 고대부터 신성시 한 곳이었다는 뜻이다. 따라서 초기 고구려의 발상지이고 고구려가 동명왕 사당을 만든 졸본 지역으로 추정해 볼 수가 있다. 국내성은 낙랑군 동부도위의 불내현 지역일 가능성이 높으니, 지금의 요양시 동쪽이나 동북이었을 것이다. 국내성 인근에 환도성이 있었다. 환도도 그렇지만 국내도 산에 의지하고 있었다니 두 곳은 지금 요동반도를 이루는 뼈대인 천산(千山)산맥의 서녘에 있었을 가능성이 있다(지금 중국 철령시 인근이 국내성과 환도성 자리였을 가능성이 있다). 국내 및 환도에서 멀지 않은 천산산맥 서녘에 왕검 평양이 있었을 것으로 본다.

말갈은 누구인가

고구려에 가장 적극적으로 협조한 말갈은 천산산맥과 그 서쪽에 펼쳐진 평원에 있었을 가능성이 높다. 이들은 요와 고려가 있던 시절 '숙여진(熟女眞)'으로 불리는데, 이들이 바로 통일신라 시절 대진국(발해)을 세웠던 종족이다. 발해가 무너진 후 일어난 정안국 등도 이곳에 있었다. 이러한 숙여진에 대한 통제 문제를 놓고 요와

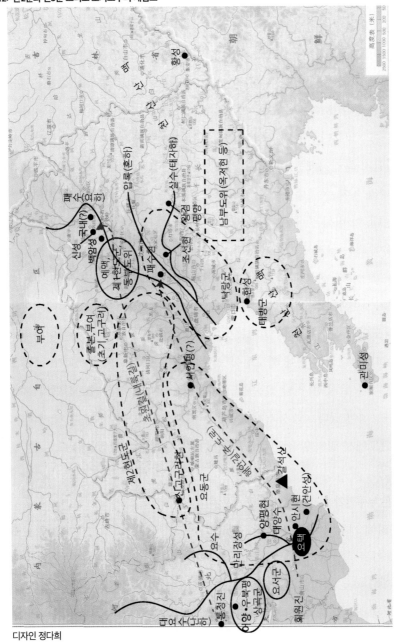

디자인 정다희

<그림 13> 전성기 때의 고구려 영토

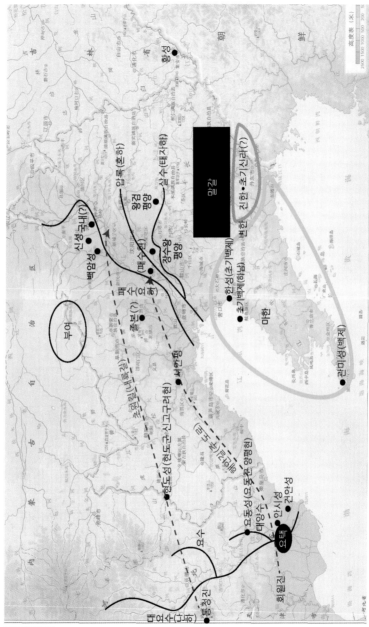

디자인 정다희

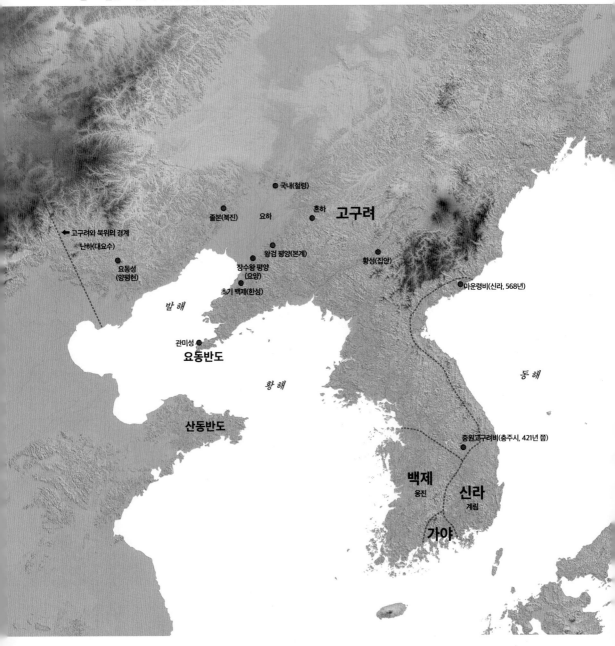

국내(철령)

졸본(북진)   요하   혼하   고구려

← 고구려와 북위의 경계
난하(대요수)

요동성
(양평현)

왕검 평양(본계)

장수왕 평양
(요양)

초기 백제(한성)

황성(집안)

마운령비(신라, 568년)

발 해

관미성

요동반도

황 해

동 해

산동반도

중원고구려비(충주시, 421년 쯤)

백제
웅진

신라
계림

가야

고려가 충돌해, 세 차례의 여요전쟁이 일어났다.

고려는 숙여진은 물론이고 금나라를 일으킨 동쪽의 생여진(生女眞)도 통제하려고 했다. 윤관을 보내 완안부를 치고 동북 9성을 쌓은 것이다. 이는 고려가 지금 길림성 연변조선족자치주 일대까지 통제했다는 증거가 된다.

조선은 숙여진에 대한 통제를 포기했다. 원을 밀어내고 지금 요동반도로 들어온 명나라가 건주위를 설치해 숙여진을 건주여진으로 부르며 통제하도록 한 것이다. 그러나 생여진은 명나라도 확실히 통제하지 못했기에 조선은 직접 그들을 상대했다. 세종 때 최윤덕과 김종서를 보내 4군과 6진을 개척하게 한 것이다.

임진왜란으로 명과 조선의 힘이 약해지자 명이 통제하던 건주여진에서 반기를 들고 일어난 것이 누르하치 세력이다. 누르하치는 아들인 홍타이지와 도르곤까지도 영웅적으로 활동했기에 이들은 명나라를 무너뜨리고 중국 전역을 차지했다. 조선은 그러한 청나라와 백두산정계비를 만들어 백두산에서 흘러오는 지금의 압록강을 청과의 국경으로 인정함으로써 지금 압록강 이북을 포기하는 실수를 범했다.

전성기의 고려가 전성기의 고구려보다 컸다(?)

486쪽의 <그림 12>는 한 무제가 만든 한2군(낙랑과 현도) 그리고 연5군과 고구려 등의 위치를 개략적으로 그려본 것이다. 지금의 태자하가 흐르는 지금의 요양시 인근에 낙랑군이 있다. 그러한 낙랑군의 동쪽에 천산산맥이 있는데 이 산맥 동쪽에 있는 옥저현 등 동부도위 산하의 일곱 개 현인 영동7현이 있다. 옥저는 동남으로 서한만을 면하고 있다. 그러한 옥저의 동쪽에 예맥족의 일파로 떨어져 있는 동예가 있었다. 그렇다면 단단대령과 개마대산은 천산산맥에 있어야 한다.

고구려의 최초 수도인 졸본은 지금 요하 서쪽인 지금의 북진시 인근에 있었을 것으로 본다. 그러한 졸본부여를 나온 온조 세력은 지금의 요하일 가능성이 높은 패수와 지금의 혼하와 태자하가 합류해서 만든 지금의 대요수인 대수를 지나 하남에 도읍하였다. 그러한 하남에서 서남쪽으로 1백리 떨어진 지금 요동반도 끝자락쯤에 기자조선의 후예들이 만든 마한이 있었다.

낙랑군과 초기백제 사이에는 공손씨 요동국이 낙랑군 남부도위를 근거로 만든 대방군이 있었을 것으로 보인다. 백제는 고구려와 각을 세우고 나온 집단이다. 그런데 낙랑군과 대방군이 방어막 역할을 해줬기에, 고구려가 두 군을 병합할 때까지는 고구려와 직접적인 접촉은 하지 않았다. 백제는 천산산맥에 있는 말갈과 충돌했을 뿐이다.

변한과 진한에서 나온 것으로 보이는 초기신라는 마한의 동쪽인 지금의 중국 단동시 인근에 있었을 가능성이 높다. 그곳은 말갈의 영역과도 가까웠으니 초기의 신라·백제는 말갈과 잦은 싸움을 했다.

그 시기 낙랑군 북쪽 혹은 동북쪽에 있었던 고구려는 현도군과 요동군과의 싸움에 주력했다. 고구려는 서한만에 접해 있는 옥저를 정복했지만 천산산맥 때문에 그 남쪽으로는 진격하지 않고 평원이 펼쳐진 서쪽으로의 진격을 선호했다.

이는 초원길을 이용한 공격인데, 이 공격이 주효해 현도군은 계속 서쪽으로 밀려갔고, 요동군도 축소되었다. 그리고 미천왕 때 낙랑군과 대방군을 병합하고 광개토왕 때 백제의 관미성과 요동군·현도군을 정복해 강국이 되었다. 이때 고구려는 기간도로인 해안길도 장악했다. 장수왕 때는 북연을 무너뜨리고 요서군의 일부를 차지하고 요동반도에 있는 백제를 쳐, 백제를 웅진으로 도주하게 하였다. 고구려는 요동반도 전역을 차지한 것이다(487쪽 <그림 13> 참조). 그리고 고구려는 지금 충북 단양인 중원까지 내려가 영유했다(중원 고구려비 근거).

488쪽의 <그림 14>은 전성기의 고구려 영토를 지도에 옮겨본 것이다. 그때의 고구려는 지금 난하인 요수 서쪽까지 영유했다. 한반도에서는 중원까지 진출했다. 북으로는 부여의 항복을 받고 부여성을 쌓았으니 상당한 지역을 영토화했다. 그러나 동쪽으로는 어디까지 진출했는지 알 수가 없다. 험준한 개마고원과 낭림산맥 등을 넘는 것은 쉽지 않았고, 넘어가더라도 실익이 적으니 고구려는 지금의 동해에 이르는 동진(東進)에는 주력하지 않았을 것으로 보인다.

그곳은 신라의 영역이었을 것이다. 진흥왕 이후의 신라는 지금은 함남 이원군에 있는 마운령까지 영유했을 가능성이 높다. 고구려와 발해는 일본과 교류했다. 이는 바다를 건너야 가능한데, 일반적으로는 고구려와 발해는 동해를 통해 일본과 교류했을 것으로 본다. 필자의 판단은 정반대다. 동해를 가로지르는 항해는 쉽지 않다. 그리고 고구려의 중심은 서해 쪽에 있으니 한반도 해안을 따라 서해를 내려간 다음 한반도 남해안을 항해하고 이어 대마도쯤에서 일본으로 건너갔을 것으로 본다.

일본에 남아있는 대표적인 고구려 흔적은 '고마(高麗)신사'인데, 고마신사는 고구려를 마주 본 동해쪽이 아니라 태평양쪽인 도쿄 인근의 사이타마(埼玉)현에 있다. 동해에 면한 일본은 궁벽한 곳이라 고구려는 그쪽과 굳이 물류를 할 이유가 없다. 무동력선으로 험난한 동해를 건너는 것은 쉽지 않았고, 동해 쪽에는 고구려의 주요 도시가 없었으니 고구려는 동해를 가로 질러 일본과 교류할 이유가 없다. 고구려에 대한 일반적인 생각을 우리는 바꿔야 한다.

고구려가 팽창할 때 요동반도에 있었던 신라도 백제처럼 한반도로 천도했을 가능성이 높다. 그러나 『삼국사기』에는 그러한 기록이 없다. 신라를 가장 오랫동안 이끈 경주김씨는 경주에 있는 계림(鷄林)을 발상지로 여기고 있다. 그런데 중국 길림성의 길림(吉林)이 계림이라는 주장이 있다. 이는 만주족의 원류를 정리한 『만주 원류고』가 길림이 계림과 같다고 해놓은 데서 나왔다.

길림이 계림이라면 초기 신라가 요동반도에 있었다는 설은 어느 정도 근거를 갖는다. 초기신라가 지금 중국 단동 부근에 있었다면, 신라가 문자명왕의 고구려와 우산성을 놓고 싸우는 것이 가능해진다. 그러나 신라가 언제 지금 경주에 도읍하게 됐는지 설명하는 사료가 없다는 것이 문제다. 신라의 천도를 찾아내지 못하면 고대사는 계속 오리무중에 갇히게 된다.

고구려는 강력했지만 전성기의 고려보다는 작은 나라였을 가능성을 배제할 수 없다. 동북9성과 한반도 전역을 차지해 사방 만리가 된 고려가 우리나라 역사에는 가장 영토가 큰 나라였을 수 있다. 고려는 다종족 국가를 지향했기에 그러한 영토를 가질 수 있었다.

409) 『삼국사기』「고구려본기」태조대왕 六十九年 … 十二月 王率馬韓穢貊一萬餘騎 進圍玄 菟城 扶餘王遣子尉仇台領兵二萬 與漢兵幷力拒戰 我軍大敗.

410) 『삼국사기』「고구려본기」태조대왕 七十年 王與馬韓穢貊侵遼東 扶餘王遣兵救破之(馬韓以百 濟溫祚王二十七年滅 今與麗王行兵者 盖滅而復興者歟).

411) 『삼국사기』「백제본기」온조왕 26년 7월 …王曰 馬韓漸弱 上下離心 其勢不能久. 儻爲他所幷則 脣亡齒寒 悔不可及 不如先人而取之 以免後艱. 冬十月 王出師 陽言田獵 潛襲馬韓 逐幷其國邑 唯圓山錦峴二城固守不下)

412) 『삼국사기』「백제본기」의자왕조 20년 … 國本有 五部三十七郡二百城七十六萬戶. 至是析置熊 津馬韓東明金漣德安五都督府 各統州縣'

413) 『삼국사기』「신라본기」혁거세 거서간 … 朝鮮遺民分居山谷之間 爲六村 一曰閼川楊山村二曰 突山高墟村 三曰觜山珍支村(或云干珍村) 四曰茂山大樹村 五曰金山加利村六曰明活山高耶村 是爲辰韓六部.

414) 『삼국사기』「신라본기」혁거세 거서간 … 高墟村長蘇伐公望楊山麓 蘿井傍林間 有馬跪而嘶 則 往觀之 忽不見馬 只有大卵 剖之 有嬰兒出焉 則收而養之 及年十餘歲 岐嶷然夙成六部人以其 生神異 推尊之 至是立爲君焉 辰人謂瓠爲朴 以初大卵如瓠 故以朴爲姓 居西干辰言王(或云呼貴 人之稱).

415) 『삼국지』「오환선비동이전」「한(韓)조」將其左右宮人走入海, 居韓地, 自號韓王. 魏略曰其子及 親留在國者, 因冒姓韓氏. 準王海中, 不與朝鮮相往來. 其後絶滅, 今韓人猶有奉其祭祀者.

416) 『삼국사기』「신라본기」혁거세 거서간 三十八年 春二月 遣瓠公聘於馬韓. 馬韓王讓 瓠公曰辰卞 二韓爲我屬國. 比年不輸職貢 事大之禮 其若是乎. 對曰 我國自二聖肇興 人事修 天時和倉庾充 實 人民敬讓, 自辰韓遺民 以至卞韓樂浪倭人 無不畏懷, 而吾王謙虛 遣下臣修聘可謂過於禮矣. 而大王赫怒 劫之以兵 是何意耶 王憤欲殺之, 左右諫止 乃許歸.

417) 『삼국사기』「신라본기」혁거세 거서간 三十九年 馬韓王薨. 或說上曰 西韓王前辱我使今當其喪

征之 其國不足平也. 上曰 幸人之災 不仁也. 不從 乃遣使弔慰.

418) 『삼국유사』 「七十二國」通典云 朝鮮之遺民 分爲七十餘國 皆地方百里. 後漢書云 西漢 以朝鮮舊地初置爲四郡 後置二府, 法令漸煩 分爲七十八國 各萬戶(馬韓在西 有五十四小邑 皆稱國. 辰韓在東有十二小邑稱國. 卞韓在南 有十二小邑 各稱國).

419) 『삼국유사』 「卞韓 百濟(亦云 南扶餘, 卽泗沘城也)」 新羅始祖 赫居世 卽位 十九年 壬午, 卞韓人以國來降. 新舊唐書云 卞韓苗裔在 樂浪之地, 後漢書云 卞韓在南, 馬韓在西, 辰韓在東,

420) 九年己亥 百殘違誓 與倭和通. 王巡下平穰 而新羅遣使 白王云 倭人滿其國境 潰破城池以奴客爲民 歸王請命 〇〇〇其國忠誠〇遣使還告以〇〇. 十年庚子 敎遣步騎五萬 往求新羅從男居城 至新羅城, 倭滿其中 官軍方至倭賊退 〇〇〇〇〇〇〇來背 急追之 任那加羅 從拔城城卽歸服.[〇은 판독이 되지 않는 글자}

421) 시모노세키 조약 제1조 청국은 조선국이 완전무결한 독립 자주국가임을 확인하고, 조선의 독립 자주를 훼손하는 청나라에 대한 조공·헌상·전례 등은 영원히 폐지한다.

422) 시모노세키 조약 제2조 3항 청국은 요동반도와 대만, 팽호(澎湖)제도와 부속도서들에 대한 주권과 그 지역들에 있는 성루(城壘)와 병기제작소 등을 영원히 일본제국에 할양한다.

423) 이는 1906년 참정대신인 박제순(朴齊純)이 일본 통감부에 간도에 거주하는 우리 국민을 보호해달라고 요청해 이뤄진 것으로 알려져 있다.

424) 당시 대한제국은 외교권이 없는 피보호국 신세였으니 일본이 청나라와 무슨 협약을 맺어도 거부할 수 있는 법적 권한이 없었다. 이 협약의 요지는 '1 두만강을 양국의 국경으로 하고, 상류는 정계비를 지점으로 하여 석을수(石乙水)로 국경을 삼는다. 2, 청나라 땅이 되는 용정촌·국자가(局子街)·두도구(頭道溝)·면초구(面草溝) 등 네 곳에 일본 영사관이나 영사관 분관을 설치한다. 3, 청나라는 간도 지방에 한민족의 거주를 승준(承准)한다. 4, 간도 지방에 거주하는 한민족은 청나라의 법권(法權) 관할 하에 두며, 납세와 행정상 처분도 청국인과 같이 취급한다. 5, 간도 거주 한국인의 재산은 청국인과 같이 보호되며, 선정된 장소를 통해 두만강을 출입

할 수 있다. 6, 일본은 길회선(吉會線: 延吉에서 會寧間 철도)의 부설권을 가진다. 7, 가급적 속

히 통감부 간도 파출소와 관계 관원을 철수하고 영사관을 설치한다.' 등이다.

425) 이정훈, "잊힌 대일항쟁 역사 두만강 연추 창의소를 가다" 「주간동아」 (2015년 4월 20일자, 동

아일보사)

화이동근(華夷同根) 내세운 중국은
왜 안동도호부를 강조하는가

'우리의 중국화'는 상상을 초월한다. 문화의 대표인 문자(한자)를 같이 써왔기에 무의식계까지 들어와 있다. 국어의 70% 정도가 한자로 돼 있는 것이 대표적이다. 진시황이 만든 군현(郡縣)제 때문에 현대의 우리는 지방행정조직으로 군(郡), 일본은 현(縣)을 갖게 되었다. 한나라의 무제가 여러 군(郡)과 국(國)을 통제하기 위해 주(州)를 만든 덕분에 한국의 일부 도시는 주를 이름으로 갖게 되었다. 청주·영주·전주·나주 등등이 그것이다. 통일신라는 9주를 설치했으니 주는 우리 세계로 들어올 수 있었다.

당나라는 도호부와 도독부, 원나라는 총관부를 만듦으로써 부(府)란 이름의 지방행정조직을 만들어냈다(총관부는 당나라에 앞서 잠깐 존재한 수나라가 처음 설치했었다). 당나라는 새로 정복한 곳에 도독부와 도호부를 설치함으로써 부를 보편화시키며 주보다 큰 지방행정조직으로 삼았다. 그러한 부가 목·군·현(牧郡縣)과 더불어 조선의 지방 행정조직이 됐는데, 이중 가장 큰 것이 부였다. 중국은 한때 주(州)를 목(牧)으로 바꿔 불렀으니, 우리의 지방행정조직 이름은 100% 중국산으로 보아도 무방하다.

도호부를 지방행정조직으로 도입한 것은 고려였다. 고려는 성종 시절 지금의 경주 지역을 안동도호부로 불렀다. 고려는 특별히 중요한 지역을 도호부로 삼은 것이다. 조선은 도(道) 다음의 지방행정조직으로 부·목·군·현을 두었는데, 부의 정식 명칭이 도호부였다. 이러한 도호부 가운데 아주 중요한 다섯 곳은 대도호부로 불렀는데 그중 하나가 지금의 경북 안동지역에 설치됐던 안동대도호부였다.

고려와 조선이 사용해준 덕분에 안동도호부는 우리에게 익숙한 이름이 되었다. 현대 일본은 오사카부(大坂府)와 교토부(京都府)를 둠으로써, 부를 현(縣)과 동급이지만 더 중요한 지방행정조직으로 삼았다.

고려와 조선이 만든 안동도호부와 똑 같은 한자를 쓰는 것이 당나라가 만든 안동도호부다. 당나라는 고구려를 무너뜨린 후 평양 지역에 안동도호부를 만들고, 요동 등 다음으로 중요한 곳에는 도독부를 두었다. 이러한 도호부가 고려와 조선시대 중요한 지방행정기관이 되었으니 아이러니가 아닐 수 없다.

중국이 안동도호부를 부활시키기 위해 안간힘을 쓰고 있다. 중국은 고구려를 고구려로 보지 않고 안동도호부로만 보려는 것이다. 중국은 고구려를 한국의 뿌리가 아니라, 당나라가 정복해 다스렸던 중국의 일부로 보기 위해 안동도호부를 내세운다. 이는 조선족을 중국인으로 만들기 위한 노력이다. 고구려를 선조로 삼고 있는 조선족은 안동도호부의 후예이니 중국인이라는 것이다.

같은 논리로 낙랑을 대표로 한 한4군도 강조한다. 단군조선을 부정하는 중국은 기자조선과 위만조선을 중국계로 주장한다. 그러한 위만조선을 한나라의 무제가 무너뜨리고 한4군을 만들었으니, 그곳은 더 더욱 중국의 일부여야 한다고 주장한다. 한4군의 하나인 현도군의 치소가 고구려현이었으니, 고구려는 중국 역사에 속할 수밖에 없다는 것이다. 중국은 고구려는 현도군에 나왔다가 안동도호부로 들어갔으니, 고구려를 중국으로부터 독립해 있던 지방정권으로 본다. 중국 역사에서 지방은 중앙을 상대로 수 없는 반란을 일으켜 독립해 있다가 통합되곤 했는데, 고구려도 그러한 지방 반란정권의 하나일 뿐이라는 것이다. 그래서 그냥 고구려가 아니라 '중국 고구려'라고 한다.

안동도호부를 강조하게 된 중국 역사학계 조류를 '역사 수정주의'라고 한다. 중국의 역사 수정주의를 이해하려면 중국인 조정양(趙汀陽, 자오팅양)이 쓴 『천하체계(天下體系)』(2005)란 책에 주목할 필요가 있다. 이 책은 2010년 자오팅양을 필자로 한 같은 제목의 책으로 길 출판사에 의해 번역해 출간된 바 있다.

공산당이 이끌고 있는 중국은 다시 세계의 중심이 되고자 한다. 세계 패권국이 되려는 것인데, 그것이 바로 천하체계의 구축이다. 중국은 천하체계를 만들어야 하는 당위를 중국 역사에서 찾는다. 봉건 시기 중국은 곧 세계였으니, 현대 중국도 다시 세계가 되자는 것이다.

그러나 당장에 패권 국가가 될 수는 없으니 중국 안에 있는 소수민족을 붙잡아 놓으려 한다. 그래서 한족 중심의 민족주의를 부정한다. 민족주의를 내세웠다간 소수민족도 민족주의를 내세워 독립해버리면 중국은 다시 작은 나라로 전락할 수 있기 때문이다.

때문에 중국은 소수민족의 역사도 중국사라는 주장을 하게 되었다. 한족의 조상인 화하족과 소수민족의 조상인 오랑캐는 같은 뿌리를 가졌다는 '화이동근(華夷同根)'을 강조하게 된 것이다. 중국 내 소수민족은 한족과 다른 언어를 쓰지만 이들의 역사는 한족과 같다는 것이다. 한국말을 쓰는 조선족의 역사는 중국사의 일부라는 것이다.

화이동근은 그리고 중국 밖에서 한국처럼 소수민족(조선족)의 언어를 쓰고 있는 나라를 흡수해내려는 정책이기도 하다. 패권국이 되려면 중국은 주변국가를 중국을 지켜주는 울타리 국가(번국, 藩國)로 만들어야 한다. 번국과 속국·위성국은 비슷한 개념이다. 이들을 영어로는 버퍼 스테이트(buffer state)라고 할 수 있겠다. 이러한 국가들을 거느림으로써 중국은 패권국이 되고, 다시 시간을 보내면 이러한 나라들을 통합해 더 큰 세계를 만들 수 있다고 보는 것이 역사 수정주의를 근거로 한 중국의 천하체계이다.

중국은 흑묘백묘론의 등소평(鄧小平)이 권력을 잡아 개혁개방(1979)을 한 후 경제를 발전시켰기에 천하체계를 꿈을 꿀 수 있게 되었다. 그때 미국은 소련을 적으로 삼았기에, 공산권 분열을 위해 중국의 손을 잡았다. GATT를 대신해서 만든 WTO(세계무역기구)에 중국이 가입할 수 있게 해줌으로써, 중국이 비약적으로 경제를 성장시킬 수 있게 해주었다. 중국에게 G2 국가가 발전할 수 있는 기회를 준 것이다. 그리고 기획한 대로 소련과 동유럽공산국가를 붕괴시켜 냉전종식을 이끌어냈다(1991).

그러나 미국 덕분에 성장한 중국은 민주국가로 변모하지 않았다. 공산당이 이끄는 독재국가로 있으면서 과거의 소련처럼 미국에 맞서려고 했기에, 트럼프가 이끄는 미국은 중국 제압에 나서게 되었다. 일본과 함께 인도-태평양 전략을 만들어 중국 포위에 나선 것이다. 중국이 인공도서를 만들어 영해를 설정한 남중국해에서는 이를 무력화하기 위해 미국 군함으로 하여금 그 영해를 관통하게 하는 '항행의 자유'작전을 펼치게 했다. 천안문사태를 재평가하는 조치도 취했는데, 이는 중국이 민주국가로 변모하라는 무언의 압박이었다.

중국은 위기를 느끼기에 더 더욱 55개 소수민족의 역사는 중국사이고, 소수민족은 물론이고 중국 주변에 있는 나라들도 중국 영향권에 있어야 한다는 주장을 하게 되었다. 트럼프를 만난 시진핑은 고대부터 한국은 중국의 일부라는 주장을 하고, 미국이 한국에 사드를 설치하려는 것에 결사반대한 것이 대표적인 사례다. 중국은 북한은 물론이고 한국도 중국의 번국(버퍼 스테이트)으로 있기를 노골적으로 바라는 것이다. 그래서 한4군을 넘어 안동도호부를 강조한다.

중국의 이러한 의도를 극복하기 위한 첫 번째 노력이 북핵 문제의 해결이고 이어 남북통일을 이루는 것이다. 그러나 한국은 반대로 가고 있다. 김영삼 대통령 이하 한국의 역대 정권들은 북핵 문제를 미국에 넘겨 버린 것이다. 그 틈을 이용해 북한 은 미국과 바로 상대하는 통미봉남(通美封南)에 성공했다. 트럼프 미국 대통령이 직 접 나서는 상황까지 유도해냈다. 이러한 상황이 오래되면 오히려 한국이 북한에 흡 수될 수도 있다. 베트남도 북베트남이 미국과 정전협정을 맺는 대좌를 함으로써 북 베트남에 의해 통일되었다.

처참한 지경을 피하려면 반듯한 역사 인식부터 가져야 한다. 남북통일은 천하체 계를 만들려고 하는 중국의 패권을 무너뜨리는 노력에 동참하는 것에서부터 시작 될 수 있다고 본다. 1945년의 분단이 미소(美蘇)에 의해 이뤄졌다면, 6·25전쟁을 치 른 1953년의 분단은 항미원조(抗美援朝)를 기치로 참전한 중국 때문에 만들어졌다. 그러한 중국을 설득해 북한의 핵무장을 막고, 남북통일을 해보겠다고 한 것이 김영 삼 이후의 역대 한국 정권이었다는 사실을 잊지 말아야 한다. 이러한 연목구어(緣木 求魚)는 세상에 다시 없을 것이다.

전쟁은 일으켜서는 안 되겠지만 피해가기만 해서도 안된다. 전쟁은 피해갈수록 따라 온다. 자유를 원하면 전쟁에 대비해야 한다. 고구려는 필요하면 전쟁을 마다 하지 않은 나라였다. 그래서 고구려에 주목하자는 것이다. 중국과의 역사전쟁, 외 교전쟁을 피해갈 이유가 없다. 그런 점에서 독자들이 꼭 읽어봤으면 하는 책이 스 테판 다나카의 『일본 동양학의 구조』(박영재 외 역, 문학과 지성사, 2004)이다. 이 책은 변방에 있던 일본이 어떠한 역사 인식을 만들어 청일전쟁과 중일전쟁을 통해 중국 을 지배해나갔는지를 분석한 것이다.

남북통일을 위해서는 우리는 어떤 역사 인식을 갖고 무엇을 준비해야 하는지 생각해보고 실천에 들어갔으면 하는 것이 간절한 바람이다. 우리 이상으로 한자와 한문에 익숙한 근대 일본이 지금 요동반도에 관동도독부를 만들었듯이, 우리도 요동 지역에 요동도독부를 만들 수 있는 능력을 갖춰야 한다.

고구려의
국제정치
역사지리

지은이 | 이정훈

펴낸이 | 최병식

펴낸날 | 2019년 7월 8일

펴낸곳 | 주류성출판사

주소 | 서울특별시 서초구 강남대로 435(서초동 1305-5) 주류성빌딩 15층

전화 | 02-3481-1024(대표전화) 팩스 | 02-3482-0656

홈페이지 | www.juluesung.co.kr

값 21,000원

잘못된 책은 교환해 드립니다.

ISBN 978-89-6246-393-4 03910